معاملة أسرى الحرب فى الشريعة الإسلامية

بطاقة الكتاب

اسم الكتاب: معاملة أسرى الحرب فى الشريعة الإسلامية

المؤلف: د/ ناصر عبد الحليم ناصر جمعة

التنسيق والإخراج الفني: سليل الفراعنة

تصميم الغلاف: أمانى عز

المقاس: ٢٤×١٧

الطبعة الأولى: ٢٠٢٤

رقم الإيداع: 2024 /11015

الناشر: دار صيد الخاطر للنشر والتوزيع

المدير العام: أحمد فؤاد

للتواصل: 0109 076 7919

العنوان: ميدان الساحة - الدقي - الجيزة

جميع حقوق طبع ونشر هذا الكتاب محفوظة لدى دار صيد الخاطر للنشر والتوزيع والمؤلف، وأي محاولة لطباعة الكتاب بأي شكل من الأشكال دون الرجوع إلى الدار والمؤلف يعرض صاحبه للمساءلة القانونية

معاملة أسرى الحرب في الشريعة الإسلامية

(دراسة تأصيلية مذهبية مقارنة)

للدكتور

ناصر عبد الحليم

١٤٤٥هـ - ٢٠٢٤م

While every precaution has been taken in the preparation of this book, the publisher assumes no responsibility for errors or omissions, or for damages resulting from the use of the information contained herein.

معاملة أسرى الحرب فى الشريعة الإسلامية)دراسة تأصيلية مذهبية مقارنة(

First edition. September 20, 2024.

Copyright © 2024 عبد الحليم رصان.

Written by عبد الحليم رصان.

الإهداء

يسرني أن أهدي ثوابَ هـذا العمـلِ إلى أمـي وأبي أطـال الله في عمرَهما ومتّعهما بموفور الصحة والعافية، ﴿ وَقُل رَّبِّ ٱرْحَمْهُمَا كَمَا رَبَّيَانِى صَغِيرًا ۩ ﴾ [1].

والإهداء موصـول إلـى إخوتي جميعـا على مـا رأيت منهم مـن مساعدةٍ جادة، ومحبة رائقة، ودعوات صادقة.

ثم إلى ريحانة القلب، زوجتي العزيزة والغالية، شريكةِ الكفاح والدرب، التي صبرت وتحملت معي الليالي الطوال، حتى خرج هـذا البحـث واستوى علـى سـوقه، فأسـأل الله أن يبـارك لهـا في صحتها وكل أحبابها.

ثم إلي قرة عيني ريم وجودي، إنهما قصة حب وغرام، وهما مني كل شيء وهما في عقلي وقلبي وهما للعينين ضي ما لهما في الكون ند أو في الغيد زي.

❀ ❀ ❀

---

(١) جزء من الآية رقم: (٢٤) من سورة الإسراء.

مقدمة

الحمد لله رب العالمين الذى خلق هذا الوجود وأقامه على عدله، وأنعم علينا جميعاً من كرمه وفضله، لا إله إلا بحق سواه، لا يسئل عما يفعل لأنه أقر كل شيء على العدل المطلق، الويل ثم الويل لمن جار أو بدل لذا قال ‑ﷺ‑ في كتابه ﴿ لاَ يَغُرَّنَّكَ تَقَلُّبُ الَّذِينَ كَفَرُواْ فِي الْبِلَادِ ۝ مَتَاعٌ قَلِيلٌ ثُمَّ مَأْوَاهُمْ جَهَنَّمُ وَبِئْسَ الْمِهَادُ ﴾[1].

والصلاة والسلام على سيدنا محمد ﷺ الذى جاهد وجادل وقاتل وناضل حتى علت راية الحق وارتفعت، فكان الرحمة المهداة للعالمين.

قال سبحانه وتعالى: ﴿ وَيُطْعِمُونَ الطَّعَامَ عَلَى حُبِّهِ مِسْكِينًا وَيَتِيمًا وَأَسِيرًا ﴾[2].

فمنذ أن هبط آدم ﷺ على هذه الارض والمنازعات مستمرة والحروب متواليه، فما من أمه من الامم تكاد تخلو من الحروب وما جاء الإسلام بالجهاد إلا دفاعا عن النفس والعرض والمال والمقدسات، ووعد الله المجاهدين الجنة لذا قال الله ﷻ في كتابه ﴿ إِنَّ اللَّهَ اشْتَرَى مِنَ الْمُؤْمِنِينَ أَنفُسَهُمْ وَأَمْوَالَهُم بِأَنَّ لَهُمُ الْجَنَّةَ يُقَاتِلُونَ فِي سَبِيلِ اللَّهِ فَيَقْتُلُونَ وَيُقْتَلُونَ وَعْدًا عَلَيْهِ حَقًّا فِي التَّوْرَاةِ وَالْإِنجِيلِ وَالْقُرْآنِ... ﴾[3].

ولقد كثر اللغط حول الحرب والجهاد في الإسلام في عصرنا الحديث، وساد سوء فهم لهما هو ثمرة فاسدة للتحريف والتزييف اللذين طالا المفاهيم الإسلامية الصحيحة التي تستند الى القرآن الكريم والسنة النبوية المطهرة، حتى بلغ الكيد للإسلام والنيل منه وتوجيه سهام الاتهام إليه بالباطل، مبلغاً من الغلو والتطرف المشوبين بالحقد والكراهية والعنصرية، الأمر الذى بات يتطلب التصدي له بالعلم

---

(١) سورة آل عمران آية (١٩٦.١٩٧).

(٢) سورة الإنسان آية (٨).

(٣) سورة التوبة آية (١١١).

الواسع، والفقه المستنير، وبالاطلاع على أمهات كتب التراث الفقهي الإسلامي بخصوص هذا الموضوع.

ولقد عرفت قضية أسرى الحرب كأحد أهم الاثار المترتبة على الحروب، فقد كانت صور الظلم والاعتداء على أمن الانسان تتم من خلال الحروب والنزعات المسلحة، وفى عصرنا الحديث نجد أن أعداد الأسرى قد تجاوزت الألاف لتصل إلى الملايين بعد أن تطورت اساليب وسائل الحرب الحديثة واتسع نطاقها، ولئن طغى في عصرنا الحديث سبل الأفكار الأجنبية حينا من الزمان لا سيما فيها يمس تعاليم الإسلام الدولية.

ويقول الدكتور عبد الواحد الفار: " وعندما تشتعل الحروب بين الدول المتحاربة فينتج عنها الخراب والدمار والقتلى، ويقع العديد من أفراد الأطراف المتصارعة في الأسر، إلا أن من بين المعضلات الرئيسة التي تواجه الدول المتحاربة والاعداد الهائلة من الأسرى الذين يقعون في قبضة أعدائهم، وأيضاً المصير المجهول الذى ينتظرهم "[1].

أيضا ما يواجهه الأسرى من ألوان العذاب والارهاب الجسدي والنفسي الأمر الذى لايقره دين أو عرف أو قانون.

والقانون الدولي العام بوضعه الحديث في القرن السابع عشر على يد الفقيه الهولندي جروسيوس، فأننا نجد في الشريعة الاسلامية النواه الطيبة لمعظم الأحكام التي تحتاجها الدول المتمدينة في علاقاتها الدولية مع مغايرات اقتضت ناحية العقيدة.

وسوف يتبن لنا مما سوف نعرضه في بحثنا هذا أن الشريعة الإسلامية الغراء سبقت القانون الدولي العام في كثير من أحكامه ومبادئه، لاسيما فيها يتصل بمبدأ الشرف الدولي والعدالة الإنسانية وكذا السلم الدولي.

____

(١) يراجع: أسرى الحرب، للأستاذ الدكتور/ عبد الواحد محمد يوسف الفار، رسالة دكتوراه، جامعة عين شمس، كلية الحقوق، عام ١٩٩٧ ص(٦٨).

وإنه لمن الأهمية بمكان أن نشير هنا إلى أن الإعلان العالمي الأول الموجه إلى كل الخلائق والمتعلق بحقوق الإنسان قد أنزله الله ﷻ بالوحي إلى سيدنا محمد ﷺ قبل ما يزيد عن ألف وأربعمائة عام، متقدما على كل من ادعى الاعتناء بالإنسان وحقوقه، ومن هذه الحقوق على سبيل المثال لا الحصر.

١ ـ حق الحياة: حيث قال الله تعالى: ﴿ مِنْ أَجْلِ ذَٰلِكَ كَتَبْنَا عَلَىٰ بَنِىٓ إِسْرَٰٓءِيلَ أَنَّهُۥ مَن قَتَلَ نَفْسًۢا بِغَيْرِ نَفْسٍ أَوْ فَسَادٍ فِى ٱلْأَرْضِ فَكَأَنَّمَا قَتَلَ ٱلنَّاسَ جَمِيعًا ﴾ [1].

فمن حق الأسير أن يحيي سالما معافا مكرما حتى ولو كان على ملة أخرى غير ملة الإسلام، كما عرفنا ذلك من الواقع العملي لسنة الرسول ﷺ فقد حرّم الاسلام قتل الأسير، ومن أسلم امتنع قتله، ومن أسلم قبل أسره ولو لخوف فهو كالمسلم الأصلي يحرم دمه أيضا [2].

يقول الدكتور وهبة الزحيلي: دلت الآية على أن القتل حرام في جميع الشرائع إلا بثلاث خصال: كفر بعد إيمان، وزنى بعد إحصان، وقتل نفس ظلما وتعديا. وقوله: أَوْ فَسَادٍ فِي الْأَرْضِ هو الشرك، وقيل: قطع طريق وقتل نفس بمثابة قتل جميع الناس، وإحياؤها بمثابة إحياء جميع الناس، ثم يقول رحمه الله: ودلت الآية أيضا على أن أحكام الله تعالى قد تكون معللة لأنه تعالى قال: مِنْ أَجْلِ ذلِكَ كَتَبْنا أي أن تشريع تلك الأحكام معلل بتلك المعاني [3].

ويقول الدكتور جعفر عز الدين أيضاً: كان يتم معاملة الأسير لدى الامم السابقة معاملة لا يرضها دين فكان من حقهم أن يحرقوه أويصلبوه أويقتلوه أويعذبوه كيفما شاؤوا وكانوا

---

(١) ـ جزء من الآية (٣٢) سورة المائدة..

(٢) الرسول القائد (ص٥٤) المؤلف: محمود شيت خطاب (المتوفى: ١٤١٩هـ)ط: دار الفكر – بيروت الطبعة: السادسة – ١٤٢٢ هـ: عدد الأجزاء: ١).

(٣) التفسير المنير في العقيدة والشريعة والمنهج (٦/ ١٦٠) المؤلف: د وهبة بن مصطفى الزحيلي: ط: دار الفكر المعاصر – دمشق: الطبعة: الثانية، ١٤١٨ هـ: عدد الأجزاء: ٣٠).

يمنعون عنه الطعام والشراب حتى الموت، وهناك فرق شاسع بين مفهوم الأسر في الشريعة الإسلامية وبين ما يمارس بحق في سجون العالم وما يتعرض له المسلمون في هذه السجون حيث الانتهاكات للقوانين الدولية التي كتبوها ونصوا عليها بأنفسهم ووقعوا عليها لدى المحافل الدولية والتي نصت على حقوق الأسير وعيشه بكرامه[1].

وسوف نتصدى في بحثنا هذا لهذه المشكلة الإنسانية معتمدين في ذلك على القرآن الكريم، والسنة النبوية المطهرة، والنظر في أقوال العلماء وأراء المفكرين وذلك بالاطلاع على أمهات كتب التراث الفقهي الإسلامي وكتب السياسة الشرعية، وأيضاً من حيث الأحكام التي قررتها المعاهدات المواثيق الدولية المتعلقة بمعاملة الأسرى وما يترتب على مخالفة نصوص تلك المعاهدات والمواثيق من مسئولية دولية وفردية

وبيان نقاط الضعف في هذه الإتفاقيات، وكيفية معالجتها لتصبح أكثر قدرة وفاعليه في ضبط تصرفات الدول الأسرة، ومسئولية أسرى الحرب عما يقترفونه من جرائم.

مشكلة البحث :

معالجة ما يعانيه أسرى الحرب خصوصا الآونة الأخيرة من قسوة المعادلة لدى الدول الآسرة، وعدم التزام تلك الدول بالمعاملة المقررة لهم في المواثيق والمعاهدات الدولية وكذا الشريعة الإسلامية والأديان الأخرى وإهدار الحقوق والواجبات المكفولة شرعاً وقانوناً للأسير.

أهمية البحث :

وأما عن أهمية البحث فتكمن في أنها توضح موضوعاً مهماً خصوصاً في وقتنا المعاصر والذى كثر فيه الاساءة للأسير وعدم احترام المواثيق الدولية وكذا عدم احترام العلاقات الدولية في

---

(1) يراجع: ندوة بعنوان: (الأسر وما يعنيه من وجهة نظر غربيه ومن منطلق إسلامي): للدكتور: جعفر عز الدين، ألقيت: بتاريخ ٢٤ / ٧ / ٢٠١٣. ولم أقف على مكان الندوة.

الشريعة الإسلامية، ومن ثم ابراز عظمة الشريعة الإسلامية وتميزها وسبقها في وضع القواعد والأسس التي تحفظ حقوق الإنسان عامه وحقوق الأسرى خاصه وإثبات مصدرية التشريع الإسلامي في مجال القانون الدولي، وذلك من خلال عرض معاملة أسرى الحرب في الشريعة الإسلامية مع عرض لحقوق الإنسان فيها باعتباره مدخلاً للوقوف على معاملة الأسرى في الشريعة الإسلامية ومدى احترامها لأدمية الإنسان حراً أو أسيراً وابراز تفوق الشريعة الإسلامية في تقدير حقوق وضمانات الأسير، ومدى المسئولية الدولية والفردية التي تترتب نتيجة الخروج على أحكام هذه القواعد باعتبار أن قضية الأسرى هي أهم القضايا بعد كل حرب أو صراع مسلح وما أكثرها خاصة في منطقتنا العربية في الآونة الأخيرة.

أسباب اختيار الموضوع:

لقد دفعني لاختيار هذا الموضوع جملة من الأسباب من أهمها ما يلي:

١- أن مناطق عديدة من العالم تشهد العديد من الصراعات المسلحة، وتبادل الأطراف المتصارعة والاتهامات حول إساءة أسرى الحرب وهو ما يعتبر برهان قاطع على أنها مشكلة واقعية مدبرة.

٢- جسامة ما يواجهه الأسرى من ألوان العذاب والإرهاب النفسي والجسدي وهو الأمر الذى لا يقره دين ولا عرف أو قانون.

٣- أن قضية الأسرى من أهم القضايا بعد كل حرب أو صراع مسلح وما أكثرها خاصة في منطقتنا العربية فى الآونة الأخير.

٤- أن الأسر جزء من الحياه البشرية، وجزء من مقتضيات الحرب وفى العصر الحديث ازداد بشكل ملحوظ وقوع العديد من الاشتباكات المسلحة سواء تلك التي وقعت بين دولتين أو أكثر أو تلك التي تمثل حرباً أهلية.

٥- ابراز عظمة الشريعة الإسلامية وتميزها وسبقها في وضع القواعد والأسس التي تحفظ حقوق الإنسان عامه وحقوق الأسرى خاصه وإثبات مصدرية التشريع الإسلامي في مجال القانون الدولي.

٦- أن تكليف الأسرى بأعمال شاقة لا يطيقونها، واستخدام الأساليب الوحشية في معاملتهم وتعذيبهم، أو التنكيل بهم وتشويه أجسادهم بل ربما وصل الأمر إلى إزهاق أرواحهم، كل ذلك يعد انتهاكاً لقواعد القانون الدولى، واتفاقيات جنيف لعام ١٩٤٩م، الأمر الذى يحتاج إلى معالجة هذه الظاهرة الخطيرة من الناحية القانونية، فكان ذلك حافزاً لي على ضرورة التصدي لهذه المشكلة الإنسانية بالبحث والدراسة.

أهداف الدراسة :

ترمي هذه الدراسة إلى عدد من الأهداف أهمها ما يلي :

١- التأكيد على شمولية القرآن الكريم وصلاحيته على مدى الأزمان وأنه مصلح لكل زمان ومكان.

٢- وبيان المنهج القرآن القويم في الدعوة إلى حفظ حقوق الأسرى والاعتناء بهم في أحرج الأوقات.

٣- المقارنة بين أحكام الشريعة الإسلامية وبين أحكام القانون الوضعي ممثلاً باتفاقية جنيف الثالثة المتعلقة بأسرى الحرب، مما يظهر بلا شك تفوق قواعد ومبادئ وأحكام الشريعة الإسلامية.

٤- إبراز الجانب الأخلاقي للعسكرية الإسلامية في معاملة أسرى الحرب.

٥- تبصير الناس بحقوقهم التي شرعها الله سبحانه وتعالى في زمن الحرب وفى كل الأزمان.

منهج البحث :

اقتضت طبيعة البحث أن اسلك فيه منهجاً علمياً متكاملاً بقدر طاقتي، حيث جمعت بين عدة مناهج وهي كالتالي :

أولا: المنهج الاستقرائي: حيث قمت باستقراء وتتبع الآيات والأحاديث وكذا النصوص القانونية المتعلقة بأسرى الحرب، مع بيان وإظهار بعض الفروق الجوهرية بين هذه النصوص.

ثانيا: المنهج التحليلي[1] حيث قمت بتحليل هذه النصوص الشرعية والقانونية بما يفي بالغرض.

ثالثا: المنهج المقارن: وذلك بالمقارنة بين أحكام الشريعة الإسلامية والقانون الدولي.

رابعا: المنهج الاستنباطي: وذلك في تتبع الآيات القرآنيه ذات الصلة بالموضوع، وذلك من خلال الغوص في كتب التراث عن جذور وضع الأسرى في الإسلام مع إلقاء الضوء على كل ما طرأ وما يطرأ على وضع الأسير في العصر الحديث.

خامساً: المنهج التوثيقي[2]، وذلك لأن ضرورة البحث تقتضي هذه المناهج.

٭- ثم قمت بعزو الآيات إلى سِوَرِها وكتابتها بالرسم العثماني مع إضافة رقم الآية، واسم السورة بين قوسين مزهرين.

٭- ثم قمت بتخريج الأحاديث الواردة في الرسالة من مصادرها الأصلية المعتمدة، وبيان حكم العلماء عليها من المحققين، وإن لم أقف على حكم الحديث؛ اجتهدت في الحكم على رجال الإسناد، باستثناء ما ورد في الصحيحين أو أحدهما.

---

(١) فالمنهج التحليلي: لتحليل النقول والأقوال الواردة في البحث وذلك بعزوها إلى أصحابها. (البحث العلمى أساسياته النظرية وممارسته العملية)للأستاذ: رجاء وحيد دويدري،(ص١٤٩).ط: دار الفكر المعاصر-بيروت-لبنان-دار الفكر-دمشق-سورية.

(٢) المنهج التوثيقي: وذلك باستخراج الأحاديث موضع الدراسة والطعون الموجّهه لها،. (أرشيف ملتقى أهل الحديث تم تحميله في: المحرم ١٤٣٢ ه = ديسمبر ٢٠١٠ م (٩٧/ ٢٠٨)(٢١٥٨٣٧).

هذا وقد بذلت قصارى جهدي ولم أدخر وسعاً في سبيل إعداد هذا البحث إعداداً علمياً، – بتوجيه من لجنة الإشراف – فإن كان من توفيق فمن فضل الله ﷻ عليَّ وكرمه، ثم بفضل توجيهات أساتذتي الكرام: فضيلة الأستاذ الدكتور: الحسيني سليمان جاد، وفضيلة الأستاذ الدكتور: عبد اللطيف عامر، وإن كان من تقصير فحسبي أنني اجتهدت، والله أسأل أن يجعل ما تعبت فيه سبباً ينجيني، وذخيرة تسرني لا تشجيني، وهو حسب من توكل عليه، ومعين من فوض الأمر إليه، إنه هو العطوف الرحيم، الرؤوف الكريم. وما توفيقي إلا بالله ﷻ.

الدراسات السابقة:

وأما عن الدراسات الأكاديمية المتعلقة بدراسة هذا الموضوع فقد وقفت على عدد منها:

١- أحكام الأسرى والسبايا في الحروب الإسلامية، لفضيلة أ.د/ عبد اللطيف عامر، وهي (رسالة دكتوراه) لفضيلتة: وكانت تحت: إشراف أ. د: محمد سلام مدكور. ط: دار الكتاب المصري، القاهرة، ودار الكتاب اللبناني، بيروت، الطبعة الأولى عام (١٤٠٦هـ – ١٩٨٦).

٢- أسرى الحرب، وهي (رسالة الدكتوراه) لفضيلة أ.د/ عبد الواحد محمد يوسف الفار، والتي تحمل عنوان، (رسالة دكتوراه)، جامعة عين شمس، كلية الحقوق، عام ١٩٩٧.

٣- الحماية الجنائية لأسرى الحرب في ظل القانون الدولي الإنساني، رسالة دكتوراه، مقدمة من الباحث (محمد ريش)، جامعة الجزائر- بن يوسف بن خدة، كلية الحقوق، عام ٢٠٠٨- ٢٠٠٩.

*** *** ***

باب تمهيدي

فى الحرب ومدى مشروعيتها في الشريعة الإسلامية وآثارها

ويتكون هذا الباب من فصلين:

☞ **الفصل الأول:** الحرب في الشريعة الإسلامية والقانون الدولى

☞ **الفصل الثاني:** آثار الحروب في الإسلام والقانون الدولى

الفصل الأول
الحرب في الشريعة الإسلامية والقانون الدولى

المبحث الأول – تعريف الحرب

قد يخطر ببالنا أنه من السهل التعريف بالحرب، فنقول إنها تشابك السيوف، وإزهاق الأرواح، ونهب الممتلكات، وجـر الأسرى والسبايا، ولكن قد يختلط علينا مفهوم الحرب بمفاهيم أخرى ومن ثم علينا التعريف بمعناها الواسع ، لأن تعريف الحرب في الإسلام يتغير بتغير نظرة هذا الدين الى الحرب وعلاقتها بالعقيدة، فكل خلاف حول هذه العقيدة يؤدى إلى صدام مسلح فهو حرب، سواء أكانت هذه الحرب بين أبناء أمه من جنس واحد كغزوات الرسول –ﷺ– مع قومه من قريش أو حرب أبى بكر للمرتدين، أم كانت بين دولة ودولة أوأمة وأمة كحروب المسلمين مع الفرس والروم وغيرهم، والحرب نقيض السلم لشهرته، يعنون به القتال، والذي حققه السهيلي أن الحرب هو الترامي بالسهام، ثم المطاعنة بالرماح، ثم المجالدة بالسيوف، ثم المعانقة، والمصارعة إذا تزاحموا. (١)

والحرب في اللغة: هي المقاتلة والمنازعة(٢)، قال الله تعالى ﴿فَإِن لَّمْ تَفْعَلُواْ فَأْذَنُواْ بِحَرْبٍ مِّنَ ٱللَّهِ وَرَسُولِهِۦ وَإِن تُبْتُمْ فَلَكُمْ رُءُوسُ أَمْوَٰلِكُمْ لَا تَظْلِمُونَ وَلَا تُظْلَمُونَ﴾(٣) وقوله تعالى: ﴿كُلَّمَآ أَوْقَدُواْ نَارًا لِّلْحَرْبِ أَطْفَأَهَا ٱللَّهُ وَيَسْعَوْنَ فِي ٱلْأَرْضِ فَسَادًا وَٱللَّهُ لَا يُحِبُّ

---

(١) تاج العروس من جواهر القاموس، محمّد بن محمّد بن عبد الرزّاق الحسيني، أبو الفيض، الملقّب بمرتضى، الزّبيدي ص ٢٤٩ (المتوفى: ١٢٠٥ه‍) دار الهداية

(٢) معجم الفاظ القران الكريم، مجمع اللغة العربية المجلد الأول (الطبعة الثانية) ١٩٧٠ حرف (الحاء) مادة (ح ر ب) ص ٢٥٥

(٣) سورة البقرة آية (٢٧٩).

ٱلۡمُفۡسِدِينَ ﴾[1]، ويلاحظ أن لفظ الحرب وإن كان يقترب في معناه من لفظ الجهاد، إلا أن لفظ الحرب أشمل وأعم والجهاد جزء من الحرب.

فالحرب لفظ جاهلي عرف قبل الإسلام، وتداوله الناس في حياتهم اليومية، وفي أحاديثهم، وسموا به بعض أيامهم، فقالوا حرب داحس والغبراء، وحرب الفجار.

وحاربه محاربة وحراباً أي أقام عليه الحرب قال سبحانه: ﴿ وَٱلَّذِينَ ٱتَّخَذُواْ مَسۡجِدًا ضِرَارٗا وَكُفۡرٗا وَتَفۡرِيقَۢا بَيۡنَ ٱلۡمُؤۡمِنِينَ وَإِرۡصَادٗا لِّمَنۡ حَارَبَ ٱللَّهَ وَرَسُولَهُۥ مِن قَبۡلُ وَلَيَحۡلِفُنَّ إِنۡ أَرَدۡنَآ إِلَّا ٱلۡحُسۡنَىٰ وَٱللَّهُ يَشۡهَدُ إِنَّهُمۡ لَكَٰذِبُونَ ﴾[2]، وقال سبحانه وتعالى ﴿ إِنَّمَا جَزَٰٓؤُاْ ٱلَّذِينَ يُحَارِبُونَ ٱللَّهَ وَرَسُولَهُۥ وَيَسۡعَوۡنَ فِي ٱلۡأَرۡضِ فَسَادًا أَن يُقَتَّلُوٓاْ أَوۡ يُصَلَّبُوٓاْ أَوۡ تُقَطَّعَ أَيۡدِيهِمۡ وَأَرۡجُلُهُم مِّنۡ خِلَٰفٍ أَوۡ يُنفَوۡاْ مِنَ ٱلۡأَرۡضِ ﴾[3]

ويتبين لنا مما سبق أن لفظ الحرب يقترب في معناه من لفظ الجهاد إلا أن لفظ الحرب أشمل وأعم كما ذكر سابقا. إلا أن لفظ الجهاد مرتبط بقوله تعالى" في سبيل الله " فهى عبارة يخاطب بها المؤمنون، ولا يطلق على الكفار أنهم "يجاهدون" بل هم يقاتلون أو يحاربون، وهذا ما يدعوا إلى التفريق بين مدلول الجهاد وغيره[4].

فهو الدعاء إلى الدين الحق والقتال مع من امتنع عن القبول بالمال والنفس[5]،

―――――――――――――――――

(١) سورة المائدة آية (٦٤).

(٢) سورة التوبة/ آية ١٠٧

(٣) سورة المائدة/ آية ٣٣

(٤) يراجع أحكام الأسرى والسبايا في الحروب الإسلامية للأستاذ الدكتور/ عبداللطيف عامر، ط: دار الكتب الإسلامية، دار الكتاب المصرية، القاهرة. مصر، دار الكتاب اللبناني، بيروت. لبنان، الطبعة الأولى، (١٤٠٩هـ – ١٩٨٦م) ص ٤٧

(٥) تحفة الفقهاء للإما: محمد بن أحمد بن أبي أحمد، أبو بكر علاء الدين السمرقندي (ت: نحو ٥٤٠هـ)ط: دار الكتب العلمية، بيروت – لبنان الطبعة: الثانية، ١٤١٤ هـ – ١٩٩٤ م. ج ٣ ص ٢٩٣

قال الله تعالى ﴿ ٱنفِرُواْ خِفَافًا وَثِقَالًا وَجَٰهِدُواْ بِأَمْوَٰلِكُمْ وَأَنفُسِكُمْ فِي سَبِيلِ ٱللَّهِ ذَٰلِكُمْ خَيْرٌ لَّكُمْ إِن كُنتُمْ تَعْلَمُونَ ﴾[1] وقال سبحانه ﴿ إِنَّ ٱللَّهَ ٱشْتَرَىٰ مِنَ ٱلْمُؤْمِنِينَ أَنفُسَهُمْ وَأَمْوَٰلَهُم بِأَنَّ هُمُ ٱلْجَنَّةَ يُقَٰتِلُونَ فِي سَبِيلِ ٱللَّهِ فَيَقْتُلُونَ وَيُقْتَلُونَ ﴾[2]

وعن الجهاد والمجاهدة وأنواع الجهاد: يقول الإمام الراغب: والجهاد والمجاهدة: استفراغ الوسع في مدافعة العدو، والجهاد ثلاثة أضرب:- مجاهدة العدو الظاهر. - ومجاهدة الشيطان.- ومجاهدة النفس وتدخل ثلاثتها في قوله تعالى: ﴿ وَجَٰهِدُواْ فِي ٱللَّهِ حَقَّ جِهَادِهِ ﴾[3].

إذن: فالجهاد مصدر جاهد، وهو من الجهد - بفتح الجيم وضمها - أي الطاقة والمشقة، وقيل: الجهد - بفتح الجيم - هو المشقة، وبالضم الطاقة[4].

والفرق بين الغزو والجهاد: أن الغزو: إنما يكون في بلاد العدو. والجهاد: مطلق، فكل غاز مجاهد، دون العكس. كذا قيل، والاظهر في الفرق أن يقال أن الغزو ما كان الغرض الاصلي فيه الغنيمة، وتحصيل المال - وإن استلزم ذلك الحرب والمقاتلة.والجهاد: ما كان الغرض فيه المحاربة لقهر العدو - وإن استلزم ذلك تحصيل الغنائم والفوائد[5].

---

(١) سورة التوبة/ آية ٤١

(٢) سورة التوبة آية ١١١

(٣) سورة الحج/ آية ٧٨، وينظر: المفردات في غريب القرآن(ص٢٠٨) المؤلف: أبو القاسم الحسين بن محمد المعروف بالراغب الأصفهانى (المتوفى: ٥٠٢هـ) المحقق: صفوان عدنان الداودي: الناشر: دار القلم، الدار الشامية – دمشق بيروت: الطبعة: الأولى – ١٤١٢ هـ.

(٤) لسان العرب مادة: (جهد) (٣/ ١٣٥)، والقاموس المحيط، وتاج العروس مادة: (جهد)(ص ١٠١٢).

(٥) معجم الفروق اللغوية(ص)٣٨٥) فما بعدها: المؤلف: أبو هلال الحسن بن عبد الله بن سهل بن سعيد بن يحيى بن مهران العسكري (المتوفى: نحو ٣٩٥هـ) المحقق: الشيخ بيت الله بيات، ومؤسسة النشر الإسلامي: الناشر: مؤسسة النشر الإسلامي التابعة لجماعة المدرسين: الطبعة: الأولى، ١٤١٢هـ، عدد الأجزاء: ١.

والجهاد في إصطلاح الفقهاء :

قال الحنفية :

يستعمل في بذل الوسع والطاقة بالقتال في سبيل الله ﷻ بالنفس والمال واللسان، أو غير ذلك، أو المبالغة في ذلك. الجهاد غلب في عرف الشرع على جهاد الكفار وهو دعوتهم إلى الدين الحق وقتالهم إن لم يقبلوا[1] والجهاد كما يكون بالنفس يكون بالمال لقوله سبحانه ﴿لَّا يَسْتَوِي ٱلْقَٰعِدُونَ مِنَ ٱلْمُؤْمِنِينَ غَيْرُ أُو۟لِى ٱلضَّرَرِ وَٱلْمُجَٰهِدُونَ فِى سَبِيلِ ٱللَّهِ بِأَمْوَٰلِهِمْ وَأَنفُسِهِمْ فَضَّلَ ٱللَّهُ ٱلْمُجَٰهِدِينَ بِأَمْوَٰلِهِمْ وَأَنفُسِهِمْ عَلَى ٱلْقَٰعِدِينَ دَرَجَةً وَكُلًّا وَعَدَ ٱللَّهُ ٱلْحُسْنَىٰ وَفَضَّلَ ٱللَّهُ ٱلْمُجَٰهِدِينَ عَلَى ٱلْقَٰعِدِينَ أَجْرًا عَظِيمًا﴾[2].

وقال المالكية :

الجهاد في الشرع قال ابن عرفة قتال مسلم كافرا غير ذي عهد لإعلاء كلمة الله، أو حضوره له، أو دخول أرضه فيخرج قتال الذمي المحارب على المشهور أنه غير نقض، وقول ابن هارون هو قتال العدو لإعلاء كلمة الإسلام غير منعكس بالأخيرين، وهما جهاد اتفاقا وقول ابن عبد السلام هو إتعاب النفس في مقاتلة العدو كذلك وغير مطرد بقتاله لا لإعلاء كلمة الله[3].

───────────────

(1) بدائع الصنائع في ترتيب الشرائع للإمام: علاء الدين، أبو بكر بن مسعود بن أحمد الكاساني الحنفي (ت: ٥٨٧هـ)، ط: دار الكتب العلمية الطبعة: الثانية، ١٤٠٦هـ - ١٩٨٦م ج ٧ ص ٩٧.

(2) سورة النساء آية/ ٩٥

(3) مواهب الجليل في شرح مختصر خليل لشمس الدين أبو عبد الله محمد بن محمد بن عبد الرحمن الطرابلسي المغربي، المعروف بالحطاب الرُّعيني المالكي (ت: ٩٥٤هـ) ط: دار الفكر الطبعة: الثالثة، ١٤١٢هـ -١٩٩٢م ج ٣ ص ٣٤٧

قال الشافعية :

أي القتال في سبيل الله مأخوذ من المجاهدة، وهي المقاتلة في سبيل الله. [1]، أي قتال الكفار لنصرة الإسلام ويطلق أيضا على جهاد النفس والشيطان وقوله ﷺ: جاهدوا المشركين بأموالكم أنفسكم وألسنتكم وقوله ﷺ: اغزوا في سبيل الله، من قاتل في سبيل الله، فواق ناقة وجبت له الجنة [2].

وقال الحنابلة :

والجهاد عند الحنابلة: قتال الكفار خاصة، فيخرج قتال المسلمين من البغاة وقطاع الطرق. وقال بذلك البهوتي [3].

قال ابن حجر: الجهاد بذل الجهد في قتال الكفار، ويطلق أيضا على مجاهدة النفس والشيطان والفساق، فأما مجاهدة النفس فعلى تعلم أمور الدين ثم على العمل بها ثم على تعليمها، وأما مجاهدة الشيطان فعلى دفع ما يأتي به من الشبهات وما يزينه من الشهوات، وأما مجاهدة الكفار فتقع باليد والمال واللسان والقلب، وأما مجاهدة الفساق فباليد ثم اللسان ثم القلب [4].

والجهاد كلمة إسلامية وقد فضلها الإسلام على كلمة الحرب كما هو واضح من تعريفات الفقهاء.

---

(١) إعانة الطالبين على حل ألفاظ فتح المعين (هو حاشية على فتح المعين بشرح قرة العين بمهمات الدين) المؤلف: أبو بكر (المشهور بالبكري) عثمان بن محمد شطا الدمياطي الشافعي (ت: ١٣١٠هـ) ط: دار الفكر للطباعة والنشر والتوزيع، الطبعة: الأولى، ١٤١٨ هـ – ١٩٩٧ م ج ٤ ص ٢٠٥

(٢) سنن ابن ماجه، باب القتال في سبيل الله، حديث رقم (٢٧٩٢) الجزء رقم (٢) ص (٩٣٣).

(٣) البهوتي، منصور بن يونس، شرح منتهى الإرادات، الطبعة الأولى، ١٤١٧هـ.١٩٩٧م. ج ٢ ص ٥٥٩.

(٤) العسقلاني، أحمد بن علي، فتح الباري شرح صحيح البخاري، الطبعة الأولى، ١٤١٢هـ.٢٠٠٠م، ج ٦ ص٥.

ونرى أن الجهاد وفقا لتعريفات الفقهاء لا يكون إلا في سبيل الله، ولنصرة الإسلام، ولإعلاء كلمة الله، ويكون ذلك ابتداءً بالطرق السلمية والدعوة إلى الدين الحق، بالحكمة والموعظة الحسنة، ولا يكون القتال إلا بعد الدعوة والامتناع عن قبولها. [1] مصدقاً لقوله سبحانه ﴿ٱدْعُ إِلَىٰ سَبِيلِ رَبِّكَ بِٱلْحِكْمَةِ وَٱلْمَوْعِظَةِ ٱلْحَسَنَةِ وَجَٰدِلْهُم بِٱلَّتِي هِيَ أَحْسَنُ إِنَّ رَبَّكَ هُوَ أَعْلَمُ بِمَن ضَلَّ عَن سَبِيلِهِۦ وَهُوَ أَعْلَمُ بِٱلْمُهْتَدِينَ﴾ [2].

إذنَّ الفرق بين كل من الحرب والجهاد هو أن الحرب يمكن أن تكون مشروعة أو غير مشروعة؛ إذ أن إضافة هذه الصفات إلى الحرب كلها أو بعضها جائزة. أما إضافتها إلى الجهاد فغير جائزة، فالجهاد لا يقوم إلا على أسباب عادلة ومشروعة.

وقد اتخذت الحرب في الأسلام صوراً عدة فتارة اتخذت شكل ما يعرف اليوم بأسم الحرب الشاملة، وتارة اتخذت صور الحرب المحدودة، وقد تحدد ذلك بحسب الغاية من شنها فقد لجأ الإسلام في أول الأمر إلى الحرب ذات النطاق المحدود، وقد تمثل ذلك فى عدد من البعوث والسرايا التى بلغت ثمان وثلاثين وكانت تهدف إلى غاية محدودة تتلاءم مع قوامها، كما بلغت عدد الغزوات سبعاً وعشرين غزوة. [3]

وكانت أول عزوة غزها رسول الله ﷺ غزوة ودان ويقال لها غزوة الأبواء يريد قريشاً وبنى ضمرة فوادعته فيها بنو ضمرة ورجع الرسول ﷺ الى المدينة دون قتال. وأول سرية كانت سرية عبيدة بن الحارث فى ستين أوثمانين راكبا من المهاجرين وقفل عائدا إلى المدينة دون قتال وكانت أول راية عقدها ﷺ.

───────────

(١) آداب الحرب فى الفقة الإسلامى والقانون الدولى، د/ على عبد الرحمن، الطبعة الأولى، ١٤٢٤هـ. ص٦٠.

(٢) سورة النحل آية/ ١٢٥.

(٣) الدرر فى اختصار المغازى والسير لابن عبد البر ص ٨٤.

وقد اختلط أمرها مع سرية حمزة بن عبد المطلب بن هاشم البحر من ناحية العيص[1] والتى لقى فيها أبا جهل بن هاشم حيث قفل الفريقان دون قتال.

بيان من يفترض عليه الجهاد :

وأما بيان من يفترض عليه فنقول إنه لا يفترض إلا على القادر عليه فمن لا قدرة له لا جهاد عليه؛ لأن الجهاد بذل الجهد، وهو الوسع والطاقة بالقتال، أو المبالغة في عمل القتال، ومن لا وسع له كيف يبذل الوسع والعمل، فلا يفرض على الأعمى والأعرج، والزمن والمقعد، والشيخ الهرم، والمريض والضعيف، والمجنون غير مكلف فلا يجب عليه الجهاد، ولا يتأتى منه والذي لا يجد ما ينفق، [2]، قال الله ـ سبحانه وتعالى ـ ﴿لَّيْسَ عَلَى ٱلْأَعْمَىٰ حَرَجٌ وَلَا عَلَى ٱلْأَعْرَجِ حَرَجٌ وَلَا عَلَى ٱلْمَرِيضِ حَرَجٌ﴾[3]، وقال سبحانه ﴿لَّيْسَ عَلَى ٱلضُّعَفَآءِ وَلَا عَلَى ٱلْمَرْضَىٰ وَلَا عَلَى ٱلَّذِينَ لَا يَجِدُونَ مَا يُنفِقُونَ حَرَجٌ إِذَا نَصَحُواْ لِلَّهِ وَرَسُولِهِۦ مَا عَلَى ٱلْمُحْسِنِينَ مِن سَبِيلٍ وَٱللَّهُ غَفُورٌ رَّحِيمٌ﴾[4].

---

(1) العيص: بالكسر ثم السكون وإهمال الصاد، وهو منبت خيار الشجر. والعيص من السدر والعوسج، وما أشبهه إذا تدانى والتف. وهو مذكور في سرية حمزة بن عبد المطلب الى سيف البحر من ناحية العيص: والعيص: واد لجهينة بين المدينة والبحر، بل هو من أودية ينبع، وليس على ساحل البحر، بل يبعد عنه مسيرة يومين، ولكنه بقرب طريق القوافل التي كانت تذهب إلى الشام مع الطريق الساحلية، ولهذا كان أبو بصير بن سهيل بن عمرو القرشي، لما فرّ من كفار قريش، يترصّد لقوافلهم في ذلك الموضع، وتبعد عن ينبع حوالي (١٥٠) كيلا شمالا، ولا زالت قرية عامرة، في إمارة المدينة. يراجع: المعالم الأثيرة في السنة والسيرة (ص٢٠٤) المؤلف: محمد بن محمد حسن شُرّاب: دار القلم، الدار الشامية ـ دمشق ـ بيروت: الطبعة الأولى ـ ١٤١١ ه: عدد الأجزاء: ١.

(2) بدائع الصنائع في ترتيب الشرائع: علاء الدين، أبو بكر بن مسعود بن أحمد الكاساني الحنفي ج ٧ ص٩٨

(3) سُورَةُ النُّورِ آية/ ٦١

(4) سورة التوبة آية/ ٩١

رفع الله الحرج عن الضعفاء والمرضى، وأصحاب العاهات، ونحوهم وأعفاهم من الجهاد بأنفسهم. وقل مثل هذا فى جميع أوامر الشريعة وأحكامها.. إنها شريعة قائمة على اليسر ورفع الحرج، وفى هذا يقول الله تعالى: «فَاتَّقُوا اللَّهَ مَا اسْتَطَعْتُمْ» أي في حدود ما تحتمل أنفسكم، وما تتسع له طاقاتكم. [1]

يتبن لنا مما سبق أن الجهاد يجب على المسلم، الذكر، البالغ، العاقل، الصحيح الذى يجد من المال ما يكفيه ويكفى أهله حتى يفرغ من الجهاد. فلا يجب على غير المسلم، ولا على المرأة، ولا على الصبى، ولا على المجنون، ولا على المريض، فلا حرج على واحد من هؤلاء فى التخلف عن الجهاد، لأن ضعفهم يحول بينهم وبين الكفاح، وليس لهم غناء يعتد به فى الميدان، وربما كان وجودهم أكثر ضرراً مع قلة نفعه. [2]

فضل الجهاد :

وقد ورد في فضله آيات كثيرة وأحاديث صحيحة. وقد بين الله تعالى في تنزيله فضل الجهاد والمجاهدين، وجزاء الشهادة والشهداء بقوله تعالى: ﴿وَلَا تَحْسَبَنَّ الَّذِينَ قُتِلُوا فِي سَبِيلِ اللَّهِ أَمْوَاتًا بَلْ أَحْيَاءٌ عِندَ رَبِّهِمْ يُرْزَقُونَ﴾[3]، وقوله تعالى ﴿ وَقَاتِلُوا الْمُشْرِكِينَ كَافَّةً كَمَا يُقَاتِلُونَكُمْ كَافَّةً وَاعْلَمُوا أَنَّ اللَّهَ مَعَ الْمُتَّقِينَ ﴾[4]، والآيات في ذلك أكثر من أن تحصى، والإشارة تكفى العاقل. ثم إن الجهاد لا يتعين على الشخص إلا في ثلاث أحوال: في حال مفاجأة العدو محلة المسلمين. وفى تعيين الإمام شخصا قادرا على القتال. وكذلك يتعين في حال النذر[5].

---

(1) التفسير القرآني للقرآن المؤلف: عبد الكريم يونس الخطيب (ت: بعد ١٣٩٠ه) ط: دار الفكر العربي – القاهرة ج٩ ص ١١٠٦

(2) فقه السنة، السيد سابق، الجزء الثالث، السلم والحرب . والمعاملات، مكتبة دار التراث، ٢٢ شارع الجمهورية. القاهرة ص ٢٢

(3) سورة آل عمران آية/ ١٦٩

(4) سورة التوبه آية/ ٣٦

(5) أسهل المدارك «شرح إرشاد السالك في مذهب إمام الأئمة مالك» المؤلف: أبو بكر بن حسن بن عبد الله الكشناوي (المتوفى: ١٣٩٧ ه) ط: دار الفكر، بيروت – لبنان الطبعة: الثانية ج ٢ ص ٤

والجهاد وإن كان يحمل إلى النفس جزع الموت وخشية الهلاك وأفضل العبادات أحمزها أي أشقها[1]. قال سبحانه ﴿كُتِبَ عَلَيْكُمُ ٱلْقِتَالُ وَهُوَ كُرْهٌ لَّكُمْ وَعَسَىٰٓ أَن تَكْرَهُواْ شَيْـًٔا وَهُوَ خَيْرٌ لَّكُمْ وَعَسَىٰٓ أَن تُحِبُّواْ شَيْـًٔا وَهُوَ شَرٌّ لَّكُمْ وَٱللَّهُ يَعْلَمُ وَأَنتُمْ لَا تَعْلَمُونَ﴾[2]، وقال سبحانه ﴿يَٰٓأَيُّهَا ٱلَّذِينَ ءَامَنُواْ هَلْ أَدُلُّكُمْ عَلَىٰ تِجَٰرَةٍ تُنجِيكُم مِّنْ عَذَابٍ أَلِيمٍ * تُؤْمِنُونَ بِٱللَّهِ وَرَسُولِهِۦ وَتُجَٰهِدُونَ فِي سَبِيلِ ٱللَّهِ بِأَمْوَٰلِكُمْ وَأَنفُسِكُمْ ذَٰلِكُمْ خَيْرٌ لَّكُمْ إِن كُنتُمْ تَعْلَمُونَ﴾[3].

وقد ورد في فضله أحاديث صحيحة فعن عبيد الله بن موسى، عن سفيان، عن أبي الزناد، عن الأعرج، عن أبي هريرة قال: قال رسول الله – ﷺ –: «تكفل الله لمن خرج من بيته، لا يخرجه إلا جهاد في سبيل الله، وتصديق كلماته، أن يدخله الجنة، أو يرده إلى مسكنه الذي خرج منه، مع ما نال من أجر، أو غنيمة»[4].

أخبرنا محمد بن يوسف، ثنا مالك بن مغول، عن الأعمش، عن أبي سفيان، عن جابر قال: قيل: "يا رسول الله، أي الجهاد أفضل؟"، قال: «من عقر جواده وأهريق دمه»[5].

وعن عبد الله بن صالح، حدثني إبراهيم بن سعد، عن ابن شهاب، عن ابن المسيب، عن أبي هريرة قال: " سئل رسول الله –ﷺ– أي الأعمال أفضل؟ "، قال: «إيمان بالله ورسوله» قال: قيل: ثم ماذا؟، قال: «ثم الجهاد في سبيل الله» قيل: ثم ماذا؟، قال: «ثم حج مبرور»[6].

---

(1) حاشية العدوي على شرح كفآية الطالب الرباني: أبو الحسن، علي بن أحمد بن مكرم الصعيدي العدوي (المتوفى: ١١٨٩هـ): دار الفكر –بيروت: ١٤١٤هـ – ١٩٩٤م ج٢ ص١٧

(2) سورة البقرة آية/ ٢١٦

(3) سورة الصف آية/ ١٠،١١

(4) رجاله ثقات، وأخرجه البخاري حديث (٣١٢٣).

(5) فيه أبو سفيان طلحة بن نافع، لم يسمع من الأعمش شيئا، وقد روى عنه نحوا من مئة حديث، وإنما يثبت من حديثه ما لا يحفظه من غيره (تهذيب الكمال ١٢ / ٧٩ ت ١) وأخرجه أحمد حديث (١٤٢٣٣).

(6) أخرجه الإمام البخاري في صحيحه حديث (٢٦، ١٥١٩).

ويتبين لنا مما سبق أن الجهاد من أفضل الأعمال إلى الله وفضل الجهاد عظيم، كيف وحاصله بذل أعز المحبوبات وهو النفس وإدخال أعظم المشقات عليه تقربا بذلك إلى الله تعالى وأشق منه قصر النفس على الطاعات على الدوام، ومجانبة هواها ولذا «قال –ﷺ–أورده بعد الحدود لاتحاد المقصود، ووجه الترقي غير خفي» [1].

ومن المتفق عليه أن التولي يوم الزحف من الكبائر [2]، فعن محمد بن إسماعيل، قال: حدثنا عبد العزيز بن عبد الله، قال: حدثني سليمان بن بلال، عن ثور بن زيد، عن أبي الغيث، عن أبي هريرة، أن رسول الله –ﷺ– قال: «اجتنبوا السبع الموبقات» قالوا: يا رسول الله وما هن؟ قال: «الشرك بالله، والسحر، وقتل النفس التي حرم الله إلا بالحق، وأكل الربا، وأكل مال اليتيم، والتولي يوم الزحف، وقذف المحصنات المؤمنات الغافلات» [3].

الحكم الفقهي للجهاد وأدلته الشرعية:

في السنة الثانية من الهجرة فرض الله القتال وأوجبه [4]، بقوله تعالى: ﴿كُتِبَ عَلَيْكُمُ ٱلْقِتَالُ وَهُوَ كُرْهٌ لَّكُمْ وَعَسَىٰ أَن تَكْرَهُوا۟ شَيْـًٔا وَهُوَ خَيْرٌ لَّكُمْ وَعَسَىٰ أَن تُحِبُّوا۟ شَيْـًٔا وَهُوَ شَرٌّ لَّكُمْ وَٱللَّهُ يَعْلَمُ وَأَنتُمْ لَا تَعْلَمُونَ﴾ [5].

---

(1) رد المحتار على الدر المختار: ابن عابدين، محمد أمين بن عمر بن عبد العزيز عابدين الدمشقي الحنفي (المتوفى: 1252ه) دار الفكر-بيروت: الثانية، 1412ه – 1992م ج 4 ص 120

(2) يراجع التفصيل في بيان الكبائر مدراج السالكين لابن القيم الجوزية تحقيق د/ محمد كمال جعفر الهيئة المصرية للكتاب الجزء الأول ص 321

(3) أخرجه النسائي في كتاب الحدود باب رمى المحصنات 8/ 218 واخرجه أبوداود في كتاب الوصايا باب ماجاء في التشديد في اكل مال اليتيم 3/ 115 ح 2874، ومسلم فيي كتاب الايمان باب بيان الكبائر واكبرها 1/ 9 شرح صحيح مسلم ج2 ص264 ح145/ 89

(4) أخرجه الإمام البخاري في صحيحه: 3/ 1025، (ك): الجهاد والسير، (ب): فضل الجهاد والسير، برقم (2631)،

(5) سورة البقرة: آية (216)

ولم يختلف أحد في أن الجهاد كان قبل فتح مكة فرضًا بقوله تعالى: چ ﭑ ﭒ ﭓ چ واختلف هل ذلك باق بعد الفتح؟ [١]؛ فذهب ابن عمر، وابن شبرمة[٢]، والثوري، وسحنون[٣]: أنه ليس اليوم بفرض إلى أن يستنفر الإمام أحدًا، فيجب عليهم[٤].

قال سحنون في كتاب ابنه: كان الجهادُ فرضًا في أول الإسلام، وليس اليومَ بفرض، إلا أن يرى الإمام أن يغزى بعض الناس، فيجب أن يطيعوه، ويكون جهادهم وما يصلحهم من بيت المال.

واستدل على ذلك بقول النبي ﷺ: "لا هجرة بعد الفتح ولكن جهاد ونية، وإذا استنفرتم فانفروا"[٥].

---

(١) التبصرة: علي بن محمد الربعي، أبو الحسن، المعروف باللخمي (المتوفى: ٤٧٨ هـ) وزارة الأوقاف والشؤون الإسلامية، قطرالطبعة: الأولى، ١٤٣٢ هـ - ٢٠١١ م ج ٣ ص ١٣٤٠.

(٢) هو عبد الله بن شبرمة بن طفيل، بن حسان، الضبي، حدث عن أنس بن مالك، وأبي الطفيل عامر بن واثلة، وأبي وائل شقيق، وعامر الشعبي، وحدث عنه: الثوري، والحسن بن صالح، وابن المبارك، وهشيم، وعبد الواحد بن زياد، وسفيان بن عيينة، توفي سنة (١٤٤ هـ)، يراجع: سير أعلام النبلاء (٦/ ٣٤٨) المؤلف: شمس الدين أبو عبد الله محمد بن أحمد بن عثمان بن قَايْماز الذهبي (المتوفى: ٧٤٨هـ): ط: مؤسسة الرسالة: الطبعة: الثالثة، ١٤٠٥ هـ/ ١٩٨٥ م: عدد الأجزاء: ٢٥ (٢٣ ومجلدان فهارس).

(٣) هو عبد السلام بن سعيد بن حبيب التنوخى، الملقب بسحنون باسم طائر شديد لشدته في المسائل. ولد بالقيروان سنة ١٦٠ هـ/ ٧٧٦ م. وبدأ دراسته عند أشهر شيوخ القيروان وهو بهلول بن راشد (المتوفى ١٨٣ هـ/ ٧٩٩ م). سافر إلى أفريقية (تونس) بوصية من شيخه لدراسة المذهب المالكى على علّ بن زياد المتوفى ١٨٣ هـ/ ٧٩٩ م)، ولكنه رحل بعد ذلك إلى مصر ليكمل دراسته على أشهر تلاميذ مالك وهم عبد الرحمن بن القاسم، وابن وهب، وأشهب. ينظر: الأعلام: للزركلي،(٤/ ٥).

(٤) أحكام القرآن، للجصاص: ٤/ ٣١١.

(٥) أخرجه الإمام البخاري في صحيحه: ٣/ ١٠٢٥، (ب) فضل الجهاد والسير، من (ك) الجهاد والسير، برقم (٢٦٣١)،

ويرى الباحث: أن الجهاد لا يكون إلا في سبيل الله وإعلاء كلمة الله والجهاد لا يسمى جهاداً حقيقياً إلا إذا قصد به وجه الله، واريد به إعلاء كلمته، ورفع راية الحق، ومطاردة الباطل، وبذل النفس في مرضاة الله، فإذا أريد به شيء دون ذلك من حظوظ الدنيا فإنه لا يسمى جهاداً على الحقيقة. فمن قاتل ليحظى بمنصب، أو يظفر بمغنم، أو يظهر شجاعة، أو ينال شهرة، فإنه لا نصيب له من الأجر، ولا حظ له في الثواب وذلك لقول النبي –ﷺ– {من قاتل لتكون كلمة الله هي العليا فهو فى سبيل الله }[1].

الحرب فى القانون الدولي :

ما من شك في أن حالة الحرب War Status تعـد حالة واقعية وليست حالة قانونية في ظل القانون الدولي المعاصر الذى ينص على التحريم المطلق للحرب أو لاستخدام القوة أو حتى التهديد بها، رغم تراوح الموقف الدولي منها في فترة ما قبل التنظيم الدولي وحتى في ظل التنظيـم الدولـي التقليـدي، فهنـاك مرحلـة زمنيه.

سبقت نشوء التنظيم الدولي كانت فيها الحرب أمرا مباحا ووسيلة من وسائل تحقيق الأهداف القومية والأطماع التوسعية للدولة، ثم جاءت المرحلة الحديثة أو المعاصرة والتي بدأت بدخول العالم عصر التنظيم الدولي الحديث بنشوء منظمة الأمم المتحدة كمنظمة دولية عالمية هدفها الأول القضاء على الحروب وعلى جميع صور استخدام القوة أو التهديد باستخدامها والمحافظة على السلم والأمن الدوليين[2].

ولـذلك ذكر فقهـاء القانـون الدولـي تعاريـف عديـدة للحـرب، إلا أنهـا تتفـق في معنـاهـا، حيـث تـم تعريـف الحـرب في القانـون بأنهـا ((صـراع بـين القـوات المسـلحة لكـل مـن

____

(١) فقه السنة، السيد سابق، الجزء الثالث، السلم والحرب ـ المعاملات، مكتبة دار التراث ـ ٢٢ شارع الجمهورية – القاهرة ص ٢٩

(٢) المعجم الوسيط فى شرح وتبسيط قواعد القانون الدولي العام مقارنا بأحكام شريعة الإسلام للدكتور/ رجب عبد المنعم متولى ١٤٢٩هـ – ٢٠٠٩م ص ٥١٢

الفريقين المتنازعين، يرمي كل منهما إلى صيانة حقوقه ومصالحه في مواجهة الطرف الآخر))[1].

وعرفها الدكتور محمد حافظ غانم بأنها ((الحرب صراع مسلح بين دولتين أو أكثر ينظمه القانون الدولي، ويكون الغرض منه الدفاع عن المصالح الوطنية للدول المتحاربة))[2].

وتم تعريفها أيضا بأنها: الحالة القانونية التي تتولد عن نشوب كفاح مسلح بين القوات المسلحة لدولتين أو أكثر، مع توفر نية إنهاء العلاقات السلمية

بين إحدى هذه الدول أو لديها جميعا[3].

وعرفها شارل روسو: بأنها صراع مسلح بين دولتين أو أكثر بهدف تغليب وجهة نظر سياسية[4].

يتضح من هذا التعريف استخلاص عدة عناصر للحرب وهي:

أولا: أطراف النزاع أو الصراع.

حيث يتبن لنا مما سبق أن أطراف النزاع يكون بين دولتين لأن الحرب في نظر القانون الدولي التقليدي هي حالة قانونية لا تنشأ إلا بين الدول، وأن الحرب علاقة دولية، إلا أن الفقه الدولي الحديث يوسع من نطاق هذه الدائرة لتشمل الاضطرابات الداخلية بالنضال المسلح

---

(١) د/ على صادق أبوهيف، القانون الدولي العام، الطبعة الثانية عشرة، مطبعة الكاتب المصري، ١٩٧٥م صـ ٧٧٧، ط منشاة المعارف بالإسكندرية، جلال حزى وشركاه.

(٢) مبادىء القانون الدولي العام، للدكتور/ محمد حافظ غانم، مطبعة مصر، القاهرة، ١٩٦٤م ص ٦٥٨.

(٣) أحكام الأسرى والسبايا في الحروب الإسلامية، للأستاذ الدكتور/ عبد اللطيف عامر ص ٣٣ فيما بعدها.

(٤) شارل روسو، القانون الدولي العام، ط: الدار الأهلية للنشر والتوزيع، بيروت، ١٩٨٢م صـ٣٣٥، وترجمه إلى العربية عبد المحسن سعد، وشكر الله خليفة.

ومعظم صور الاشتباكات المسلحة سواءً أكان أطرافها دولاً ذات سيادة تامة أم ناقصة، أم كانت حروباً أهلية' أم اشتركت فيها حركات التحرر الوطني.

ونظرا لتطور المجتمع الدولي فقد استجدت حالات أخرى من صور استعمال القوة، ومنها حالات القمع التي تضطلع بها الأمم المتحدة، بناء على قرار يصدره مجلس الأمن حفاظا على السلم والأمن الدوليين، وهذه الصورة لا ينطبق عليها مفهوم الحرب في الفقه الدولي التقليدي لأن الأمم المتحدة لا تعتبر دولة بالمعنى القانوني[1].

وحرص الفقه الدولي الحديث على معالجة هذا النقص، ونادى بضرورة تطبيق قوانين وأعراف الحرب على كافة صور المنازعات المسلحة الدولية وغير الدولية، فلم يشترط أن يكون الصراع المسلح بين دولتين بل يكتفى بوجود هذا النزاع[2].

وحيث أن الاتجاه الحديث يميل إلى التوسع في مدلول الحرب، بحيث يُخضع لحكمها كل قتال مسلح على نطاق واسع، حتى ولو كان القتال يدور بين جماعات لا تتمتع بوصف الدولة[3]. مثال ذلك: التدخل السوفيتي في أفغانستان في ثمانينات القرن الماضي. والتدخل الأمريكي في الصومال عام ١٩٩٤م، وكذلك تدخل أمريكا والدول الكبرى وإسرائيل فى شؤون لبنان.

ثانياً: القتال أو الصراع المسلح:

قصد به استعمال القوة واللجوء إليها، واستعمال وسائل العنف وذلك لتحقيق غرض معين، والإكراه المتوفر لديها لفض منازعتها وتغليب وجهات نظرها. وذلك ببدء الحرب وتطور أساليب ووسائل القتال بتطور تكنولوجيا التسليح فاختلف القتال في البحر عن الحرب أو

---

(١) المادة ٤٢ من ميثاق الأمم المتحدة الصادر سنة ١٩٤٥م إثر انتهاء الحرب العالمية الثانية.

(٢) عز الدين فودة، شرعية المقاومة فى الأرض المحتلة، بحث منشور فى المجلد الأول من دراسات القانون الدولى، الجمعية المصرية للقانون الدولى القاهرة، ١٩٦٩م صـ٢

(٣) كونز kuns، قوانين الحرب، المجلة الأمريكية للقانون الدولى، عدد أبريل ١٩٥٦م ص ٣١٣.

القتال في البحر وكلاهما أضحى مختلفا عن القتال الذى يدور في الجو أو في الفضاء الجوي، وأيا كان القتال وأسلوبه أو الحرب ترتب العديد من الإكراه والمنازعات واستعمال القوة، ومن المؤكد أن اللجوء إلى الحرب أثاراً عدة سواء على مواطني الدولة المحاربة المقيمين فيها، وعلى رعايا العدو وعلى رعايا الدول المحايدة.

ثالثاً: الغرض:

قد يكون الغرض من الحرب هو الطريق لفرض سياسة معينة، ولإجبار الخصم على القبول بحل معين، كما أنها قد تكون وسيلة لتنفيذ الالتزامات الدولية بالقوة والإكراه، أو المصلحة التي تنوى الدولة المحاربة تحقيقها[1].

وقد يكون الغرض منها أيضا أن تحقق الدولة المحاربة مصالحها الوطنية، وهذا ما يميز الحرب التقليدية عن الإجراءات الحربية التأديبية التي تقوم بها الدول تحت إشراف المنظمات الدولية والتي يطلق عليها اسم إجراءات القمع[2].

رابعاً: وجه المقارنه بين عناصر الحرب في الفقه الإسلامى والقانون الدولى.

باستقراء جملة العناصر السابقة عن الحرب في الفقه الإسلامى والقانون الدولى يتبين لنا التباين والإتفاق حول عناصر الحرب في كل منهما.

فمن حيث مدلول الحرب في القانون الدولى أن الحرب لا تكون إلا بين دولتين أو أكثر، وأن النضال المسلح الذى يقوم بين جماعتين داخل دولة واحدة، أو بين دولة وجماعة أخرى مسلحة لا يعد حرب بمدلولها في القانون الدولى.

---

(١) يراجع: بحث بعنوان الحرب في نطاق القانون الدولى، للاستاذ الدكتور/ حامد سلطان، المجلة المصرية للقانون الدولى، المجلد الخامس والعشرون، ١٩٦٩م، ص١

(٢) أحكام الأسرى والسبايا في الحروب الإسلامية، للأستاذ الدكتور/ عبد اللطيف عامر ص ٣٣.

ولكن هذا المدلول يتغير فى الإسلام بتغير نظرة هذا الدين إلى الحرب وعلاقتها بالعقيدة، فكل خلاف حول هذه العقيدة يؤدى إلى صدام مسلح فهو حرب، سواء أكانت هذه الحرب بين أبناء أمة من جنس واحد كغزوات النبى صلى الله عليه وسلم مع قومه من قريش أو حرب أبى بكر للمرتدين، أم كانت بين دولة ودولة أو أمة وأمة كحروب المسلمين مع الفرس والروم وغيرهم.

وفى مجال هذا الصدام المسلح، وردت فى القرآن ألفاظ تلتقى كلها فى معنى واحد هو القتال بمعناه المعروف، ولكنها تختلف فى إيحاءاتها النفسية كما اختلفت فى دلالاتها اللفظيه، كما بينا سابقاً ومنها، الجهاد، والعزو، والحرب، والفتح، والقتال، والأحتلال الحربى.

وإذا كانت الحرب فى الفقه الإسلامى قد أتخذت صوراً أربع وهى قتال أهل الشرك وأهل الردة وأهل البغى وقاطعى الطريق، فإن القانون الدولى وإن لم يعرف تلك الصور إلا أنه يتفق مع الفقه الإسلامى فى أن الحرب قد تتخذ الطابع غير الدولى كصراع مسلح بين قوتين مسلحتين تابعتين لدولتين أو أكثر وقد تتخذ الطابع غير الدولى كصراع بين فئتين داخل إطار الدولة الواحدة أو ما يعرف بالنزاعات الأهلية أو التوترات الداخلية وهى بالمفهوم الدقيق حروب إقليمية.

والحرب والجهاد فى الفقه الإسلامى لا يكون إلا في سبيل الله وإعلاء كلمة الله والجهاد لا يسمى جهاداً حقيقياً إلا إذا قصد به وجه الله، واريد به إعلاء كلمته، ورفع راية الحق، ومطاردة الباطل، وبذل النفس في مرضاة الله، فإذا أريد به شيء دون ذلك من حظوظ الدنيا فإنه لا يسمى جهاداً على الحقيقة. فمن قاتل ليحظى بمنصب، أو يظفر بمغنم، أو يظهر شجاعة، أو ينال شهرة، فإنه لا نصيب له من الأجر، ولا حظ له في الثواب وذلك لقول النبي –ﷺ– {من قاتل لتكون كلمة الله هي العليا فهو فى سبيل الله } أما فى القانون الدولى يكون الغرض من الحرب هو الطريق لفرض سياسة معينة، ولإجبار الخصم على القبول بحل معين، كما أنها قد تكون وسيلة لتنفيذ الالتزامات الدولية بالقوة والإكراه، أو المصلحة التي تنوى الدولة المحاربة تحقيقها.

وقد تبين لنا أنه يوجد تباين حول تحديد أطراف العلاقات الدولية عند قيام النزاع المسلح فهى فى القانون الدولى أشخاص القانون الدولى الذين يخاطبون لأحكامه فى حين ينقسم العالم إلى دار حرب ودار إسلام فى الفقه الإسلامى، وكان لهذا التباين أثر عند تحديد مفهوم النزاع المسلح ذو الطابع الدولى إذ يتحددمفهوم دار الإسلام بتلك الدار التى انسحب عليها حكم الإسلام وسلطانه على نحو تنتظم معه وفى إطار كافة الكيانات السياسية بإعتبار الحدود بين الدول الإسلامية مفهوم سياسى لا دينى على نحو يعد ما ينشأ بينها من صراعات نزاعات داخلية، فى حين تعد فى مفهوم القانون الدولى صراعات ذات طابع دولى.

المبحث الثانى - مشروعية الحرب [الجهاد] فى الفقه الإسلامي

أخذ بعض الناس، وخاصة الشباب منهم يخلط بين القتال المذموم والجهاد المشروع، ويختلط عليهم الأمر فأخذ يفتى أن ما هم فيه من إرهاب ورعب هو ذاته الجهاد الذى رفع الله به أقواماً درجات، وهنا اختلط والتبس الأمر بين القتال المذموم والجهاد المشروع، في أذهان بعض الناس، فساءت صورة الإسلام في أذهان الكفرة وأعداء الدين الإسلامي، وأخذوا يتهمون الإسلام بأنه دين رعب واعتداء لادين سلام وأمان.

ولما كان الأمر كذلك فإن الفقهاء قد أطنبوا الحديث في الباعث على القتال في الإسلام والرد على المستشرقين والمتنطعين الذين ادعوا أن الإسلام انتشر بالسيف وقد اتخذ هؤلاء مسالك عدة انتهت جميعا الى مبادئ متشابهة.

ويقول ابن خلدون:[1] (إن الحرب وأنواع المقاتلة لم تزل واقعة في الخليقة منذ بَرَأَهَا الله، واصلها إرادة انتقام بعض البشر من بعض ويتعصب لكل منها أهل عصبية، فإذا تذامروا لذلك وتوافقت الطائفتان، إحداهما تطلب الانتقام والأخرى تدافع كانت الحرب، وهو أمر طبيعى في البشر لاتخلو عنه أمة ولاجيل، وسبب هذا الانتقام في الأكثر إما غيرة ومنافسة، وإما عدواناً وإما غصباً لله ولدينه، وإما غصباً للملك وسعى في تمهيده)[2].

───────────────────

(١) هو عبد الرحمن بن محمد بن محمد، ابن خلدون أبو زيد، ولد في عام ٧٣٢هـ. ولي الدين الحضرمي الإشبيلي، من ولد وائل بن حجر. الفيلسوف المؤرخ، العالم الاجتماعي البحاثة، أصله من إشبيلية، ومولده ومنشأه بتونس، رحل إلى العديد من بلاد العالم وتولى أعمالاً، ثم توجه إلى مصر فأكرمه سلطانها الظاهر برقوق، وولي فيها قضاء المالكية، ولم يتزين بزي القضاة محتفظاً بزي بلاده، وعزل، وأعيد، وتوفي فجأة في القاهرة. ٨٠٨ هـ كان فصيحاً، جميل الصورة، عاقلاً، صادق اللهجة، عزوفاً عن الضيم، طامحاً للمراتب العالية، ولما رحل إلى الأندلس اهتز له سلطانها، وأركب خاصته لتلقيه، وأجلسه في مجلسه. اشتهر بكتابه (العبر وديوان المبتدأ والخبر) تنظر ترجمته: الأعلام (٣ /٣٣٠) المؤلف: خير الدين بن محمود بن محمد بن علي بن فارس، الزركلي الدمشقي (المتوفى: ١٣٩٦هـ) الناشر: دار العلم للملايين: الطبعة: الخامسة عشر - أيار/ مايو ٢٠٠٢م.

(٢) مقدمة ابن خلدون ص ٢٧٠/ ٢٧١.

ولذلك نظر الإسلام إلى الحرب نظرة مختلفة عن تلك الطبيعة البشرية وجردها من الأهواء والمطامع فجعلها محصورة في إعلاء كلمة الله وتبليغ الدعوة ولم يجعلها سببا لحمل الناس على اعتناق الإسلام أو إكراه أحد أو فتنه في ماله أو عرضه.

ومكث رسول الله ﷺ سنوات دعوته في مكة وظل يدعو الناس إلى توحيد الله وتقرير أمور الإيمان، صابرًا على ما يلقاه من أذى المشركين هو ومن آمن معه، حتى أذن الله –ﷻ– بالهجرة الأولى، فهاجر من هاجر من المسلمين إلى الحبشة.

ثم جاء أمر الله تعالى لرسوله بالهجرة إلى المدينة، وذلك لما أراد الله إظهار دينه وإنجاز وعده، ونصر نبيه، أمره الله تعالى بالهجرة إلى المدينة، فاستقر صلوات الله وسلامه عليه، وأيده الله بنصره وبعباده المؤمنين، فمنعه أنصار الله وكتيبة الإسلام من الأسود والأحمر، وبذلوا نفوسهم دونه، وقدموا محبته على محبة الآباء والأبناء والأزواج. وكان أولى بهم من أنفسهم؛ فرمتهم العرب واليهود عن قوس واحدة وشمروا

لهم عن ساق العداوة والمحاربة، وصاحوا بهم من كل جانب، أذن الله لهم حينئذ في القتال، ولم يفرضه عليهم، فقال: تعالى ﴿أُذِنَ لِلَّذِينَ يُقَٰتَلُونَ بِأَنَّهُمْ ظُلِمُواْ وَإِنَّ ٱللَّهَ عَلَىٰ نَصْرِهِمْ لَقَدِيرٌ﴾[1]

وعلى ذلك فقد مرت مشروعية الحرب في الإسلام بعدة مراحل وهى التالية:

المرحلة الأولى: المنع من القتال (الصفح والإعراض)

حيث كان المسلمون في أول الإسلام ممنوعين من قتال الكفار مأمورين بالصبر عليهم لحكمة إلهية. وبيانه أن رسول الله – ﷺ – كان في الابتداء مأمورا بالصفح والإعراض عن المشركين[2]، بقوله تعالى ﴿فَٱصْفَحِ ٱلصَّفْحَ ٱلْجَمِيلَ﴾[3].

---

(١) سورة الحج آية/ ٣٩

(٢) العناية شرح الهداية المؤلف: محمد بن محمد بن محمود، أكمل الدين أبو عبد الله ابن الشيخ شمس الدين ابن الشيخ جمال الدين الرومي البابرتي (المتوفى: ٧٨٦هـ) ط: دار الفكر ج ٥ ص ٤٤١

(٣) سورة الحجر آية/ ٨٥

وقوله تعالى: ﴿ ٱتَّبِعْ مَآ أُوحِيَ إِلَيْكَ مِن رَّبِّكَ لَآ إِلَٰهَ إِلَّا هُوَ وَأَعْرِضْ عَنِ ٱلْمُشْرِكِينَ ﴾ [1]، ثم أمر بالدعاء إلى الدين بالموعظة والمجادلة بالأحسن بقوله تعالى﴿ٱدْعُ إِلَىٰ سَبِيلِ رَبِّكَ بِٱلْحِكْمَةِ وَٱلْمَوْعِظَةِ ٱلْحَسَنَةِ وَجَٰدِلْهُم بِٱلَّتِي هِيَ أَحْسَنُ ﴾ [2].

فكان النبى ﷺ فى هذه المرحلة لم يؤذن له فى الحرب ولم تحل له الدماء، وإنما أمر بالدعوة إلى الله والصفح والإعراض عن الجاهل والصبر على الأذى مدة عشرة أعوام، وذلك لإقامة حجة الله تعالى عليهم، ووفاء بوعده ﷻ.

وعن ابن عباس ﵁ أن عبد الرحمن بن عوف وأصحاباً له أتوا النبى ﷺ بمكة فقالوا: يارسول الله إنا كنا فى عز ونحن مشركون فلما آمنا صرنا أذلة: ((فقال ﷺ إنى أمرت بالعفو فلا تقاتلوا)) [3].

وهذا هو الذي استقر عليه أمر الجهاد وكان رسول الله ﷺ في ابتداء الأمر مأمورا بالصفح والإعراض عن المشركين والصبر على الأذى [4].

المرحلة الثانية: الإذن بالقتال:

وبعد المرحلة الأولى وهى المنع من القتال والصفح والإعراض عن المشركين والصبر على الأذى، فكان النبى ﷺ فى هذه المرحلة لم يؤذن له فى الحرب ولم تحل له الدماء، وإنما أمر بالدعاء إلى الله والصفح والإعراض عن الجاهل؛ ثم أمر بالدعوة إلى الدين بأنواع من الطرق

---

(١) سورة الأنعام آية/ ١٠٦

(٢) سورة النحل آية/ ١٢٥

(٣) النسائى، أحمد ابن شعيب، سنن النسائى، كتاب الجهاد، باب وجوب الجهاد، حديث رقم ٣٠٨٨، ص ٤٤٩ بيروت، الطبعة الأولى، ١٤٢٠هـ ١٩٩٩م.

(٤) تبيين الحقائق شرح كنز الدقائق وحاشية الشَّلْبِيِّ، المؤلف: عثمان بن علي بن محجن البارعي، فخر الدين الزيلعي الحنفي (ت: ٧٤٣ هـ) ط: المطبعة الكبرى الأميرية - بولاق، القاهرة، الطبعة: الأولى، ١٣١٣ هـ ج ٣ ص ٢٤١

المستحسنة[1]، حيث قال الله تعالى ﴿ ٱدۡعُ إِلَىٰ سَبِيلِ رَبِّكَ بِٱلۡحِكۡمَةِ وَٱلۡمَوۡعِظَةِ ٱلۡحَسَنَةِ وَجَٰدِلۡهُم بِٱلَّتِي هِيَ أَحۡسَنُ إِنَّ رَبَّكَ هُوَ أَعۡلَمُ بِمَن ضَلَّ عَن سَبِيلِهِ ﴾[2]، ثم أمر بالمجادلة إذا كانت البداية منهم. فقال تعالى ﴿ أُذِنَ لِلَّذِينَ يُقَٰتَلُونَ بِأَنَّهُمۡ ظُلِمُواْ وَإِنَّ ٱللَّهَ عَلَىٰ نَصۡرِهِمۡ لَقَدِيرٌ ﴾[3] أي أذن لهم بالدفع والمجادلة بالحسنى[4].

((وأن الإسلام لا يأذن بالقتال في سبيل الحق الإلهى إلا إذا استنفد دعاته كل مايستطيعون من وسائل أخرى لتبليغ الدعوة، وإلا إذا عرضوا جميع مالديهم من صور الجهاد التى شرعها الإسلام قبل أن يصل الموقف إلى مرحلة القتال ونشوب الحرب، وإلا إذا أصبحوا في حالة لايملكون معها الحركة الحرة في توجيه الدعوة سيرها في طريق الأمن والسلام))[5]، وحيث إن هذه المرحلة أذن الله لهم حينئذ في القتال، ولم يفرضه عليهم حيث قال الله تعالى ﴿ أُذِنَ لِلَّذِينَ يُقَٰتَلُونَ بِأَنَّهُمۡ ظُلِمُواْ وَإِنَّ ٱللَّهَ عَلَىٰ نَصۡرِهِمۡ لَقَدِيرٌ ﴾[6]، أى: أن الله قادر على نصر عباده المؤمنين من غير قتال، ولكن الله يريد أن يبذلوا جهدهم في طاعته والقتال لإعلاء كلمة الله سبحانة وتعالى بدليل قوله تعالى ﴿ فَإِذَا لَقِيتُمُ ٱلَّذِينَ كَفَرُواْ فَضَرۡبَ ٱلرِّقَابِ حَتَّىٰٓ إِذَآ أَثۡخَنتُمُوهُمۡ فَشُدُّواْ ٱلۡوَثَاقَ فَإِمَّا مَنًّا بَعۡدُ وَإِمَّا فِدَآءً حَتَّىٰ تَضَعَ ٱلۡحَرۡبُ أَوۡزَارَهَا ذَٰلِكَ وَلَوۡ يَشَآءُ ٱللَّهُ لَٱنتَصَرَ مِنۡهُمۡ وَلَٰكِن لِّيَبۡلُوَاْ بَعۡضَكُم بِبَعۡضٍ وَٱلَّذِينَ قُتِلُواْ فِي سَبِيلِ ٱللَّهِ فَلَن يُضِلَّ أَعۡمَٰلَهُمۡ ﴾[7].

____

(1) درر الحكام شرح غرر الأحكام، المؤلف: محمد بن فرامرز بن علي الشهير بملا – أو منلا أو المولى – خسرو (المتوفى: 885هـ) ط: دار إحياء الكتب العربية – ج 1 – ص 282

(2) سورة النحل آية/ 125

(3) سورة الحج آية/ 39

(4) البناية شرح الهداية، للإمام: أبو محمد محمود بن أحمد بن موسى بن أحمد بن حسين الغيتابى الحنفى بدر الدين العينى (ت: 855هـ) ط: دار الكتب العلمية– بيروت، لبنان، الطبعة: الأولى، 1420هـ–2000 م ج 7– ص95

(5) موسوعة سماحة الإسلام الجزء 2 صـ 730

(6) سورة الحج آية 39

(7) سورة محمد آية 4

ولكن مرحلة الإذن بالقتال حصلت بعد أن استقر الرسول ﷺ والمسلمون وأصحابه في المدينة المنورة، وأصبح أعداد المسلمين في تزايد، أصبحت شوكة المسلمين تقوى، في هذه المرحلة أذن لهم بالقتال ولم يوجبه عليهم رداً للعدوان[1].

المرحلة الثالثة: مرحلة الأمر بقتال الذين قاتلوا النبي ﷺ.

جاءت مرحلة الأمر بقتال الذين قاتلوا النبي ﷺ وأصحابه والمسلمين بعد مرحلة الإذن بالقتال، أى أن الله فرض عليهم القتال لمن قاتلهم دون من لم يقاتلهم، فقال ﷻ ﴿ وَقَٰتِلُوا۟ فِى سَبِيلِ ٱللَّهِ ٱلَّذِينَ يُقَٰتِلُونَكُمْ وَلَا تَعْتَدُوٓا۟ إِنَّ ٱللَّهَ لَا يُحِبُّ ٱلْمُعْتَدِينَ ﴾[2].

قال ابن كثير في تفسير هذه الاية: ((لما نزلت هذه الآية كان النبي ﷺ يقاتل من قاتله، ويكف عمن كف عنه، حتى نزلت سورة براءة))[3]، ثم أنزل الله ﷻ براءة الأمر بنبذ العهود، وأمرهم سبحانه بقتال المشركين كافة، وأمر بقتال أهل الكتاب إذا لم يسلموا حتى يعطوا الجزية عن يد وهم صاغرون.

وأن الله لم يبح لهم ترك قتالهم، وإن سالموهم وهادنوهم هدنة مطلقة مع إمكان جهادهم، فكان القتال ممنوعاً ثم مأذوناً به، ثم مأموراً به لمن بدأهم بالقتال، ثم مأموراً به لجميع المشركين.

ويقول ابن تيمية ((وكانت سيرته ﷺ: أن كل من هادنه من الكفار لم يقاتله، وهذه كتب السير، والحديث، والتفسير، والفقه، والمغازى تنطق بهذا، وهذا متواتر من سيرته ﷺ، فهو لم يبدأ أحداً بقتال.))[4]

---

(١) آداب الحرب في الفقه الإسلامى والقانون الوضعى، الطيار على بن عبد الرحمن، بيروت، الطبعة الأولى، عام ١٤٢٤ هـ - ص (٦٠)

(٢) سورة البقرة آية (١٩٠)

(٣) يراجع تفسير ابن كثير، ص(٢١١)

(٤) الرسائل المفيدة في أصول الدين وفروعة، رسالة القتال ص(١٢٥).

ثم أمر بالقتال ابتداء في بعض الأزمان لقول الله تعالى ﴿ فَإِذَا ٱنسَلَخَ ٱلْأَشْهُرُ ٱلْحُرُمُ فَٱقْتُلُواْ ٱلْمُشْرِكِينَ حَيْثُ وَجَدتُّمُوهُمْ وَخُذُوهُمْ وَٱحْصُرُوهُمْ وَٱقْعُدُواْ لَهُمْ كُلَّ مَرْصَدٍ ﴾[1]،

وأن قتل الشيوخ الكبار، والصبيان والنساء ونحوهم محرم، لأن القتال هو لمن يقاتلنا، إذا أردنا إظهار الدين كما في قول الله تعالى في سورة البقرة وسبق ذكرها قال تعالى ﴿ وَقَٰتِلُواْ فِي سَبِيلِ ٱللَّهِ ٱلَّذِينَ يُقَٰتِلُونَكُمْ وَلَا تَعْتَدُوٓاْ إِنَّ ٱللَّهَ لَا يُحِبُّ ٱلْمُعْتَدِينَ ﴾[2]، ومن لم يمنع المسلمين من إقامة دين الله لم تكن مضرة كفره إلا على نفسه. [3]

المرحلة الرابعة: الأمر بقتال المشركين كافة.

وفي هذه المرحلة تحددت الأحكام النهائية في علاقة الدولة الإسلامية بغيرها من الدول، حينئذ فرض الله قتال جميع المشركين ابتداء. وقد كان رسول الله ﷺ كما ذكرنا آنفاً مأمورا في الابتداء بالصفح والإعراض عن المشركين قال الله تعالى ﴿ وَإِنَّ ٱلسَّاعَةَ لَآتِيَةٌ فَٱصْفَحِ ٱلصَّفْحَ ٱلْجَمِيلَ ﴾[4]، وقال تعالى ﴿ ٱتَّبِعْ مَآ أُوحِيَ إِلَيْكَ مِن رَّبِّكَ لَآ إِلَٰهَ إِلَّا هُوَ وَأَعْرِضْ عَنِ ٱلْمُشْرِكِينَ ﴾[5]، ثم أمر بالدعوة إلى الدين بالوعظ والمجادلة بالأحسن فقال تعالى ﴿ ٱدْعُ إِلَىٰ سَبِيلِ رَبِّكَ بِٱلْحِكْمَةِ وَٱلْمَوْعِظَةِ ٱلْحَسَنَةِ وَجَٰدِلْهُم بِٱلَّتِي هِيَ أَحْسَنُ إِنَّ رَبَّكَ هُوَ أَعْلَمُ بِمَن ضَلَّ عَن سَبِيلِهِ وَهُوَ أَعْلَمُ بِٱلْمُهْتَدِينَ ﴾[6]، ثم أمر بالقتال إذا كانت البداية منهم[7] فقال تعالى: ﴿ أُذِنَ لِلَّذِينَ يُقَٰتَلُونَ بِأَنَّهُمْ ظُلِمُواْ وَإِنَّ ٱللَّهَ عَلَىٰ نَصْرِهِمْ

---

(١) سورة التوبة آية (٥)

(٢) سورة البقرة آية (١٩٠)

(٣) مجموع الفتاوى ٢٨ ـ ص (٣٥٤ ـ ٣٥٥)

(٤) سورة الحجر آية (٨٥)

(٥) سورة الانعام آية (١٠٦)

(٦) سورة النحل آية (١٢٥)

(٧) المبسوط: محمد بن أحمد بن أبي سهل شمس الأئمة السرخسي (ت: ٤٨٣هـ)، دار المعرفة ـ بيروت، تاريخ النشر: ١٤١٤هـ ـ ١٩٩٣م ، ج ١٠ ص ٢

لَقَدِيرٌ ﴾[1]: أي أذن لهم في الدفع وقال تعالى ﴿ وَٱقْتُلُوهُمْ حَيْثُ ثَقِفْتُمُوهُمْ وَأَخْرِجُوهُم مِّنْ حَيْثُ أَخْرَجُوكُمْ وَٱلْفِتْنَةُ أَشَدُّ مِنَ ٱلْقَتْلِ وَلَا تُقَٰتِلُوهُمْ عِندَ ٱلْمَسْجِدِ ٱلْحَرَامِ حَتَّىٰ يُقَٰتِلُوكُمْ فِيهِ فَإِن قَٰتَلُوكُمْ فَٱقْتُلُوهُمْ كَذَٰلِكَ جَزَآءُ ٱلْكَٰفِرِينَ ﴾[2]، وقال تعالى: ﴿ وَإِن جَنَحُوا۟ لِلسَّلْمِ فَٱجْنَحْ لَهَا وَتَوَكَّلْ عَلَى ٱللَّهِ إِنَّهُۥ هُوَ ٱلسَّمِيعُ ٱلْعَلِيمُ ﴾[3]، ثم أمر بالبداية بالقتال فقال تعالى: ﴿ وَقَٰتِلُوهُمْ حَتَّىٰ لَا تَكُونَ فِتْنَةٌ وَيَكُونَ ٱلدِّينُ لِلَّهِ فَإِنِ ٱنتَهَوْا۟ فَلَا عُدْوَٰنَ إِلَّا عَلَى ٱلظَّٰلِمِينَ ﴾[4]، وقال تعالى: ﴿ فَإِذَا ٱنسَلَخَ ٱلْأَشْهُرُ ٱلْحُرُمُ فَٱقْتُلُوا۟ ٱلْمُشْرِكِينَ حَيْثُ وَجَدتُّمُوهُمْ وَخُذُوهُمْ وَٱحْصُرُوهُمْ وَٱقْعُدُوا۟ لَهُمْ كُلَّ مَرْصَدٍ فَإِن تَابُوا۟ وَأَقَامُوا۟ ٱلصَّلَوٰةَ وَءَاتَوُا۟ ٱلزَّكَوٰةَ فَخَلُّوا۟ سَبِيلَهُمْ إِنَّ ٱللَّهَ غَفُورٌ رَّحِيمٌ ﴾[5].

وقال رسول الله –ﷺ– «أمرت أن أقاتل الناس حتى يقولوا لا إله إلا الله فإذا قالوها فقد عصموا مني دماءهم وأموالهم إلا بحقها وحسابهم على الله»[6]، فاستقر الأمر على فرضية الجهاد مع المشركين وهو فرض قائم إلى قيام الساعة. [7]

وعن أبى هريرة –ﷺ– قال، قال رسول الله –ﷺ–: ((من مات ولم يغزُ ولم يحدث نفسه بغزو، مات على شعبة من نفاق))[8]، وعن أبي الزناد، عن الأعرج، عن أبي هريرة، عن رسول الله –

---

(1) سورة الحج آية (٣٩)

(2) سورة البقرة آية (١٩١)

(3) سورة الأنفال آية (٦١)

(4) سورة البقرة آية (١٩٣)

(5) سورة التوبة آية (٥)

(6) أخرجه الإمام مسلم فى صحيحه، (ك) الإيمان، (ب) الأمر بقتال الناس حتى يقولوا لا إله إلا الله محمد رسول الله، ص ٤٣ حديث رقم (٢٠).

(7) المبسوط: للسرخسي مرجع سابق ، ج ١٠ ص ٣

(8) أخرجه الإمام مسلم فى صحيحه، (ك) الإمارة، (ب) ذم من مات ولم يغز، ولم يحدث نغسه بالغزو، حديث رقم – ١٩١٠ ت ص ٧٩٢

ﷺ -، قال: «مثل المجاهد في سبيل الله، كمثل الصائم القائم الدائم الذي لا يفتر من صلاة، ولا صيام، حتى يرجع»(١).

ويتبين لنا مما سبق: أن الجهاد في الإسلام لم يشرع إلا لضرورة، والضرورة تقدر بقدرها، ووفق قواعد وأسس محددة الغاية، فالغاية من الجهاد: هو اعلاء كلمة الله وأن يكون دين الله هو الظاهر على سائر الأديان بالدعوة إلى الله، ولا يجوز أن يقاتل من لم تبلغه دعوة الإسلام، إلا بعد أن يدعوهم ويستحب أن يدعو من بلغته الدعوة، ولا يجب ذلك، وإن أبوا استعانوا بالله تعالى عليهم وحاربوهم. (٢)، وإن امتنعوا عن الإسلام (دعوهم إلى أداء الجزية) إذا كانوا ممن تقبل منهم الجزية، بخلاف من لا تقبل منهم كالمرتدين وعبدة الأوثان من العرب، فإنه لا فائدة في دعائهم إلى قبول الجزية، لأنه لا يقبل منهم إلا الإسلام، قال الله تعالى {تقاتلونهم أو يسلمون}، هداية (فإن بذلوها) أي قبلوا بذلها كانوا ذمة للمسلمين (فلهم ما للمسلمين وعليهم ما عليهم) لأنهم إنما بذلوها لذلك. (٣)

ومتى لم تقم دواعي الجهاد بتحقيق الغرض منه دون قتال، فلا ضرورة له لأن الأصل في العلاقة بين المسلمين وغيرهم من الدول هي السلم وليست الحرب، وذلك لقول الله تعالى ﴿لَّا يَنْهَىٰكُمُ ٱللَّهُ عَنِ ٱلَّذِينَ لَمْ يُقَٰتِلُوكُمْ فِي ٱلدِّينِ وَلَمْ يُخْرِجُوكُم مِّن دِيَٰرِكُمْ أَن تَبَرُّوهُمْ وَتُقْسِطُوٓا۟ إِلَيْهِمْ إِنَّ ٱللَّهَ يُحِبُّ ٱلْمُقْسِطِينَ * إِنَّمَا يَنْهَىٰكُمُ ٱللَّهُ عَنِ ٱلَّذِينَ قَٰتَلُوكُمْ فِي ٱلدِّينِ وَأَخْرَجُوكُم مِّن دِيَٰرِكُمْ وَظَٰهَرُوا۟ عَلَىٰٓ إِخْرَاجِكُمْ أَن تَوَلَّوْهُمْ وَمَن يَتَوَلَّهُمْ فَأُو۟لَٰٓئِكَ هُمُ ٱلظَّٰلِمُونَ﴾(٤).

---

(١) الموطأ: مالك بن أنس بن مالك بن عامر الأصبحي المدني (المتوفى: ١٧٩ ه) الطبعة: الأولى، ١٤٢٥ ه – ٢٠٠٤ م مسلسل ١٦١٦. حديث رقم ٤٣١. ج ٣ ص ٦٢٩ أخرجه أبو مصعب الزهري، ٩٠٥ في الجهاد؛ وابن حنبل، ١٠٠٠١ في ٢م ص٤٦٥ عن طريق إسحاق؛ وابن حبان، والقابسي، ٣٤٥، كلهم عن مالك به.

(٢) اللباب في شرح الكتاب المؤلف: عبد الغني بن طالب بن حمادة بن إبراهيم الغنيمي الدمشقي الميداني الحنفي (المتوفى: ١٢٩٨ه) ط: المكتبة العلمية، بيروت – لبنان. ج ٤ ص (١١٦)٠

(٣) المرجع السابق: ج٤، ص ١١٦.

(٤) سورة الممتحنة آية (٨، ٩).

ولو علم أن القتال لم يحقق مصلحة في الدعوة إلى الله وكانت نتيجته إراقة الدماء وسفكها، فهو ممنوع شرعاً، لأن إراقة الدماء وسفكها لم تشرع فى الإسلام إلا بحق يوجب ذلك، ويحقق مصلحة أكبر منها أو يدفع مفسدة أعظم منها.

وفى ضوء ماسبق يمكن تحديد الباعث على القتال فى الإسلام بإيجاز فى:

أولاً : إعلاء كلمة الله .

لقد أوجب الله تعالى القتال لإعلاء كلمته إذ أن ذلك مناط التكليف للبشر قال سبحانه وتعالى ﴿ وَمَا خَلَقْتُ ٱلْجِنَّ وَٱلْإِنسَ إِلَّا لِيَعْبُدُونِ ﴾[1]؛ فأساس الخلقه وفلسفتها عبادة الله – ﷻ – وتنزيهه سبحانه وتعالى عن الشرك أو أن يجمع معه أحداً لذا كان تشريع القتال لحمل عبدة الأوثان في المقام الأول على ترك الباطل واتباع الهوى إلى عبادة الله وحده وقال الله ﷺ ﴿ وَقَٰتِلُوهُمْ حَتَّىٰ لَا تَكُونَ فِتْنَةٌ وَيَكُونَ ٱلدِّينُ لِلَّهِ فَإِنِ ٱنتَهَوْا فَلَا عُدْوَٰنَ إِلَّا عَلَى ٱلظَّٰلِمِينَ ﴾[2]، وإن من رحمة الله على على عباده أن أرسل لهم الرسل مبشرين ومنذرين داعين الى عبادة الله – ﷻ – ومكارم الأخلاق، فلم يأخذ سبحانه عباده بغير ما أوجب عليهم فعله وما نهاهم عنه من نبذ المعاصى، قال سبحانه ﴿ يَٰٓأَيُّهَا ٱلنَّبِيُّ إِنَّآ أَرْسَلْنَٰكَ شَٰهِدًا وَمُبَشِّرًا وَنَذِيرًا ۞ وَدَاعِيًا إِلَى ٱللَّهِ بِإِذْنِهِۦ وَسِرَاجًا مُّنِيرًا ﴾[3]، وأن الإسلام لم يكن ليشرع قتالا لاجل مال أو عرض دنيوى، إذ يتنافى ذلك مع طبيعة الرساله. حيث قال ابن عباس أى يكون دين الله هو الظاهر العالى على سائر الأديان[4].

---

(١) سورة الذاريات آية (٥٦)

(٢) سورة البقرة آية (١٩٣)

(٣) سورة الأحزاب آية (٤٥-٤٦)

(٤) مختصر تفسير ابن كثير المجلد الأول صـ(١٧٠)

ثانياً: حماية الدعوة.

وبين لنا الإسلام أن تشريع القتال إنما يكون لحماية الدعوة بها لا يفتتن معه المسلمون فى دينهم لقوله سبحانه وتعالى: ﴿وَقَٰتِلُوهُمْ حَتَّىٰ لَا تَكُونَ فِتْنَةٌ وَيَكُونَ ٱلدِّينُ كُلُّهُۥ لِلَّهِ﴾[1]، ولا يجوز أن يقاتل من لم تبلغه الدعوة إلى الإسلام إلا أن يدعوه " لقوله عليه الصلاة والسلام في وصية أمراء الأجناد " فادعهم إلى شهادة أن لا إله إلا الله " ولأنهم بالدعوة يعلمون أنا نقاتلهم على الدين لا على سلب الأموال وسبي الذراري فلعلهم يجيبون فنكفى مؤنة القتال ولو قاتلهم قبل الدعوة أثم للنهي ولا غرامة لعدم العاصم وهو الدين أو الإحراز بالدار فصار كقتل النسوان والصبيان. [2]، وبينما اتبع المشركون مسلك الإيذاء لحمل المسلمين على ترك دينهم مصداقا لقوله سبحانه وتعالى: ﴿وَلَا يَزَالُونَ يُقَٰتِلُونَكُمْ حَتَّىٰ يَرُدُّوكُمْ عَن دِينِكُمْ إِنِ ٱسْتَطَٰعُواْ﴾[3]؛ وحيث التزم المسلمون طابع المسالمه حماية للدعوة والرغبه في عدم خوض غمار حرب والدعوة في مهدها، ولقد ظل الامر كذلك إلى أن أصبح للدولة الإسلامية وجود فِعلى؛ فقوام حماية الدعوة هو القتال فى سبيل الله اذ الذى شرع الدعوة هو المولى سبحانه وتعالى فلا سبيل لحما يتها إلا بالنيه الخالصه لله، لقول الله تعالى ﴿يَٰٓأَيُّهَا ٱلَّذِينَ ءَامَنُوٓاْ إِن تَنصُرُواْ ٱللَّهَ يَنصُرْكُمْ وَيُثَبِّتْ أَقْدَامَكُمْ﴾[4]،

ونصر الله بالامتثال لأوامره والأنتهاء عن نواهيه وهى ركائز الدعوة الإسلامية.

لذا كان الجهاد المشروع فى الإسلام هو الجهاد من أجل إعلان كلمة الله وتبليغ الدعوة للناس بما يستوجب حمايتها ولاسبيل لتحقيق ذلك إلا من تخليص النفس البشرية مما يشوبها من

---

(١) سورة الأنفال آية (٣٩).

(٢) الهداية في شرح بداية المبتدي المؤلف: علي بن أبي بكر بن عبد الجليل الفرغاني المرغيناني، أبو الحسن برهان الدين (ت: ٥٩٣هـ) دار احياء التراث العربي - بيروت - لبنان - ج ٢ ص ٣٧٩

(٣) سورة البقرة آية (٢١٧)

(٤) سورة محمد-ﷺ- آية (٧)

أهواء وأهداف، ويدل على ذلك قول النبى –ﷺ–، فعن أبى موسى أن رجلا جاء إلى الرسول –ﷺ– فقال ((الرجل يقاتل للمغنم، والرجل يقاتل للذكر، والرجل يقاتل ليرى مكانه، فمن فى سبيل الله، قال: من قاتل لتكون كلمة الله هى العليا فهو فى سبيل الله))[1].

ثالثاً: دفـع الظلم.

يتضح لنا مما سبق ان الإسلام لم يوجب القتال لعلة فى ذاته ترغيباً فى فعله إذ ان القتال تنفر منه النفس البشرية الحريصة على الحياة، قال –ﷺ–: ﴿كُتِبَ عَلَيْكُمُ ٱلْقِتَالُ وَهُوَ كُرْهٌ لَّكُمْ وَعَسَىٰ أَن تَكْرَهُواْ شَيْئًا وَهُوَ خَيْرٌ لَّكُمْ وَعَسَىٰ أَن تُحِبُّواْ شَيْئًا وَهُوَ شَرٌّ لَّكُمْ وَٱللَّهُ يَعْلَمُ وَأَنتُمْ لَا تَعْلَمُونَ﴾[2].

وبالنظر الى أن القتال كره كان لابد من السبب الموجب لتحريك النفس البشرية إليه ذلك السبب الذى تضمنه قول الله سبحانه وتعالى: ﴿أُذِنَ لِلَّذِينَ يُقَاتَلُونَ بِأَنَّهُمْ ظُلِمُواْ وَإِنَّ ٱللَّهَ عَلَىٰ نَصْرِهِمْ لَقَدِيرٌ ۞ ٱلَّذِينَ أُخْرِجُواْ مِن دِيَارِهِم بِغَيْرِ حَقٍّ إِلَّا أَن يَقُولُواْ رَبُّنَا ٱللَّهُ وَلَوْلَا دَفْعُ ٱللَّهِ ٱلنَّاسَ بَعْضَهُم بِبَعْضٍ هُدِّمَتْ صَوَامِعُ وَبِيَعٌ وَصَلَوَاتٌ وَمَسَاجِدُ يُذْكَرُ فِيهَا ٱسْمُ ٱللَّهِ كَثِيرًا وَلَيَنصُرَنَّ ٱللَّهُ مَن يَنصُرُهُ إِنَّ ٱللَّهَ لَقَوِيٌّ عَزِيزٌ﴾[3]، قال مجاهد والضحاك وغير واحد من السلف: هذه أول آية نزلت في الجهاد، وقال ابن جرير عن سعيد بن جبير عن ابن عباس قال: لمَّا أخرج النبى –ﷺ– من مكة قال أبو بكر: أخرجوا نبيهم إنا لله وإنا إليه راجعون، قال ابن عباس–ﷺ–: فأنزل الله –ﷺ–: ﴿أُذِنَ لِلَّذِينَ يُقَاتَلُونَ بِأَنَّهُمْ ظُلِمُواْ وَإِنَّ ٱللَّهَ عَلَىٰ نَصْرِهِمْ لَقَدِيرٌ﴾ الآية، قال أبو بكر: فعرفت أنه سيكون قتال، زاد أحمد، وهى أول آية نزلت في القتال[4].

---

(١) فتح البارى شرح صحيح البخارى (ك):الجهاد، (ب): من قاتل لتكون كلمة الله هى العليا ح رقم ٢٨١٠ (٦/ ٣١)، وأيضاً سنن أبى داود (ك) الجهاد (ب): من قاتل لتكون كلمة الله هى العليا ح رقم ٢٥١٧ (٣/ ١٤)

(٢) سورة البقرة آية (٢١٦)

(٣) سورة الحج آية (٣٩ – ٤٠)

(٤) تفسير القرطبى ج ١٢ ص ٧٤ والاثر اخرجه الترمذى في كتاب التفسير ٥/ ٣٢٥ وذكره ابن كثير في تفسيره من رواية الامام أحمد المجلد الثانى ص ٥٤٦ – ٥٤٧.

ومن تمكن من دفع الظلم عن نفسه فذلك خير له، وإن أراد الإعطاء فليعطه من هو عاجز عن دفع الظلم عن نفسه وعن أداء المال لفقره حتى يستعين على دفع الظلم فينال المعطي الثواب بذلك. (١)

فاذا قلنا أن الظلم ترجمة لطبيعة الإنسان البشرية الراغبة في التسلط، المحبة لجمع المال، الداعية إلى السيطرة، وحب التملك لتبين لنا أن الظلم واقع لامحالة..

ولقد واجه الإسلام الظلم كترجمة لطبيعة النفس البشرية، فدعا إلى تركه وأوجب الجزاء على ما فعله قال المولى ﷺ ﴿ مَا لِلظَّٰلِمِينَ مِنْ حَمِيمٍ وَلَا شَفِيعٍ يُطَاعُ ١٨ ﴾(٢)، وأيضاً قول الله تعالى: ﴿ وَٱلظَّٰلِمُونَ مَا لَهُم مِّن وَلِيٍّ وَلَا نَصِيرٍ ﴾(٣)، وعن عبد الله بن عمر ، عن النبي –ﷺ– قال: «الظلم ظلمات يوم القيامة»(٤)،

وعن ربيعة بن يزيد، عن أبي إدريس الخولاني، عن أبي ذر، عن النبي –ﷺ–، فيما روى عن الله تبارك وتعالى أنه قال: «يا عبادي إني حرمت الظلم على نفسي، وجعلته بينكم محرما، فلا تظالموا، يا عبادي كلكم ضال إلا من هديته، فاستهدوني أهدكم،...الحديث))(٥).

وعن بريد بن أبي بردة، عن أبيه، عن أبي موسى، قال: قال رسول الله –ﷺ–: «إن الله –ﷻ– يملي للظالم، فإذا أخذه لم يفلته، ثم قرأ وكذلك أخذ ربك، إذا أخذ القرى وهي ظالمة إن أخذه

ــــــــــــــــــــــــــــ

(١) المبسوط للسرخسي، المؤلف: محمد بن أحمد بن أبي سهل شمس الأئمة السرخسي (المتوفى: ٤٨٣هـ): دار المعرفة – بيروت، تاريخ النشر: ١٤١٤هـ – ١٩٩٣م، ج١٠ ص ٢١

(٢) سورة غافر آية (آية ١٨)

(٣) سورة الشورى آية (٨)

(٤) أخرجه الإمام البخاري ففي صحيحه،(ب) الظلم ظلمات يوم القيامة، حديث رقم ٢٤٤٧ ج٣ ص١٢٩.

(٥) أخرجه الإمام مسلم في صحيحه (ب) تحريم الظلم – حديث رقم ٥٥ / ٢٥٧٧ (٤) ١٩٩٤) ط: دار إحياء التراث العربي – بيروت

أليم شديد»[1]، ولعل منهج الإسلام في دفع الظلم عن الناس لأكثر المناهج اكتمالاً بالمقارنه بتلك المناهج الوضعية في القوانين المحلية أو الدولية، فالقتال شر لايلجأ إليه إلا مضطراً، ولقد بين الإسلام حدود هذا الاضطرار في الضوابط التى وضعها

رابعاً : الدفاع عن النفس والمال.

والقتال مشروع اضطراراً ومن قتل صائلا عليه ظالما له لم يمكن دفعه بغير القتل فلا دية عليه ولا كفارة، لأنه قتل بحق مشروع وهو حق الدفاع عن النفس.[2]

والدليل على أن القتال مشروع اضطراراً قول الله سبحانه وتعالى:﴿كُتِبَ عَلَيْكُمُ ٱلْقِتَالُ وَهُوَ كُرْهٌ لَّكُمْ وَعَسَىٰ أَن تَكْرَهُوا۟ شَيْـًٔا وَهُوَ خَيْرٌ لَّكُمْ وَعَسَىٰ أَن تُحِبُّوا۟ شَيْـًٔا وَهُوَ شَرٌّ لَّكُمْ وَٱللَّهُ يَعْلَمُ وَأَنتُمْ لَا تَعْلَمُونَ﴾[3]، فإذا كان الأمر اضطراراً فلايلجأإليه إلا لضرورة يقتضيها.

وقول الرسول -ﷺ- ((لاتمنوا لقاء العدو، وسلوا الله العافية، فإذا لقيتموهم فاصبروا واعلموا أن الجنة تحت ظلال السيوف))[4].

وإن الدفاع عن النفس حق مقرر وضريبة لازمة على كل مسلم ضد كل مخلوق، لان عدم الدفاع يعرضها للهلاك والله يقول في كتابه العزيز ﴿وَأَنفِقُوا۟ فِى سَبِيلِ ٱللَّهِ وَلَا تُلْقُوا۟ بِأَيْدِيكُمْ إِلَى ٱلتَّهْلُكَةِ﴾ ولان الدفاع عن النفس ليس بأقل من الدفاع عن العرض أو المال.[5]

____

(١) أخرجه الإمام مسلم فى صحيحه،.(ب) تحريم الظلم.حديث رقم ٢٥٨٣.٦١ ج٤ صـ ١٩٩٧

(٢) موسوعة القواعد الفقهية . المؤلف: محمد صدقي بن أحمد بن محمد آل بورنو أبو الحارث الغزي، ط: مؤسسة الرسالة، بيروت –لبنان، الطبعة: الأولى، ١٤٢٤ هـ – ٢٠٠٣ م، جـ٨، صـ١٤٠

(٣) سورة البقرة آية ٢١٦

(٤) أخرجه الإمام البخاري فى صحيحه (ك) الجهاد (ب) لاتمنوا لقاء العدو (٦ / ١٦٧) حديث رقم (٣٠٢٥).

(٥) المجموع شرح المهذب ((مع تكملة السبكي والمطيعي)) المؤلف: أبو زكريا محيي الدين يحيى بن شرف النووي (ت: ٦٧٦هـ) باب. صول الفحل.جـ١٩ صـ٢٥١.

ولقد أوجب الإسلام القتال حماية للنفس من الهلاك احتراما لحق الحياة الذى كفله للإنسان والذى قد يقتضى حمايته القتال دفعاً للأذى واتفاءً للهلاك قال سبحانه: ﴿وَقَٰتِلُوا۟ ٱلْمُشْرِكِينَ كَآفَّةً كَمَا يُقَٰتِلُونَكُمْ كَآفَّةً وَٱعْلَمُوٓا۟ أَنَّ ٱللَّهَ مَعَ ٱلْمُتَّقِينَ﴾[1]،

ولقد شرع الإسلام حق الدفاع الشرعى في ضوء حقى القصاص والمعامله بالمثل ذلك أن في القصاص عبرة وفى المعاملة بالمثل زجر فيكون فيهما معنى العقوبة التى لاتوقع إلا على معتدى ينال من غيره من حيث لا يناله الآخرون، قال الله سبحانه وتعالى: ﴿يَٰٓأَيُّهَا ٱلَّذِينَ ءَامَنُوا۟ كُتِبَ عَلَيْكُمُ ٱلْقِصَاصُ فِى ٱلْقَتْلَى﴾[2]، وقوله تعالى ﴿وَلَكُمْ فِى ٱلْقِصَاصِ حَيَوٰةٌ يَٰٓأُو۟لِى ٱلْأَلْبَٰبِ لَعَلَّكُمْ تَتَّقُونَ ۝﴾[3]

ويتبن لنا مما سبق أن الشريعة الإسلامية فرقت بين المبادءة بالاعتداء في الحرب، ورد الاعتداء فما كان للمسلمين أن يبدءوا باعتداء من جانبهم ولكن الامر منحصر في رد الاعتداء فحسب ويدل على ذلك قول الله سبحانه ﴿فَإِن قَٰتَلُوكُمْ فَٱقْتُلُوهُمْ كَذَٰلِكَ جَزَآءُ ٱلْكَٰفِرِينَ﴾[4]، وهذا يدل على أن المشروعيه تزول بزوال الاعتداء فلا يجوز الاستمرار فيه لزوال مشروعية قال الله تعالى: ﴿وَإِن جَنَحُوا۟ لِلسَّلْمِ فَٱجْنَحْ لَهَا وَتَوَكَّلْ عَلَى ٱللَّهِ﴾[5]، وقول الله تعالى: ﴿فَإِنِ ٱنتَهَوْا۟ فَلَا عُدْوَٰنَ إِلَّا عَلَى ٱلظَّٰلِمِينَ﴾[6]

قال ابن القيم:" وفرض القتال على المسلمين لمن قاتلهم دون من لم يقاتلهم "[7]، وقال الله سبحانه وتعالى: ﴿وَقَٰتِلُوهُمْ حَتَّىٰ لَا تَكُونَ فِتْنَةٌ وَيَكُونَ ٱلدِّينُ كُلُّهُ لِلَّهِ فَإِنِ ٱنتَهَوْا۟ فَإِنَّ ٱللَّهَ بِمَا

---

(١) سورة التوبة آية (٣٦)

(٢) سورة البقرة آية (١٧٨)

(٣) سورة البقرة آية (١٧٩)

(٤) سورة البقرة آية (١٩١)

(٥) سورة الأنفال آية (٦١)

(٦) سورة البقرة آية (١٩٣)

(٧) زاد المعاد في هدي خير العباد، (٣/ ٤٦)

يَعْمَلُونَ بَصِيرٌ ﴾[1] ولقد تواترت الآيات على ذلك المبدأ العادل فالقتال لايكون إلا لمن يبدأ بالقتال والعدوان لا يتجاوزه إلى غيره، قال الله تعالى: ﴿ فَإِنِ اعْتَزَلُوكُمْ فَلَمْ يُقَتِلُوكُمْ وَأَلْقَوْا إِلَيْكُمُ السَّلَمَ فَمَا جَعَلَ اللَّهُ لَكُمْ عَلَيْهِم سَبِيلًا ﴾[2]، وقول الله تعالى: ﴿ فَإِن لَّمْ يَعْتَزِلُوكُمْ وَيُلْقُوا إِلَيْكُمُ السَّلَمَ وَيَكُفُّوا أَيْدِيَهُمْ فَخُذُوهُمْ وَاقْتُلُوهُمْ حَيْثُ ثَقِفْتُمُوهُمْ وَأُوْلَٰئِكُمْ جَعَلْنَا لَكُمْ عَلَيْهِمْ سُلْطَانًا مُّبِينًا ﴾[3]، وغيرها من الآيات الكثيره التى تدل على المبدأ العادل في القتال، ويتبن لنا أن الأصل في الإسلام هو حال السلم الذى ندب الإسلام إليه ودعا الى تحقيقه، فالأصل في الإسلام هو حالة السلم ويدل على ذلك قول الله تعالى: ﴿ يَٰٓأَيُّهَا الَّذِينَ ءَامَنُوا ادْخُلُوا فِي السِّلْمِ كَآفَّةً ﴾[4]؛

والخلاصة: فالإسلام لايعرف دولة الحرب ولاحالة الحرب الدائمة، ولايقر حرب الاعتداء تلك الحرب التى تهدف إلى البطش واستعراض القوة لأجل الغلبة والسطوة والسيطرة.

❊ ❊ ❊

---

(١) سورة الأنفال آية (٣٩)

(٢) سورة النساء آية (٩٠)

(٣) سورة النساء آية (٩١)

(٤) سورة البقرة آية (٢٠٨)

المبحث الثالث - مشروعية الحرب في القانون الدولى العام

من المؤكد أن مسألة تحديد مشروعية الحرب قد مرت بمرحلتى نمو القانون الدولى (مرحلة القانون الدولى التقليدى . ومرحلة القانون الدولى المعاصر).

فمرحلة القانون الدولى التقليدى: هى المرحلة التى أصبحت فيها الحرب وكانت أمراً مشروعاً ومظهراً من مظاهر سيادة الدولة، بل وسيلة من وسائل الدولة لتحقيق أهدافها القومية ولتحقيق أطماعها التوسعية، ولم يركز القانون الدولى في هذه الحقبة الزمنية إلا على علاقات الدول وقت السلم فقط .

وبالتالى فأن قرار الدولة بإعلان حالة الحرب يعد تحرراً بديهياً من التزاماتها الدولية والتى سبق وأن تقيدت بها، مضطراً لمخاطر الحرب واستخدام القوة.

واتجه المسلك الدولى إلى الحد من اللجوء الى استخدام القوة ومخاطر الحرب وذلك عن طريق إبرام العديد من المعاهدات والمواثيق التى تحرم الحـرب واستخدام القوة عموما كإحدى الوسائل المبررة لاسترداد الحقوق فكانت اتفاقيات لاهاى لعامى ١٨٩٩، ١٩٠٧ والتى كانت النواة الأولى التى انطلقت منها الجهود الدولية لتحريم الحرب أو استخدام القوة.

فالحرب عمل يتبعه تبدل في العلاقات الدولية[1]، من تفاهم وسلام إلى تناحر ونزاع وصراع، أى تحول من منطق السلام إلى منطق الحرب ولقد مرت نظرة المجتمع الدولي للحرب بتطورات عدة تبعا.

ولقد سعت منظمة الأمم المتحدة إلى تلافي هذا النقص بقدر ما سمحت به الظروف في ميثاقها[2]، إذ حرم الميثاق على الدول الأعضاء استخدام القوة أو التهديد بها ضد سلامة

───────────────

(١) القانون الدولى العام، للدكتور/ محمد المجذوب، منشورات الحلبى الحقوقية، ط ٥، بيروت، ٢٠٠٤، ص(٧٢٨)

(٢) مقدمة لدراسة القانون الدولى العام، د/ صلاح الدين عامر، دار النهضة العربية، القاهرة، ٢٠٠٧ ص ١٠٠١ وما بعدها

الأراضي والاستقلال السياسي لأية دولة أو على أية وجه لا يتفق ومقاصد الأمم المتحدة[1]، ومن المؤكد أن قوانين الحرب ظهرت في أعقاب الحربين اللتين دمرتا الكثير من المكاسب البشرية، رغم ظهور العديد من القواعد القانونية التى تضبط سلوك المحاربين في الميدان وتمنع امتداد أثار الحرب إلى المدنيين والنساء والشيوخ والأطفال خاصة بعد حرب الثلاثين عاما التى بدأت منذ عام ١٦٢٨.١٦٤٦، ومع بداية القرن التاسع عشر ظهرت العديد من قواعد الأخلاق الدولية والفروسية والدين والتى وصلت إلى درجة الإلزام القانونى بوصفها قواعد عرفية، ومع ظهور الدولة الحديثة وظهور الأديان السماوية وعلى رأسها دين الإسلام الذى تضمن العديد من القواعد القانونية الملزمة لتنظيم الحرب ولضبط سلوك المحاربين في الميدان، وأيضاً العناية بالأسرى وجرحى ومرضى الحرب، وكذا الغرقى الذين تسبب الحرب في غرقهم والتى خلفتها العديد من الدول وصاغتها في شكل تعليمات حكومية لقادة الجيوش في الميدان، حتى جاء القرن التاسع عشر والذى شهد نصفه الأخير حركة تقنيات واسعة النطاق للعديد من عادات وأعراف الحرب[2].

ومما يذكر أن عهد عصبة الأمم لم يكن هو الجهد الدولى الأوحد في محاولة القضاء على الحرب وإحلال السلام بل بذلت هناك عدة جهود في ظل عصبة الأمم كان أولها: معاهدة المساعدة

---

(١) د/ صلاح الدين عامر، مصدر سابق، ص ١٠٠٨، وكذلك القانون الدولى العام، للدكتور/ عصام العطية، ط ٧، العاتك لصناعة الكتب، القاهرة، ٢٠٠٨، ص ٣٧.

(٢) ولمزيد من التفاصيل حول هذه القواعد والتطورات التى شهدها قانون الحرب: انظر ألاستاذ الدكتور/ عبد الواحد محمد الفار، أسرى الحرب دراسة فقهية وتطبيقية في نطاق القانون الدولى العام والشريعة الإسلامية، عالم الكتب، القاهرة، ١٩٧٢، ص (٦١)، والاستاذ الدكتور/ عبد الغنى محمود، القانون الدولى العام، طبعة ٢٠٠٣، ٢٠٠٤ ص ٤٧٠، ٤٧١، دار النهضة العربية، القاهرة. وكذلك الاستاذ الدكتور/ صلاح الدين عامر، مقدمة للتعريف بالقانون الدولى الإنسانى، الندوة المصرية الأولى حول التعريف بالقانون الدولى الإنسانى بالاشتراك بين الجمعبة المصرية للقانون الدولى اللجنة الدولية للصليب الأحمر، القاهرة، نوفمبر، ١٩٨٢، ص (٦)

المتبادلة عام ١٩٢٣ التى حاولت أن تقضى على الحرب بنصها على عدم مشروعيتها، لكنها اصطدمت بالواقع الدولى آنذاك، الأمر الذى أدى إلى توقيع الدول على برتوكول (جنيف لعام ١٩٢٤) الذى نص في ديباجته على اعتبار الحرب العدوانية جريمة دولية، ولكنه لم يرى النور كسابقته بسبب عدم اكتمال التصديقات عليه، وفى عام ١٩٢٥ عقدت معاهدة لوكازنو.

وكان من أبرز الجهود المبذولة في ظل عصبة الأمم (ميثاق بريان كيلوج لعام ١٩٢٨) والذى يعد أول وثيقة دولية تحرم الحرب بصورة قاطعة واعتبرها ولأول مرة في تاريخ الجماعة الدولية جريمة دولية، ورغم صدق ميثاق باريس في النص على تحريم الحرب إلا أنه لم يحرمها قطعيا كما يبدو للناظر إليه لأول وهلة بل أحاطها في بعض الحالات كحالة الدفاع عن النفس، وغيرها من الحالات، وهو نوع من القصور الظاهر فيه خاصة وأنه لم يبين المقصود بالدفاع عن النفس وحالاته التى تصبح فيها الحرب مشروعة، بل ترك ذلك للدول ذاتها تقررة حسبما يتراءى لها وهى أمور تقوض الميثاق من أساسه[١].

ومع هذا فأنه يعد بمثابة ثورة أساسية على مفاهيم القانون الدولى التقليدى التي لم تكن لتحرم الالتجاء إلى القوة كمبدأ عام مكتفية بمحاولة الحد من مداها أو أثارها وإنشا بعض القيود على حق الدول في الالتجاء إليها، بحيث كانت مشروعية استخدام القوة لفض المنازعات الدولية، هي الأصل العام. [٢]

ويتبين لنا مما سبق أن الأساس القانونى لمشروعية الحرب في نطاق القانون الدولى إنما تكمن في عدة حالات وذلك وفقا لنص ميثاق الأمم المتحدة، وحيث إن الميثاق لم يكتفى بتحريم

---

(١) الاستاذ الدكتور/ على صادق أبوهيف، القانون الدولى العام، صـ ٧٨٦، الطبعة الأولى، منشأة المعارف الإسكندرية، ١٩٦١.

(٢) د/ محمد سامي عبد الحميد، العلاقات الدولية: مقدمة لدراسة القانون الدولي العام، الدار الجامعية 'بيروت، صـ(٢٧٥)

الحروب العدوانية بل حرم كل صور استخدام القوة، ولم يجز استخدام القوة إلا على سبيل الاستثناء وفى حالات محدودة على سبيل الحصر نذكر منها الأتى:.

١ـ حالة الدفاع الشرعى عن النفس :

والحالة الأولى وفقا لنص المادة (٥١) من الميثاق وهى حالة الدفاع عن النفس فرديا كان أو جماعياً وحيث نصت المادة على ((ليس في هذا الميثاق مايضعف أو يتنقض من الحق الطبيعى للدول فرادى أو جماعات في الدفاع عن أنفسهم إذا اعتدت قوة مسلحة على أحد الأعضاء " الأمم المتحددة " وذلك إلى أن يتخذ مجلس الأمن التدابير اللازمة لحفظ السلم والأمن الدولى والتدابير الى اتخذها الأعضاءاستعمالاً لحق الدفاع عن النفس تبلغ إلى المجلس فوراً ولاتؤثر تلك التدابير بأى حال فيها للمجلس . بمقتضى سلطانه ومسئولياته المستمدة من أحكام هذا الميثاق من الحق في أن يتخذ في أى وقت مايرى ضرورة لاتخاذه من الاعمال لحفظ السلم والأمن الدولى أو اعادتة ألى نصابه)). [1]

٢ـ حالة الأمن الجماعى الدولى :

وهى الحالة التى تستخدم فيها القوة عن طريق مجلس الأمن لحفظ السلم والأمن الدولى لإعادتة إلى نصابه عند تهديد السلم والأمن الدولى أو عند أقتراف أى عمل من أعمال العدوان عملا بأحكام الفصل السابع من ميثاق الأمم المتحدة ولا يكون أمام مجلس الأمن مثل هذا الطريق.

وكذلك يتم تشكيل لجنة أركان حرب لمساعدة مجلس الأمن في كل ما يختص بالوسائل العسكرية التي يحتاج إليها المجلس لحفظ السلم والأمن الدوليين، وله كذلك حق الاستعانة بلجنة أركان حرب مكونة من خبراء بالطرق والأساليب الحربية لاستعمال القوة المسلحة. [2]

---

[1] المادة (٥١) من ميثاق الأمم المتحدة.

[2] د/ عصام العطية، القانون الدولي العام ـ ط ٧، العاتك لصناعة الكتب، القاهرة، ٢٠٠٨ صـ (٥١) وكذلك، انظر المواد (٤٧،٤٥) من ميثاق الأمم المتحدة.

٣ـ استخدام القوة المسلحة ضد أى من الدول التى كانت متعادية :

وكذلك استخدام القوة المسلحة ضد أى من الدول التى كانت متعادية لإحدى الدول الأعضاء عند التوقيع على الميثاق عملاً بأحكام المادة (١٠٧) من الميثاق، ولم يعد لهذا الاستثناء أهمية آلان خاصة بعد أن أصبحت جميع الدول أعضاء في منظمة الأمم المتحدة، وعليه فأصبحت الحرب في ظل الميثاق هي الاستثناء بعد ما كانت هي الأصل في عهد عصبة الأمم، وبما إن ميثاق الأمم المتحدة اعتبر الحرب أمر استثنائي يلجأ إليه عند الضرورة، فأن هذا الأمر الاستثنائي يكون في حالتين هما حالة الدفاع عن النفس وحالة الأمن الجماعي، وتكمن مشروعية الحرب في القانون الدولى في هاتين الحالتين.

❈ـ وجه المقارنه بين مشروعية الحرب في الفقه الإسلامى والقانون الدولى.

وبإستقراء جملة ماسبق عن مشروعية الحرب في الفقه الإسلام والقانون الدولى نجد أن للصبغة الدينية أثر في بلورة نظرية الحرب في الفقه الإسلامى على نحو تحددت في إطارها مشروعية الحرب وبواعثها بما استتبع التمييز بين الحرب المشروعة والحرب غير المشروعة، وبالنظر لغلبة النزعة الدينية تحددت بواعث القتال في الفقه الإسلامى في أطر محددة وهى حماية الدعوة، ودفع الظلم، ،إعلاء كلمة الله، والدفاع عن النفس والمال.

على حين تتحدد مشروعية الحرب في القانون الدولى في إطارين رئيسيين وهما حق الدفاع الشرعى، وتدابير القمع الجماعية في إطار الأمم المتحدة.

الأصل في الفقه الإسلامى هو حال السلم الذى ندب الإسلام إليه ودعا الى تحقيقه، فالأصل في الإسلام هو حالة السلم، فالإسلام لايعرف دولة الحرب ولاحالة الحرب الدائمة، ولايقر حرب الاعتداء تلك الحرب التى تهدف إلى البطش واستعراض القوة لأجل الغلبة والسطوة والسيطرة.

في حين أصبحت الحرب في ظل القانون الدولى هي الاستثناء بعد ما كانت هي الأصل في عهد عصبة الأمم، وبما إن ميثاق الأمم المتحدة اعتبر الحرب أمر استثنائي يلجأ إليه عند

الضرورة، فأن هذا الأمر الاستثنائي يكون في حالتين هما حالة الدفاع عن النفس وحالة الأمن الجماعي، وتكمن مشروعية الحرب في القانون الدولى في هاتين الحالتين.

ويعد حق الدفاع الشرعى باعثاً مشتركاً على القتال بين الفقه الإسلامى والقانون الدولى العام بينما تتباين نظريتا الحرب في كل منهما من حيث بواعثها خارج هذا الإطار فمفهوم حماية الدعوة وإعلاء كلمة الله ودفع الظلم لا تجد لها مكاناً كباعث على القتال في القانون الدولى خلافاً للفقه الإسلامى إلا فيما نجده من حالات محدودة في إطار نظرية التدخل الدولى الإنسانى سواء لحماية الأقليات أو لإجبار بعض أشخاص القانون الدولى على أحترام حقوق الإنسان على نحو يصبح معه دفع الظلم باعثاً مشتركاً للقتال في الفقه الإسلامى والقانون الدولى مع تباين هذا المفهوم بينهما من حيث أهافه وأبعاده.

حيث أصبحت التفرقة في مشروعية الحرب في القانون الدولى إلى حرب مشروعه وحرب غير مشروعة وسيلة لتبرير ميل بعض الدول للتوسع، لأ أعتبار الحرب عادلة أو غير عادلة أمر نسبى، وما أسهل على الدول أن تدعى أن الباعث على انغماسها في الحرب حماية حق أو مصلحة تدعيها لنفسها، وقد يكون ما تراه الدولة صاحبة الشأن سبباً عادلاً للدخول في حرب لا تراه الدول الأخرى كذلك، والتمييز هنا مبنى على عدالة سبب الحرب، وهذا أمر يهم الأخلاق أكثر مما يهم القانون، فعدالة سبب الحرب أو عدم عدالتها لا يمكن أن تؤثر في صفاتها فهى على كلتا الحالين حرب تترتب عليها آثارها.

حيث تتبلور طبيعة الحرب في الفقه الإسلامى في إضفاء صفة العبادة عليها، والمسلم مرتبط بهذه العبادة مادام مرابطاً في سبيل الله، ومن هنا سميت جهاداً لأنها مجاهدة للنفس كما هى مجاهدة للعدو، ومن هنا أيضاً كان للحروب الإسلامية آدابها التى لم تدركها آداب في الحروب القديمة والحديثة.

المبحث الرابع – الآثار المترتبة على مشروعية الحرب في الفقه الإسلامي والقانون

فالقول بمشروعية الحرب في حالات معينة لها أثار ينبغى على القائمين بها مراعاتها وتجنب تجاهلها، ومن بين أهم هذه الآثار التمييز بين المقاتلين وغير المقاتلين وكذلك رعاية الأسرى وحمايتهم وغيرها من الآثار التى تخلفها الحرب بعد اندلاعها.

ونظرا "لأهمية التمييز بين المقاتلين وغير المقاتلين وتنظيم حالة الأسرى باعتبارها متعلقة بإنسانية الإنسان فأنني اسلط الضوء على هذين الأثرين في مطلبين على النحو التالى:.

المطلب الأول : التمييز بين المقاتلين وغير المقاتلين في الشرع :

وحيث أنه من القواعد التى يجب مراعاتها أثناء الحروب هو التفرقة مابين المقاتلين وغيرهم. ولقد اتسمت الحروب في العصور القديمة بالوحشية والمغالاة في سفك الدماء، فلم ينج من ويلاتها شيخ فان أو امرأة حامل أو طفل رضيع، فكانت الحاجة إلى إيجاد نوع من القواعد التي يتعين مراعاتها في آتون تلك الصراعات والحروب. [1]

وعليه يجب مراعاة المقاتلين وغير المقاتلين أثناء الحروب، فالمقاتلون هم المؤهلون للقيام بالأعمال الحربية والمعرضون للهجوم من قبل الخصم، وفى حالة وقوعهم في الأسر فأنهم يعاملون كأسرى حرب[2]، وأما غير المقاتلين ''المدنيين، '' فهم الذين لايحملون السلاح بوجه العدو ولايساهمون بالأعمال الحربية. [3]

---

(١) تطور مفهوم الحرب، للدكتور/ صلاح الدين، بحث منشور ضمن – المحكمة الجنائية الدولية –: المؤمات الدستورية والتشريعية، إعداد شريف عتلم، ط ٥، منشورات اللجنة الدولية للصليب الأحمر، ٢٠٠٨، ص (١٠٣)

(٢) غزو العراق بين القانون الدولي والسياسة الدولية، للدكتور/ حسنين المحمدى بوادى، منشأة المعارف، الأسكندرية، ٢٠٠٥، ص (٧)

(٣) القانون الدولى العام، للدكتور/ على صادق أبو هيف، ط ١١، منشأة المعارف، الاسكندرية، ص ٨١٦.

ولقد كان للشريعة الإسلامية قصب السبق في التمييز بين المقاتلين وغير المقاتلين، فهي لا تجيز توجيه الإعمال القتالية إلا للأشخاص القادرين على القتال أما المدنيون من النساء والصبيان والشيوخ والرهبان ورجال الدين الذين لم يتم إعدادهم للقتال ولم يكونوا من المدبرين والمخططين له فلا يعتبرون من المقاتلين ومن ثم فلا يجوز قتالهم. (١)

ويتبين لنا أن الأساس الشرعي لهذه التفرقة في قول الله تعالى ﴿وَقَٰتِلُوا۟ فِى سَبِيلِ ٱللَّهِ ٱلَّذِينَ يُقَٰتِلُونَكُمْ وَلَا تَعْتَدُوٓا۟ إِنَّ ٱللَّهَ لَا يُحِبُّ ٱلْمُعْتَدِينَ﴾(٢)، وقوله: ﴿وَلَا تَعْتَدُوا إِنَّ الله لَا يُحِبُّ الْمُعْتَدِينَ﴾ أي: قاتلوا في سبيل الله ولا تعتدوا في ذلك ويدخل في ذلك ارتكاب المناهي، كما قاله الحسن البصري من المثلة، والغلول، وقتل النساء والصبيان والشيوخ الذين لا رأي لهم ولا قتال فيهم، والرهبان وأصحاب الصوامع، وتحريق الأشجار وقتل الحيوان لغير مصلحة.

كما قال ذلك ابن عباس، وعمر بن عبد العزيز، ومقاتل بن حيان، وغيرهم. ولهذا جاء في صحيح مسلم، عن بريدة أن رسول الله -ﷺ- كان يقول: "اغزوا في سبيل الله، قاتلوا من كفر بالله، اغزوا ولا تغلوا، ولا تغدروا، ولا تمثلوا، ولا تقتلوا وليدا، ولا أصحاب الصوامع".(٣)

وعن ابن عباس قال: كان رسول الله -ﷺ- إذا بعث جيوشه قال: "اخرجوا بسم الله، قاتلوا في سبيل الله من كفر بالله، لا تغدروا ولا تغلوا، ولا تمثلوا، ولا تقتلوا الولدان ولا أصحاب الصوامع". (٤)

---

(١) المسؤولية والعقاب على جرائم الحرب مع دراسة تطبيقية على جرائم الحرب في البوسنة والهرسك، للدكتور/ حسام على عبد الخالق الشيخة، دار الجامعة الجديدة للنشر، الإسكندرية، ٢٠٠٤، ص ١٠٤.١٠٥.

(٢) سورة البقرة آية رقم (١٩٠)

(٣) أخرجه الإمام مسلم في صحيحه (ك) الجهاد والسير(ب) تأمير الإمام الأمراء على البعوث، ووصيته إياهم بآداب الغزو وغيرها (ح) رقم (١٧٣١) (٣/ ١٣٥٧).

(٤) أخرجه الإمام الطبراني في الأوسط بسند ضعيف وذلك من حديث جرير بن عبد الله (١/ ٢٢٦) ح رقم (٧٤٥)ثم قال:" لا يروى هذا الحديث عن جرير إلا بهذا الإسناد، تفرد به: ابن لهيعة"

ولأبي داود، عن أنس مرفوعا، نحوه. وفي الصحيحين عن ابن عمر قال: وجدت امرأة في بعض مغازي النبي –ﷺ– مقتولة، فأنكر رسول الله –ﷺ– قتل النساء والصبيان. [1]،

وقال الإمام أحمد: عن ربعي ابن حراش، قال: سمعت حذيفة يقول: ضرب لنا رسول الله –ﷺ– أمثالا واحدا، وثلاثة، وخمسة، وسبعة، وتسعة، وأحد عشر، فضرب لنا رسول الله –ﷺ– منها مثلا وترك سائرها، قال: "إن قوما كانوا أهل ضعف ومسكنة، قاتلهم أهل تجبر وعداء، فأظهر الله أهل الضعف عليهم، فعمدوا إلى عدوهم فاستعملوهم وسلطوهم فأسخطوا الله عليهم إلى يوم يلقونه".

وهذا حديث حسن الإسناد. ومعناه: أن هؤلاء الضعفاء لما قدروا على الأقوياء، فاعتدوا عليهم واستعملوهم فيما لا يليق بهم، أسخطوا الله عليهم بسبب هذا الاعتداء[2]. والأحاديث والآثار في هذا كثيرة جدا.

فكان –ﷺ– يقاتل من قاتله ويكف عمن كف عنه، حتى نزل ﴿فَٱقْتُلُوا۟ ٱلْمُشْرِكِينَ حَيْثُ وَجَدتُّمُوهُمْ وَخُذُوهُمْ﴾[3]، فنسخت هذه الآية، قال بهذا جماعة من العلماء. وقال ابن زيد والربيع: نسخها وقوله تعالى ﴿وَقَٰتِلُوا۟ ٱلْمُشْرِكِينَ كَآفَّةً﴾[4]، فأمر بالقتال لجميع الكفار. وقال ابن عباس وعمر بن عبد العزيز ومجاهد: هي محكمة، أي قاتلوا الذين هم بحالة من يقاتلونكم، ولا تعتدوا في قتل النساء والصبيان والرهبان وشبههم، [5]، وقال العلماء أن

---

(١) أخرجه الإمام البخاري في صحيحه، (ك): الجهاد والسير، (ب): قتل النساء في الحرب، (٣/ ١٠٩٨) حديث رقم: (٢٨٥٢).

(٢) تفسير القرآن العظيم، لابن كثير، وهو: أبو الفداء إسماعيل بن عمر بن كثير القرشي البصري ثم الدمشقي (المتوفى: ٧٧٤هـ) ط: دار طيبة للنشر والتوزيع، الطبعة: الثانية ١٤٢٠هـ – ١٩٩٩ م ج ١ ص ٥٢٤

(٣) سورة التوبة آية (٥).

(٤) سورة التوبة آية (٣٦).

(٥) تفسير القرطبي، الجامع لأحكام القرآن، (٢/ ٣٤٨)

القتال لا يكون في النساء ولا في الصبيان ومن أشبههم، كالرهبان والزمنى والشيوخ والأجراء فلا يقتلون.

وللعلماء فيهم صور ست :

الأولى : النساء إن قاتلن قتلن، في حالة المقاتلة وبعدها، لعموم قوله تعالى : ﴿ وَقَٰتِلُوا۟ فِى سَبِيلِ ٱللَّهِ ٱلَّذِينَ يُقَٰتِلُونَكُمْ ﴾[1]، وقوله تعالى ﴿ وَٱقْتُلُوهُمْ حَيْثُ ثَقِفْتُمُوهُمْ وَأَخْرِجُوهُم مِّنْ حَيْثُ أَخْرَجُوكُمْ ﴾[2]، وللمرأة آثار عظيمة في القتال، منها الإمداد بالأموال، ومنها التحريض على القتال، وقد يخرجن ناشرات شعورهن نادبات مثيرات معيرات بالفرار وذلك يبيح قتلهن، غير أنهن إذا حصلن في الأسر فالاسترقاق أنفع لسرعة إسلامهن ورجوعهن عن أديانهن، وتعذر فرارهن إلى أوطانهن بخلاف الرجال.

الثانية : الصبيان. فلا يقتلون للنهي الثابت عن قتل الذرية، ولأنه لا تكليف عليهم، فإن قاتل الصبي قتل.

الثالثة : الرهبان. لا يقتلون ولا يسترقون، بل يترك لهم ما يعيشون به من أموالهم، وهذا إذا انفردوا عن أهل الكفر، لقول أبي بكر ليزيد[3]، وستجد أقواما زعموا أنهم حبسوا أنفسهم

---

(١) سورة البقرة آية ١٩٠

(٢) سورة البقرة آية (١٥١)

(٣) هو يزيد بن أبى سفيان بن حرب، أسلم يوم فتح مكة، وعقد له أبو بكر –ﷺ– سنة ١٣ ه مع أمراء الجيوش إلى الشام، وكان أول الأمراء الذين خرجوا إليها، وشيعه أبو بكر راجلا، وقال له: "وإني موصيك بعشر: لا تقتلن امرأة ولا صبيا ولا كبيرا هرما ولا تقطعن شجرا مثمرا ولا تخربن عامرا ولا تعقرن شاة ولا بعيرا إلا لمأكلة ولا تحرقن نحلا ولا تغرقنه ولا تغلل ولا تغبن" فتوفي أبو بكر. رضي الله عنه. وهو واليه فولاه عمر بن الخطاب دمشق. فلم يزل واليا بها حتى مات في طاعون عمواس سنة ثماني عشرة. وليس له عقب.يراجع: الطبقات الكبرى (٧ /٢٨٥) المؤلف: أبو عبد الله محمد بن سعد بن منيع الهاشمي بالولاء، البصري، البغدادي المعروف بابن سعد (المتوفى: ٢٣٠ه) تحقيق: محمد عبد القادر عطا الناشر: دار الكتب العلمية –بيروت: الطبعة: الأولى، ١٤١٠ ه – ١٩٩٠ م: عدد الأجزاء: ٨..

لله، فذرهم وما زعموا أنهم حبسوا أنفسهم له" فإن كانوا مع الكفار في الكنائس قتلوا. ولو ترهبت المرأة فروى أشهب أنها لا تهاج.

الرابعة: الزمنى. واختلف العلماء في قتل الزمنى فقال سحنون: يقتلون. وقال ابن حبيب: لا يقتلون. والراجح والصحيح: أن تعتبر أحوالهم، فإن كانت فيهم أذائه على حالهم وحشوة قتلوا، وإلا تركوا وما هم بسبيله من على حالهم وحشوة.

الخامسة: الشيوخ. واختلف في ذلك قال مالك في كتاب محمد: لا يقتلون. والذي عليه جمهور الفقهاء: إن كان شيخا كبيرا هرما لا يطيق القتال، ولا ينتفع به في رأي ولا مدافعة فإنه لا يقتل، وبه قال مالك وأبو حنيفة.

وللشافعية قولان: أحدهما. مثل قول الجمهور. **والثاني.** يقتل هو والراهب. **والصحيح والراجح الأول** لقول أبي بكر ليزيدكما سبق ذكره، ولا مخالف له فثبت أنه إجماع. وأيضاً فإنه ممن لا يقاتل ولا يعين العدو فلا يجوز قتله كالمرأة، وأما إن كان ممن تخشى مضرته بالحرب أو الرأي أو المال فهذا إذا أسر يكون الإمام فيه مخيرا بين خمسة أشياء: القتل أو المن أو الفداء أو الاسترقاق أو عقد الذمة على أداء الجزية. [1]

السادسة: العسفاء. وهم الأجراء والفلاحون، فقال مالك: لا يقتلون. وقال الشافعي: يقتل الفلاحون والأجراء والشيوخ الكبار إلا أن يسلموا أو يؤدوا الجزية. والأول وهو رأى مالك أصح، لقوله عليه السلام في حديث رباح بن الربيع (الحق بخالد بن الوليد فلا يقتلن ذرية ولا عسيفا). وقال عمر بن الخطاب: اتقوا الله في الذرية والفلاحين الذي لا ينصبون لكم الحرب. وكان عمر بن عبد العزيز لا يقتل حراثا، ذكره ابن المنذر.

____

(١) تفسير القرطبي، الجامع لأحكام القرآن، مرجع سابق، (٢/ ٣٤٩).

تأكد لدينا أن جميع المدنيين الذين لا يشتركون في القتال يتمتعون بحماية قانونية صارمة في الإسلام، وقد وردت في كتب السيرة وقائع كثيرة، وأحاديث استنكر فيها الرسول قتل من لم يشترك في القتال وخاصة من النساء والصبيان.

ولا يرد استثناء على هذه القاعدة في الفقه الإسلامي، سوى بالنسبة للمشاركين في القتال ولو كانوا شيوخا أو نساءً كما وضحنا سابقاً. ومن أظهر علامات التسامح: عدم قتل رجال الدين بصريح السنة النبوية المطهرة، حيث مع كون الحروب والفتوحات الإسلامية حروبا دعوية دينية، بلا خلاف، فإنها امتازت باحترام الأديان الأخرى وحرية ممارستها وهذا اكبر دليل على فساد وعدم موضوعية ونزاهة الكتابات التي أشارت إلى تعصب الإسلام وانتشاره بالسيف. فالفتوحات كانت في الحقيقة تستهدف نشر الإسلام ولكن بالإقناع، وعمدت إلى إزالة الحكام المستبدين من طريق الدعوة حيث كانوا يحولون دون بلوغها إلى الشعوب، ولهذا حافظت الكثير من الأمم على دياناتها القديمة في ظل تسامح الإسلام، مثل الأقباط ونصارى الشام.

وبهذا يتضح إن الشريعة الإسلامية تعد أول نظام له سماته وغاياته المتميزة فهو أول من أرسى مبدأ التفرقة مابين المقاتلين وغير المقاتلين في الوقت الذى كانت أوربا غارقة حتى أذنيها في ظلمات العصور الوسطى والحروب الوحشية التي لم تحكمها أدنى قواعد فيما يتعلق بالتفرقة بين المقاتلين وغير المقاتلين.

ويذهب البارون ((ميشيل دى توب))[1]، في مجموعة دراساته إلى ((أن إعلان الحرب هو مبدأ إسلامي وان الرحمة بالمقاتلين وتجنيب غير المقاتلين ويلات الحروب من النساء والأطفال

---

(١) ميشل دى توب، هو أستاذ/ القانون الدولى العام في لاهاى، له مجموعة دراساته، القانون الدولى العام، في عام ١٩٢٦، انظر المصدر نفسه ص (١٠٤)

والزراع والشيوخ وعدم تخريب أموال العدو كل هذه قواعد إسلامية أثرت في القانون الدولي العام))[1].

*- التفرقة بين المقاتلين وغير المقاتلين في القانون الدولى.

ذكرنا أنفاً أن هذا المبدأ أقرته جميع الأديان السماوية وعلى رأسها الدين الإسلامى، وحيث يقوم القانون الدولي على مبدأ عدم جواز استخدام القوة إلا ضد الأشخاص الذين يقومون باستخدامها، ويسمى من يرخص له باستخدامها بالمقاتل أو المحارب وقت القتال، أما الأشخاص الذين لا يرخص لهم باستخدامها وهم غير المقاتلين وهم بتلك الصفة يتمتعون بالحماية الكاملة، فلا يجوز استخدام القوة ضدهم، أو أن يكونوا محلا لارتكاب جرائم الحرب، وقد عرف ذلك المبدأ (بمبدأ التفرقة بين المقاتلين وغير المقاتلين). [2]

فالقانون الدولى قد تأرجح بين إعمال مبدأ التفريق بين المقاتلين وغيـر المقاتلين تارة وعدم إعماله تارة أخرى، وهذا مرده إلى التطور الحاصل في أساليب الحروب وفنونها وأسلحتها الحديثة، فقلد برزت اليوم حقيقة مفادها إن الحرب ظاهرة اجتماعية ملتهبة تصيب الشعب بأهوالها وتأثيراتها بحيث لم يعد من الممكن القول بأن أثارها محصورة بالجيش فقط وإنما امتدت لتشمل فئات الشعب كافة وليس المقاتلين والمحاربين فقط. [3] وحيث أن الهدف من هذه التفرقة هو قصر توجيه العمليات العسكرية ضد المقاتلين فقط دون غيرهم، وجعل المدنيين في مأمن من أخطارها. ويعتبر هذا المبدأ الأساس الذي يقوم عليه القانون الدولي الإنساني. [4]

---

(١) المصدر نفسه وذات الصفحة

(٢) المدخل لدراسة القانون الدولى الإنسانى، د/ سعيد سالم جويلى، دار النهضة العربية، القاهرة، ٢٠٠٣، ص ٢٩٦.

(٣) أنظر الدكتور/ حامد سلطان، القانون الدولى العام، ط ٣، القاهرة، دار النهضة العربية، ١٩٨٤، ص ٧٧٧

(٤) حماية السكان المدنيين والأعيان المدنية إبان النزعات المسلحة، د/ أبو الخير أحمد عطية، (٥٦-٥٧).

وقد بنى الفقيه(جون جاك روسو) هذا المبدأ على أساس أن الحرب علاقة بين الدول وليست علاقة عداء بين المواطنين المدنيين إلا بصفة عرضية بوصفهم جنودا. [1]

ولكنه من غير الممكن من الناحية الواقعية فصل المواطنين أو الشعب عم دولهم التى يتمون إليها، فاندلاع الحرب بين دولتين أو أكثر لا شك وأن يجعل مواطنيها أعداء. وهذا هو النقد الموجه للمبدأ من طرف النظرية الأنجلوأمريكية على اعتبار أن المبدأ شكلي أكثر منه موضوعي، فلقد أصبحت الشعوب أطرافا في حروب الأزمنة الحديثة كما وضحنا سابقا، ولعل ذلك راجع إلى انهيار مبدأ التفرقة بين المقاتلين وغير المقاتلين أو غموضه على الأقل، وذلك نتيجة عدة عوامل أهمها:.

١.تطور أساليب الحرب الحديثة.

٢.ازدياد أعداد غير المقاتلين المتورطين في الإعداد للحرب من المواطنين.

٣.نمو عدد المقاتلين.

٤.اللجوء إلى أساليب الحرب الاقتصادية[2].

وعليه نقول أن التطور الهائل الذى شهده المجتمع الدولي خاصة بعد امتلاك العديد من الدول في العصر الحديث من أسلحة الدمار الشامل وغيرها من الأسلحة الحديثة جعلت من النصوص القانونية الدولية الخاصة بالحرب الحديثة غير قادرة عن تنظيم حالة الحرب كونها عاجزة عن الإحاطة بالتطورات التي يشهدها المجتمع الدولى الحديث وخاصة في مجال الأسلحة.

---

(١) المدخل لدراسة القانون الدولى الإنسانى، د/ سعيد سالم جويلى، دار النهضة العربية، القاهرة، ٢٠٠٣، (٢٩٦)

(٢) دراسات في القانون الدولى الإنسانى، د/ مفيد شهاب، ط ١، دار المستقبل العربى، صـ ٩٠ وما بعدها.

الأمر الذى جعل معه القول بالتفرقة بين المقاتلين وغير المقاتلين غير ذى فائدة ويصعب التفرقه بينهم.

المطلب الثاني : رعاية الأسرى وحمايتهم والحفاظ عليهم في الفقه الإسلامى.

يعرف الأسير بأنه " من يقع في يد قوم بينهم وبين قومه عداوة يتوقع منها قيام الحرب المسلحة، ويشترط في هذا الأسير انتماؤه إلى أعداء آسرية، وقد يكون هو من المحاربين، وقد لايكون كذلك"[1].

في حين عرفت اتفاقية جنيف الثالثة الخاصة بأسرى الحرب لعام ١٩٤٩ الأسرى بأنهم الذين يقعون في قبضة العدو وينضمون إلى طوائف معينة ومنهم " أفراد القوات المسلحة وأفراد المقاومة التي تحمل السلاح جهرا" والأشخاص الذين يرافقون القوات المسلحة " مثل المراسلين الحربيين" وأفراد الطاقم الملاحي وسكان الأراضى المحتلة الذين يقاومون العدو.[2]

وأيضاً تم تعريف الأسرى بأنهم ((الرجال الأحرار العقلاء المقاتلون أذا أخذهم المسلمون قهرا" بالغلبة)). [3]

ولقد اعتبرت الشريعة الإسلامية الأسير بمثابة مدنى أعزل، ومن ثم منع الإسلام ضرب الأسير وكذلك قتله أو تعذيبه وأيضاً عدم الإنتقام منة، وحثت كذلك على إكرام الأسير، ولم تكتفى الشريعة بذلك بل أمرت بأتباع أكثر الأساليب رحمة بهم. [4] وأن غزوات النبى ﷺ

---

(١) أحكام الأسرى والسبايا في الحروب الإسلامية لفضيلة الدكتور/ عبداللطيف عامر، ص ٨٨.

(٢) إتفاقية جنيف الثالثة الخاصة بأسرى الحرب المادة (٤) من الاتفاقية لعام ١٩٤٩.

(٣) كتاب الإعلام بقواعد القانون الدولى والعلاقات الدولية فى شريعة الإسلام، د/ أحمد أبو الوفا، ط ٢، ج ١٠، دار النهضة العربية، القاهرة، ٢٠٠٧، صـ ١٨٩.

(٤) المسئولية والعقاب على جرائم الحرب مع دراسة تطبيقية على جرائم الحرب فى البوسنة والهرسك، د/ حسام على عبد الخالق الشيخة، دار الجامعة الجديدة للنشر، الإسكندرية، ٢٠٠٤، صـ(١١١)

كان طابعها الأسمى هو الحفاظ على الإنسان وكرامته والرغبة النبوية في دخول الناس في دين الله ولم تكن هذه الغزوات تهدف إلى القتل والتدمير والإذلال أو النهب والسلب كما هي السمة الغالبة على حروب الأولين والآخرين وإنما اوجد النبي -ﷺ- هذا المنهج الحضاري والنقلة الجديدة في حياة البشر التي لا يرقى إلى مستواها الأسمى إلا نبي مرسل مكلف بتطبيق شريعة الله على هذه البشرية فهوا الرحمة المهداة التي قال عنها المولى -ﷻ- في كتابه العزيز قال تعالى ﴿ وَمَآ أَرْسَلْنَٰكَ إِلَّا رَحْمَةً لِّلْعَٰلَمِينَ ﴾[1]، فكان -ﷺ- رحمة مهداه حتى يضرب وجهه الشريف ويسيل الدم منه ﷺ ((يقول كيف يفلح قوم خضبوا وجه نبيهم وهو يدعوهم إلى ربهم))[2]، وأيضاً عندما رجع -ﷺ- من الطائف (وجاء ملك الجبال وقال: أن شئت أطبقت عليهم الأخشبين قال: أرجو الله أن يخرج من أصلابهم من يوحد الله)[3]، وبهذه الروح الحانية قاتل رسول الله -ﷺ- رؤوس الشرك والمشركين وانتصر عليهم وكان عامة أحواله الصفح والرحمة وهناك عدة وقائع مؤثرة في مسيرته -ﷺ- ووهديه في رعاية الأسرى وحمايتهم، الذي يفيض رحمة ورغبة في هداية الناس وإسلامهم وليس إراقة دمائهم وإذلالهم وكيف عاملت الشريعة الإسلامية الأسرى. ومن هذه الوقائع مايلى:.

أولاً ـ عدم ضرب الأسير وإذلاله.

عدم ضرب الأسير وإذلاله حيث ورد أن النبي -ﷺ- نهى أصحابه عن ضرب الأسير الذي قبض عليه قبل غزوة بدر الكبرى ((عندما ذهب عليا والزبير وسعداً رضوان الله عليهم يلتمسون له الخبر ببدر فأصابوا راوية لقريش فيهم اسلم غلام بني الحجاج وأبو يسار غلام بني العاص فاتوا بهما النبي -ﷺ- وهو قائم يصلي فسألوهما فقالوا: نحن سقاة قريش بعثونا نسقيهم من الماء فكره القوم خبرهما وضربوهما ليخبروهما عن أبي سفيان فقالا نحن لأبي

____

(١) سورة الأنبياء آية (١٠٧)

(٢) السيرة النبوية، لابن هشام، الجزء ٢ ص (٣٠)

(٣) أخرجه الإمام مسلم في صحيحه، (ك): الجهاد والسير، (ب): باب مَا لَقِيَ النَّبِيُّ -ﷺ- مِنْ أَذَى الْمُشْرِكِينَ وَالْمُنَافِقِينَ، (١٨١/٥) حديث رقم (٤٧٥٤)

سفيان فتركوهما ولما فرغ النبي من صلاته قال "إذا صدقاكم ضربتموهما وإذا كذباكم تركتموهما صدقا إنهما لقريش اخبراني أين قريش قالا هم وراء الكثيب "))[1].

وكان الرسول -ﷺ- يوصي بالأسرى خيراً وكأنهم في ضيافة وليسوا في اسر فيجب حمايتهم واكرامهم وتقديم الطعام لهم. [2]

ثانياً: إطعام الأسرى والحفاظ عليهم.

إطعام الأسرى والوصية بهم قال الله تعالى ﴿وَيُطْعِمُونَ ٱلطَّعَامَ عَلَىٰ حُبِّهِ مِسْكِينًا وَيَتِيمًا وَأَسِيرًا ۝ إِنَّمَا نُطْعِمُكُمْ لِوَجْهِ ٱللَّهِ لَا نُرِيدُ مِنكُمْ جَزَآءً وَلَا شُكُورًا﴾[3]، وقال -ﷺ- «استوصوا بالأسارى خيراً»[4]، وقد طبق هذا الأمر واقعا مشهودا فقد

((روى ابن إسحاق عن ابن وهب قال كان أبو عزيز بن عمير بن هاشم اخو مصعب بن عمير فقال أبو عزيز مر بي أخي مصعب بن عمير ورجل من الأنصار يأسرني فقال "شد يديك به، فان أمه ذات متاع لعلها تفديه منك، قال " وكنت في رهط من الأنصار حين اقبلوا بي من بدر، فكانوا إذا قدموا غداءهم وعشاؤهم خصوني بالخبز، وأكلوا التمر لوصية رسول الله -ﷺ- إياهم بنا، ما تقع في يد رجل منهم كسرة خبز إلا نفحني بها، قال: – فاستحي فأردها على احدهم، فيردها علي ما يمسها))[5]، حتى قيل ان احد الأسرى قال إن المسلمين يقدموننا على أنفسهم فكانوا يؤثروننا بالأدم ويكتفون هم بالتمر. [6]

---

(1) ابن الأثير، الكامل، عز الدين بن الأسير ابي الحسن على بن محمد الجزرى، الجزء الثانى، ص (٨٣)

(2) أحكام الأسرى فى الفقه الإسلامى والقانون الوضعى، ملحقاً باتفاقية جنيف، للدكتور/ على أحمد جواد، ط ١، دار المعرفة، بيروت، ٢٠٠٥، ص (٢٤)

(3) سورة الإنسان آية (٨،٩)

(4) الطبرانى، المعجم الصغير، رقم(٤٠٩)، والمعجم الكبير، رقم (٩٧٧)

(5) سيرة ابن هشام (٢/ ١٨٩).

(6) الشريعة الإسلامية والقانون الدولى العام، للدكتور/ على على منصور، دار القلم، القاهرة، ص(٣٤٣)

ثالثاً : قبول الشفاعة في الأسرى.

ومن امثلة الشفاعة في الأسرى، ترجع إلى تقدير مواقف سابقة للأسرى ووقوفهم مع المسلمين في مكة المكرمة.

((قال عبد الله بن مسعود -رضي الله عنه- "لما كان يوم بدر وجيء بالأسارى، قال رسول الله -ﷺ-: ما تقولون في هؤلاء الأسارى، فذكر في الحديث قصة، فقال رسول الله -ﷺ-: لا ينفلتن أحداً منهم إلا بفداء أو ضرب عنق، قال عبد الله: فقلت يا رسول الله إلا سهيل بن البيضاء، فاني سمعته يذكر الإسلام. قال فسكت رسول الله -ﷺ- قال: فما رأيتني في يوم أخوف أن تقع علي حجارة من السماء مني في ذلك اليوم حتى قال رسول الله -ﷺ- الا سهيل بن البيضاء))[1]، "وأوصى رسول الله -ﷺ- (بعدم قتل أبا البختري بن هشام لأنه كان اخف القوم على رسول الله -ﷺ- وهو بمكة وكان ممن اهتم بنقض الصحيفة)[2].

رابعا : المرأة الأسيرة والحفاظ عليها وصور من تكريمها.

لقد أبرز النبي-ﷺ- صورة رائعة من صور صيانة المرأة في الحروب مغايرة تماما لممارسات الأمم السابقة للإسلام حيث كانت عرضة للاغتصاب والاهانة والاسترقاق وهذه الممارسات عادت الى الوجود في حروب العصر الحديث فراينا امتهانها واغتصابها في حروب البوسنة والهرسك والعراق وفلسطين وأفغانستان، ما لا يحتاج إلى توثيق.

(أما الرسول-ﷺ- فقد نهى عن الاعتداء على أعراض مخالفيه من المشركين كما هي صورة الحروب السابقة والمعاصرة. فقد أكرم ابنة حاتم الطائي واسمها سفانة بنت حاتم عندما رآها في السبي ومن عليها وأعطاها العطايا وأمرها باللحاق بأخيها عدي وكان ذلك سببا في عودة عدي بن حاتم مسلماً وأصبح له شان في فتوح الإسلام الأول)[3].

---

(١) كتاب السير، للترمذي، باب ماجاء بالمشورة، رقم (١٧١٤)

(٢) ابن الأثير، الكامل، الجزء الثاني، ص (٨٩).

(٣) ابن الاثير، الكامل، الجزء الثاني، ص ١٩٤.

ولم تكن حروبه -ﷺ- مثل حروب هذا العصر تشهد همجية الاعتداء على النساء واغتصابهن، بل كانت هذه الممارسة ابعد ما تكون عن مجتمع يقوده رسول الله -ﷺ- غايته الطهر والعفة والبعد عن كل ما يمس دينهم وطاعتهم وتقواهم.

خامساً: إعطاء حرية الإختيار للأسير وإخلاء سبيله إذا اسلم.

فلم يروى أن أسيرا اكره على تغيير معتقده بل كان يترك له الاختيار المطلق في ذلك، فعن علي -ﷺ- ان النبي -ﷺ- قال ((اتى بعين للمشركين اسمه فرات بن حيان فامر به ان يقتل فصاح يا معشر الأنصار اقتل وانأ اشهد أن لااله إلا الله وان محمد رسول الله، فأمر به النبي -ﷺ- فخلى سبيله ثم قال إن منكم من أكله إلى إيمانه منهـم فرات بن حيان))[1].

ومن شواهد هذا المنهج قصة ثمامة بن أثال[2]: سيد بني حنيفة عندما أسرته خيل المسلمين فجاءوا به أسيراً وربطوه في سارية من سواري المسجد. ((فعن أبي هريرة -ﷺ- قال: بعث رسول الله -ﷺ- خيلا قبل نجد. فجاءت برجل من بني حنيفة يقال له ثمامة بن أثال سيد أهل اليمامة فربطوه بسارية من سواري المسجد فخرج إليه رسول الله -ﷺ- فقال "ماذا عندك؟ يا ثمامة" فقال: عندي يا محمد خير إن تقتل تقتل ذا دم وإن تنعم تنعم على شاكر وإن كنت تريد المال فسل تعط منه ما شئت. فتركه رسول الله -ﷺ- حتى كان بعد الغد فقال "ما عندك يا ثمامة؟" قال: ما قلت لك إن تنعم تنعم على شاكر وإن تقتل تقتل ذا دم وإن كنت

---

(١) أحكام القرآن، للقرطبى، (١٨/ ٤٦)، وانظر ابن كثير، البداية والنهاية، (٤/ ٥).

(٢) هو ثمامة بن أثال بن النعمان بن مسلمة بن عبيد بن ثعلبة بن يربوع بن ثعلبة بنالدول بن حنيفة الحنفي. كان مر به رسول الله - ﷺ- فأراد ثمامة قتله فمنعه عمه من ذلك. فأهدر رسول الله - صلى الله عليه وسلم - دم ثمامة. ثم خرج ثمامة بعد ذلك معتمرا. فلما قارب المدينة أخذته رسل رسول الله - صلى الله عليه وسلم - بغير عهد ولا عقد فأتوا به رسول الله - صلى الله عليه وسلم - فقال: إن تعاقب ذا ذنب وإن تعف تعف عن شاكر. فعفا رسول الله - ﷺ- عن ذنبه فأسلم. يراجع: الطبقات (٦/ ٧٥)، وأسد الغابة(١/ ٤٧٧)،الإصابة (١/ ٥٢٥).

تريد المال فسل تعط منه ما شئت فتركه رسول الله –ﷺ– حتى كان من الغد فقال "ماذا عندك؟ يا ثمامة" فقال: عندي ما قلت لك إن تنعم تنعم على شاكر وإن تقتل تقتل ذا دم وإن كنت تريد المال فسل تعط منه ما شئت فقال رسول الله –ﷺ– "أطلقوا ثمامة" فانطلق إلى نخل قريب من المسجد فاغتسل ثم دخل المسجد فقال أشهد أن لا إله إلا الله وأشهد أن محمدا عبده ورسوله. يا محمد والله ما كان على الأرض وجه أبغض إلي من وجهك فقد أصبح وجهك أحب الوجوه كلها إلي. والله ما كان من دين أبغض إلي من دينك

فأصبح دينك أحب الدين كله إلي. والله ما كان من بلد أبغض إلي مـن بلدك فأصبح بلدك أحب البلاد كلها إلي. وإن خيلك أخذتني وأنا أريد العمرة فماذا ترى؟ فبشره رسول الله –ﷺ– وأمره أن يعتمر فلما قدم مكة قال له قائل: أصبوت؟ فقال: لا ولكني أسلمت مع رسول الله –ﷺ– ولا والله لا يأتيكم من اليمامة حبة حنطة حتى يأذن فيها رسول الله –ﷺ–.))[1]

سادسا : العفو الجماعى عن الأسرى.

كان –ﷺ– يميل إلى جانب العفو والمسارعة إلى التئام جروح مخالفيه طمعا في اسلامهم وايمانهم بعيدا عن التمتع العاجل بسباياهم واموالهم وارضهم.

ويدل على ذلك ما روي عن عائشة، قالت (لما قسم رسول الله –ﷺ–، سبايا بني المصطلق وقعت جويرية بنت الحارث في السهم لثابت بن قيس بن شماس أو لابن عم له، فكاتبته على نفسها وكانت امرأة حلوة ملاحة لا يراها إحد إلا أخذت بنفسه، فأتت رسول الله –ﷺ– تستعينه في كتابتها، قالت: فوالله ما هو إلا أن رأيتها على باب حجرتي، فكرهتها وعرفت أنه سيرى منها ما رأيت، فدخلت عليه فقالت: يا رسول الله { أنا جويرية بنت الحارث بن أبي ضرار سيد قومه، وقد أصابني من البلايا ما لم يخف عليك، فوقعت في السهم لثابت بن قيس بن شماس أو لابن عم له، فكاتبته فجئتك استعينك على كتابتي. قال: فهل لك من خير في

____

(١) فتح المنعم شرح صحيح مسلم، (ب) ربط الأسير وحبسة وجواز المن عليه، حديث رقم (٤٠٣٢) (٧/ ١٧٤)

ذلك؟ قالت: وما هو يا رسول الله؟ قال: أقضي كتابك وأتزوجك؟ قالت: نعم يا رسول الله} قد فعلت. قالت: وخرج الخبر إلى الناس أن رسول الله -ﷺ- قد تزوج جويرية بنت الحارث، فقال الناس: أصهار رسول الله -ﷺ- فأرسلوا ما بأيديهم. قالت: فلقد اعتق بتزويجه إياها مائة أهل بيت من بني المصطلق، فما أعلم امرأة كانت أعظم بركة على قومها منها. [1]

وروى موسى بن عقبة عن بعض بني المصطلق: أن أباها طلبها وافتداها ثم خطبها منه رسول الله، -ﷺ-، فزوجه إياها. وقال الواقدي: ويقال: إن رسول الله -ﷺ-، جعل صداقها عتق كل أسير من بني المصطلق، ويقال: جعل صداقها عتق أربعين من بني المصطلق، وكانت جويرية تحت مسافع بن صفوان المصطلقي، وقيل: صفوان بن مالك، وكان اسمها: برة، فغيرها النبي، -ﷺ-، فسماها جويرية، وماتت في ربيع الأول سنة ست وخمسين ولها خمس وستون سنة. [2]

وفي رواية لأبو داود قال: -ﷺ- (ردوا عليهم نساءهم وابناءهم)[3]

سابعا : أسر الملوك وكيفية تعامل النبى -ﷺ- معهم.

كان النبى -ﷺ- رحمة مهداه، فلم يكن من مقاصد هذا النبي الكريم إذلال ملك أو رئيس قبيلة او انتزاع ملك احد أو سلب أموالهم أو سبي نسائهم. إنما كان القصد الأسمى الذي يبدو من مجموع سيرته هو الرغبة الكبرى في إسلام الناس ودخولهم في دين الله طواعية لا كراهية وحبا وقناعة، وهذا هو سر استقرار هذا الدين وامتداده في مشارق الارض ومغاربها با لرغم من الاهوال التي صبت على اتباعه في كل مكان.

---

(1) عمدة القاري شرح صحيح البخاري، حديث رقم (١٤٥٢)،(ب) من ملك من العرب رقيقا فوهب وباع (١٣/ ١٠٢).

(2) المراجع السابق ذات الجزء وذات الصفحة.

(3) سنن ابي داود، كتاب الجهاد، باب فداء الاسرى حديث رقم (٢٦٩٤)، والحديث حسنه الألباني.

وهناك شواهد تدل على ذلك ومنها: ((حيث بعث النبي –ﷺ– خالد بن الوليد الى اكيدر بن عبد الملك الكندي ملك دومة الجندل فاخذه اسيرا وقدم على رسول الله –ﷺ– فأسلم وكتب له ولاهل دومة الجندل كتابا))[1].

ثامنا : فداء الأسرى.

لم يكن الفداء لقصد مغنم دنيوي ابدا وكان الشيء الاكبر في مقاصده –ﷺ– هو استبقاء الرجال حتى يكرمهم الله بالاسلام والايمان وهذه الحالة تبرز جوانب الرحمة والانسانية.

وأول فداء حدث في تاريخ الاسلام كان قبل غزوة بدر الكبرى في سرية عبد الله بن جحش التي قتل فيها عمرو بن الحضرمي واسروا عثمان بن عبد الله والحكم بن كيسان، وبعثت قريش في فدائهما وقبل رسول الله –ﷺ– الفداء فاسلم الحكم بن كيسان، واما عثمان بن عبد الله فمات بمكة كافرا. [2]

رعاية الأسرى وحمايتهم والحفاظ عليهم في القانون الدولى

الحماية المقررة لأسرى الحرب في القانون فتشمل جميع القواعد القانونية التى قررت فرض حماية لهؤلاء بصفة مبتدأه عند بداية الأسر أوتلك التى قررت الحماية لهم أثناء الأسر أو عند أنتهاء القتال أو الأعمال العدائية.

توفير المعاملة الكريمة لهؤلاء والتى تحفظ عليهم أدميتهم، وتوفير الرعاية الصحية والطبية لهم والمحافظة على ممتلكاتهم ومقتنياتهم الشخصية ومامعهم من أمتعة أثناء الأسر، تزويد هؤلاء بوثائق لتحقيق شخصيتهم والمعلومات المقيدة عنهم وماكانو يحملون من رتب ونياشين أثناء وقوعهم في الأسر، ويراعى أن يتم استجوابهم بالشكل القانونى السليم مع عدم جواز إجبارهم على الإدلاء بالمعلومات السرية أو الهامة والتى من شأنها أن تضر بجيوشهم وتفيد جيش العدو.

---

[1] ابن هشام، الجزء (٤) صـ (١١٣)

[2] انظر الكامل، لابن الأثير، الجزء (٢) ص (٩٤.٩٣)

أما عن الحماية المقررة لهؤلاء أثناء الأسر : فتشمل عدة حقوق يعترف بها للأسير عند وقوعة في الأسر منها :

١_ الحق في المعاملة الإنسانية الكريمة وعدم جواز تعذييهم أو إخضاعهم للتجارب الطبية والعلمية.[1]

٢_ الحق في احترام الشخصية والشرف الأدمى والمهنى.

٣_ الحق في العناية الصحية لهم وكذا الرعاية الطبية الواجبة لمن هم أمثالهم من خلال إيوائهم في أماكن صحية وفى مراكز طبية وإمدادهم بالملابس الصحية، وإمدادهم بأدوات النظافة الكاملة من الماء والصابون.

٤_ الحق في المساواة في المعاملة بحيث تكون المعاملة بينهم واحدة بلا تمييز بسبب الجنس أو العقيدة أو الانتماء أو الجنسية.

٥_ الحق في إقامة الشعائر الدينية: من خلال توفير دور وأماكن للعبادة، وكذا الأسخاص المؤهلين للقيام بالمهام الدينية بينهم.

٦_ الحق في ممارسة النشاط المهنى والذهنى والبدنى.

٧_ الحق في الإعاشة من خلال إمدادهم بالغذاء أو الطعام اللازم لإعاشتهم، وإمدادهم بالكساء اللازم الذى يقيهم حر الشمس في الصيف وبرد الشتاء في فصل الشتاء فضلا عن المأوى الأمن لهم.[2]

٨_ حق الاتصال بالخارج: من خلال الرسائل والمكاتبات المتبادلة وكذا إرسال الطرود المختلفة واستقبالها، فضلا عن وسائل الاتصال التلغرافية والبرقية واللاسلكية والتى تشمل

---

(١) يراجع: نص المادة ١٩ من الاتفاقية الثالثة الخاصة بأسرى الحروب، جنيف، ١٩٤٩.

(٢) ينظر: نص المادة ١٢٣ من الاتفاقية الثالثة الخاصة بأسرى الحرب، جنيف، ١٩٤٩.

الاتصال بأسرهم وذويهم وكذا وحداتهم العسكرية بل وسلطات دولتهم الأصلية والتى لاتخضع لأية نوع من المراقبة إلا بعد قيام دلائل تدعوا إلى الشك في هذه الرسائل فيجب إخضاعها للفحص في حضور من أرسلها. [1]

هذا ولا يجوز تشغيل الأسرى إلا في الأعمال التى تتفق مع امكانيات الأسرى الذهنية وقوتهم البدنية وحالتهم الصحية وجنسهم، وعند إخلال الأسرى بأى من الوجبات المفروضة عليهم يجب معاقبتهم تأديبيا وعند اقترافهم لأى من الأفعال الإجرامية فيجب معاقبتهم جنائيا على ذلك.

أما عن الحماية المقررة لهؤلاء عند انتهاء العمليات العدائية أوالحرب.

فتشمل: الافراج عن هؤلاء الأسرى عند تحقيق شرط الأمان في جانبهم وذلك عند تعهدهم بإلقاء السلاح وعدم حملة مرة أخرى وعدم المشاركة بأى من الأحوال في العمليات العسكرية الدائرة، ويسمى الإفراج هنا بالإفراج تحت شرط الآمان.

وهناك الإفراج الصحى: وهو الذى يتم مراعاة للظروف الصحية للأسير وخاصة الأسرى الذين أصيبوا بأمراض مذمنة أو مهلكة ولايتوقع برئهم منها إلا بالموت.

وهناك أيضا الإفراج النهائى عن الأسرى بانتهاء حالة الحرب أو العمليات العدائية وذلك بشرط المعاملة بالمثل من قبل الدول، وقد ينتهى الأسر عن طريق تبادل الأسرى فيها بين الدول المتحاربة بموجب اتفاق ينص فيه على تبادل الأسرى عند انتهاء الحرب أو العمليات العدائية أو الموتى منهم فيجب فحص جثثهم جيدا وبدقة قبل دفنهم لمعرفة أسباب وفاتهم والتحقيق من شخصياتهم ووضع تقرير مفصل عن حالة كل متوفى على حده ويوضع مع

---

(1) راجع كذلك: نصوص المواد ٤٩، ٥٨، ٦٩، ٧٧، من اتفاقية جنيف الثالثة الخاصة بأسرى الحرب لعام (١٩٤٩)

الجثمان بيان أو اشارة معينة عبارة عن نصف اسطوانة يدون عليها كل مايتعلق بالأسير المتوفى من معلومات.

وتلتزم الدول المتحاربة وفقا لبروتوكول جنيف لعام ١٩٧٧ بتسهيل عودة رفاة الموتى إلى أوطانهم الأصلية ومن ثم دفنهم فلا يجوز اخراجهم والعبث بجثثهم إلا بعد استئذان دولهم بذلك والإفصاح عن نيتها في رد رفاتهم إليها.[1]

ويتبين لنا مما سبق: إذا كان القانون الدولي الإنساني الوضعي قد عني بحال الجرحى والمرضى، وأسرى الحرب والمتوفين والمفقودين ومد هذه الحماية لتشمل المدنيين من السكان والأعيان المدنية وسواء أكان ذلك أثناء النزاعات المسلحة الدولية أو الداخلية

إلا أن شرع الإسلام كان له السبق في ذلك فقد اعتنى بهؤلاء وكلفهم بحمايته بفضل ما أتى به من قواعد قانونية سماوية فاقت القواعد القانونية الوضعية في مضمونها ودقتها ومدى حمايتها، لدرجة أن الإسلام لم يعترف بالحرب ولم يستخدم كلمة الحرب على الإطلاق بل استعاض عنها بلفظ أخف وطأة وهو مصطلح القتال وعم بحمايته جميع البشر بلا تفرقة فيما بينهم بسبب الجنس أو اللون أو العقيدة أو الأصل الاجتماعي.

❋ ❋ ❋

---

[1] انظر نصوص المواد ٣٣ / ٤، ٣٤ / ١، والبرتوكول الأول لعام ١٩٧٧.

الفصل الثانى
آثار الحروب في الفقه الإسلامي والقانون الوضعى

إن للحرب في الشريعة الإسلامية تأثير على نواحى شتى ومواضع متعددة فبالنظر لطبيعتها وأهدافها تتأثر العلاقة بين الدولة الإسلامية وغيرها من الدول الأخرى.

وللحديث عن آثار الحرب لابد وأن نفرق بين الآثار المباشرة لقيام حالة الحرب، والآثار المترتبة على انتهاء حالة الحرب. إذ أن من الآثار مايجد له تلقائية عند قام حالة الحرب ذاتها دون أن ينجلى أثره بالضرورة بعد انتهاء حالة الحرب والعكس صحيح، ومن ثم فإن الفصل يتكون من ثلاثة مباحث:

- ❖ المبحث الأول: الآثار المباشرة لقيام حالة الحرب.
- ❖ المبحث الثانى: الآثار المترتبة على انتهاء حالة الحرب.
- ❖ المبحث الثالث: آثار الحرب في القانون الدولى.

المبحث الأول : الآثار المباشرة لقيام حالة الحرب في الفقه الإسلامي.

هناك آثار مباشرة لقيام حالة الحرب في الإسلام فبالنظر لطبيعة الحرب وأهدافها تتأثر العلاقة بين الدولة الإسلامية وغيرها من الدول الأخرى وعلية تتعدد مواضع التأثير في عدة مطالب وسوف نقوم بذكرها على النحو التالى:

المطلب الأول : آثار الحرب في العلاقات الدولية الإسلامية.

آثار الحرب في العلاقات الدولية الإسلامية حيث قسم فقهاء الشريعة العالم الى قسمين لكل منهما قواعدة وأحكامه وهى دار الحرب ودار الإسلام.

وأما دار الحرب: فقد اختلف الفقهاء في تعريفها حيث **عرفها الحنفية:** بأنها إذا كان الأمان فيها للكفــرة علـــى الإطـــلاق، والخـــوف للمســلمين علـــى الإطـــلاق، فهـــي دار الكفـر

والأحكام مبنية على الأمان والخوف لا على الإسلام والكفر، فكان اعتبار الأمان والخوف أولى. [1]

وعرفها الشافعية: بأنها هي ((بلاد المشركين الذين لاصلح لهم مع المسلمين ولايسرى عليها حكم الإسلام.)) [2]

وعرفها فضيلة الأستاذ الدكتور عبد اللطيف عامر: بأنها هي البلاد الخارجة عن سلطان المسلمين ويتوقع من أهلها الحرب. [3]

وعرفها الزيدية. أيضا بأنها هي: "التى لاينسحب عليها حكم الإسلام ولا نفذ فيها شرعه، وأن دار الحرب هى التى شوكتها لأهل الكفر من غير ذمة ولا جوار" [4]

وفى السير الكبير: الدار إنما تكون دار حرب ودار ذمة ودار أمان بالمنعة وذلك إنما يكون بسلطانها الذى يحكم فيهم فإذا كان السلطان حربيا كانت الدار دار حرب يحل سبى من فيها إلا من عرف بالإسلام أو الذمة. [5]

المعتبر في حكم الدار هو السلطان في ظهور الحكم، فإن كان الحكم حكم الموادعين فبظهورهم على الدار الأخرى كانت الدار دار الموادعة، وإن كان الحكم حكم سلطان آخر في الدار الأخرى فليس لواحد من أهل الدارين حكم الموادعة. **وهذا قول السرخسى**. [6]

---

(١) بدائع الصنائع في ترتيب الشرائع، المؤلف: للكاساني الحنفي صـ ١٣١، الجزء ٧

(٢) القاموس الفقهى، لسعدى أبو حبيب، صـ ٨٤، الطبعة الثانية، ١٤٠٨ هـ ـ ١٩٨٨ م.

(٣) أحكام الأسرى والسبايا في الحروب الإسلامية، مرجع سابق: (صـ ٥٤)

(٤) التاج المذهب لأحكام المذهب، شرح متن لأزهار في فقه الأئمة الأطهار لأحمد بن قاسم الصنعانى، الجزء ٤، صـ ٤٤١، ط ١، ١٩٤٧م.

(٥) شرح السير الكبير، دار الكتب العلمية، ط ١، ١٩٩٧م، الجزء ٥، صـ ٩.

(٦) المرجع السابق، الجزء الخامس، صـ ١٢.

فنرى السرخسى: يشير إلى فرضية وجود دار ثالثة هى دار المواددة أوالعهد واستدل على ذلك بما قاله محمد بن كعب القرظى: لما قدم رسول الله –ﷺ– المدينة وادعته يهودها كلها وكتب بينه وبينها كتاباً، والحق كل قوم بحلفائهم وكان فيما شرط عليهم ألا يظاهروا عليه عدوا. (١)

دار الإسلام: فقد اختلف الفقهاء أيضا في تعريفها: فذهب البعض إلى أنها اسم للموضع الذى يكون تحت يد المسلمين وشوكتهم أقوى وعلامة ذلك أن يأمن فيه المسلمون. وبهذ قال السرخسى. (٢)

وعرفها الحنابلة : "هى كل بلد اختطها المسلمون كالبصرة، أوفتحوها كمدن الشام"(٣)

وذهب البعض: بأنها هى ماظهر فيها أركان الإسلام وهى الشهادتان والصلاة الخمس ولو من واحد والصيام والحج والزكاة من غير ذمة ولا جوار ولم يظهر فيها خصلة كفرية من تكذيب نبى أو كتاب من كتب الله أو استخفاف أو إلحاد ولو كان تلك الخصلة ليست بكفر تصريحاً وإنما تكون كفراً تأويلاً. وبهذا قال صاحب التاج المذهب(٤)

وعرفها الشافعية : " بأنها كل بلد بناها المسلمون، كبغداد، والبصرة، أو أسلم أهلها عليها، كالمدينة، واليمن، أوفتحت عنوة كخيبر، ومصر، وسواد العراق، أوفتحت صلحا، والأرض لنا، والكفار فيها ويدفعون الجزية ". (٥)

---

(١) زاد المعاد في هدى خير العباد، لابن القيم الجوزية، مكتبة الايمان بالمنصورة، الجزء ٣ ص ٤٢، الطبعة الأولى، ١٩٩٩م

(٢) شرح السير الكبير، الجزء الثالث، ص ٨١.

(٣) المرجع السابق، القاموس الفقهى، ص ١٨٢.

(٤) التاج المذهب لأحكام المذهب شرح متن الأزهار في فقه الائمة الأطهار، ص ٤٥٧،الجزء ٤.

(٥) القاموس الفقهى، لسعدى أبو حبيب، ص ١٨١، الطبعة الثانية، ١٤٠٨ هـ ١٩٨٨ م.

وعرفها الشيخ محمد أبو زهرة: بأنها هي الدولة التي تحكم بسلطان المسلمين، وتكون المنعة والقوة فيها للمسلمين،وهذه الدار يجب على المسلمين القيام بالذود عنها، والجهاد دونها فرض كفاية إذا لم يدخل العدو الديار، فإن دخل العدو الديار كان الجهاد فرض عين عليهم، فعليهم جميعا مقاومته ما أمكنتهم الفرصة واستطاعوا إلى ذلك سبيلا. [1]

وعرفها الدكتور وهبة الزحيلى: "بأنها كل مادخل من البلاد فى ميحط سلطان الإسلام ونفذت فيها أحكامه وأقيمت شعائره قد صار من دار الإسلام، ووجب على المسلمين عند الاعتداء عليه أن يدافعوا عنه وجوباً كفائياً بقدر الحاجة، وإلا فوجوباً عينياً وكانوا كلهم آثمين بتركه، وأن استيلاء الأجانب عليه لايرفع عنهم وجوب القتال لاسترداده وإن طال الزمان. [2]

وعرفها الدكتور عبد الوهاب خلاف: " بأنها الدار التى تجرى عليها أحكام الإسلام ويأمن من فيها بأمان المسلمين، سواء أكانوا مسلمين أم ذميين[3]

ويتبين لنا مما سبق أن التعريف الأخير قد يكون أرجح التعريفات: وذلك لأن خلو الدار من تطبيق أحكام الإسلام فيها يعتبر نقصاً في التعبير كونها دار إسلام.

وتقسيم الدار على هذا النحو لايستند إلى نص الكتاب والسنه، وإنما استند إلى اجتهاد الفقهاء على نحو تمخض عنه اختلافهم في الأحكام التى يجرى تطبيقها على كل دار.

وعرفها فضيلة الدكتور عبد اللطيف عامر: بأنها البلاد التى يسود فيها حكم الإسلام سواء أكان سكانها مسلمين أم غير مسلمين ويكون الغلبه في هذه البلاد للإسلام. [4]

---

(١) العلاقات الدولية في الإسلام (ص٥٦) تأليف: الإمام محمد أبو زهرة ـ القاهرة ـ دار الفكر العربي ١٩٩٥م

(٢) آثار الحرب في الفقه الإسلامى، للدكتور/ وهبة الزحيلى، الطبعة الثالثة، ١٤١٩، ١٩٩٨م ص ١٦٩

(٣) السياسة الشرعبة، للدكتور عبد الوهاب خلاف، ص ٧١، وينظر: نظام الدولة الإسلامية في الشئون الدستورية والخارجية والمالبة، بيروت، الطبعة الثانية، ١٤٠٤ هـ ١٩٨٤م.

(٤) أحكام الأسرى والسبايا في الحروب الإسلامية لفضيلة الدكتور/ عبداللطيف عامر، ص ٥٤

ونستخلص مما سبق: أن الفقهاء في معرفة المقصود بدار الإسلام، ودار الحرب لهم رأيان:

الأول: ينظر إلى الأحكام، وإلى النظم، فإن كانت إسلامية؛ فالدار إسلامية، وإن كانت الأحكام، أو النظم غير إسلامية؛ فالدار ليست إسلامية، ولو وصفت بأنها إسلامية.

الثاني: ينظر إلى أمن المسلم، فإن كان المسلم آمنًا في الديار التي يقيم فيها بأمن الإسلام؛ فالدار دار إسلام. [1]

ما به تصير الدار دار إسلام أودار حرب:

لا خلاف عند الحنفية في أن دار الكفر تصير دار إسلام بظهور أحكام الإسلام فيها

ولكن اختلفوا في دار الإسلام بماذا تصير دار حرب:

قال أبو حنيفة: إنها لا تصير دار حرب إلا بثلاث شرائط:

١_ ظهور الأحكام غير الإسلامية بأن يكون القنون المسيطر قانونا غير إسلامي؛ كأن يكون القانون المسيطر يبيح الزنا أو الربا أو القمار، وغير ذلك مما حرمه الإسلام.

٢_ أن يكون الإقليم متاخما للديار الإسلامية، بحيث يتوقع منه الاعتداء على دار الإسلام،وأن يكون ممنوعا على المسلمين أو ليس في سلطانهم.

٣_ ألا يأمن المسلم ولا الذمى فيها بحكم الإسلام، بل يأمن فيها بعهد يعقده [2]

وقال أبو يوسف ومحمد- رحمهما الله: إنها تصير دار الكفر بظهور أحكام الكفر فيها.

فهل تصير دار الإسلام دار حرب باستيلاء دولة كافرة عليها. [3]

---

(١) مناهج جامعة المدينة العالمية (ص ٧٧٠) الناشر: جامعة المدينة العالمية: عدد الأجزاء: ١.

(٢) نظرية الحرب في الإلام (ص٤٥) للشيخ محمد أبو زهرة، _ ط_ الثانية: القاهرة ١٤٢٩ه٢٠٠٨م ،بدائع الصنائع في ترتيب الشرائع، المؤلف: علاء الدين، أبو بكر بن مسعود بن أحمد الكاساني (٧/ ١٣٠)

(٣) أحكام الذميين والمستأمنين في دار الإسلام، مؤسسة الرسالة ط ٢، – ١٩٨٨ م د/ عبد الكريم زيدان.

تعرض لهذه المسألة **الإمام الإسبيجابي**[1]، وأيضاً الإمام الحلواني[2]، حيث إن الثابت من رأيهما أن دار الإسلام لا تكون دار حرب بمجرد إستيلاء دولة كافرة عليها مادام يجرى فيها بعض أحكام الإسلام [3].

---

(1) فقيه نسبته إلى إسبيجاب وهو أبو الحسن علي بن محمد بن إسماعيل بن علي بن أحمد ابن محمد بن إسحاق الأسبيجابي السمرقندي المعروف بشيخ الإسلام من أهل سمرقند. وهو من أسبيجاب بلدة من ثغور الترك سكن سمرقند، وصار المفتي، والمقدم بها ولم يكن أحد بما وراء النهر في زمانه من يحفظ مذهب أبي حنيفة ويعرفه مثله. وتوفي سنة ٤٨٠هـ يراجع: التحبير في المعجم الكبير (١/ ٥٧٨)المؤلف: عبد الكريم بن محمد بن منصور التميمي السمعاني المروزي، أبو سعد (المتوفى: ٥٦٢هـ)المحقق: منيرة ناجي سالم:الناشر: رئاسة ديوان الأوقاف – بغداد": الطبعة: الأولى، ١٣٩٥هـ– ١٩٧٥م: عدد الأجزاء: ٢، الموسوعة الفقهية الكويتية (٩/ ٢٨٨) صادر عن: وزارة الأوقاف والشئون الإسلامية – الكويت: عدد الأجزاء: ٤٥ جزءا: الطبعة: (من ١٤٠٤ – ١٤٢٧ هـ)..الأجزاء ١ – ٢٣: الطبعة الثانية، دارالسلاسل، دار السلاسل – الكويت:..الأجزاء ٢٤ – ٣٨: الطبعة الأولى، مطابع دار الصفوة – مصر:..الأجزاء ٣٩ – ٤٥: الطبعة الثانية، طبع الوزارة.

(2) هو عبد العزيز بن احمد بن نصر بن صالح شمس الأئمة الحلواني نسبة لبيع الحلوى– صاحب المبسوط.إمام الحنفية في وقته ببخارى. من أئمة الحنفية، في القرن الخامس الهجرى. حدَّث عن أبي عبد الله غُنجار وتفقه على جماعة. توفي سنة ثمان، أوتسع وأربعين وأربعمائة ودفن ببخارى. تراجع ترجمته في: تاريخ الإسلام وَوَفيات المشاهير وَالأعلام (١٠/ ٧١) المؤلف: شمس الدين أبو عبد الله محمد بن أحمد بن عثمان بن قَايْماز الذهبي (المتوفى: ٧٤٨هـ) المحقق: الدكتور بشار عوّاد معروف: الناشر: دار الغرب الإسلامي: الطبعة: الأولى، ٢٠٠٣ م: عدد الأجزاء: ١٥، تاج التراجم (ص١٨٩) المؤلف: أبو الفداء زين الدين أبو العدل قاسم بن قُطلُوبغا السوداني (نسبة إلى معتق أبيه سودون الشيخوني) الجمالي الحنفي (المتوفى: ٨٧٩هـ) المحقق: محمد خير رمضان يوسف: الناشر: دار القلم – دمشق: الطبعة: الأولى، ١٤١٣ هـ –١٩٩٢م: عدد الأجزاء: ١.

(3) الفوائد البهية في تراجم الحنفية، للعلامة ابى الحسنات محمد عبد الحى اللكنوى الهندى، مطبعة السعادة، الطبعة.الأولى، ١٣٢٤ هـ، صـ(٤٢.١٠٨).

وقال الإمام الإسبيجابى : " وقد تقرر أن بقاء شيء من العلة يبقى الحكم، وقد حكمنا بلا خلاف بأن هذه الديار قبل استيلاء التتار عليها كانت من ديار الإسلام، وأنه بعد الإستيلاء عليها بقيت شعائر الإسلام، كالآذان وصلاة الجمع، والجماعات وغيرها من شعائر الإسلام فتبقى دار إسلام ".

وقد جاء في المذكرة التفسيرية لقانون الوصية المصرى: وأن المراد بدار الإسلام ماكانت تحت حكم المسلمين أوكانت تحت حكم غيرها لكن شعائر الإسلام كلها أو غالبها تقام فيها.

المطلب الثانى : آثار قيام حالة الحرب في المعاهدات :

وقبل أن نتكلم عن آثار قيام حالة الحرب في المعاهدات نوضح أولا معنى المعاهدة المعاهدة كلمة أصلها الثلاثى عهد.

والعهد لغة : كما جاء في مختار الصحاح: (العهد) الأمان واليمين والموثق والذمة والحفاظ والوصية. وعهد إليه من باب فهم أي أوصاه. ومنه اشتق (العهد) الذي يكتب للولاة. وتقول علي عهد الله لأفعلن كذا. [1]

والعَهْد: أيضا: هو حفظُ الشيء ومراعاتُه حالاً بعد حال ثم استعمل في المَوْثِق الذي يلزَم. [2]

وقد وردت عدة مترادفات في القرآن الكريم حول مضمون الاتفاق بين المسلمين والكفار. كما في قول الله تعالى في الحلف والعهد قوله تعالى: ﴿ لَا يَرْقُبُونَ فِي مُؤْمِنٍ إِلَّا وَلَا ذِمَّةً وَأُولَٰئِكَ

---

(١) مختار الصحاح (٢٢٠ص) المؤلف: زين الدين أبو عبد الله محمد بن أبي بكر بن عبد القادر الحنفي الرازي (المتوفى: ٦٦٦هـ) المحقق: يوسف الشيخ محمد: الناشر: المكتبة العصرية – الدار النموذجية، بيروت – صيدا: الطبعة: الخامسة، ١٤٢٠هـ/ ١٩٩٩م: عدد الأجزاء: ١.

(٢) التعريفات الفقهية(ص١٥٣) المؤلف: محمد عميم الإحسان المجددي البركتي: الناشر: دار الكتب العلمية (إعادة صف للطبعة القديمة في باكستان ١٤٠٧هـ – ١٩٨٦م): الطبعة: الأولى، ١٤٢٤هـ – ٢٠٠٣م: عدد الأجزاء: ١.

هُمُ ٱلۡمُعۡتَدُونَ﴾(١)، وقولة تعالى في الحلف والقسم ﴿وَلَا تَنقُضُواْ ٱلۡأَيۡمَٰنَ بَعۡدَ تَوۡكِيدِهَا وَقَدۡ جَعَلۡتُمُ ٱللَّهَ عَلَيۡكُمۡ كَفِيلًا﴾(٢)

وعرفه البعض بأنه: كل ما بين العباد من المواثيق، وكل ما أمر الله به، والمعاهد من كان بينك وبينه عهد والمعاهدة والاعتهاد والتعاهد والتعهد فإنها بمعنى واحد وهو: أحداث العهد بما عهدته. (٣)

المعاهدة في إصطلاح الفقهاء: فقد عرفها الحنفية: "بأنها هى المعاهدة والصلح على ترك القتال يقال: توادع الفريقان أي تعاهدا على أن لا يغزو كل واحد منهما صاحبه". (٤)

وعرفها ابن قدامة(٥): " هى بأنها يعقد لأهل الحرب عقد على ترك القتال مدة بعوض أو بغير عوض. (٦)

والمعاهدات وسيلة من وسائل تسوية المنازعات في الإسلام والتى يعتبر أرجح صورها معاهدات الصلح في الإسلام، ولانجد أدل عليها من صلح أهل خيبر وأهل نجران وصلح

---

(١) سورة التوبة آية (١٠).

(٢) سورة النحل آية (٩١).

(٣) المعاهدات الدولية في الشريعة الإسلامية، للدكتور: أياد هلال، دار النهضة الإسلامية، الطبعة الأولى، ص٥٣.

(٤) بدائع الصنائع في ترتيب الشرائع: لعلاء الدين، أبو بكر بن مسعود بن أحمد الكاساني الحنفي، (٧/ ١٠٨)

(٥) هو عبدالله بن احمد بن محمد بن قدامة بن مقدام بن نصر بن عبدالله بن حذيفة، ينتهى نسبه الى الصحابى الجليل عبدالله بن عمر بن الخطاب العدوى القرشى، كنى بأبى محمد، ولد ببلدة جماعيل من قضاء نابلس بفلسطين سنة ٥٤١هـ، هاجر مع اسرته الى دمشق، من مصنفاته العمدة في الفقه، والمغنى وهو شرح لمختصر الخرقى والكافى في الفقه، توفى ٦٢٠هـ. ينظر: الأعلام: (١/ ١٧٣).

(٦) المغنى لأبن قدامة، الجزء ١٣ ص ١٥٤.

أهل الحيرة في عهد الصديق ابي بكر، وصلح أهل آيليا[1] في عهد عمر بن الخطاب ﷺ، كما أبرمت معاهدات حسن الجوار وعدم الاعتداد كالتي أبرمها الرسول ﷺ مع يهود المدينة، وهناك آيات كثيرة تدل على مشروعيتها ومن هذه الايات قول الله تعالى: ﴿وَٱلۡمُوفُونَ بِعَهۡدِهِمۡ إِذَا عَٰهَدُواْ وَٱلصَّٰبِرِينَ فِي ٱلۡبَأۡسَآءِ وَٱلضَّرَّآءِ وَحِينَ ٱلۡبَأۡسِ﴾[2] وقوله تعالى في أول سورة المائدة ﴿يَٰٓأَيُّهَا ٱلَّذِينَ ءَامَنُوٓاْ أَوۡفُواْ بِٱلۡعُقُودِ﴾[3]، وقوله تعالى: ﴿إِلَّا ٱلَّذِينَ يَصِلُونَ إِلَىٰ قَوۡمِۭ بَيۡنَكُمۡ وَبَيۡنَهُم مِّيثَٰقٌ أَوۡ جَآءُوكُمۡ حَصِرَتۡ صُدُورُهُمۡ أَن يُقَٰتِلُوكُمۡ أَوۡ يُقَٰتِلُواْ قَوۡمَهُمۡ﴾[4]، وقوله تعالى ﴿فَأَتِمُّوٓاْ إِلَيۡهِمۡ عَهۡدَهُمۡ إِلَىٰ مُدَّتِهِمۡ إِنَّ ٱللَّهَ يُحِبُّ ٱلۡمُتَّقِينَ﴾[5]، وقوله تعالى: ﴿إِلَّا ٱلَّذِينَ عَٰهَدتُّمۡ عِندَ ٱلۡمَسۡجِدِ ٱلۡحَرَامِ فَمَا ٱسۡتَقَٰمُواْ لَكُمۡ فَٱسۡتَقِيمُواْ لَهُمۡ إِنَّ ٱللَّهَ يُحِبُّ ٱلۡمُتَّقِينَ﴾[6]، وقوله تعالى: ﴿ٱلَّذِينَ يُوفُونَ بِعَهۡدِ ٱللَّهِ وَلَا يَنقُضُونَ ٱلۡمِيثَٰقَ﴾[7]

وأيضاً هناك أدلة كثيرة من السنة تدل على مشروعيتها ومنها مايلى:.

---

(١) هي اسم لمدينة بيت المقدس. ومعناه «بيت الله». وقد جاء ذكره في عهد عمر بن الخطاب الذي أعطاه إلى أهل إيلياء، ولا تعرف إيلياء اليوم، واليهود يسمونها «أورشليم» وهو اسم كنعاني عربي حرفوه «أورسليم» وهو كقولهم «بيرشيبع» في «بئر السبع» والقدس ـ اليوم ـ والمسجد الأقصى تحت الاحتلال اليهودي، وقد قام أوغاد الصهاينة بإحراقه ثم رمم، وهم اليوم يجرون حفريات تحت أساساته. يراجع: معجم المَعَالِمِ الجُغۡرَافِيَّةِ في السِّيرَةِ النَّبَوِيَّةِ (ص٣٩٢) المؤلف: عاتق بن غيث بن زوير بن زاير بن حمود بن عطية بن صالح البلادي الحربي (المتوفى: ١٤٣١هـ) الناشر: دار مكة للنشر والتوزيع، مكة المكرمة: الطبعة الأولى، ١٤٠٢ هـ ـ ١٩٨٢ م: عدد الأجزاء: ١)، والمعالم الأثيرة (ص٤٠).

(٢) سورة البقرة آية (١٧٧).

(٣) سورة المائدة آية (١).

(٤) سورة النساء آية (٩٠).

(٥) سورة التوبة آية (٤).

(٦) سورة التوبة آية (٧).

(٧) سورة الرعد آية (٢٠).

_ فعن أنس بن مالك قال: ما خطبنا نبي الله ﷺ إلا قال: " لا إيمان لمن لا أمانة له، ولا دين لمن لا عهد له ". (١)

_ حدثنا أبو الوليد، حدثنا شعبة، عن سليمان الأعمش، عن أبي وائل، عن عبد الله، وعن ثابت، عن أنس، عن النبي ﷺ قال: " لكل غادر لواء يوم القيامة، قال أحدهما: ينصب، وقال الآخر: يرى يوم القيامة، يعرف به ". (٢)

فالمسلم لا يلتزم بعهد إلا إذا تيقن إمكان تنفيذه فإن التزم بإرادته المنفردة بعهد أو ميثاق مع غيره فقد وجب احترام العهد وعدم نقضه مالم ينقضه خصمه واعتبر الإسلام نقض العهد والميثاق دون مبرر مشروع يستند إليه صورة من صور النفاق.

ويدل على ذلك قول النبى ﷺ فى الحديث الشريف، الذى رواه عبدالله بن عمرو أن النبي ﷺ قال: " أربع من كن فيه كان منافقا خالصًا، ومن كانت فيه خصلة منهن كانت فيه خصلة من النفاق حتى يدعها: إذا اؤتمن خان، وإذا حدث كذب، وإذا عاهد غدر، وإذا خاصم فجر "(٣).

____

(١) مسند أحمد (١٩ / ٣٧٦)، والطبراني في "الأوسط" (٢٦٢٧)، من طرق عن أبي هلال الراسبي، بهذا الإسناد.

(٢) أخرجه الإمام البخاري فى صحيحه، (ك)الجزية (ب) إثم الغادر للبر والفاجر (٤ /١٠٤)، ح رقم (٣١٨٦).

(٣) أخرجه الإمام البخاري فى صحيحه، (ب) علامة المنافق، (١ / ١٦)، حديث رقم (٣٤)، قال الإمام النووي: "والحديث ليس فيه بحمد الله تعالى إشكال ولكن اختلف العلماء في معناه فالذي قاله المحققون والأكثرون وهو الصحيح المختار أن معناه أن هذه الخصال خصال نفاق وصاحبها شبيه بالمنافقين في هذه الخصال ومتخلق بأخلاقهم فإن النفاق هو إظهار ما يبطن خلافه وهذا المعنى موجود في صاحب هذه الخصال ويكون نفاقه في حق من حدثه ووعده وائتمنه وخاصمه وعاهده ومن الناس لا أنه منافق في الإسلام فيظهره وهو يبطن الكفر ولم يرد النبي صلى الله عليه وسلم بهذا أنه منافق نفاق الكفار المخلدين في الدرك الأسفل من النار" المنهاج شرح صحيح مسلم بن الحجاج(٢ /٤٧) المؤلف: أبو زكريا محيي الدين يحيى بن شرف النووي (المتوفى: ٦٧٦هـ) الناشر: دار إحياء التراث العربي - بيروت: الطبعة: الثانية، ١٣٩٢: عدد الأجزاء: ١٨ (في ٩ مجلدات).

ولقد دع الإسلام إلى السلم بكافة الطرق والوسائل المؤدية إليه وجعله أساس العلاقات الإنسانية بين الأمم ولوكان بعضها غير إسلامى وذلك لقول الله تعالى: ﴿ يَٰٓأَيُّهَا ٱلَّذِينَ ءَامَنُوا۟ ٱدْخُلُوا۟ فِى ٱلسِّلْمِ كَآفَّةً وَلَا تَتَّبِعُوا۟ خُطُوَٰتِ ٱلشَّيْطَٰنِ إِنَّهُۥ لَكُمْ عَدُوٌّ مُّبِينٌ ﴾ [1] وقوله تعالى: ﴿ وَإِن جَنَحُوا۟ لِلسَّلْمِ فَٱجْنَحْ لَهَا وَتَوَكَّلْ عَلَى ٱللَّهِ إِنَّهُۥ هُوَ ٱلسَّمِيعُ ٱلْعَلِيمُ ﴾ [2].

ولقد تجلت أسمى صور المعاهدات فى الإسلام فى الصلح بصورتيه، المؤقت، والدائم وأيضاً معاهدات حسن الجوار.

والصلح كصورة من صور المعاهدات إما مؤقت وهو (الهدنة) وإما دائم وهو (عقد الذمة).

والهدنة أو الصلح المؤقت: "هى الصلح مع الكفار على ترك القتال لمدة معينه بعوض أوغيره"[3]، **وبهذا قال النووى.**

.ويترتب على الهدنة أو الصلح المؤقت عدة آثار من أهمها:.

أولا: الالتزام بما ورد بالصلح من شروط:

يجب على الأطراف الالتزام بالشروط الواردة فيه وغير الواردة فيه متى كانت من مقتضياته لأنها تتفق وطبيعته، وذلك إعمالا لقول النبى ﷺ: «المسلمون عند شروطهم»[4] أى ما اتفق عليه من الشروط إذا لم تكن متعارضة مع نص أو أصل شرعي.

وعلى هذا فأن الهدنة تظل قائمة حتى ينقضها العدو أو تنقضى مدتها وفى جميع الأحوال ينبغى لنقضها وجود دلالة على الغدر والخيانة، وإلا فيجب الوفاء بالعهد والأمر معقود لتقدير الحاكم مع اشتراط النبذ عند النقض. وهذا هو مذهب الجمهور واستدلوا على ذلك بقولة

---

(١) سورة البقرة آية (٢٠٨).

(٢) سورة الأنفال آية (٦١).

(٣) منهاج الطالبين، الجزء الثالث، صـ(٢٣٧).

(٤) أخرجه الإمام البخاري فى صحيحه، (٣/ ٩٢) (ك) الإجارة (ب) أجر السمسرة.

سبحانه وتعالى: ﴿ وَإِمَّا تَخَافَنَّ مِن قَوْمٍ خِيَانَةً فَٱنبِذْ إِلَيْهِمْ عَلَىٰ سَوَآءٍ إِنَّ ٱللَّهَ لَا يُحِبُّ ٱلْخَآئِنِينَ ﴾ [١]

وأيضاً من السنه النبويه وذلك في حديث فتح مكة عن عائشه قالت { أمرني رسول الله –ﷺ– أن أجهزه، قال: إلى أين؟ قالت: إلى مكة، قال: فوالله ما انقضت الهدنة بيننا وبينهم بعد، فجاء أبو بكر إلى رسول الله –ﷺ– فذكر له، فقال النبي –ﷺ–: إنهم أول من غدر، ثم أمر بالطريق فحبست، ثم خرج وخرج المسلمون معه، فعم لأهل مكة لا يأتيهم خبر، فقال أبو سفيان لحكيم بن حزام: أي حكيم، والله لقد غمنا واغتممنا، فهل لك أن تركب ما بيننا وبين مرة، لعلنا أن نلقى خبرا ..}[٢]

ويتضح مماسبق أنه لا يجوز نقض الهدنة إلا إذا وجدت خيانة أوغدر من العدو بتوافر الدلائل التي يستمد منها الحاكم توافر نية الخيانة والغدر فأن توافرت الدلائل فقد وجب النبذ أولاً تجنباً للخيانة من المسلمين. [٣]

ثانيا : وقف الحرب وإنهاء القتال :

وبمجرد ابرام الصلح أو الهدنة تتوقف حالة الحرب مؤقتاً وحت انتهاء المدة المتفق عليها مالم ينقضه العدو بقتال أو بما في حكمه على نحو يتنافى مع طبيعة الهدنة وهدفها.

ثالثا : عصمة النفس والمال :

فبالهدنة يتوقف القتال وتعود حالة السلم إلى المدة المتفق عليها وتكون للأنفس والأموال حرمتها ولو لم ينص على ذلك صراحة فة الصلح لأن الهدف من الهدنة كف الأذى سواء تعرضاً للنفس أوالمال.

---

(١) سورة الأنفال آية (٥٨).

(٢) مصنف ابن أبى شيبة، المصنف في الأحاديث والآثار، المؤلف: أبو بكر بن أبي شيبة، عبد الله بن محمد بن إبراهيم بن عثمان بن خواستي العبسي (ت: ٢٣٥هـ) ط: الأولى، ١٤٠٩، (٣٩٨ / ٧) حديث رقم (٣٦٩٠٠)

(٣) تفسير القرطبي، أحكام النبذ، الجزء ٨ صـ ٣٤.

ـ **عقد الذمة أو الصلح الدائم:** وقد تكون معاهدة الصلح دائمة وهو ما أورد له الفقهاء بابا في كتب الفقة تحت مسمى عقد الذمة.

الذمة: هي العهد[1]، ودليل ذلك قوله -ﷺ- في حديث بريدة بن الحصيب: «إذا حاصرت أهل حصن فأرادوا أن تجعل لهم ذمة الله وذمة نبيه، فلا تجعل لهم ذمة الله وذمة نبيه، ولكن اجعل لهم ذمتك وذمة أصحابك، فإنكم إن تخفروا ذممكم أهون من أن تخفروا ذمة الله وذمة رسوله»[2]، وعلى هذا فالذمة معناها العهد.

وعقد الذمة يعد اتفاق بين المسلمين وغيرهم من أهل الكتاب ومن في حكمهم مقابل دفع الجزية على أن يتكفل الطرف المسلم بحماية رعايا الطرف الثاني والزود عنهم وضمان حريتهم وسلامة أموالهم وأعراضهم.

لكن عقد الذمة فيه خضوع من الكفار، وعدم اعتداء على المسلمين، والتزام لأحكام الإسلام فتصح مؤبدة.[3]

ويعقد عقد الذمة مع الإمام أو نائبه على أنه لا يعقد مع المرتدين بلا خلاف بين الفقهاء وذلك لقول الرسول -ﷺ- {من بدل دينه فاقتلوه}[4] وعقد الذمة، فلا بد أن يكون من إمام أو نائبه، ولأنه . أيضاً . عقد مؤبد، ليس فيه تقييد بسنة أو سنتين أو شهر أو شهرين، ولذلك صار يجب أن يتولاه الإمام أو نائبه. بخلاف الهدنة فإنها تكون مؤقتة وتصح مطلقة، ولا تصح مؤبدة[5]

____

(١) الشرح الصوتي لزاد المستقنع، لمحمد بن صالح بن محمد العثيمين (ت: ١٤٢١ ه)، (١/ ٤٢٧٠).

(٢) أخرجه الإمام مسلم في صحيحه، (٣/ ١٣٥٧)، حديث رقم (١٧٣١)، (ب) تأمير الإمام الأمراء على البعوث.

(٣) مرجع سابق، الشرح الصوتي لزاد المستقنع، الجزء الأول ص(٤٢٧٣).

(٤) سنن أبي داود، كتاب الحدود، باب الحكم فيمن ارتد، الجزء ٤، حديث رقم (٤٢٥١) ص ١٢٤

(٥) الشرح الممتع على زاد المستقنع، المؤلف: محمد بن صالح بن محمد العثيمين (المتوفى: ١٤٢١ه) الطبعة الأولى، ١٤٢٢ - ١٤٢٨ ه، صـ ٦٠، ج ٨، باب عقد الذمة وأحكامها.

ويترتب على عقد الذمة أو الصلح الدائم عدة آثار من أهمها:.

أولا : الإلتزام بكل ماجاء في عقد الذمة :

إذا تم العقد بيننا وبينهم وبذلوا الواجب فإنه لا يجوز لنا أن نرجع في هذا العقد ونقول: لا نقبل منكم إلا الإسلام، بل يجب أن نقبل منهم ما بذلوا؛ [1] لقول الله تعالى: ﴿يَٰٓأَيُّهَا ٱلَّذِينَ ءَامَنُوٓاْ أَوْفُواْ بِٱلْعُقُودِ﴾ [2]، وهذه الآية من أجمع الآيات في باب المعاملات، فكل عقد بينك وبين غيرك فإنه يجب عليك الوفاء به إذا كان قد أذن به الشرع، وهذا الشرط الذي ذكرته مأخوذ من قوله تعالى: ﴿أَوْفُواْ بِٱلْعُقُودِ﴾ لأن الله تعالى لا يأمر بوفاء ما لم يأذن به، فيجب علينا أن نقبله، وإذا بذلوا الجزية حرم قتالهم. [3]

ثانيا : انتهاء حالة الحرب :

فبمجرد عقد الذمة يمتنع جميع الأطراف عن الإتيان بأي عمل من أعمال الحرب أو القتال لأن الطرف غير المسلم بذل الجزية لكي يبقى على دينه وهى أساس التسوية السليمة للنزاع بين الطرفين فتنتهى حالة الحرب بينهم بذلك.

ثالثا : المساواة بين أهل الذمة والمسلمين في الحقوق والواجبات :

يتضح لنا أن عقد الذمة يرتب حقوقاً لأهل الذمة أكثر مايرتب حقوقاً للدولة الإسلامية بل إن حقوقهم التزامات على الدولة الإسلامية، بما يوجب الوفاء بالعهد ولا خلاف على أن لأهل الذمة ماللمسلمين وعليهم ما على المسلمين وذلك لقول ﷺ "إنما بذلوا الجزية لتكون دماؤهم كدمائنا وأموالهم كأموالنا "[4]

---

(١) المرجع السابق، ج ٨، (٦٢).

(٢) سورة المائدة آية (١).

(٣) الشرح الممتع على زاد المستقنع، للعثيمين صـ ٦٢، ج ٨، باب عقد الذمة وأحكامها.

(٤) سنن الدارقطني، الجزء ٢، صـ ٣٥٠، باب من كانت له ذمتنا فدمه كدمنا.

المطلب الثالث : آثار حالة الحرب على رعايا العدو في دار الحرب :

بالنظر في كتابات بعض الباحثين عند تناول موضوع آثار الحرب نجد أن كثيراً منهم عند تعرضهم لهذا الموضوع قد تناولو آثار الحرب إجمالاً كنتيجة لحالة الحرب القائمة، وعلى الأخص على الأموال والأشخاص فالحرب ترتب بعض الأثار عند قيامها، وكذلك ترتب آثار عند أنتهاء حالة الحرب ونحن نتكلم عن الآثار المباشرة لقيام حالة الحرب وسوف نقوم بتوضيح الآثار المترتبة على أنتهاء حالة الحرب فيما بعد. لكن الحرب في الإسلام لا تكون حربًا على الشعب المغلوب على أمره، ولكن حربًا على الظالمين، فحدد الإسلام المحاربين الذين توجه إليهم الأعمال الحربية، وهم القادرون على القتال الذين أُعدوا له وخصصوا من أجله، أو كانوا احتياطيين مدخرين لوقت الحاجة[1]، أى أنه لايجوز مقاتلة غير المقاتل وذلك لقول الله تعالى ﴿ وَقَٰتِلُواْ فِي سَبِيلِ ٱللَّهِ ٱلَّذِينَ يُقَٰتِلُونَكُمْ وَلَا تَعْتَدُوٓاْ إِنَّ ٱللَّهَ لَا يُحِبُّ ٱلْمُعْتَدِينَ ﴾[2]، وقول النبى –ﷺ– " لايقتلن امرأة ولاعسيفاً " وعن الزهرى قال " نهى رسول الله –ﷺ– عن قتل النساء والولدان"[3] أما غير المقاتلين فقد ورد النهى عن قتلهم باتفاق أو باختلاف حسب حالتهم.

حيث اتفق الفقهاء: أبو حنيفة، والشافعى، ومالك، وابن حنبل على عدم قتل النساء والأطفال غير المشاركين في المعركة. [4] واستدلوا على ذلك ..بقول الله تعالى ﴿ وَلَا تَعْتَدُوٓاْ إِنَّ ٱللَّهَ لَا يُحِبُّ ٱلْمُعْتَدِينَ ﴾[5]، وقد فسر ابن عباس قوله تعالى ولا تعتدوا أى "لا تقتلوا النساء والصبيان والشيوخ"[6].

---

(١) المعاهدات في الشريعة الإسلامية، للدكتور: محمود إبراهيم الديك، صـ ٣٢ ومابعدها.

(٢) سورة البقرة آية (١٩٠)

(٣) سنن أبو داود في كتاب الجهاد، الجزء الثالث، باب في قتل النساء، حديث رقم ٢٦٦٩، صـ ٥٣

(٤) المبسوط: السرخسي، ١٠ / ٤٨، روضة الطالبين: النووي، ٧ / ٤٤٤.

(٥) سورة البقرة آية (١٩٠)

(٦) السيوطى، الدر المنثور، الطبعة الأولى، صـ(٤٩٣)

وقد قال النبى -ﷺ- لأحد الجند عندما وجد امرأة مقتولة: "الحق بخالد بن الوليد فلا يقتلن ذرية ولا عسيفًا. (١)

كما أن عمر بن الخطاب ﵁، كتب إلى عماله ينهاهم عن قتل النساء والصبيان وذلك امتثاً لأمر رسول الله -ﷺ-. (٢)

. والعلة في ذلك هي عدم مشاركتهم في المعركة لضعفهم، فالمرأة بطبيعتها ضعيفة لا تستطيع أن تقاتل كالرجال، كما أنها عاطفية لا تتحمل رؤية الدماء، وقد قال -ﷺ- في امرأة وجدها مقتولة: "ما كانت هذه تقاتل"(٣)

فالنساء والأطفال غير المشاركين في المعركة لا يقتلون؛ لأنه ليس هناك سبب لقتلهم، وقد نهى الله ﷻ عن قتل النفس بغير حق فقال سبحانه وتعالى﴿ وَلَا تَقۡتُلُواْ ٱلنَّفۡسَ ٱلَّتِي حَرَّمَ ٱللَّهُ إِلَّا بِٱلۡحَقِّ ذَٰلِكُمۡ وَصَّىٰكُم بِهِۦ لَعَلَّكُمۡ تَعۡقِلُونَ ﴾(٤)، كما بين ذلك رسوله -ﷺ- حين سئِل عن أكبر الكبائر فقال: "أكبر الكبائر: الشرك بالله، وعقوق الوالدين، وقتل النفس، وقول الزور(٥)، وما يحتج به المقاتلون من أنهم لا يدينون بالإسلام فالله -ﷻ- قال في كتابه الكريم ﴿ لَآ إِكۡرَاهَ فِي ٱلدِّينِ قَد تَّبَيَّنَ ٱلرُّشۡدُ مِنَ ٱلۡغَيِّ ﴾(٦)

***- الحكم الفقهي لقتل المرأة والطفل المشاركين في الحرب.**

الأصل الشرعى عدم قتل المرأة والطفل في الحرب لكن إذا شاركا في الحرب وقد كانت النساء يشاركن الرسول -ﷺ- في المعركه وذلك لتطبيب الجرحى، وسقاية الجند، فقالت

______

(١) ابن الاثير، الكامل، الجزء الثالث، صـ ٢٧٣

(٢) يراجع المغنى لأبن قدامة، الجزء ٨ صـ (٤٧٧)

(٣) مسند الأمام أحمد، حديث رقم (١٧٦١٠) ٢٩/ ١٥١، قال شعيب، صحيح لغيرة، إسناد رجاله موثقون

(٤) سورة الأنعام آية (١٥١)

(٥) أخرجه الإمام مسلم فى صحيحه، (ك) الإيمان، (ب) بيان الكبائر وأكبرها، حديث رقم (١٤٤) ١/ ٩١.

(٦) سورة البقرة الآية رقم (٢٥٦).

الربيع بنت معوذ رضي الله عنها: "كنا نغزو مع رسول الله -ﷺ- نسقي القوم ونخدمهم ونرد القتلى والجرحى إلى المدينة"[1]، وغيرها كثير ممن شاركن في المعارك مثل أم عمارة - شاركت في معركة أحد، كما أنها قاتلت مع المسلمين في موقعة اليمامة حتى قتل مسيلمة الكذاب[2].

هذا وخلاصة الحكم الفقهي لقتل المرأة والطفل المشاركين في الحرب، فقد اتفق الفقهاء على أنه لا يجوز في الجهاد قتل النساء، والصبيان، والمجانين، والخنثى المشكل، لما روي عن ابن عمر رضي الله عنه: أن امرأة وجدت في بعض مغازي رسول الله ﷺ مقتولة، فنهى عن قتل النساء والصبيان.

كذلك لا يجوز قتل الشيوخ عند جمهور الفقهاء، وبه قال مجاهد؛ لما روي أن النبي ﷺ قال: لا تقتلوا شيخا فانيا، ولا طفلا، ولا امرأة[3]، ولما روي عن ابن عباس في قوله تعالى: ﴿وَلَا تَعْتَدُوٓا﴾[4] يقول: " لا تقتلوا النساء والصبيان، والشيخ الكبير " وروي مثله عن أبي بكر وعمر رضي الله عنهما. ولأنه ليس من أهل القتال فلا يقتل كالمرأة، وقد أومأ النبي ﷺ إلى هذه العلة في المرأة التي وجدت مقتولة في بعض مغازيه، فقال: ما كانت هذه لتقاتل[5].

---

(١) أخرجه الإمام البخاري فى صحيحه، (ك) الجهاد والسير، (ب) رد النساء الجرحى والقتلى إلى المدينة، حديث رقم (٢٨٨٣)، ٢/ ٣٥.

(٢) إبن هشام، في السيرة النبوية: الجزء الثانى، صـ (٧٨)

(٣) أخرجه أبو داود (٣/ ٨٦ - تحقيق عزت عبيد دعاس) من حديث أنس بن مالك، وإسناده حسن لغيره.

(٤) سورة البقرة الآية رقم (١٩٠).

(٥) الموسوعة الفقهية الكويتية (١٦/ ١٤٨)، والحديث أخرجه أبو داود (٣/ ١٢٢ - تحقيق عزت عبيد دعاس) والحاكم (٢/ ١٢٢ - ط دائرة المعارف العثمانية) من حديث رباح بن ربيع، وصححه الحاكم ووافقه الذهبي.

أما في الوقت المعاصر فالمرأة تحارب كالرجل تمامًا، حيث أصبح تجنيد النساء أمرًا واقعًا في الدول الأجنبية، فهي تخرج مع الجيش وتسافر المسافات الطويلة، فتقوم بمداواة الجرحى، وتحضير الطعام للجند.

وأصبحت المرأة تشارك في القتال مباشرة، حيث تقوم بإطلاق الصواريخ من الطائرات، فهؤلاء النساء حكمهن حكم الرجال المقاتلين إذا قدر عليهن، أي تقتل المرأة والطفل أثناء القتال.

ـ السند التشريعي لقتل المرأة والطفل إذا شاركا في الحرب.

في إحدى معاركه ﷺ مر على امرأة مقتولة، فقال: "من قتل هذه؟ " فقال رجل: أنا يا رسول الله؛ أردفتها خلفي فأرادت قتلي فقتلتها. فأمر بها فدفنت[1]، فقد سكت رسول الله ﷺ في هذا الموقف لأنها قاتلت.

وهذا يدل على أنه لو كانت المرأة مقاتلة، أو تشارك بالقتال، أو تحرض عليه، فحكمها حكم الرجل تمامًا تقتل، لأن لها تأثيرا في القتال، فقتل رسول الله ﷺ هؤلاء النسوة لاشتراكهن في القتـال إما مباشرة أو بالتحريض عليه.

ـ الحكم الفقهى لقتل الراهب والشيخ الكبير وأرباب الصنائع مع ذكر الدليل.

وقبل أن نبين أختلاف الفقهاء في قتلهم أثناء الحرب نبين أولاً ما هو سبب الاختلاف اختلف الفقهاء في قتلهم لإختلافهم في العلة الموجبة للقتل، فمن زعم أن العلة هي الكفر لم يستثن منهم أحدًا، ومن زعم أن العلة هي إطاقة القتال والمشاركة فيه؛ منع قتل من لم يطقه، ومن لم ينصب نفسه إليه كالفلاح والعسيف[2].

---

(1) مصنف ابن أبى شيبة، الكتاب المصنف في الأحاديث والآثار، المؤلف: أبو بكر بن أبي شيبة، عبد الله بن محمد بن إبراهيم بن عثمان بن خواستي العبسي (المتوفى: ٢٣٥هـ)، الطبعة: الأولى، ١٤٠٩، حديث رقم (٣٣١٢٥)، باب من ينهى عن قتلة في دار الحرب، الجزء ٦ ص(٤٨٣).

(2) ابن رشد، بداية المجتهد، الجزء الأول، ص(٣٨٥)

وعلى ذلك اختلف الفقهاء في قتلهما ألى رأيين:.

الرأى الأول: ذهب الحنفية والحنابلة،، والمالكية، وقول عند الشافعية إلى عدم جواز قتل الشيخ الكبير، والراهب المنقطع للعبادة.[1]

الرأى الثانى: ذهب الشافعى في أظهر قوليه، "يقتل الراهب سواء كان شيخًا أو شابًا، وكذلك الشيخ الضعيف"[2] وقال بذلك أيضاً ابن المنذر والمزنى[3].

واستدل أصحاب الرأى الأول: القائل بعدم جواز قتل الشيخ الكبير، والراهب المنقطع للعبادة بعدد من الأدله نذكر منها مايلى:.

٭– استدلوا بقول الله تعالى ﴿وَقَٰتِلُواْ فِي سَبِيلِ ٱللَّهِ ٱلَّذِينَ يُقَٰتِلُونَكُمْ وَلَا تَعْتَدُوٓاْ إِنَّ ٱللَّهَ لَا يُحِبُّ ٱلْمُعْتَدِينَ﴾[4] قال ابن عباس ﷺ في تفسير قوله تعالى: (ولاتعتدوا) "أي لا تقتلوا النساء والصبيان والشيوخ"[5] فالنهي عن قتل هؤلاء في المعركة إنما هو لضعفهم، وعدم قدرتهم على القتال.

٭– ما رواه أنس بن مالك عن النبي –ﷺ– حيث قال: "لا تقتلوا شيخًا فانيًا، ولا طفلاً، ولا صغيرًا، ولا امرأة"[6]، ففى الحديث نهى عن قتل الشيوخ كبار السن.

٭– وأيضاً فأبو بكر –ﷺ– قال في وصيته ليزيد ﷺ حين بعثه ليزيد أميراً: "يا يزيد لا تقتلن صبيًا، ولا امرأة، ولا كبيرًا هرمًا"[7] فأبو بكر أمر يزيد ألا يقتل الشيخ الكبير، وذلك لعدم قدرته على القتال وضعفهم.

---

(١) الشرح الكبير، لابن قدامة، ج ١٠ ص ٣٩٩، المبسوط: السرخسي، الجزء ١٠ ص٤٨.

(٢) الأم، الشافعى، (٥/ ٧٠٠)،، وأيضاً النووى، روضة الطالبين وعمدة المفتين، ج ٧ ص(٤٤٤)

(٣) مرجع سابق، الشرح الكبير، ابن قدامة، ج١٠، ص ٣٩٧، القرطبى، الاستذكار، ج ٥ ص(٣٠)

(٤) سورة البقرة آية (١٩٠)

(٥) السيوطى، الدر المنثور، ١/ ٤٩٣

(٦) سنن أبي داود، كتاب الجهاد، باب في دعاء المشركين، حديث رقم (٢٦١٤) الجزء (٣) ص(٣٨)

(٧) مصنف ابن أبى شيبة، الكتاب المصنف في الأحاديث والآثار، حديث رقم (٣٣٧٩٣) (١٥/ ٥٧٥).

أما الرهبان: كما جاء في وصية أبي بكر ليزيد ﷺ قوله: "إنك ستجد قومًا زعموا أنهم حبسوا أنفسهم لله، فذرهم وما حبسوا أنفسهم له" وقد نهى أبو بكر ﷺ عن قتلهم لاعتزالهم أهل دينهم، وعدم اشتراكهم في القتال، لا لفضل ترهبهم. [1]

واستدل أصحاب الرأي الثاني: القائل بجواز قتل الشيخ الكبير، والراهب المنقطع للعبادة بعدد من الأدله نذكر منها مايلي:.

***–** استدلوا بقول الله تعالى ﴿ وَقَٰتِلُوا۟ ٱلْمُشْرِكِينَ كَآفَّةً ﴾ [2]، وهؤلاء من المشركين فيقتلون كما أمرنا الله –ﷻ–.

***–** عن سمرة بن جندب –ﷺ– قال: قال رسول الله –ﷺ– "اقتلوا شيوخ المشركين، واستبقوا شرخهم" [3] وهؤلاء الشيوخ يدخلون في عموم قول الله –ﷻ– ﴿ وَقَٰتِلُوا۟ ٱلْمُشْرِكِينَ كَآفَّةً ﴾ فيقتلون.

***–** إن الشيخ الكبير والراهب المنقطع للعبادة من الكفار لا نفع في حياتهما فيقتلان كالشاب المقاتل.

الرأي الراجح: هو عدم قتل الشيخ الكبير، والراهب المنقطع للعبادة، وذلك لضعفهم وعدم مشاركتهم في القتال. أما إن كانوا من أصحاب الرأي يؤسرون حتى تنتهي المعركة ثم يرى الإمام رأيه فيهم.

---

(1) الموطأ: مالك، (ك) الجهاد، (ب) النهي عن قتل النساء والولدان في الغزو، حديث رقم (٩٧٣) ص (٢٩٦)

(2) سورة التوبة آية رقم (٣٦).

(3) سنن الترمذي، باب ما جاء في نضح بول الغلام، حديث رقم (١٥٨٣) الجزء ٣ ص (٢٣٩)، وقال: "حسن صحيح غريب"، الشرخ هاهنا جمع شارخ وهو الحديث السن، يقال شارخ وشرخ كما قالوا راكب وركب وصاحب وصحب، يريد بهم الصبيان ومن لم يبلغ مبلغ الرجال. معالم السنن، وهو شرح سنن أبي داود (٢/ ٢٨١) المؤلف: أبو سليمان حمد بن محمد بن إبراهيم بن الخطاب البستي المعروف بالخطابي (المتوفى: ٣٨٨هـ) الناشر: المطبعة العلمية – حلب: الطبعة: الأولى ١٣٥١ هـ – ١٩٣٢ م.

وذلك لأن أصحاب الرأى الثانى مردود على أدلتهم بالأتى: إن من ذكرنا ليسوا من أهل القتال فلا يقتلون كالمرأة، حيث الآية ﴿ وَقَٰتِلُوا۟ ٱلْمُشْرِكِينَ كَآفَّةً ﴾ عامة، وخرج عن عمومها ما خصص بالأحاديث الشريفة، وضعف حديثه -ﷺ- "لا تقتلوا شيخا فانيا... " يمكن الأخذ به لأن هؤلاء الشيوخ لا قدرة لهم على القتال فيتركون.

أما ما استدلوا به من قوله -ﷺ- "اقتلوا شيوخ المشركين" إنما هم الشيوخ الذين فيهم قوة على القتال أو الرأي، فدريد بن الصمة كان ذا رأي سديد في المعركة؛ لذلك قتله الرسول -ﷺ-[1].

المطلب الرابع: آثار حالة الحرب على رعايا العدو في دار الإسلام.

أن تقسيم العالم إلى دارين كما وضحنا سابقاً في المطلب الأول من هذا الفصل يستوجب تحديد العلاقة الشرعية من منظور الفقه الإسلامى بين المسلمين من ناحية وغير المسلمين المقيمين في دار الإسلام وهو مادفع الفقهاء إلى الحديث عن عقدين شرعيين هما عقد الذمة وعقد الأمان كأساس شرعى للعلاقة بين المسلمين وغير المسلمين المتواجدين في دار الإسلام.

أما عقد الذمة:

فقد تقدم بيانه وما يتعلق في صفحات سابقة من صفحات هذا البحث[2]، وهو الأمان والعهد، وعقد الذمة هذا: حقن الدماء، ومنع القتال، والتزام أحكام الإسلام، مع تقريرنا البقاء على دينهم إذ لا إكراه في الدين، ولكن ليس يراد بذلك الرضا بكفرهم وربما الإقامة في دار الإسلام من قبل هؤلاء المعقود لهم عقد الذمة سببا في تعرفهم على محاسن الإسلام وقوة دلائله، فيتركون دينهم، وينتقلون من الكفر إلى الإيمان. [3]

---

(١) ابن قدامة، الشرح الكبير، الجزء العاشر، صـ(٣٩٩)

(٢) يراجع: صـ ٧٠ فما بعدها من صفحات الرسالة.

(٣) التفسير المنير في العقيدة والشريعة والمنهج، د/ وهبة بن مصطفى الزحيلي، الطبعة: الثانية، ١٤١٨ هـ، باب فقه الحياة أو الأحكام، ج ١٠ صـ١٧٨

وجاءت السنة المتواترة بالنهي عن إيذاء أهل الذمة، وبتقرير ما لهم من الحقوق على المسلمين، لهم ما لنا، وعليهم ما علينا، ومن آذى ذميّا فليس منا. [١]، وأما رحمة الإسلام بالأمم غير المسلمين فإنما نعني به رحمته بالأمم الداخلة تحت سلطانه وهم أهل الذمة. ورحمته بهم عدم إكراههم على مفارقة أديانهم، وإجراء العدل بينهم في الأحكام بحيث لهم ما للمسلمين وعليهم ما عليهم في الحقوق العامة. [٢]

❋ وقد ذهب جمهور الفقهاء: ومنهم الشافعية، والمالكية، والحنابلة، إلى أن إبرام عقد الذمة معقود للإمام أو من ينوب عنه. [٣]

❋ وذهب الحنفية: إلى عكس ذلك وقالو يجوز لغير الإمام أن يعقد عقد الذمة[٤]، وينعقد العقد لأهل الكتاب من اليهود والنصارى بإجماع الفقهاء استناداً إلى قوله تعالى: ﴿قَٰتِلُوا۟ ٱلَّذِينَ لَا يُؤْمِنُونَ بِٱللَّهِ وَلَا بِٱلْيَوْمِ ٱلْآخِرِ وَلَا يُحَرِّمُونَ مَا حَرَّمَ ٱللَّهُ وَرَسُولُهُ وَلَا يَدِينُونَ دِينَ ٱلْحَقِّ مِنَ ٱلَّذِينَ أُوتُوا۟ ٱلْكِتَٰبَ حَتَّىٰ يُعْطُوا۟ ٱلْجِزْيَةَ عَن يَدٍ وَهُمْ صَٰغِرُونَ﴾[٥]، وكما ينعقد للمجوس وذلك استناداً إلى قول النبى صلى الله علية وسلم "سنوا بهم سنة أهل الكتاب"[٦].

أما المرتدين فلا ينعقد العقد معهم لقوله -ﷺ-: «من بدل دينه فاقتلوه»[٧]،

---

(١) تفسير القاسمى، محاسن التأويل، المؤلف: محمد جمال الدين بن محمد سعيد بن قاسم الحلاق القاسمي (المتوفى: ١٣٣٢هـ)، دار الكتب العلميه – بيروت، الطبعة: الأولى – ١٤١٨ هـ، ج ٥ صـ٣٨٥.

(٢) التحرير والتنوير «تحرير المعنى السديد وتنوير العقل الجديد من تفسير الكتاب المجيد»: محمد الطاهر بن محمد بن محمد الطاهر بن عاشور (المتوفى: ١٣٩٣هـ) ١٩٨٤ هـ، ج ١٧ صـ١٦٩

(٣) الموسوعة الفقهية الكويتية (٤١/ ١٥٠).

(٤) مرجع سابق، احكام الذميين والمستأمنين في دار الإسلام، صـ٢١، والمغنى، الجزء ١٣ صـ٢١٣.

(٥) سورة التوبة آية (٢٩).

(٦) فتح البارى بشرح صحيح البخارى، (٦/ ٢٧٨)، ونيل الأوطار، حديث (٣٤٧٤)، (٨/ ٣٧٦).

(٧) مصنف ابن أبى شيبة، باب مسألة في قتل المرتدة، حديث رقم (٣٦٤٩١) الجزء ٧ صـ (٣٢١)

سلطة ولي الأمر في إبرام عقد الذمة لغير المرتدين.

فقد أختلف العلماء بشأنهم إلى عدة آراء.

الرأى الأول: ذهب الحنفية إلى جواز عقد الذمة لجميع الطوائف الموجودة في دار الإسلام إلا عبدة الأوثان من العرب.

الرأى الثانى: وهو قول الشافعية، والحنابلة، والظاهرية، والإمامية، ذهبوا إلى عدم جواز عقد الذمة مع غير أهل الكتاب والمجوس فقط. [1]

الرأى الثالث: وهو قول الأوزاعى ومالك وذهبوا إلى جواز عقد الذمة لجميع طوائف غير المسلمين إطلاقاً [2].

عقد الأمان وأحكامه :

عرفه صاحب مجمع الأنهر بأنه: هو من يدخل دار غيره بأمان فشمل مسلماً دخل دارهم بأمان وكافراً دخل دارنا بأمان [3].

فإذا دخل المسلم تاجراً دار الحرب بامان فلا يحل له أن يتعرض لشىء من مالهم أو دمائهم لأنه دخل بأمان فالتعرض غدر فإن غدر بهم التاجر وأخذ شيئاً وأخرجه ملكه بالاستيلاء ملكاً محظوراً أى خبيثاً، وإن غدر به حل له التعرض لمالهم ودمائهم لأنهم نقضوا العهد فيباح له التعرض لهم [4].

والأصل في عقد الأمان كما في قول الله تعالى في كتابه العزيز ﴿وَإِنْ أَحَدٌ مِّنَ ٱلْمُشْرِكِينَ ٱسْتَجَارَكَ فَأَجِرْهُ حَتَّىٰ يَسْمَعَ كَلَامَ ٱللَّهِ ثُمَّ أَبْلِغْهُ مَأْمَنَهُ ذَٰلِكَ بِأَنَّهُمْ قَوْمٌ لَّا يَعْلَمُونَ﴾ [5]، قال

---

(١) أحكام الذميين والمستأمنين في دار الإسلام، للدكتور: عبد الكريم زيدان، صـ ٢٢.

(٢) مرجع سابق، أحكام الذميين والمستأمنين في دار الإسلام، ذات الصفحة.

(٣) يراجع مجمع الأنهر شرح ملتقى الأبحر لمحمد بن سليمان، الجزء الأول، ص (٦٥٥).

(٤) المرجع السابق فى ذات الموضع.

(٥) سورة التوية آية (٦).

الشَّافِعِي رحمه الله: ومن قلت ينبذ إليه، أبلغه مأمنه. وإبلاغه مأمنه: أن يمنعه من المسلمين والمعاهدين، ما كان في بلاد الإسلام، أو حيث يتصل ببلاد الإسلام، وسواء قرب ذلك أم بعد[1]. وقال أيضا الصلح على الاختلاف في بلاد المسلمين. وقول المصطفى ﷺ "«ذمة المسلمين واحدة يسعى بها أدناهم»[2]، ويدل على ذلك أيضاً: عن عبد الله، وعن ثابت، عن أنس، عن النبي صلى الله عليه وسلم، قال: " لكل غادر لواء يوم القيامة، قال أحدهما: ينصب، وقال الآخر: يرى يوم القيامة، يعرف به "[3].

وعقد الأمان ينعقد بكل لفظ صريح أو ضمني كما ينعقد بالكتابه أو بالإشارة، وإذا نادى المسلمون أهل الحرب بالأمان فهم آمنون جميعا إذا سمعوا أصواتهم بأي لسان نادوهم به. العربية والفارسية والرومية والقبطية في ذلك سواء.[4]

ممن يصدر عنه الأمان:

لا خلاف بين العلماء أن أمان السلطان جائز، لأنه مقدم للنظر والمصلحة، نائب عن الجميع في جلب المنافع ودفع المضار[5].

وأجمعوا أن أهل حصن من الكفار لو أمنهم أمير الجيش أو رجل من الجيش مسلم حر يقاتل مع الجيش أن أمانه جائز على جميع الجيش.

---

(١) تفسير الإمام الشافعي، للإمام أبو عبد الله محمد بن إدريس بن العباس بن عثمان بن شافع بن عبد المطلب بن عبد مناف المطلبي القرشي المكي (ت: ٢٠٤هـ)، الطبعة الأولى: ١٤٢٧ – ٢٠٠٦ م، الجزء ٢ ص (٩٠٤)

(٢) مصنف ابن أبى شيبة، باب في أمان المرأة والمملوك، حديث رقم (٣٣٣٩٨) ج ٦ ص ٥١٠.

(٣) أخرجه الإمام البخاري في صحيحه (ب): إثم الغادر للبر والفاجر،(٣/ ١١٦٤) حديث رقم: (٣٠١٥)

(٤) شرح السير الكبير، محمد بن أحمد بن أبي سهل شمس الأئمة السرخسي (المتوفى: ٤٨٣هـ) ج ١ ص ٢٨٣.

(٥) يراجع أحكام القرآن للقرطبى، ص (٧٥).

حكم الأمان: وأما حكم الأمان، فهو ثبوت الأمن للكفرة؛ لأن لفظ الأمان يدل عليه، وهو قوله: أمنت فثبت الأمن لهم عن القتل والسبي والاستغنام، فيحرم على المسلمين قتل رجالهم، وسبي نسائهم وذراريهم، واستغنام أموالهم وأما صفته فهو أنه عقد غير لازم، حتى لو رأى الإمام المصلحة في النقض ينقض؛ لأن جوازه مع أنه يتضمن ترك القتال المفروض، كان للمصلحة، فإذا صارت المصلحة في النقض نقض[1].

وأما بيان ما ينتقض به الأمان فالأمر فيه لا يخلو من أحد وجهين، إما أن كان الأمان مطلقا، وإما أن كان مؤقتا إلى وقت معلوم فإن كان مطلقا فانتقاضه يكون بطريقين، أحدهما: نقض الإمام، فإذا نقض الإمام انتقض، لكن ينبغي أن يخبرهم بالنقض، ثم يقاتلهم لئلا يكون منهم غدر في العهد[2].

يجوز الأمان من كل مسلم، سواء كان الإمام أو من آحاد الناس المسلمين ويلزم الوفاء بعقد الأمان، فيحرم قتل المستأمن أو أسره أو استرقاقه، وكذا الالتزام بسائر الأمور المتفق عليها في عقد الأمان، ويجوز نبذ الأمان إلى الأعداء، إن خيف شرهم وخيانتهم.

ويكون الأمان عاماً: من الإمام لجميع المشركين، أو من الأمير لأهل بلده، وخاصاً: من آحاد الرعية المسلمين لواحد من الأعداء. والأمان العام من تصرفات إمام المسلمين؛ لأن ولايته عامة، وليس لأحد أن يفعل ذلك إلا بموافقته[3].

وهذا العقد غير لازم، قابل للنقض بشروطه، وحكمه الجواز مع شرط انتفاء الضرر

---

(١) بدائع الصنائع في ترتيب الشرائع، باب بيان ما يعترض من الأسباب المحرمة، ص (١٠٧)، ج (٧)، الطبعة: الثانية، ١٤٠٦هـ - ١٩٨٦م.

(٢) المرجع السابق في ذات الموضع.

(٣) الفقه الميسر في ضوء الكتاب والسنة، الجزء الأول، ص (٢١٠)، المسألة الثانية عقد الأمان، سنة الطبع: ١٤٢٤هـ.

- وإن لم يظهر المصلحة فيه على ما ذهب إليه المالكية والشافعية والحنابلة، خلافا للحنفية الذين يشترطون أن تكون فيه مصلحة ظاهرة للمسلمين.

ومن الفروق الظاهرة بين عقد الأمان وعقد الهدنة أنه لا تجوز الهدنة إلا بعقد الإمام أو نائبه، أما الأمان فإنه يجوز من الإمام ومن جماعة من المسلمين ومن آحادهم ولو من امرأة، عند جمهور الفقهاء. وقال بعض المالكية: إن أمان المرأة والعبد والصبي لا يجوز ابتداء، ولكن إن وقع يمضي إن أمضاه الإمام وإن شاء رده. (١)

وينعقد لغير المسلمين على إطلاقهم وينقضى بعودة المستأمن إلى داره ولا عودة له إلى دار الإسلام إلا بأمان جديد، وإلى هذا ذهب الحنفية، وعند الحنابلة لا ينقض بتركة دار الإسلام مادام لحاجة مقبولة بشرط عودة إلى دار الإسلام مرة أخرى. (٢)

أما عن حقوق الذميين والمستأمنين في دار الإسلام: يمكن القول إجمالاً بأن قيام حالة الحرب لاتؤثر سلباً وإنما تؤثر إيجاباً على وضع الذمى والمستأمن سواء في أشخاصهم أو أموالهم في دار الإسلام.

فالنفس مصونه لها حرمتها كحرمة المسلم والمال مصون له حرمته مال المسلم لهما مطلق التصرف والانتفاع في أموالهم ولايجوز التعرض لهما. (٣) وقول النبي ﷺ - " من قتل معاهدا له ذمة الله وذمة رسوله، لم يرح رائحة الجنة، وإن ريحها ليوجد من مسيرة سبعين عاما "(٤)، وعليه يتضح لنا أن الذميين لهم ماللمسلمين من حقوق وذلك لقول الإمام على ﷺ - "إنما قبلوا عقد الذمة لتكون أموالهم كأموالنا ودماؤهم كدمائنا"(٥).

---

(١) الموسوعة الفقهية الكويتية (٢٥/ ٢٣٢) فما بعدها.

(٢) مرجع سابق، شرح السير الكبير، الجزء ٥ صـ (١١٧).

(٣) بدائع الصنائع في ترتيب الشرائع، الجزء ٧، صـ ١٠٧ وما بعدها.

(٤) الجامع الصحيح للسنن والمسانيد، باب من آثار عقد الذمة والكف عنهم، الجزء ٣٧، صـ ١٩٢

(٥) سنن الدارقطنى، باب من كانت له ذمتنا فدمه كدمنا، الجزء ٢، صـ (٣٥٠).

وقول النبى –ﷺ– «إذا قبلوا عقد الذمة فأعلمهم أن لهم ما للمسلمين وعليهم ما على المسلمين» ولأن الذمي لا يفارق المسلم[1]، لأنه بقبول عقد الذمة صار له ما للمسلمين وعليه ما على المسلمين[2]

ولا ينتقض عقد الذمة إلا بأن يلحق بدار الحرب أو يغلبوا على موضع ويحاربونا فعند ذلك هم كالمرتدين إلا أنهم يسترقون بخلاف المرتدين. [3].

❋ ❋ ❋

---

(١) بدائع الصنائع في ترتيب الشرائع، الطبعة: الثانية، ١٤٠٦هـ – ١٩٨٦م، الجزء الثانى ص٣٧

(٢) مرجع سابق، بدائع الصنائع في ترتيب الشرائع، ذات الموضع.

(٣) تحفة الملوك (في فقه مذهب الإمام أبي حنيفة النعمان)، الطبعة: الأولى، ١٤١٧، الجزء ١ ص(١٩١)

المبحث الثانى – الآثار المترتبة على انتهاء حالة الحرب

تمهيد :

بحثنا في المبحث الأول من هذا الفصل، الآثار المباشرة التى تترتب على قيام حالة الحرب، فاذا ما انتهت الحرب ترتبت كذلك آثار هامه لها صلة وثيقة بتدعيم السلم وتوطيد الأمن، وما هُم الإسلام إلا ذلك، ولذا عُنى التشريع الإسلامى بتقرير الحالة الدائمة للشعوب المسلمة وغير المسلمة حتى يسود الأمن والطمأنينة ويعم الرخاء والازدهار، فلا بد إذن من التعرف على آثار انتهاء الحرب وذلك بختلف الطرق المشروعة، والحرب إما أن تنتهى بقبول الإسلام من العدو، أو بلجوء المتحاربين إلى التحكيم، أو بالدخول مع المسلمين في صلح، أو بترك القتال .

وقد تناول الفقه الإسلامى عدداً من الأسباب تنقضى بها حالة الحرب بما ترتبه من آثار وهى :

المطلب الأول : انتهاء الحرب في الفقه الإسلامي وآثاره :

تنتهى الحرب بمجرد قبول العدو للإسلام، والإسلام معناه تسليم الأمر وتفويضه إلى الله[1]، والاستسلام لعظمته وجلاله، وإخلاص الدين له من الشرك والرياء في الظاهر والباطن وذلك لقول الله تعالى ﴿بَلَىٰ مَنْ أَسْلَمَ وَجْهَهُ لِلَّهِ وَهُوَ مُحْسِنٌ فَلَهُ أَجْرُهُ عِندَ رَبِّهِ وَلَا خَوْفٌ عَلَيْهِمْ وَلَا هُمْ يَحْزَنُونَ﴾[2]، أذن فليس معنى الإسلام هو الخضوع والذل لأحد من البشر كما ينادى به بعض المستشرقين، ومنهم(مرجوليوث) [3] الذى يقول: (الاسلام معناه الذل

---

[1] المدخل للفقه الإسلامى، للدكتور محمد سلام مدكور (ص ١٠) وأيضاً تفسير الرازى، (٢/ ٢٩٤)

[2] سورة البقرة آية (١١٢).

[3] هو دافيد صمويل انجليزي يهودي؛ من كبار المستشرقين متعصب ضد الإسلام، عين أستاذا للعربية في جامعة أكسفورد وله كتب عن الإسلام والمسلمين لم يكن مخلصا فيها للعلم توفي ١٩٤٠م تراجع: ترجمته: المعجم الوسيط في شرح وتبسيط القانون الدولي العام مقارنا بأحكام الريعة الإسلامية. دكتور: رجب عبد المنعم ص٥٥٩.

والخضوع) دون تخصيص بكون ذلك لله دون غيره، والمسلمون لم يهتموا يوما ما في سبيل دعوتهم بغير نشر فكرة التوحيد وإعلاء كلمة الله –ﷻ– وتطهير العقيدة من الوثنية واتباع الهوى.

وإذاء ذلك فرض الجهاد في الإسلام لا لذاته، ولا لأنه وسيلة إلى التشفى والإنتقام، ولا في طمع الدنيا ونعيمها وإنما شرع لحماية الإسلام الجديد، ودفاعاً عن الحق وعن الدين وذلك لقول الله تعالى ﴿ وَقَٰتِلُوهُمْ حَتَّىٰ لَا تَكُونَ فِتْنَةٌ وَيَكُونَ ٱلدِّينُ لِلَّهِ فَإِنِ ٱنتَهَوْا۟ فَلَا عُدْوَٰنَ إِلَّا عَلَى ٱلظَّٰلِمِينَ ﴾[1]، قال ابن عباس والسدى: "أى أن يكون دين الله هو الظاهر العالى على سائر الأديان"[2]

وهذا ماصرح به الفقهاء دون أى غموض أولبس، حيث قال الشافعية وغيرهم: (وأما قتل الكفار فليس بمقصود حتى لو أمكن الهداية بإقامة الدليل بغير جهاد كان أولى من الجهاد[3].

وقد ورد عن النبى –ﷺ– فيما رواه البخارى ومسلم: أنه قال لعلى كرم الله وجهه: (ياعلى لأن يهدى الله بك رجلاً واحداً خير لك مما طلعت عليه الشمس) وفى رواية اخرى (خير لك من حمر النعم)[4].

إذن فمتى قبل العدو الدخول في الإسلام وأعلن ذلك، فيجب الكف عن القتال وإنهاء الحرب، فمتى أسلم العدو فقد زالت العلة من قتاله إذا انتفت إحدى غايات القتال وهو أن يكون الدين كله لله كما يتبن من الأدلة الآتية:.

١. عن سليمان بن بريده عن أبيه قال أن رسول الله –ﷺ– كان إذا بعث جيشا أمر عليهم أميرا وقال: «فإذا لقيت عدوا من المشركين فادعهم إلى ثلاث خلال، أو ثلاث خصال، شك

---

(١) سورة البقرة آية (١٩٣)

(٢) مختصر تفسير ابن كثير، الجزء ١، ص(١٧٠).

(٣) مقدمات ابن رشد مع المدونة، (١/ ٣٧٩)، ويراجع أيضا مغنى المحتاج، الجزء ٤ ص(٤١٠)

(٤) نيل الأوطار، الجزء ٧، ص(٢٣٣).

علقمة، ادعهم إلى الإسلام، فإن أجابوك فاقبل منهم وكف عنهم... » الحديث. [1] وهذا الحديث يدل على أن الحرب تنتهي فور قبول الإسلام، وذلك بسبب الوصول إلى الغاية المنشودة وإعلان التمسك بالعقيدة.

٢.عن ابن عمر، أن رسول الله ﷺ قال: «أمرت أن أقاتل الناس حتى يشهدوا أن لا إله إلا الله، وأن محمدا رسول الله، ويقيموا الصلاة، ويؤتوا الزكاة، فإذا فعلوا ذلك عصموا مني دماءهم وأموالهم إلا بحق الإسلام، وحسابهم على الله»[2]

وهذا الحديث يدل على أن النطق بالشهادتين يعصم العدو من القتل وتنتهي بذلك الحرب، وهذا الحديث مبين لقوله تعالى ﴿ فَإِن تَابُواْ وَأَقَامُواْ ٱلصَّلَوٰةَ وَءَاتَوُاْ ٱلزَّكَوٰةَ فَخَلُّواْ سَبِيلَهُمْ إِنَّ ٱللَّهَ غَفُورٌ رَّحِيمٌ ﴾[3]

٣.عن ابن عصام المزني، عن أبيه، قال: بعثنا رسول الله ﷺ في سرية فقال: «إذا رأيتم مسجدا أو سمعتم مؤذنا فلا تقتلوا أحدا»[4]، ففي الحديث دليل على أن إظهار شعار الإسلام في القتال عند شن الغارة يحقن الدم، وترك الإغارة بالليل ليس على وجه التحريم، ولكن على سبيل الاحتياط حتى لا يؤتوا من حيث لا يشعرون. [5]

يدل أيضاً على أنه بمجرد وجود المسجد في البلد كاف في الأستدلال على إسلام أهل البلد، وإن لم يسمع منهم الأذان.

---

(١) أخرجه الإمام مسلم في صحيحه، (ب) تأمير الأمام الأمراء على البعوث، (٣ / ١٣٥٧) حديث رقم (١٧٣١).

(٢) أخرجه الإمام البخاري في صحيحه، باب فإت تابوا وأقامو الصلاة، ج ١، ص ١٤ ح (٢٥).

(٣) سورة التوبة آية (٥).

(٤) سنن أبي داود، باب في دعاء المشركين، ج ٣ ص ٤٣، حديث رقم (٢٦٣٥)، مسند الإمام أحمد، باب عصام المزني، ج ٢٤ ص ٤٨٨ حديث رقم (١٥٧١٤).

(٥) شرح السنة، المؤلف: محيي السنة، أبو محمد الحسين بن مسعود بن محمد بن الفراء البغوي الشافعي (المتوفى: ٥١٦هـ)، الطبعة: الثانية، ١٤٠٣هـ - ١٩٨٣م، ج ١١، ص(٦٠).

٤. عن المقداد –ﷺ– أنه أخبره أنه، قال: يا رسول الله، أرأيت إن لقيت رجلا من الكفار فقاتلني فضرب إحدى يدي بالسيف فقطعها ثم لاذ مني بشجرة فقال: أسلمت لله، أفأقتله يا رسول الله بعد أن قالها؟ قال رسول الله –ﷺ–: «لا تقتله». فقلت: يا رسول الله، إنه قطع يدي ثم قال ذلك بعد أن قطعها، أفأقتله؟ فقال رسول الله –ﷺ–: «لا تقتله، فإن قتلته فإنه بمنزلتك قبل أن تقتله، وإنك بمنزلته قبل أن يقول كلمته التي قال»(١).

فهذه أدلة صريحة عليأن قبول الإسلام يمنع من استمرار الحرب، وأنه يجب الكف عن القتال حينئذ، فبمجرد إعلان الإسلام كاف في انتفاء العلة من القتال دون الحاجة إلى البحث في مدى توافر صدق النية من عدمه ويدل على ذلك قصة أسامة بن زيد { عن أبي ظبيان، عن أسامة بن زيد – وهذا حديث ابن أبي شيبة – قال: بعثنا رسول الله –ﷺ– في سرية، فصبحنا الحرقات من جهينة، فأدركت رجلا فقال: لا إله إلا الله، فطعنته فوقع في نفسي من ذلك، فذكرته للنبي –ﷺ–، فقال رسول الله –ﷺ–: «أقال لا إله إلا الله وقتلته؟ » قال: قلت: يا رسول الله، إنما قالها خوفا من السلاح، قال: «أفلا شققت عن قلبه حتى تعلم أقالها أم لا؟ » فما زال يكررها علي حتى تمنيت أني أسلمت يومئذ.....»(٢)، وبالإسلام تزول مشروعية قتال العدو وكل ذلك كاف في الاستدلال على اعتناق الإسلام الذى يجب به إنهاء القتال وعودة حالة السلم، ويلاحظ أنه إذاكان الشخص غير جاد في قوله ثم عاد ألى ديانته السابقه، اعتبر مرتداً جزاؤه القتل، وهذا دليل آخر على أن الإسلام متشوق إلى السلام وإنهاء الحرب بأى طريق، وذلك لقول الله تعالى: ﴿ وَمَنْ عَادَ فَيَنتَقِمُ ٱللَّهُ مِنْهُ وَٱللَّهُ عَزِيزٌ ذُو ٱنتِقَامٍ ﴾(٣) وقوله تعالى ﴿ نَكَثَ فَإِنَّمَا يَنكُثُ عَلَىٰ نَفْسِهِ وَمَنْ أَوْفَىٰ بِمَا عَٰهَدَ عَلَيْهُ ٱللَّهَ فَسَيُؤْتِيهِ أَجْرًا عَظِيمًا ﴾(٤)،

______

(١) أخرجه الإمام البخاري فى صحيحه، ج ٥، صـ ٨٥، حديث رقم (٤٠١٩).

(٢) أخرجه الإمام مسلم فى صحيحه، (ب) تحريم قتل الكافر بعد أن قال لا إله إلا الله، (١/ ٩٦)، حديث رقم (٩٦).

(٣) سورة المائدة آية (٩٥)

(٤) سورة الفتح آية (١٠)

فبالإسلام تعصم الدماء والأموال وتكون دار الحرب دار إسلام ينعقد فيها الحكم لدين الله وشريعته.

ويترتب على إسلام العدو عصمة الدماء والأموال كما ذكرنا آنفاً وأيضاً لصريح لقوله تعالى ﴿وَلَا تَقُولُوا لِمَنْ أَلْقَىٰ إِلَيْكُمُ ٱلسَّلَمَ لَسْتَ مُؤْمِنًا تَبْتَغُونَ عَرَضَ ٱلْحَيَوٰةِ ٱلدُّنْيَا﴾[1].

• **وذهب جمهور الفقهاء:** إلى أنه (وتصبح بلاد العدو بالإسلام دار إسلام يجرى عليهم حكم الإسلام وتطبق فيها قوانينه وتشريعاته[2]، وهذا حكم متفق عليه بين جمهور الفقهاء)[3].

• **وذهب الحنفية والزيدية:** إن الإسلام لا يعصم العقار من الاغتنام إذا كان في دار الحرب[4].

والرأى الراجح: هو أن الإسلام يعصم المال مطلقاً سواء كان ذلك المال منقولاً أوعقاراً في دار الحرب أم في دار الإسلام، وذلك لقول النبى ﷺ فعن عروة بن الزبير، قال: قال رسول الله ﷺ: «من أسلم على شيء فهو له»[5]، وأيضاً لعموم الأدلة من غير تفريق كما وضحنا سابقاً.

المطلب الثانى : انتهاء الحرب بترك القتال في الفقه الإسلامي :

أهتم القرآن الكريم بأمر الثبات، فقال ﷻ: ﴿يَٰٓأَيُّهَا ٱلَّذِينَ ءَامَنُوٓا إِذَا لَقِيتُمْ فِئَةً فَٱثْبُتُوا وَٱذْكُرُوا ٱللَّهَ كَثِيرًا لَّعَلَّكُمْ تُفْلِحُونَ﴾[6]، أى إذا لقيتم جماعة من أهل الكفر بالله للحرب

---

(١) سورة النساء آية (٩٤)

(٢) قال في كشاف القناع، باب الأرضين المغنومة، ص (٦٨٦)، ولا خراج على ما أسلم اهله عليه كأرض المدينه

(٣) المغنى، ج ٨، ص (٤٢٨)، وأيضاً نهاية المحتاج، ج ٧ ص (٢٠٩)، شرح السير الكبير، ج ٤، ص (٣١٩)، الأم للشافعى، ج ٤، ص (١٩١).

(٤) البحر الزخار، للبزار (٥/ ٤٠٩)، وأيضاً شرح السير الكبير، (١/ ١٧٥).

(٥) سنن سعيد بن منصور، المؤلف: أبو عثمان سعيد بن منصور بن شعبة الخراساني الجوزجاني (المتوفى: ٢٢٧هـ)، الطبعة: الأولى، ١٤٠٣هـ -١٩٨٢م، ج ١، ص٩٦، حديث رقم (٤٨٩)

(٦) سورة الأنفال آية رقم (٤٥).

والقتال، فاثبتوا لقتالهم، ولا تنهزموا عنهم ولا تولوهم الأدبار هاربين، إلا متحرفًا لقتال أو متحيزًا إلى فئة منكم. [1]، وقال تعالى ﴿يَٰٓأَيُّهَا ٱلَّذِينَ ءَامَنُواْ ٱصۡبِرُواْ وَصَابِرُواْ وَرَابِطُواْ وَٱتَّقُواْ ٱللَّهَ لَعَلَّكُمۡ تُفۡلِحُونَ﴾[2]، وأمر الله -ﷻ- بالثبات في المعركة لقوله تعالى ﴿فَلَا تَهِنُواْ وَتَدۡعُوٓاْ إِلَى ٱلسَّلۡمِ وَأَنتُمُ ٱلۡأَعۡلَوۡنَ وَٱللَّهُ مَعَكُمۡ وَلَن يَتِرَكُمۡ أَعۡمَٰلَكُمۡ﴾[3]، لأن الرضا بالاستسلام حينئذ تخاذل، وإقرار للعدوان والتسلط والقهر.

والمعتبر في وجوب الثبات القوة وليس العدد، حيث بين الفقهاء في معرفة العدد الذى لا يجوز الفرار عنهم هم الضعف وذلك مجمع عليه لقوله تعالى ﴿ٱلۡـَٰٔنَ خَفَّفَ ٱللَّهُ عَنكُمۡ وَعَلِمَ أَنَّ فِيكُمۡ ضَعۡفٗا﴾[4]، وقد ذهب ابن الماجشون ورواه عن مالك أن الضعف إنما يعتبر في القوة لا في العدد وأنه يجوز أن يفر الواحد عن واحد أذا كان أعتق جواداً منه وأجود سلاحاً وأشد قوة. [5]

ولا يجوز الفرار أمام العدو إلا إذا كان ذلك من أجل التدابير الحربية، وأيضاً ترتيب الخطط الدفاعية أو الهجومية، والله سبحانه رخص للمسلم أن يهرب من الحرب ليكر على عدوه مرة ثانية، أو لينضم إلى حامية من الجيش في بقعة أخرى لتركيز الدفاع في منطقة استراتيجية مثلاً. وذلك لقوله تعالى ﴿يَٰٓأَيُّهَا ٱلَّذِينَ ءَامَنُوٓاْ إِذَا لَقِيتُمُ ٱلَّذِينَ كَفَرُواْ زَحۡفٗا فَلَا تُوَلُّوهُمُ ٱلۡأَدۡبَارَ ۞ وَمَن يُوَلِّهِمۡ يَوۡمَئِذٖ دُبُرَهُۥٓ إِلَّا مُتَحَرِّفٗا لِّقِتَالٍ أَوۡ مُتَحَيِّزًا إِلَىٰ فِئَةٖ فَقَدۡ بَآءَ بِغَضَبٖ مِّنَ ٱللَّهِ وَمَأۡوَىٰهُ جَهَنَّمُۖ وَبِئۡسَ ٱلۡمَصِيرُ﴾[6]، وكذلك يجوز للجندى إذا لم يكن معه سلاح أن يفر في وحه من يراه مدججاً بالسلاح، وكذلك إذا عجز لمرض أو نحوه[7].

---

(١) تفسير القرطبى، الجزء ١٣ ص(٥٧٤).

(٢) سورة آل عمران آية (٢٠٠).

(٣) سورة محمد-ﷺ- آية (٣٥).

(٤) سورة الأنفال آية (٦٦).

(٥) بداية المجتهد ونهاية المقتصد لابن رشد، الجزء الأول، ص(٣٥٩)، الطبعة ٦، ١٩٩٣م

(٦) سورة الأنفال آية (١٦،١٥).

(٧) المقدمات الممهدات، الجزء ١، ص(٢٦٣)، شرح السير الكبير، ج ١، ص(٨٧).

* - وفي ترك القتال يقول الإمام الشافعي: (إذا ضعف المسلمون عن قتال المشركين أو طائفة منهم لبعد دارهم أو كثرة عددهم، أوخلة بالمسلمين أوبمن يليهم منهم، جاز لهم الكف عنهم ومهادنتهم على غير شيء يأخذونه من المشركين، ثم قال: إذا التحم قوم من المسلمين فخافوا أن يصطلموا لكثرة العدو وقتلهم وخلة فيهم، فلا بأس أن يعطوا في تلك الحال شيئاً من أموالهم على أن يتخلصوا من المشركين لأنه من معاني الضرورات يجوز فيها مالايجوز في غيرها)[1].

وقريب من هذا مارآه الأوزاعي من تجويزه الصلح مع العدو ولو كان يبذل مال في كل عام إذا كان لا طاقة بالمسلمين أمام عدوهم، أو وقعت فتنة بين المسلمين في داخل بلادهم فخافوا عدوهم[2].

وقال أبو حنيفة: على المسلم أن يقاتل ما أمكنه، وينهزم إذا عجز وخاف القتل، وليس ذلك بفرار من الزحف، والمعتبر في ذلك غالب الظن[3].

وقال مُحَمَّدُ بْنُ الْحَسَنِ: لا بأس بالانهزام إذا أتى المسلم من العدو مالا يطيقه، ولا بأس بالصبر أيضاً بخلاف مايقوله بعض الناس: إنه إلقاء النفس في التهلكة، بل في هذا تحقيق بذل النفس لابتغاء مرضاة الله[4].

وقد لخص الهادوية هذه الحالات بقولهم: يجوز الفرار إلى منعة من جبل أو نحوه وإن بعدت، ولخشية استئصال المسلمين، أوضرر عام للأسلام، وأما إذا ظن المسلمون أنهم يُغلبون إذا لم

---

(١) الأم للشافعي، الجزء ٤ صـ (١١٠).

(٢) إختلاف الفقهاء للطبري، صـ (١٧) وما بعدها.

(٣) الموسوعة الفقهية الميسرة في فقه الكتاب والسنة المطهرة(٧/ ١٨) المؤلف: حسين بن عودة العوايشة: الناشر: المكتبة الإسلامية (عمان - الأردن)، دار ابن حزم (بيروت - لبنان) الطبعة: الأولى، من ١٤٢٣ - ١٤٢٩ هـ (ينظر التفصيل بأول كل جزء) عدد الأجزاء: ٧.

(٤) بدائع الصنائع، الجزء٧، صـ (٩٨)، المبسوط: للسرخسي، ج١٠، صـ(٧٦)

يفروا ففى جواز فرارهم وجهان[1]: حيث قال الإمام يحيى: أصحها أنه يجب الهرب لقوله تعالى ﴿وَلَا تُلْقُوا بِأَيْدِيكُمْ إِلَى التَّهْلُكَةِ وَأَحْسِنُوا إِنَّ اللَّهَ يُحِبُّ الْمُحْسِنِينَ﴾[2].

والمعلوم أن هذه الآية وإن كان سبب نزولها كما روى أبو داود ((عن أبى أيوب الأنصارى[3]: هو التفات الأنصار إلى زراعتهم وأموالهم وتركهم الجهاد[4].

فأنه كما يقول الأصوليون: ((العبرة بعموم اللفظ لا بخصوص السبب)). فهى تشمل كل إلقاء باليد إلى التهلكة في الجهاد وغيرة.

المطلب الثالث: إنتهاء الحرب بالصلح أو بأحد وسائل تسوية المنازعات في الفقه الإسلامي.

الصلح مع العدو أصل عام مقرر في الإسلام، ووسائل تسوية المنازعات في الإسلام عديدة[5]، وأما الحرب فهى أمر طارىء على أصل العلاقات السلمية مع غير المسلمين، والقرآن الكريم يقرر هذا الأصل بقوله تعالى ﴿بَرَاءَةٌ مِّنَ اللَّهِ وَرَسُولِهِ إِلَى الَّذِينَ عَاهَدتُّم مِّنَ الْمُشْرِكِينَ﴾[6]، كان النبى ﷺ قد عاهد المشركين، لأن الله قد أذن في معاهدتهم أولاً، فاتفق المسلمون مع رسول الله ﷺ وعاهدوهم، فلما نقضوا العهد أوجب الله تعالى النبذ اليهم فخوطب المسلمون بما تجدد من ذلك.[7]، وقول الله تعالى ﴿وَإِن جَنَحُوا لِلسَّلْمِ

──────────────

(١) يراجع: نيل الأوطار، الجزء السابع، ص(٢٥٣).

(٢) سورة البقرة آية (١٩٥).

(٣) أبى أيوب الأنصارى: هو خالد بن زيد بن كليب بن ثعلبة، أبو أيوب الأنصارى، من بنى النجار، صحابى جليل، شهد العقبة، وبدراً، وأحداً والخندق وسائر المشاهد، المتوفى عام (٥٢ه).

(٤) يراجع: تفسير الكشاف للزمخشري، الجزء١، ص(٢٦٠)، نيل الأوطار، الجزء ٧ ص(٢١٠)

(٥) الوسائل السلمية لتسوية المنازعات الدولية في أحكام القانون الدولى والشريعة الإسلامية، محمد الشحات الجندى، رسالة ماجستير، ١٩٧٩، ص (٧١) وما بعدها.

(٦) سورة التوبة آية (١).

(٧) أحكام القرآن لابن العربى، ج ٢، ص (٨٨١)، وأيضاً تفسير الكشاف، ج ٢ ص (٢٦)

فَٱجۡنَحۡ لَهَا وَتَوَكَّلۡ عَلَى ٱللَّهِ إِنَّهُۥ هُوَ ٱلسَّمِيعُ ٱلۡعَلِيمُ ﴾[1]، والأمر في ذلك للوجوب إذ لا صارف له عن حقيقة مقتضاه[2]، وهو قبول المسالمة لأن السلم كالسلام هو الصلح، والمسالمة: هى طلب السلامة من الحرب.[3] وهذه الآية ليست مخصصة بأهل الكتاب بدليل أن الرسول –ﷺ– عقد صلحاً مع المشركين في الحديبية لمدة عشر سنين، وهى ليست منسوخة بآية ﴿فَٱقۡتُلُواْ ٱلۡمُشۡرِكِينَ حَيۡثُ وَجَدتُّمُوهُمۡ وَخُذُوهُمۡ وَٱحۡصُرُوهُمۡ ﴾[4]، إذ أنها لا تعارضها فآية القتل خاصة بمشركى العرب من عبدة الأوثان، وآية الجنوح إلى السلم في شأن قبول المعاهدة عند توافر مقتضياتها[5]، وذلك بدليل الآيات الأخرى، قال الله –ﷻ– ﴿وَلَا تَقُولُواْ لِمَنۡ أَلۡقَىٰٓ إِلَيۡكُمُ ٱلسَّلَٰمَ لَسۡتَ مُؤۡمِنٗا﴾[6]، وقال –ﷻ– ﴿يَٰٓأَيُّهَا ٱلَّذِينَ ءَامَنُواْ ٱدۡخُلُواْ فِي ٱلسِّلۡمِ كَآفَّةٗ وَلَا تَتَّبِعُواْ خُطُوَٰتِ ٱلشَّيۡطَٰنِۚ إِنَّهُۥ لَكُمۡ عَدُوّٞ مُّبِينٞ ﴾[7].

وقد صالح الرسول ﷺ قريشاً عام الحديبية، ولم يكن الصلح لضرورة، بل كان صلحاً مجحفاً في ظاهره بحقوق المسلمين، ناهيك بالشرط الذى يلزم المسلمين بتقرير حق الابقاء لمن هاجر منهم في معسكر قريش دون إزعاج ولا رد، وذلك لأن الرسول –ﷺ– قال قبل عقد الصلح: فيما رواه البخارى وأبو داود: ((والله لا تدعونى قريش إلى خطة يسألونى فيها صلة الرحم إلا أعطيتهم إياها))[8].

---

(1) سورة الأنفال آية (٦١).

(2) تفسير الرازى، الجزء ٤، ص (٣٧٨)

(3) أحكام القرآن للجصاص (/ ٦٩)، وتفسير القرطبى، (٨/ ٣٩).

(4) سورة التوبة آية (٥).

(5) تفسير ابن كثير، ج ٤، ص (٨٩)، تفسير المنار، ج ١٠، ص (٧٠).

(6) سورة النساء آية (٩٤).

(7) سورة البقرة آية (٢٠٨).

(8) سنن أبى داود، الجزء ٣، ص (١١٣).

وصالح الرسول-ﷺ- أيضاً خيبر ووادع الضمـرى في غزوة الأبواء، وصالح أكيدر دومة وأهل نجران. ومازالت الخلفاء والصحابة على هذه السبيل سالكة وبها عاملة.[1]

ولذا أجمع العلماء على جواز الصلح لأن الصلح فيه دفع للشر، لأن المقصد الأصلى من الجهاد هو دفع الشر، فكل مايحقق هذا الغرض فهو جائز، بل إنه أولى من الجهاد لما فيه من إزهاق الأرواح وقتل النفس بدون حاجة.

وأجمع الفقهاء أيضاً على مشروعية عقد الذمة، لأنها الطريق الطبيعى لاعتناق دين الإسلام بسبب مخلطة المسلمين ومعرفة محاسن الإسلام، ولعل الله تعالى أن يخرج منهم من يؤمن بالله واليوم الآخر.[2]

وهذا المقصد نفسه يرجى تحقيقه في الصلح المؤقت، فلقد كان في صلح الحديبية مصالح عظيمة، فإن الناس لما تقاربوا انكشفت محاسن الإسلام للذين كانوا بعيدين عنها لايعقلونها[3].

٭- ويترتب على عقد الصلح إنهاء الحرب عند الفقهاء المسلمين، وهذا ما عبروا عنه بحكم الصلح أو الموادعة: وهو أن يأمن الموادعون على أنفسهم وأموالهم ونسائهم وذراريهم، لأن الموادعة عقد أمان أيضاً، ولذا فيجب كف أذانا أو أذى الذميين عنهم حتى يتأتى ناقض للعهد منهم[4]، ويدل على ذلك أن العداء ضد الروم قد توقف في السنة الأخيرة من حكم معاوية، بسبب عقد معاهدة الصلح[5].

____

(١) مرجع سابق، أحكام القرآن لابن العربى، ج٢، ص(٨٦٥).

(٢) مغنى المحتاج، الجزء ٤، ص(٢٤٢)،، الفروق للقرافى، الجزء ٣، ص(١٠)، طبعة الحلبى.

(٣) فتح القدير: للشوكانى، الجزء ٤، ص(٢٩٤).

(٤) الشرح الكبير، ج١٠، ص(٥٨٢)، وتحفة المحتاج، ج٨، ص(١٠٢)، وشرح السير الكبير، ج١، ص(٩٢)، وبدائع الصنائع، ج٧، ص(١٠٩).

(٥) التاريخ السياسى للدولة العربية، د/ عبد المنعم ماجد، الجزء ٢، ص(٦٠) ومابعدها.

وأيضاً ماذكره الحنفية: لو دخل الموادعون بلدة أخرى لا موادعة معهم، فغزا المسلمون في تلك البلدة، فهؤلاء آمنون لبقاء الامان، ولو أسر من الموادعين أهل دار أخرى فاستولى عليه المسلمون كان فيئاً لان حكم الموادعة بطل في حق الاسير[1]، ومن أتلف من المسلمين أو من أهل الذمة عليهم شيئاً فعليه ضمانه سواء أكان من أنفسهم أو أموالهم، ويعزرون بقذفهم، لأن الهدنة تقتضى الكف عن أنفسهم وأموالهم وأعراضهم[2].

وعليه فأن أثر الصلح يعم جميع أفراد العدو، ولذا قال العلماء: وقد أجمع على أن الإمام إذا صالح ملك القرية على ترك الحرب والأذى، يدخل في ذلك الصلح لجميع السكان، ويقوم المسلمون بتنفيذ شروط الصلح حرفياً دون إخلال بأى شرط، ويعتبر ذلك من أحكام الهدنة التى يجب الوفاء بها[3].

ولخص الماوردى آثار الصلح في مخطوطه "الحاوى الكبير" قال: عقد الهدنة موجب لثلاثة أمور: الموادعة في الظاهر، وترك الخيانة في الباطن، والمجاملة في الأقوال والأفعال)[4].

إنتهاء الحرب تحكيما في الفقه الإسلامي.

إذا كانت الحرب تنتهى بمعاهدة صلح عادة، كما وضحنا سابقاً ويوقف القتال باتفاق المتحاربين على عقد هدنة، فهل تنتهى الحرب بالتحكيم؟

للإجابه يتعين علينا أولاً تعريف التحكيم.

والتحكيم: هو اتفاق بين طرفين أو أكثر على إحالة النزاع بينهم إلى طرف آخر ليحكم فيه؛ وحكمه ملزم لأطراف التحكيم وتم تعريفه أيضاً بأنه هو تولية الخصمين حاكماً يحكم بينها

---

(١) البحر الرائق، ج ٥، صـ (٧٩)، المبسوط للسرخسى، ج ١٠، صـ (٨٩).

(٢) كشاف القناع، ج ٣ صـ (٩٠)، وأيضاً المغنى، ج ٨، صـ (٤٦٣).

(٣) الخرشى، ج ٣، صـ (١٧٥)، الطبعة الأولى، والوجيز، ج٢، صـ (٢٠٤).

(٤) شرح الحاوى الكبير، ج ٤ صـ (٣٥ وما بعده).

فيكون الحكم فيما بين الخصمين كالقاضى في حق كافة الناس وفى حق غيرهما بمنزلة المصلح[1]

ومما يؤيد فكرة التحكيم من حيث المبدأ أنه وقعت حادثة تحكيم في التاريخ الإسلامى وهو التحكيم الذى تم بين على ومعاوية في صفين[2]، وكانت تلك الحادثة طريقاً لأنهاء الحرب بين طائفتين من المسلمين بسبب حق الاستخلاف، قال أبو شريح[3] يارسول الله، (إن قومى اختلفوا في شىء فأتونى فحكمت بينهم فرضى عنى الفريقان، فقال ﷺ: ماأحسن هذا).[4]

وأن الأصل في التحكيم أنه اختيارى بمعنى: أنه لا يمكن الالتجاء إليه في نزاع ما إلا إذا رغبت في ذلك كلتا الدولتين طرفى النزاع وبناء على اتفاق بينهما[5]، والواقع أن الفقهاء لم يتعرضوا لبحث حالة التحكيم التى قد تقع بين المسلمين وغيرهم في حالة توازن القوى بين الطرفين، وكل ماذكروه في هذا الشأن هو حينما يكون العدو محاصراً ويشعر بضعفه، فيطلب اللجوء إلى التحكيم ليتمتع ببعض الامتيازات، وبما أن نظام التحكيم يعد من الطرق السلمية في فض المنازعات الدولية[6]؛ فطبقاً للقواعد التى عرفها سابقها كحرص الإسلام على مبدأ السلام ورجاء الخير والصلاح ومراعاة حقن الدماء كلما أمكن،

---

(١) البحر الرائق، ج٧، صـ (٢٤)، وأيضاً الفتاوى الهندية، ج ٣، صـ (٣٩٧)، وأيضاً الشرع الدولى في الإسلام، للدكتور/ الأرمنازى، صـ (٩١).

(٢) تاريخ الخضرى، ج ١ صـ (٦٦)،، أنظر الأمامة والسياسة لابن قتيبة، ج ١، صـ (١٣٢). وصفين، عدها الجغرافيون من بلاد الجزيرة، مابين النهرين، وأنه وقت موقعة صفين في بلدة النهروان وهى بلدة قديمة من أرض العراق على أربعة فراسخ من بغداد (يراجع المغرب والتهذيب للنووى).

(٣) أبو شريح: هو هانى بن يزيد بن نهيك المذحجى ويقال النخعى، والد شريح كناه النبى ––– بأكبر أولاده، وكان يكنى أبا الحكم، لان قومه إذا اختلفوا في شىء أتوه فحكم بينهم.

(٤) فتح القدير، الجزء ٥، صـ (٤٩٨).

(٥) القانون الدولى، للدكتور/ صادق على أبو هيف، صـ (٦٠٩).

(٦) مبادىء القانون الدولى العام، للدكتور/ حافظ غانم، صـ (٥٣٤).

كما يبدو في قول الله تعالى ﴿وَإِن جَنَحُواْ لِلسَّلْمِ فَٱجْنَحْ لَهَا وَتَوَكَّلْ عَلَى ٱللَّهِ إِنَّهُۥ هُوَ ٱلسَّمِيعُ ٱلْعَلِيمُ﴾[1].

يتضح مما سبق القول بمشروعية مبدأ التحكيم كطريق من طرق إنها القتال، وعندئذ فلا يجوز استمرار الحرب، لأن الحرب هي ضرورة فقط، يلجأ إليها إذا استعصت الحلول؛ ثم إن المصلحة قد تقضى بقبول التحكيم في بعض الحالات فكيف لايجوز

قبوله، وذلك مع العلم بأن الفقهاء كما عرفنا سابقاً أجازوا الهدنه لمصلحة مع توافر قوة المسلمين وأقروا الصلح على مال يدفعه المسلمون في حالات الحاجة والمصلحة إذا أحسوا بأنفسهم ضعفاً عن متابعة الحرب مثلا وغيره.. فمن باب أولى إنه يجوز القول بمشروعية التحكيم ونحوه من الطرق الودية.

ثم إن فقهاء المالكية صرحوا بأنه يجوز عقد هدنة مع غير المسلمين على أن يحكموا بين مسلم وكافر إذا كان هناك خوف منهم[2]، وعبارة (خوف) تصور حال المصلحة في ذلك الزمان. أما اليوم فقد يكون من المصلحة أن يقبل المسلمون مبدأ التحكيم لايقاف القتال لأسباب أخرى كالمحافظة على السلم، ونشر الإسلام بالطرق السلمية، أولدفع ضرر عام، أو لمنع تطور الحرب بحيث يتدخل أطراف آخرون فيها، أويهدد طرف باستخدام وسائل إفناء عام مثلاً.

المطلب الرابع: إنتهاء الحرب فتحا في الفقه الإسلامي وآثاره.

أولا: إن الفتح والغلبة هو آخر الطرق المشروعة مع العدو في الإسلام، حيث إن الأعداء إذا دعوا إلى الإسلام أو إلى المعاهدة فأبوا كان معنى ذلك تبييتهم الغدر وانطواؤهم على الحقد والخيانة ومبادرتهم بالعدوان قريباً، فتكون حينئذ الحرب لتوقى ذلك الغدر. وذلك فيا رواه

---

[1] سورة الأنفال آية (٦١).
[2] الخرشى، الجزء ٣، ص(١٧٤)، الطبعة الأولى.

البخارى ومسلم أن رسول الله – ﷺ – كان في بعض أيامه التي لقي فيها العدو، ينتظر حتى إذا مالت الشمس قام فيهم، فقال: «يا أيها الناس، لا تتمنوا لقاء العدو، واسألوا الله العافية، فإذا لقيتموهم فاصبروا، واعلموا أن الجنة تحت ظلال السيوف»[١]، ويتم الفتح بعد الاستيلاء عنوة على بلد آخر والحديث في الآثار المترتبة على الفتح، يتضح بعد انتهاء الحرب.

وأول هذه الآثار هو انتقال السيادة إلى الدولة الفاتحة، فتصبح إرادتها هى الحاكمة والمتصرفة في جميع شؤون الدولة وتكون قوانينها وتشريعاتها هى المختصة في حل جميع القضايا وما يثور من منازعات، وبذلك تنتهى الحرب ويعود السلام.

ثانيا: ففى حالة إسلام المغلوبين فإن الإسلام يصون دماءهم وأموالهم ويصير لهم ما للمسلمين وعليهم ما على المسلمين، ويقرون على ما ملكوا من بلاد وأموال لقول النبى – ﷺ – ((أمرت أن أقاتل الناس حتى يقولوا: لا إله إلا الله، فإذا قالوها عصموا منى دماءهم وأموالهم إلا بحقها))[٢].

ثالثا: فإذا لم يسلموا فقد اتفق الفقهاء على أنه تغنم أموالهم من عقارات ومنقولات وتسبى ذراريهم ويقتل من لم يحصل في الأسر منهم، ويكون ولى الأمر مخيراً في الأسرى بين أمور: هى القتل، والاسترقاق، والمن والفداء، وضرب الجزية[٣]، وذلك على خلاف بين الفقهاء على نحو ما ستتناوله بالتفصيل في موضعه من هذه الرساله.

هذا بالنسبة للأشخاص أما بالنسبة للأموال فالثابت أن أموال المسلمين وأهل الذمة في دار الحرب مصونة فالأولى معصومة بالإسلام، والثانية معصومة بعقد الذمة، أما مادون ذلك من أموال أهل الحرب فيجرى عليها حكم الغنيمة،

---

(١) أخرجه الإمام البخاري فى صحيحه، حديث رقم (٢٩٦٦)، ج ٤، ص (٥١).

(٢) أخرجه ابو داود في كتاب الجهاد، حديث رقم (٢٦٤٠) ج ٣ ص (٤٤)، باب على من يقاتل المشركون.

(٣) تبيين الحقائق للزيلعى، الجزء ٣، ص (٢٤٨)، والأحكام السلطانية للماوردى، ص (٤٦.٤٧).

والغنيمة شرعاً: ما أخذ عنوة بإيجاف خيل وركاب من أهل الحرب. وأساس مشروعيتها قول الله تعالى ﴿وَٱعْلَمُوٓاْ أَنَّمَا غَنِمْتُم مِّن شَيْءٍ فَأَنَّ لِلَّهِ خُمُسَهُ وَلِلرَّسُولِ وَلِذِي ٱلْقُرْبَىٰ وَٱلْيَتَـٰمَىٰ وَٱلْمَسَـٰكِينِ وَٱبْنِ ٱلسَّبِيلِ إِن كُنتُمْ ءَامَنتُم بِٱللَّهِ﴾[1]، وهى تشمل العقارات والمنقولات[2].

رابعا: أما الأراضى التى فتحت قسرا يترتب على الفتح زوال ملكية المغلوبين على هذه الأراضى ملكيتها إلى الفاتحين بمجرد الإستيلاء عليها، وقال بذلك الإمامية، والزيدية، وأحمد، ومالك، والشافعى، في رواية مشهورة عنهما، وذلك لأنها مال زال ملك المحاربين عنه بالإستيلاء عليه فصار كالمباح فيتم تملكه بإحرازه. [3]

وذهب المالكية، والإمامية، في المشهور عنهم تصبح هذه الأراضى وقفاً على المسلمين بمجرد الحيازة دون حاجة إلى وقف الإمام ولا تكون ملكاً لأحد ويصرف خراجها في مصالح المسلمين.

وقال بعض المالكية " لا أعلم خلافاً في أرض العنوة إن قسمت كانت قسمتها ماضية ولا تنتقض "[4].

وذهب الحنابلة في أظهر الروايات " أن الإمام يفعل مايراه الأصلح من قسمتها ووقفها نظير خراج دائم يقرر عليها كالأجرة وتكون أرض عشرية خراجية. [5]

أما بالنسية للأموال المنقولة: يترتب على الفتح زوال ملكية أصحاب البلاد المفتوحة عن الأموال المنقولة وانتقالها إلى ملكية الفاتحين ولا خلاف على قسمتها على خلاف العقار، إذ أن

---

(١) سورة الأنفال آية (٤١).

(٢) آثار الحرب في الفقه الإسلامى، للدكتور/ وهبة الزحيلى، صـ(٥٣٣).

(٣) يراجع الأم للشافعى، الجزء ٤، صـ(١٠٢ـ١٩٣)، والحاوى للماوردى، الجزء ١٩، صـ(١٤٢).

(٤) يراجع المدونة الكبرى، الجزء ٣، ص (٢٧)، الروضة البهية، الجزء ١، ص (٢٢٢)، والكافى، الجزء ١، ص (٦٢٦).

(٥) انظر زاد المعاد، الجزء ٢، صـ(١٧٣)، واحكام أهل الذمة، صـ(١٠٢).

النبى -ﷺ- كان يقسمها بين الغانمين، قال عمر فيما رواه البخارى ((إنما الغنيمة لمن شهد الوقعة))[1]، ولايجوز إتلاف المنقولات لتعلق حق الغانمين بها ولا سيما النافع منها وعلى نحو يقرره الإمام، وفى هذا يقول الشافعى ((وما وجدوه من كتبهم فهو مغنم كله وينبغى للإمام أن يدعو من يترجمه فإن كان علما من طب أوغيره لا مكروه فيه باعه كما يبيع ما سواه من المغانم....))[2].

❈ ❈ ❈

---

(١) أخرجه الإمام البخارى فى صحيحه(ك): الجهاد والسير، (ب): الغنيمة لمن شهد الوقعة، حديث رقم (٣١٢٥)، (٦/ ٢٤٠).

(٢) يراجع الأم للشافعى، الجزء ٤، ص(١٧٩).

المبحث الثالث – آثار الحروب في القانون الدولى.

من المؤكد أن هناك آثار مختلفة للحرب سواء على العلاقات الدولية أو على الاشخاص أو على الممتلكات ويختلف مدى وضخامة الأثر باختلاف من يقع عليه[1].

وأثر الحرب على العلاقات الدولية بين الأطراف المتحاربة، ومن المؤكد أن حالة الحرب war status تؤدى إلى تحول حال الدول من حال السلم إلى حالة الحرب ولذلك يترتب على حالة الحرب الاتى:

أولا : قطع العلاقات الدبلوماسية :

[2] من خلال سحب السفراء والوفود الممثلة لدى إحدى الدول المتحاربة، ولكن هذا الإجراء لايعنى إغلاق مكاتب التمثيل أو السفارات بل يسمح بتخفيض عدوهم إلى أدنى مستوى أو أن يتم سحب جميع الأشخاص ويعهد برعاية مصالح الدولة إلى طرف ثالث يمارسها أو يرعاها لصالح الدولة وبعد موافقتها. ومن المؤكد أن قطع العلاقات الدبلوماسية لا يعنى قطع العلاقات القنصلية بل يظل التمثيل القنصلى قائماً كما هو إلا إذا رؤى قطع البعثة القنصلية عندئذ يعهد إلى طرف ثالث لرعاية مصالح الدولة، أو أن يتم تخفيض عدد أعضاء البعثة إلى أدنى حد وفى جميع الأحوال تلتزم دولة المقر الدولة المضيفة بحماية مقار البعثة وما فيها من سجلات ووثائق.

ثانيا : التأثير على المعاهدات الدولية المبرمة :

فالمعاهدات العسكرية تظل كما هى سارية رغم نشوب الحرب أما المعاهدات الدولية المؤثرة في الحقوق الراسخة والثابتة والمنظمة للحدود كما هى رغم قيام الحرب.

---

(١) القانون الدولى العام، للدكتور/ على صادق أبو هيف، صـ (٧٩٨) وما بعدها، وأيضاً قانون الحرب والحياد، للدكتور/ محمود سامى جنينه، صـ(١٠٧).

(٢) القانون الدولى العام، للدكتور/ عبد الغنى محمود، طبعة ٢٠٠٣، ٢٠٠٤ م صـ(٥٠٣، ٥٠٤).

وانتهاء مظاهر العلاقات السلمية، كقطع التمثيل الدبلوماسى والقنصلى وإلغاء المعاهدات وقطع العلاقات التجارية والاقتصادية.

وأهم ما يعنينا هو أثر الحرب في المعاهدات[1]، لإرتباطه بدراستنا إذ أن أحكام معاملة الأسرى ثابتة بالاتفاقيات الدولية على نحو يستتبع دراسة أثر الحرب على تلك النوعية من الاتفاقيات.

وذهب جانباً من الشراح قديماً إلى أن الحرب تلغى جميع المعاهدات التى تربط الدولتين المتعاقدتين المتحاربتين على أن فريق آخر يرى أن الحرب تلغى المعاهدات التى كان الخلاف على تفسيرها أو تنفيذها سبباً في قيام حالة الحرب، وقال بهذا الرأى مجمع القانون الدولى في إجتماعه بكريستيانيا عام ١٩١٢م[2].

وذهب جانباً من الشراح حديثاً إلى وجوب التمييز بين المعاهدات المختلفة بحسب طبيعة العلاقة التعاهدية بين أطرافها، وتبقى كذلك جميع المعاهدات الشارعة رغم قيام الحرب ويوقف العمل بالمعاهدات الجماعية أو المتعددة الأطراف عند قيام الحرب.

هذا عن أثر الحرب بالنسبة للمعاهدات، فماذا عن أثرها على الأشخاص؟

*- آثار الحرب على الأشخاص:

من المؤكد أن للحرب آثاراً عدة سواء على مواطنى الدولة المحاربة المقيمين فيها، وعلى رعايا العدو، وعلى رعايا الدول المحايدة:

---

(١) مقدمة لدراسة القانون الدولى العام، للدكتور/ صلاح الدين عامر، دار النهضة العربية، طبعة ٢٠٠٣م، ص (٣١٤ – ٣١٨)، وينظر: أثر الحرب على المعاهدات، للدكتور/ على صادق أبوهيف، ص (٥٩٤).

(٢) القانون الدولى العام، للدكتور/ محمود سامى جنينه، ص (٧١٩). وأيضاً قانون الحرب والحياد، ص (١٧٨).

*- أولاً : أثر الحرب على رعايا الدولة المقيمين فيها :

من المؤكد أن قواعد القانون الوطني أو الداخلي هى الرائدة والحاكمة للعلاقة القانونية القائمة فيها بين هؤلاء وما بين دولتهم سواء أكان ذلك أثناء السلم أو أثناء الحرب، وبالتالى فما تقرره هذه القواعد من استثناءات أو أحكام عامة يُخضع للنظام الداخلى ولا شأن للقانون الدولى به، وبالتالى فإن قيام حكومة الدولة المتحاربة بفرض حظر على رعاياها في تعاملهم مع رعايا الدول الأعداء يعتبر أمراً صحيحاً من الناحية القانونية، وإن كان البعض قد رأى أن مثل هذا الخطر صحيحاً متى تم وفق تشريع داخلى ولا يترتب على غيابه من التعامل كلياً مع رعايا الدول الأعداء. (١)

في حين ذهب البعض الأخر إلى أن مجرد قيام حالة الحرب يمنع التعامل مع الأعداء لأنه أمر غير مشروع من الناحية القانونية ولقد ساد هذا الرأى فترة من الزمن عقب الحرب العالمية الأولى مما أدى إلى إعلان العديد من الدول بطلان جميع العقود المبنية على علاقات تجارية مع الأعداء ولكن شريطة أن تكون هذه العقود قد أبرمت بعد نشوب الحرب(٢).

ثانياً : أثر الحرب على رعايا العدو :

ويعد في حكم الاعداء كل الأشخاص الذين يحملون جنسية الدولة المعادية ويقمون فيها، ومن المؤكد أن لهؤلاء نظام قانونى معين يختلف بإختلاف الحقبة الزمنية المطبقة فيها، فمثلاً فيما قبل القرن الرابع عشر الميلادى كان يقبض على هؤلاء ويتم حجزهم ويعاملوا كأسرى حرب نظرا لأن غياب دولتهم يضعف تماما مركزهم، لكن جرشيوس قد أكد على وجوب اطلاق سراح هؤلاء بمجرد انتهاء الحرب مع دولتهم، ثم جاءت نظرية (فاتيل عام ١٧٥٨) وكانت أكثر عدالة من غيرها لكونها مبنية على التسامح فمجرد سماح الدولة للرعايا الاجانب

———————

(١) القانون الدولى العام، للدكتور/ حسنى جابر ص(٢٩٦).

(٢) أيضاً القانون الدولى العام، للدكتور/ حسنى جابر ص (٢٩٦) وما بعدها، مرجع سابق

بدخول اقليمها وسماحها لهم بخروجهم منها بسلام هو عين النظام الواجب التطبيق، ثم كان عام ١٨٠٣م وتغير الحال تماما خاصة بعد أن أصدر نابليون أمراً يإعتقال جميع الأسرى ممن هم في سن الخدمة الالزامية من الذكور[1]، بما يعنى في النهاية القول بأن القانون الدولى التقليدى لم يكن منصفاً لرعايا الدول الاعداء، فتارة يأمر بإعتقالهم وتارة يتسامح معهم ما يعنى أن الوضع القانونى غير مستقر.

✱- أما قواعد القانون الدولى المعاصر فكانت نظرية حماية رعايا الدول الأعداء أكثر دقة وشمولاً فقد حرصت الجماعة الدولية من خلالها على التأكيد على حقوق وحريات الفرد وعلى وجوب معاملة هؤلاء بوصفهم بشر وكأسرى حرب وبالقدر الذى يحفظ على الواحد منهم كرامته كإنسان وفى الحدود التى تمثل الحد الأدنى المعترف به لمثل هؤلاء.

ولقد أكدت هذا المعنى اتفاقية جنيف الرابعة لعام ١٩٤٩ بشأن حماية المدنيين إذ حظرت اعتقال الرعايا الأعداء أو فرض الإقامة الجبرية عليهم إلا إذا كانت سلامة الدولة تقتضى أن يكون هؤلاء تحت سلطاتها بحيث تمثل هذه الاجراءات التابير القصوى[2]، وأن تنظر في أمرهم هيئة قضائية أو ادارية منصفة[3]، وأن يظلوا متمتعين مع حالة الاعتقال باللياقة البدنية والنفسية[4].

وأكدت الاتفاقية على حق هؤلاء الرعايا في الالتجاء إلى الدول المحايدة أو إلى احدى جمعيات أو منظمات الاغاثة كهيئة الصليب الأحمر الدولية وإلى جمعياته الوطنية والدولية[5].

---

(١) المعجم الوسيط فى شرح وتبسيط قواعد القانون الدولى العام مقارنا بأحكام شريعة الإسلام للدكتور/ رجب عبد المنعم متولى ١٤٢٩هـ ٢٠٠٩م ص (٥٣٧) وما بعدها.

(٢) المادة (٤٢) من اتفاقية جنيف الرابعة لعام ١٩٤٩.

(٣) المادة (٤٣) من اتفاقية جنيف الرابعة لعام ١٩٤٩.

(٤) أيضاً المادة (٨٠) من ذات الاتفاقية.

(٥) القانون الدولى العام، للدكتور/ عبد الغنى عبد الحميد محمود ص (٤٨٧) مرجع سابق.

ثالثاً : أثر الحرب على رعايا الدول المحايدة :

أن قواعد القانون الداخلى هى التى تشكل النظام القانونى الذى يخضع له رعايا الدول المحايدة الموجودين على إقليم إحدى الدول المتحاربة فيسرى عليهم مايسرى على مواطنى الدولة الأصليين فيما يتعلق بخطر التعامل مع العدو وغير ذلك من الأوامر والتعليمات الصادرة عن الدولة، وفى المقابل ليس لهؤلاء أن يطالبوا بوضع متميز عن وضع المواطنين الأصليين المقيمين على إقليم الدولة سواء كانت الدولة في حالة حرب أوخاضعة للاحتلال[1].

وبعد أن انتهينا من بيان أثر الحرب على الأشخاص فماهو أثر الحرب الدائرة على الممتلكات؟.

ونحن بصدد دراسة تأثير الحرب على الممتلكات، ينبغى التفرق بين الممتلكات العامة من ناحية والممتلكات الخاصة من ناحية أخرى وسواء أكانت هذه الممتلكات تابعة للدول المتحاربة (المعادية) أوكانت تابعة للدول المحايدة.

*- تأثير الحرب على الممتلكات العامة للدول المعادية :

من المؤكد أن مصير الممتلكات الخاصة بالدول المتحاربة قد اختلف في ظل القانون الدولى المعاصر عما كان عليه الوضع في ظل القانون الدولى التقليدى ففى ظل الأخير لم تكن الدول تفرق فيها بين الممتلكات العامة أو الخاصة وعلى هذا النهج صار العرف الدولى.

أما في ظل القانون الدولى المعاصر فقد استقرت الأعراف الدولية على التفرقة فيما بين الممتلكات العامة والتى كانت تخضع للمصادرة ماعدا مبانى البعثات وسجلاتها وسواء أكانت الممتلكات العامة عقارية أو منقولة فهى توضع تحت حماية دولة ثالثة محايدة خلال

---

(١) القانون الدولى العام، للدكتور/ إبراهيم محمد العنانى، الطبعة الأولى، دار النهضة العربية، ١٩٩٠م ص (٦٠٣). ويراجع أيضاً، القانون الدولى العام، للدكتور/ على صادق أبو هيف ص(٨٠١)

فترة الحرب[1]، ويتبع الممتلكات العامة الآثار الثقافية وإن كانت الأخيرة لاتخضع للمصادرة، ففى ظل الحرب العالمية صادرت دول الحلفاء عدداً من السفارات منها سفارة النمسا وسفارة هنغاريا وقامت ايطاليا بمصادرة السفارة الألمانية.

٭- أما الديون العامة فلا تجوز مصادرتها لأنها قائمة على تعهدات قاطعة أساسها الشرف وحسن النية في التعامل [2].

ـ أثر الحرب على الممتلكات الخاصة لرعايا الدولة المعادية :

استقر العرف الدولى خلال القرنيين الثامن والتاسع عشر على عدم جواز مصادرة الممتلكات الخاصة المملوكة لرعايا الدولة المعادية ويسرى هذا الحكم على الديون المستحقة على هذه الممتلكات، وإلى جانب العرف ظهرت هناك احكام أتفاقية لاهاى تنص على حماية هذه الممتلكات والديون الخاصة المستحقة عليها[3]، ورغم وجود هذا الحكم إلا أن هذه الممتلكات قد انتهكت حرمتها سواء في ظل الحرب العالمية الأولى أو الثانية وذلك بسبب التشريعات الداخلية التى صدرت والتى نصت على وضع هذه الممتلكات تحت الحراسة كما هو الحال في فرنسا أو تغطيتها كما هو الحال في المانيا وبريطانيا وظل هذا النظام سائداً في فرنسا حتى نهاية عام ١٩٢٦م وظل نفس النظام المبنى على الحراسة والتغطية سائدة في ظل الحرب العالمية الثانبة إلى أن أبرمت معاهدات الصلح بين الدول المهزومة في الحرب والدول

---

(١) المعجم الوسيط فى شرح وتبسيط قواعد القانون الدولى العام مقارنا بأحكام شريعة الإسلام للدكتور/ رجب عبد المنعم متولى ١٤٢٩هـ ٢٠٠٩م ص(٥٤٥.٥٤٦) مرجع سابق.

(٢) المرجع السابق، المعجم الوسيط فى شرح وتبسيط قواعد القانون الدولى العام مقارنا بأحكام شريعة الإسلام، ص (٥٤٧)، د/ رجب عبد المنعم متولى، وأيضاً جيرهارد فان غلان، القانون بين الأمم، الجزء ٣، ص (٥٩).

(٣) في ذلك أثر الاحتلال على الممتلكات الخاصة: المواد (٤٦-٥٦) من ملحق اتفاقية لاهاى الرابعة لعام ١٩٠٧م.

المنتصرة عام ١٩٤٧م والتي نصت على إعادة أموال الحلفاء المصادرة وقد أيدت التدابير الخاصة بتجريد الأعداء من أموالهم[1].

ـ أثر الحرب على ممتلكات الدول المحايدة :

من المؤكد أنه يسري على ممتلكات الدول المحايدة الموجودة في أقاليم الدول المتحاربة نفس الأحكام التي تسري على الممتلكات الخاصة برعايا هؤلاء لدى الدول الأعداء، حيث يجوز للدول المتحاربة الاستيلاء على ممتلكات الدول المحايدة الموجودة على أرضيها إذا اقتضت الضرورات العسكرية ذلك مع دفع التعويض المناسب لأصحابها وذلك لاستخدامها في الأغراض العسكرية ثم تتم إعادتها ثانية لأصحابها متى زالت الضرورة[2].

الآثار المترتبة على انتهاء حالة الحرب في القانون الدولي :

أن الوقف المؤقت للحرب بسبب الهدنة يختلف عن الإنهاء التام للحرب ولذلك فإن أثر الوقف المؤقت أو الهدنة لا يؤدى إلا إلى وقف ما محدد للعمليات العسكرية لفترة من الزمن قد تطول أو تقصر غالباً ما يحددها الأطراف، بخلاف إنهاء الحرب فإنه يترتب عليه العديد من الآثار القانونية وترجع أهمية التفرقة إلى أن لكل منهما آثاره القانونية.

*ـ وآثار انتهاء الحرب متعددة نذكر منها :

أولا : الوقف المؤقت للقتال : وله ثلاث صور وهي كالتالي :

١ـ **الهدنة** : ويقصد بها ذلك الاتفاق الذي يبرم بين الأطراف المتعاقدة لوقف القتال مدة محددة من الزمن ولكن تظل حالة الحرب قائمة لا تنتهى.

---

(١) شارل روسو، القانون الدولي العام، ط: الدار الأهلية للنشر والتوزيع، بيروت، ١٩٨٢م صـ (٣٤٥ ـ ٣٤٧)، وترجمه إلى العربية عبد المحسن سعد، وشكر الله خليفة.

(٢) القانون الدولي العام، للدكتور/ عبد الغني عبد الحميد محمود، طبعة ٢٠٠٣، ٢٠٠٤، صـ (٤٩) مرجع سابق، وأيضاً القانون الدولي العام، للدكتور/ على صادق أبو هيف صـ (٨٠٢)، مرجع سابق.

وعرفت في الفقه الإسلامي: بأنها اتفاق عسكرى مؤداه الوقف العام لكافة العمليات العسكرية على كافة الجبهات بين القوات المتحاربة. [1]

ويختلف نطاق الهدنة من وقت لآخر فترة تشمل الهدنة كافة المناطق وتسمى الهدنة هنا بالهدنة العامة وهى الهدنة الأكثر شيوعا وقد تكون مقدمة لإنهاء الحرب أو النزاع المسلح، وأحيانا تكون الهدنة قاصرة على مناطق معينة فقط أو ميادين معينة من ميادين القتال وتسمى الهدنة هنا بالهدنة المحلية أو الجزئية ويتم وقف القتال برفع علم الهدنة.

*- هذا وقد قننت اتفاقية لاهاى الرابعة لعام ١٩٠٧ م بشأن الهدنة كافة الأعراف الدولية التى كانت سارية بخصوص إنهاء الحرب وهو ما أكد على حقيقة هامة وهى أن الهدنة لا يمكن أن تؤدى إلى إنهاء القتال بل يتوقع استئناف القتال في أى لحظة لأنها ليست إلا تعليقاً أو وقفاً مؤقتاً للقتال [2].

هذا وتلعب المفاوضات دورا بالغا في إتمام اتفاقيات الهدنة وغالباً ماتتم تحت إشراف وبمساعدة طرف ثالث بذل وساطته أو مساعيه الحميدة من أجل أن يتم وقف الحرب أو القتال بين المتحاربين، والذى يبرم اتفاقية الهدنة هو القائد الأعلى رتبة بالجيش بعد أخذ رأى حكومته نظرا لخطورة وتاريخ بدئها وانتهائها والمناطق التى تشملها والمناطق المحايدةوالخطوط المتاخمة ووضع الأسرى خلال الهدنة فضلاًعن العديد من الشروط التى تغل أو تفيد بشدة أطراف القتال حتى لايتم استئناف القتال مرة أخرى [3].

---

(١) قانون النزاعات المسلحة الدولية المدخل النطاق الزمانى، للدكتور/ حازم محمد عتلم، دار النهضة العربية، الطبعة ٢، ٢٠٠٢م، ص(٦٢) وما بعدها.

(٢) القانون الدولى العام، للدكتور/ حسنى جابر ص(٣٠٩) مرجع سابق.

(٣) شارل روسو، القانون الدولى العام، ط: الدار الأهلية للنشر والتوزيع، بيروت، ١٩٨٢م ص (٣٥٩)، وترجمه إلى العربية عبد المحسن سعد، وشكر الله خليفة.

وعليه نؤكد أن الهدنة تنتهى بإنتهاكها من قبل أحد أطرافهـا، وعندها يستأنف القتال ولكن هذا لايكون إلا بعد إنذار الخصم ما لم يتعذر ذلك أو أن تكون هناك ضرورة تمنع من ذلك وهى أمور يصعب بالضرورة تقديرها أو تقييمها[1].

٢ـ التوادع المكاني: ويقصد به وقف القتال في بعض الأماكن ولمدة محددة لا تتعدى بضع ساعات يتم خلالها إخلاء الجرحى ونقل الموتى ودفنهم وبأقصى سرعة إذا الوضع هنا لايمكن أن يخرج عن إنه هدنة مؤقتة.

٣ـ الإستسلام غير المشروط: ويتم بإتفاق القادة العسكريين في الميدان وذلك من أجل تسليم مدن أو حصون معينة أوبعض الأسطح المكشوفة وغيرها مع وجوب معاملة السكان المدنيين معاملة إنسانية خاصة مع المحافظة على حقوقهم وممتلكاتهم وغير ذلك من الحقوق التى نصت عليها اتفاقية لاهاى الرابعة لعام ١٩٠٧م وهى: الاتفاقية الوحيدة التى نصت على الإستسلام غير المشروط) وهو ما يمايز وضع المانيا واليابان عن وضع ايطاليا في اعقاب الحرب العالمية الثانية ففى الحالة الأولى توقفت الحرب في مواجهة البلدين بمقتضى التزامهما باراداتيهما المنفردة اثر توقيعهما على صكى الإستسلام الذى اعده الحلفاء لهذا الغرض مايو ١٩٤٥ .سبتمبر ١٩٤٥م أما بالنسبة لايطاليا فقد توقفت الحرب في مواجهتها من خلال هدنة الإستسلام في ٣/ ٩/ ١٩٤٣[2].

***ـ والانتهاء الفعلى للقتال وله عدة أسباب أو وسائل تنتهى بها حالة الحرب منها:**

١ـ الإخضاع: ويتحقق الإخضاع بفناء الشخصية القانونية لإحدى الدول المتحاربة وهو لايتحقق غالباً إلا بالفتح لاقليم معين[3].

---

(١) جيرهارد فان غلان، القانون بين الأمم، الجزء ٣، ص (٥٩)، بيروت.

(٢) قانون النزاعات المسلحة الدولية المدخل النطاق الزماني، للدكتور/ حازم محمد عتلم، دار النهضة العربية، الطبعة ٢، ٢٠٠٢م، ص(٢٦٤) وما بعدها.

(٣) القانون الدولى العام، للدكتور/ عبد الغنى عبد الحميد محمود، ص (٥٨١) مرجع سابق

ويلاحظ هنا أن الإخضاع لايتحقق وفقاً للمعنى السابق إلا بناء على أتفاق تبرمه الدولة المنتصرة مع الدولة المهزومة مفاده وضع الأخيرة لبعض الأرضى وإقليمها تحت سيطرتها ممن كانت تملكه قبل دخولها في الحرب ومع هذا فإن هذا لا يؤدى إلى الإفناء التام للشخصية القانونية لدولة الإقليم المهزوم، وبالتالى فإن ماحدث لألمانيا عقب الحرب العالمية الثانية في الفترة من عام ١٩٤٥ وحتى عام ١٩٤٩ م لم يكن اخضاعا لأن شخصيتها لم تنزل بعد، والمثل الواضح للإخضاع هو اخضاع إيطاليا للحبشة وهو عمل غير مشروع وخاصة في ظل ميثاق الأمم المتحدة الذى اعتبر جميع الحروب الحديثة حروبا عدوانية.

ويفسر جيرهارد فان غلان كلمة إخضاع ((بأنها تعنى قضاء دولة على دولة إخرى في الحرب عن طريق ضم أراضى الدولة المهزومة إليها بعد إحتلالها وأبادة قواتها عن بكرة أبيها))[١].

٢. وقف الأعمال العسكرية: وهو إحدى الوسائل التى كانت معروفة في فترة ماقبل القرن التاسع عشر ويتم الوقف من خلالها دونما إبرام معاهدة صلح بين الطرفين ومثاله حالة الوقف التى تمت فيما بين فرنسا والمكسيك ١٨٦٧م، وبين بولندا والسويد عام ١٧١٦ م وبين فرنسا واسبانيا عام ١٧٢٠ م وبين روسيا وإيران عام ١٨٠١م، وغيرها[٢].

ولهذه الصورة محاذيرها وخاصة فيما يتعلق بمسألة معرفة تاريخ انتهاء الحرب رسمياً الأمر الذى دفع الدول إلى أن تطلب الإعلان الرسمى لوقف الحرب وهو الشرط المتطلب لترتيب الأثار القانونية على حالة الحرب، وبالتالى فإن عدم الإعلان الصريح عن انتهاء الحرب لا يؤدى إلى انهائها بل تظل حالة الحرب قائمة بين الأطراف وفى مواجهة الغير[٣].

---

(١) جيرهارد فان غلان، القانون بين الأمم، الجزء ٣، ص (٦٩.٦٨)، بيروت، مرجع سابق.

(٢) القانون الدولى العام، للدكتور/ على صادق أبو هيف ص (٩١٧) وما بعدها، مرجع سابق.

(٣) أيضاً القانون الدولى العام، للدكتور/ حسنى جابر ص(٣١٢) وما بعدها.

٣. معاهدات الصلح أو السلام [1] : وتعد معاهدات السلام هى الصورة العادية لإنهاء الحرب، وقد يسبقها اتفاقية بوادر سلام وقد لاتسبقها، ويترتب على معاهدات السلام احلال حالة السلم محل حالة الحرب وتعود الحقوق والواجبات بين الأطراف والتى كانت سارية فى فترة ماقبل القتال وتتضمن اتفاقية السلام بياناً مفصلاً عن المسائل المراد تسويتها بموجب هذه المعاهدة كمسائل التعويض عن الأضرار الناجمة عن الحرب وما ينبغى عمله لأجل استئناف العلاقات الدبلوماسية وسريان كافة المعاهدات التى أوقفتها الحرب وغيرها من مسائل الحدود وغير ذلك مما ينتوى الأطراف تنظيمه من خلال معاهدة السلام، ويترتب على النفاذ الفعلى للمعاهدة عودة جميع الحقوق والواجبات التى كانت مفقودة في فترة الحرب وما قبل إبرام اتفاق السلام، وتستأنف العلاقات الدبلوماسية والقنصلية وتعود الممتلكات المنقولة التى سلبت أو نهبت أو صودرت أثناء أو بسبب القتال [2].

**– ويتضح مماسبق: بأن حالة الحرب ما لم تكن دفاعاً عن النفس أو إعمالاً لقواعد الأمن الجماعى الدولى ضد العدوان فهى عملاً من أعمال العدوان المجرم بموجب قواعد القانون الدولى المعاصر، وإذا كانت حالة الحرب أو القتال المسلح محرمة فإن ما يتفرع عنها من استيلاء على الأراضى أو ضم لأقاليم الغير يعد بالضرورة عملاً غير مشروع إذ القاعدة "أن غير المشروع لا يمكن أن يؤدى إلى مشروع بالمرة فما بنى على باطل فهو باطل".

---

(١) قانون النزاعات المسلحة الدولية المدخل النطاق الزمانى، للدكتور/ حازم محمد عتلم، دار النهضة العربية، الطبعة ٢، ٢٠٠٢م، صـ (٢٨٨) وما بعدها. وأيضاً جيرهارد فان غلان، القانون بين الأمم، الجزء ٣، صـ (٦٨) وما بعدها، بيروت، مرجع سابق. وأيضاً قانون الحرب والحياد، للدكتور/ محمود سامى جنينة، ١٩٤٤م صـ (٤٣٧) ومابعدها.

(٢) القانون الدولى العام، للدكتور/ عبد الغنى عبد الحميد محمود، طبعة ٢٠٠٣، ٢٠٠٤، صـ (٥٨٣) مرجع سابق وأيضاً القانون الدولى العام، للدكتور/ حسنى جابر صـ (٣١٢.٣١٥).

❊- وعلى هذا الرأى استقر جمهور فقهاء الشريعة الإسلامية إذ أجمعوا على أن أساس العلاقات الدولية بين الدول جميعها مسلمة وغير مسلمة هـو السلام لا الحرب، وأن الإسلام ما أباح القتال إلا دفعاً للظلم وردعاً للعدوان، والإسلام يحظر جميع صور استخدام القوة الفعلية أو التهديد بها وبالقطع مايترتب على ذلك من آثار.

❊- وفى إطار نظرية الحرب تحددت آثارها على المعاهدات والقدر المشترك بين الشريعة الإسلامية والقانون الدولى، وأيضاً في انتهاء الحرب، اتفقت نظرية الحرب في الشريعة الإسلامية ونظيرتها في القانون الدولى على انتهاء الحرب بأحد الأسباب الآتيه: وسائل تسوية المنازعات. والمعاهدات. الفتح العسكرى. ترك القتال والتحكيم.

❊- وأيضاً باستقراء جملة الأحكام السابقة عن الحرب في الشريعة الإسلامية والقانون الدولى نجد الأتفاق حول نظرية الحرب في كل منهما كما وضحنا سابقاً.

❊ ❊ ❊

الباب الأول

مفهوم الأسير
وأحكام معاملة أسرى الحرب

ويتكون هذا الباب من الفصول الآتية:

☞ **الفصل الأول:** ماهية الأسير في الفقه الإسلامي والقانون الدولى

☞ **الفصل الثاني:** حقوق وواجبات أسرى الحرب في الإسلام والقانون الدولى

☞ **الفصل الثالث:** حالات إنتهاء الأسر في الإسلام والقانون الدولى

الفصل الأول

ماهية الأسير في الفقه الإسلامي والقانون الدولي

المبحث الأول : تعريف الأسير لغة واصطلاحاً ، أو من هو الأسير؟

المطلب الأول : معنى الأسرى في اللغة العربية :

الأسير هو الأخيذ والمقيد والمسجون، يقال أُسَراءُ وأُسَارَى وأَسارى وأسرى كما جاء في القاموس المحيط. [1]

وجاء في لسان العرب: أسرت الرجل أسرا وإسارا، فهو أسير ومأسور، والجمع أسرى وأسارى. وتقول: استأسر أي كن أسيرا لي. والأسير: الأخيذ، وأصله من ذلك. وكل محبوس في قد أو سجن: أسير [2]. وقوله تعالى ﴿وَيُطْعِمُونَ ٱلطَّعَامَ عَلَىٰ حُبِّهِۦ مِسْكِينًا وَيَتِيمًا وَأَسِيرًا﴾ [3].

والأسير المسجون، والجمع أسراء وأسارى وأسارى وأسرى، ويقال للأسير من العدو: أسير لأن آخذه يستوثق منه بالإسار، وهو القد لئلا يفلت [4].

والأسير في اللغة أيضا كأمير هو بمعنى المأسور، وهو المربوط بالإسار، ثم استعمل في (الأخذ) مطلقا ولو كان غير مربوط بشيء، والإسار: القيد، ويكون حبل الكتاف، ومنه {الأسير، أي (المقيد) يقال: أسرت الرجل، {أسرا} وإسارا، فهو {أسير} ومأسور، وكل محبوس في قد أو سجن: أسير [5].

---

(١) تهذيب اللغة (١٣/ ٤٣)، القاموس المحيط، الفيروز أبادى، المادة (الأسر)، ص (٣٤٣).

(٢) لسان العرب، لابن منظور الجزء ٤، ص (١٩).

(٣) سورة الأنسان آية رقم (٨).

(٤) المصدر السابق، لسان العرب، الجزء ٤ صـ (١٩).

(٥) تاج العروس للزَّبيدي، الجزء (١٠) صـ (٥٠).

وأسرى من باب جرحى في المعنى، ولاكنه لما أصيب بالأسر صار كالجريح واللديغ[1].

وأسير مفرد: جمع أسارى وأسارى وأسرى وأسراء، وأسرى: صفة ثابتة للمفعول من أسر: من يؤخذ في حرب أو معركة، ويستوي فيه المذكر والمؤنث "تبادل الجيشان الأسرى، هذا رجل أسير، وقوله تعالى ﴿ وَيُطْعِمُونَ ٱلطَّعَامَ عَلَىٰ حُبِّهِۦ مِسْكِينًا وَيَتِيمًا وَأَسِيرًا ﴾[2]، أسير التقاليد: مكبل بقيودها، أسير الشهوة: مستسلم لها[3].

وجاء في (الدر النقي في شرح ألفاظ الخرقي)[4]: قوله: (أسير)، هو من أخذ من الأعداء سالما، قال الله تعالى: ﴿ وَيُطْعِمُونَ ٱلطَّعَامَ عَلَىٰ حُبِّهِۦ مِسْكِينًا وَيَتِيمًا وَأَسِيرًا ﴾[5]، ولعل أصله من قولهم له: "سر"، أو من قوله هو لهم: "أسير معكم"، وجمعه: أسرى، وأسارى. قال الله – عَزَّ وَجَلَّ –: ﴿ مَا كَانَ لِنَبِيٍّ أَن يَكُونَ لَهُۥ أَسْرَىٰ حَتَّىٰ يُثْخِنَ فِي ٱلْأَرْضِ ﴾[6]، وقال تعالى: ﴿ يَٰٓأَيُّهَا ٱلنَّبِيُّ قُل لِّمَن فِىٓ أَيْدِيكُم مِّنَ ٱلْأَسْرَىٰٓ إِن يَعْلَمِ ٱللَّهُ فِى قُلُوبِكُمْ خَيْرًا يُؤْتِكُمْ خَيْرًا مِّمَّآ أُخِذَ مِنكُمْ وَيَغْفِرْ لَكُمْ وَٱللَّهُ غَفُورٌ رَّحِيمٌ ﴾[7].

---

(١) المصدر السابق.

(٢) سورة الإنسان آية (٨).

(٣) معجم اللغة العربية المعاصرة، د/ أحمد مختار عبد الحميد عمر الجزء (١) ص(٩١).

(٤) الدر النقي في شرح ألفاظ الخرقي، لابن المبرد (ت: ٩٠٩ هـ)، الطبعة: الأولى، ١٤١١ هـ – ١٩٩١ م، الجزء (٣) ص(٧٤٢). باب (قتال أهل البغى).

(٥) سورة الأنسان آية (٨).

(٦) سورة الأنفال آية (٦٧).

(٧) سورة الأنفال آية (٧٠).

قال سيبويه: (١) " قالوا في جمع كسلان كسلى، شبهوه بأسرى كما قالوا أسارى شبهوه بكسالى، ووجه الشبه أن الأسر يدخل على الإنسان مكرها كما يدخل الكسل. (٢)

وإذا نظرنا في التعاريف اللغويه السابقه يتبين لنا انها تعطى معنى الشدة على الأسير وأن اسمه مأخوذ منها كما بينا سابقاً، وأن الأسير في العصور القديمة كان يعامل معاملة الحيوان ويربط رباط التيس والجمل خوفاً من فراره أولاً والتشفى منه وإذلاله ثانياً.

ويفهم أيضاً أن الربط والشد والوثاق لايكون في الغالب إلا للرجال المحاربين، ولا يكون للشيوخ والنساء والأطفال لأنهم لايحاربون غالباً، ومع ذلك فهم يعدون من الأسرى، ويسرى عليهم مايسرى على أسرى الحرب سواء في الماضى أو الحاضر.

٭– المطلب الثانى: معنى الأسير في الاصطلاح الشرعى: أما عن مدلول لفظ الأسير في التشريع الإسلامى فأننى سوف أعتمد في تحديد مدلول لفظ الأسير على الكتاب والسنة وعرض لأقوال العلماء وذلك على النحو التالى.

أولا : مدلول لفظ الأسير في الكتاب:

ورد لفظ الأسر في القرآن الكريم صراحة كاسم كما في قوله تعالى ﴿ مَا كَانَ لِنَبِيٍّ أَن يَكُونَ لَهُ أَسْرَىٰ حَتَّىٰ يُثْخِنَ فِي ٱلْأَرْضِ تُرِيدُونَ عَرَضَ ٱلدُّنْيَا وَٱللَّهُ يُرِيدُ ٱلْآخِرَةَ وَٱللَّهُ عَزِيزٌ حَكِيمٌ ﴾ (٣)

---

(١) هو عمرو بن عثمان بن قَنْبَر، مولى بني الحارث بن كعب بن عمرو بن عُلَة بن جَلْد بن مالك بن أُدد. أخذ عن الخليل. ولد سيبويه بقرية من قرى شيراز، يقال لها: "البيضاء" من عَمَل فارِس، ثم قدم البصرة ليكتب الحديث، فلزم حلقة حماد بن سلمة، ومن أشهر كتبه "الكتاب" قال أبو إسحاق الزَّجاج: إذا تأمَّلتَ الأمثلة من كتاب سيبويه؛ تبينت أنه أعلمُ الناس باللغة. وكان فيما يقال حسنَ الوجه. وتوفي وهو ابن ثلاث وثلاثين سنة، سنة ثمانين ومئة. طبقات النحويين واللغويين (سلسلة ذخائر العرب) (٢٧/ ٢٣) المؤلف: محمد بن الحسن بن عبيد الله بن مذحج الزبيدي الأندلسي الإشبيلي، أبو بكر (المتوفى: ٣٧٩هـ) المحقق: محمد أبو الفضل إبراهيم: الطبعة: الثانية: الناشر: دار المعارف.

(٢) فتح القدير: للشوكاني، الجزء ١، صـ(١٢٨).

(٣) سورة الأنفال آية (٦٧).

فقال النبي –ﷺ– لعمر: احمد الله إن ربك واتاك على قولك. فقال عمر: الحمد لله الذي واتاني على قولي أي في أسارى بدر[1]، وقوله تعالى ﴿وَيُطْعِمُونَ ٱلطَّعَامَ عَلَىٰ حُبِّهِ مِسْكِينًا وَيَتِيمًا وَأَسِيرًا﴾[2]، ونحو قوله تعالى ﴿وَإِن يَأْتُوكُمْ أُسَٰرَىٰ تُفَٰدُوهُمْ وَهُوَ مُحَرَّمٌ عَلَيْكُمْ إِخْرَاجُهُم﴾[3] ونحو قوله تعالى في سورة الأنفال ﴿يَٰٓأَيُّهَا ٱلنَّبِيُّ قُل لِّمَن فِىٓ أَيْدِيكُم مِّنَ ٱلْأَسْرَىٰٓ إِن يَعْلَمِ ٱللَّهُ فِى قُلُوبِكُمْ خَيْرًا يُؤْتِكُمْ خَيْرًا مِّمَّآ أُخِذَ مِنكُمْ وَيَغْفِرْ لَكُمْ وَٱللَّهُ غَفُورٌ رَّحِيمٌ﴾[4]، وأيضاً ورد لفظ الأسر في القرآن كفعل كما في قوله تعالى ﴿وَقَذَفَ فِى قُلُوبِهِمُ ٱلرُّعْبَ فَرِيقًا تَقْتُلُونَ وَتَأْسِرُونَ فَرِيقًا﴾[5]

وهناك آيات فيها دلالة على الأسر ولم يتم ذكرها صراحة كما في قول الله تعالى ﴿فَٱقْتُلُواْ ٱلْمُشْرِكِينَ حَيْثُ وَجَدتُّمُوهُمْ وَخُذُوهُمْ وَٱحْصُرُوهُمْ وَٱقْعُدُواْ لَهُمْ كُلَّ مَرْصَدٍ﴾[6] قوله: {وخذوهم} معناه: وأسروهم؛ يقال للأسير: أخيذ، والأخذ هو الأسر[7].

وأيضاً قول الله تعالى: ﴿فَإِذَا لَقِيتُمُ ٱلَّذِينَ كَفَرُواْ فَضَرْبَ ٱلرِّقَابِ حَتَّىٰٓ إِذَآ أَثْخَنتُمُوهُمْ فَشُدُّواْ ٱلْوَثَاقَ فَإِمَّا مَنًّا بَعْدُ وَإِمَّا فِدَآءً حَتَّىٰ تَضَعَ ٱلْحَرْبُ أَوْزَارَهَا﴾[8] ومعنى {فشدوا الوثاق} يعني الأسر فإما منا بعد يعني عتقا بعد الأسر[9]، وكما في قوله تعالى ﴿فَإِمَّا

---

(1) تفسير مقاتل بن سليمان، الجزء ٢ ص (١٢٩).

(2) سورة الأنسان آية (٨).

(3) سورة البقرة آية (٨٥).

(4) سورة الأنفال آية (٧٠).

(5) سورة الأحزاب آية (٢٦).

(6) سورة التوبة آية (٥).

(7) تفسير القرآن العزيز، لأبو عبد الله محمد بن عبد الله بن عيسى بن محمد المري، الإلبيري المعروف بابن أبي زَمَنين المالكي (المتوفى: ٣٩٩هـ)، ٢٠٠٢م، ٥ الجزء ٢ ص(١٩٤).

(8) سورة محمد آية (٤).

(9) تفسير مقاتل بن سليمان، الجزء ٤ ص (٤٤).

تَثْقَفَنَّهُمْ فِي ٱلْحَرْبِ فَشَرِّدْ بِهِم مَّنْ خَلْفَهُمْ لَعَلَّهُمْ يَذَّكَّرُونَ ﴾[1] ومعنى (تثقفنهم) تأسرهم أى فإما تلقين في الحرب هؤلاء الذين عاهدتهم فنقضوا عهدك مرة بعد مرة من قريظة فتأسرهم[2].

وإذا نظرنا في النصوص والآيات القرآنية سالفة الذكر يتبن لنا أن حالة الأسر هى حالة مؤقته تنظم أحوال المتحاربين، وأن حالة الأسر قد وردت ضمن آيات القتال ولم ترد ضمن آيات السلم فيكون الأسير هو المأخوذ في الحرب دون غيرها، والأسر في الحروب والغارات. فالأسير في مدة الأسر هو العاني[3].

وأن حالة الأسر وفقاً لما سبق هى حالة عامة تنظم رعايا الطرفين من المتحاربين سواء الرجال المتقاتلين أو غير المتقاتلين والنساء والشيوخ والذرية، ويترتب على عموم اللفظ عموم المعنى.

ثانياً: في السنه :

١. فعن أسرى بدر . فقد استوصى بهم رسول الله -ﷺ- خيرا، حتى حكى أبو عزيز . وقد أسره أخوه مصعب بن عمير ومعه رجل أنصاري . أن آسريه كانوا إذا قدموا غداءهم وعشاءهم خصوه بالخبز وأكلوا التمر لوصية رسول الله -ﷺ- بالأسرى. حتى ما تقع في يد أحدهم خبزة إلا ناوله إياها قال: "فاستحي فأردها علي ما يمسها" وهذا الموقف آية على حسن معاملة الأسير في الإسلام وإيثاره بأفضل ما عند آسريه. مما لا نجد له مثيلاً في تواريخ الدنيا[4].

---

(١) سورة الأنفال آية (٥٧).

(٢) جامع البيان ففى تفسير القرآن: للطبري، الجزء ١٤ ص (٢٢).

(٣) مقاصد الشريعة الإسلامية، للطاهر ابن عاشور، الجز ٣ ص (٣٧٢).

(٤) السيرة النبوية الصحيحة، للدكتور. أكرم ضياء العمرى، الطبعة: السادسة، ١٤١٥ هـ – ١٩٩٤ م، باب غزوة بدر، الجزء ٢ ص (٣٧١).

٢. عن ابن إسحاق أن رسول الله -ﷺ- حين أقبل بالأسارى فرقهم بين أصحابه، وقال: "استوصوا بالأسارى خيرا"[1].

٣. وعن ابن عمر -ﷺ- قال: إن يهود بنى قريظة والنضير حاربوا رسول الله -ﷺ-، فأجلب الرسول -ﷺ- بنى النضير، وأقر بنى قريظة، ومن عليهم حتى حاربت قريظه بعد ذلك فقتل جرحاهم، وقسم نساءهم وأولادهم وأموالهم بين المسلمين وذلك بعد أن سألوا النبى -ﷺ- أن يكف عن دمائهم ويجليهم عن المدينه[2]. وأما بنو قريظة فحكم فيهم سعد بن معاذ بأن يقتل الرجال وتسبى الذرارى والنساء وهى أول إشارة إلى السبى في غزوات الرسول -ﷺ-، فقد اعتبروا أسرى حرب لقول النبى -ﷺ- ((أحسنوا إسارهم وقيلوهم واسقوهم حتى يبردوا، فتقتلوا من بقى منهم، لاتجمعوا عليهم حر الشمس وحر السلاح))[3].

٤. وكان أول أسيرين في الإسلام هما عثمان بن عبدالله بن المغيرة، والحكم بن كيسان، حيث أسرهما عبدالله بن جحش[4] وأصحابه في رجب على رأس سبعة عشر شهرا من الهجرة، وعمرو بن الخضرمى أول قتيل، فقبل الرسول -ﷺ- الفداء من الأسيرين[5].

ويتبن لنا من الأدله السابقه والتى هى قليل من كثير أن حكم الأسرى جرى على الرجال المتحاربين وأن النساء والذرارى يجرى عليهم حكم السبى وكل له حكم كما سنرى فيما بعد كل في محله.

---

(١) البداية والنهاية صـ (٣٠٧) الجزء ٣، ويراجع السيرة النبوية لابن هشام، الجزء ٢ ص (٢٠٩).

(٢) يراجع كتاب المغازى، دار المعارف القاهرة، عام ١٩٦٥م، صـ (٥١٢ ومابعدها) الجزء الثانى.

(٣) المرجع السابق، صـ (٥١٤)، ويراجع إمتاع الأسماع، الجزء الأول، صـ (٢٤٨).

(٤) هو عبدالله بن جحش بن رئاب الأسدى، وهو احد السابقين إلى الأسلام، وشهد بدرا واخى رسول الله بينه وبين عاصم بن ثابت، وهو أول أمير في الإسلام، وقتل يوم أحد ودفن مع حمزه بن عبد المطلب.

(٥) كتاب المغازى، دار المعارف القاهرة، عام ١٩٦٥م، صـ (٥١٦ ومابعدها) الجزء الثانى.

ثالثا : عرض أقوال العلماء في مفهوم الأسرى :

أما عن أقوال العلماء نحو مفهوم الأسرى فيطلق على اسم الأسرى الأعداء المحاربين الذين أظهروا العدواة للإسلام، وصمموا على محاربته بالفعل، فسقطوا في معسكر المسلمين المجاهدين الذين أرادوا إعلاء كلمة الله ﷻ.

ولذلك؛ عرف الماوردى الأسرى في كتابه الأحكام السلطانية والولايات الدينية بأنهم " الرجال المقاتلون من الكفار إذا ظفر المسلمون بأسرهم أحياء"[1].

وهذا التعريف حدد الأسرى الذى يجب معاملتهم في نظر الشريعة الإسلامية وهم الأسرى الذين يقعون في قبضة المسلمين من الرجال المقاتلون من الكفار.

وعرف فضيلة الدكتور/ عبد اللطيف عامر الأسير بأنه " من يقع في يد قوم بينهم وبين قومه عدواة يتوقع منها قيام الحرب المسلحة، ويشترط في هذا الأسير انتماؤه إلى أعداء آسرية، وقديكون هو من المحاربين، وقد لايكون كذلك. [2]

وأيضاً: قول ابن تيمية " أوجبت الشريعة الإسلامية قتال الكفار، ولم توجب قتل المقدور عليهم منهم، بل إذا أسر الرجل منهم في القتال أوغير القتال، مثل أن تلقيه السفينة إلينا أو يضل الطريق، أويؤخذ بحيلة فإنه يفعل به الإمام الأصلح"[3].

ويطلق لفظ الأسير أيضاً " على من يظفر به المسلمون من الحربيين إذا دخلوا دار الإسلام بغير أمان، وعلى من يظفرون به من المرتدين عند مقاتلتهم لنا.

ويقول ابن تيمية: « ومن أسر منهم أقيم عليه الحد الذي يقام على غيره»[4] عقوبة المحاربين، وقطاع الطريق.

---

(١) الأحكام السلطانية والولايات الدينية، للماوردى، الطبعة الأولى، عام ١٣٨٠هـ، ص (١٣١).

(٢) أحكام الأسرى والسبايا فى الحروب الإسلامية، لفضيلة الدكتور/ عبد اللطيف عامر ص (٨٨).

(٣) السياسة الشرعية في إصلاح الراعى والرعية لابن تيمية، الطبعة الثانية، عام ١٩٥١، ص(١٩٣).

(٤) المراجع السابق لابن تيمية، ص (٩٢).

ويقول ابن رشد " في حالة وقوع الأسارى في قبضة الأعداء وجب على الإمام أن يفك أسرى المسلمين من بيت المال، وإذا كان الحصن فيه أسارى من المسلمين، وأطفال من المسلمين "(١).

ويقول ابن قدامة في المغنى: الأسير هو لمن أخذه، وقيل يكون فيئاً(٢).

وعرف الدكتور/ عبد الغنى محمود الأسير بأنه: "هو الأسير الحربى الذى انقطعت عصمته بقيام الحرب بينه وبين جيش المسلمين إذا تم الظفر به سواء كان في ساحات الحرب أوخارجها"(٣).

وتم تعريف الأسير أيضاً بأنه «وقوع العدو المحارب حيا في يد عدوه أثناء القتال»(٤).

أو هو " أخذ الرجال من الأعداء المحاربين أثناء المعركة قهراً "(٥).

وعليه يتضح من هذه التعريفات أن المعنى اللغوى للأسير يكاد يتطابق مع المعنى الإصطلاحى من حيث كونه الإنسان المأخوذ والاختلاف ليس من حيث معنى اللفظ، وإنما الإختلاف يكون من جهة التكليف الشرعى لمن يعد أسيراً ممن يقع في أيدى المتحاربين ومتى يكون الأخيذ أسيرا وسوف نوضح ذلك في محله.

وفى ضوء ما سبق عرضه يمكن لنا تعريف الأسرى بأنهم: رعايا أحد الطرفين المتحاربين القادرون على القتال واشتركوا بالفعل في الأعمال العدائية وسواء أسر الرجل منهم في القتال

---

(١) التاج والإكليل لمختصر خليل،(٣ /٣٨٧)، ط دار الكتاب اللبنانى بيروت – لبنان، دار الكتاب المصرى – القاهرة.

(٢) المغنى لأبن قدامة، الطبعة الأولى، ج ١٠، ص(٤٤١).

(٣) دراسات في القانون الدولى الإنسانى، للدكتور/ عبد الغنى عبد الحميد محمود، ص (٢٧٣ وما بعدها)

(٤) موسوعة فقه عمر بن الخطاب، لمحمد رواس قلعجة، ص(٩٣، ١٥٦)، ط دار النفائس.بيروت.

(٥) موسوعة فقه أبي بكر الصديق، لمحمد رواس قلعجة، ص (٣٩)، ط دار النفائس. بيروت. وأيضاً موسوعة فقه عثمان بن عفان، لنفس المؤلف، ص(٤٨).

أوغير القتال، مثل أن تلقيه السفينة إلينا أو يضل الطريق، وعليه يخرج من عداد الأسرى المدنيون من الرجال والشيوخ ورجال الدين والنساء والذريه الذين لايقاتلون ولايقدرون على القتال ولايشتركون في المعركه ولو بالرأى.

المطلب الثالث : الألفاظ ذات الصلة بمعنى الأسر :

هناك ألفاظ ذات صلة حيث يتداخل مصطلح أسرى الحرب مع مصطلحي السجناء والرهينة والسبي عند الكثير من الناس ورفعًا لهذا التداخل فإنني سأتناول هذه المصطلحات على النحو التالي.

١. السجناء: والسجن يعرف في اللغة بأنه: الحبس، ويقال سجنتهُ سجنًا، والسجن: هو المكان الذى يسجنُ فيه الإنسان. ويدل على ذلك قول الله تعالى في سورة يوسف ﴿قَالَ رَبِّ ٱلسِّجْنُ أَحَبُّ إِلَيَّ مِمَّا يَدْعُونَنِيٓ إِلَيْهِ وَإِلَّا تَصْرِفْ عَنِّي كَيْدَهُنَّ أَصْبُ إِلَيْهِنَّ وَأَكُن مِّنَ ٱلْجَٰهِلِينَ﴾ [١] فيقرأ فتحًا على المصدر وكسرًا على الموضع. [٢]

أما في الاصطلاح: "فهو المكان الذي يعوّق فيه الشخص ويمنع من التصرف بنفسه، سواء كان في بيت أم في مسجد، وينطبق هذا التعريف على ما كان في صدر الإسلام"[٣]

والحبس: ضد التخلية، والمحبوس: الممسك عن التوجه حيث يشاءُ، فالحبس أعم من الأسر. [٤]

وعليه فالسجن والحبس مصطلحان يدلان على عقوبة تصدرها المحاكم القانونية بسبب مخالفات سواء كانت جنحة أو جناية يقترفها الشخص، فهما يدلان على عقوبة سالبة لحرية

---

(١) سورة يوسف آية رقم (٣٣)

(٢) ابن فارس، معجم مقاييس اللغة، مادة: سجن، ٣/ ١٣٧.

(٣) أحكام السجن ومعاملة السجناء في الإسلام، محمد فوزي فيض الله، ص(٢٦٣)

(٤) الصحاح، ولسان العرب، وايضًا القاموس، باب السين، فصل الحاء.

أشخاص ارتكبوا أفعالا هي مجرمة بمقتضى القانون الداخلي أو الخارجي، في حين أن أسرى الحرب سبب احتجازهم ليس ارتكابهم لأفعال محظورة، وإنما منع العدو من مواصلة القتال[1] فقط وليس لارتكابهم جرائم حرب.

٢. الرهينة: واحدة الرهائن وهي كل ما احتبس بشيء، والأسير والرهينة كلاهما محتبس، إلا أن الأسير يتعين أن يكون إنسانا[2]، واحتباسه لا يلزم أن يكون مقابل حق.

٣. السبي: النهب وأخذ الناس عبيدا وإماء، والسبية: المرأة المنهوبة، فعيلة بمعنى مفعولة، وجمعها السبايا.[3]، والفقهاء يطلقون لفظ السبي على من يظفر به المسلمون حيا من نساء الحرب وأطفالهم. ويخصصون لفظ الأسرى، عند مقابلته بلفظ السبايا، بالرجال المقاتلين، إذا ظفر المسلمون بهم أحياء.[4] والأسرى هم الرجال والمقاتلون إذا ظفر المسلمون بأسرهم أحياء.

❋ ❋ ❋

---

(١) حماية أسرى الحرب في القانون الدولي الإنساني، د/ فاطمة بلعيش ص (١٣، ١٤)

(٢) القاموس الفقهي لغة واصطلاحا(ص١٥٤) المؤلف: الدكتور سعدي أبو حبيب: الناشر: دار الفكر. دمشق – سورية: الطبعة: الثانية ١٤٠٨ ه = ١٩٨٨ م: تصوير: ١٩٩٣ م: عدد الأجزاء: ١.

(٣) النهاية في غريب الحديث والأثر(٢/ ٣٤٠) المؤلف: مجد الدين أبو السعادات المبارك بن محمد بن محمد بن محمد ابن عبد الكريم الشيباني الجزري ابن الأثير (المتوفى: ٦٠٦ه)الناشر: المكتبة العلمية – بيروت، ١٣٩٩ه – ١٩٧٩م تحقيق: طاهر أحمد الزاوى – محمود محمد الطناحي: عدد الأجزاء: ٥. مادة (سبى).

(٤) البدائع ٧/ ١١٧، والأحكام السلطانية لأبي يعلى ص ١٢٧، والسيرة الحلبية ٢/ ٧٠.

المبحث الثاني : مشروعية الأسر والحكمة منها :

والحكمة الأسمى هي كسر شوكة العدو، ودفع شره، وإبعاده عن ساحة القتال، لمنع فاعليته وأذاه، وليمكن افتكاك أسرى المسلمين به.[1]

والأسر مشروع، ويدل على مشروعيته النصوص الواردة في القرآن الكريم، ومنها قول الله تعالى: ﴿فَإِذَا لَقِيتُمُ ٱلَّذِينَ كَفَرُوا فَضَرْبَ ٱلرِّقَابِ حَتَّىٰ إِذَآ أَثْخَنتُمُوهُمْ فَشُدُّوا ٱلْوَثَاقَ فَإِمَّا مَنًّا بَعْدُ وَإِمَّا فِدَآءً حَتَّىٰ تَضَعَ ٱلْحَرْبُ أَوْزَارَهَا ذَٰلِكَ وَلَوْ يَشَآءُ ٱللَّهُ لَٱنتَصَرَ مِنْهُمْ وَلَٰكِن لِّيَبْلُوَا بَعْضَكُم بِبَعْضٍ وَٱلَّذِينَ قُتِلُوا فِي سَبِيلِ ٱللَّهِ فَلَن يُضِلَّ أَعْمَٰلَهُمْ﴾[2]

وقال الإمام الشافعي[3] رحمه الله: وكذلك فعل رسول الله – ﷺ – في أسارى بدر، مَنَّ عليهم، وفداهم، والحرب بينه وبين قريش قائمة، وعرض على ثمامة بن أثال الحنفي وهو يومئذ وقومه ـ أهل اليمامة ـ حرب لرسول الله ﷺ، أن يمنَّ عليهم، وبسط الكلام فيه[4]

ولا يتنافى ذلك مع قوله ﷺ ﴿مَا كَانَ لِنَبِيٍّ أَن يَكُونَ لَهُ أَسْرَىٰ حَتَّىٰ يُثْخِنَ فِي ٱلْأَرْضِ تُرِيدُونَ عَرَضَ ٱلدُّنْيَا وَٱللَّهُ يُرِيدُ ٱلْآخِرَةَ وَٱللَّهُ عَزِيزٌ حَكِيمٌ﴾[5]

---

(١) الموسوعة الفقهية الكويتية (٤/ ١٩٦).

(٢) سورة محمد آية رقم (٤).

(٣) هو أبو عبد الله محمد بن إدريس بن العباس بن عثمان بن شافع بن عبد المطلب بن عبد مناف بن قصي بن كلاب بن مرة بن كعب بن لؤي بن غالب. كنيته: أبو عبد الله، وهو ابن عم رسول الله صلى الله عليه وسلم، يلتقي معه في جده عبد مناف، القرشي المكي ولد بالأرض المقدسة ونشأ بمكة وتوفي بالقاهرة سنة: ٢٠٤هـ) معجم الأدباء = إرشاد الأريب إلى معرفة الأديب (٦/ ٢٣٩٣) المؤلف: شهاب الدين أبو عبد الله ياقوت بن عبد الله الرومي الحموي المتوفى: ٦٢٦هـ) المحقق: إحسان عباس: الناشر: دار الغرب الإسلامي، بيروت: الطبعة: الأولى، ١٤١٤ هـ – ١٩٩٣ م: عدد الأجزاء: ٧..

(٤) تفسير الإمام الشافعي، الجزء الثالث، ص ١٢٥٦، الطبعة الأولى: ١٤٢٧ – ٢٠٠٦ م.

(٥) سورة الانفال آية رقم (٦٧).

لأنها لم ترد في منع الأسر مطلقا، وإنما جاءت في الحث على القتال، وأنه ما كان ينبغي أن يكون للمسلمين أسرى قبل الإثخان في الأرض، أي المبالغة في قتل الكفار.[1] فنزلت لبيان الأمر الأجدر فيما جرى في شأن الأسرى في وقعة بدر. وذلك ما رواه مسلم عن ابن عباس والترمذي عن ابن مسعود ما مختصره أن المسلمين لما أسروا الأسارى، قال أبو بكر: يا نبي الله هم بنو العم والعشيرة أرى أن تأخذ منهم فدية فتكون لنا قوة على الكفار، فعسى الله أن يهديهم للإسلام وقال عمر: أرى أن تمكننا فنضرب أعناقهم فإن هؤلاء أئمة الكفر وصناديدها. فهوي رسول الله ما قال أبو بكر فأخذ منهم الفداء[2]، ومما يؤكد مشروعية الأسر فى الإسلام قول الله ﷺ: ﴿وَأَنزَلَ ٱلَّذِينَ ظَٰهَرُوهُم مِّنْ أَهْلِ ٱلْكِتَٰبِ مِن صَيَاصِيهِمْ وَقَذَفَ فِي قُلُوبِهِمُ ٱلرُّعْبَ فَرِيقًا تَقْتُلُونَ وَتَأْسِرُونَ فَرِيقًا﴾[3]،

وهناك أدلة كثيرة على مشروعية الأسر من السنة المطهرة ونكتفى منها بما يأتى:

عن أنس بن مالك، [4] "أن ثمانين رجلا من أهل مكة هبطوا على رسول الله -ﷺ- من جبل التنعيم متسلحين، يريدون غرة النبي -ﷺ- وأصحابه، فأخذهم سلما فاستحياهم، فأنزل الله -ﷻ-: ﴿وهو الذي كف أيديهم عنكم وأيديكم عنهم ببطن مكة من بعد أن أظفركم عليهم﴾، وأيضًا جاء فى الحديث الذى رواه البخارى ومسلم وغيرهما أن ثمامة ابن أثال سيد أهل اليمامة: ربطوه بسارية من سواري المسجد، فخرج إليه النبي -ﷺ- فقال: «أطلقوا ثمامة»، فانطلق إلى نخل قريب المسجد، فاغتسل، ثم دخل المسجد، فقال: أشهد أن لا إله إلا الله وأن محمدا رسول الله. [5]

---

(١) الجامع لأحكام القرآن للقرطبي ٨/ ٤٧ و ٧٢ و ١٦/ ٢٢٦ ط دار الكتب المصرية.

(٢) التحرير والتنوير للطاهر ابن عاشور الجزء (٨) سنة النشر ١٩٨٤ه

(٣) سورة الأحزاب آية (٢٦).

(٤) أخرجه الإمام مسلم فى صحيحه - باب قول الله تعالى: (وهو الذى كف ايديهم عنكم)(٣/ ١٤٤٢).

(٥) أخرجه الإمام البخارى فى صحيحه، (ب): الأسير أو الغريم. يربط في المسجد. (١/ ٩٩).

وكذلك ما رواه البخاري وغيره في قصة استسلام خبيب بن عدى ومن معه للأسر في غزوة الرجيع، ولم ينكر -ﷺ- عليهم فعلهم فدل على جواز ذلك. [1]

وجاء في كتاب شرح السنة للبغوى [2] في «باب الأسير يقيد والحكم فيه» قال الله ﷻ: ﴿وَخُذُوهُمْ وَٱحْصُرُوهُمْ﴾ [3] وقوله ﷻ: ﴿وَخُذُوهُمْ﴾ أي ائسروهم، ويقال للأسير: الأخيذ، ﴿وَٱحْصُرُوهُمْ﴾ أي: احبسوهم، والحصير: السجن الذي يحبس فيه، ومنه قول الله ﷻ: ﴿وَجَعَلْنَا جَهَنَّمَ لِلْكَافِرِينَ حَصِيرًا﴾ [4] وقوله تعالى ﷻ: ﴿وَٱقْعُدُواْ لَهُمْ كُلَّ مَرْصَدٍ﴾ [5]

وكذلك أبو يزيد سهيل بن عمرو في ناحية الحجرة وجد مجموعة يداه إلى عنقه بحبل، لما أوتى بأسارى بدر إلى المدينه بل كان الأسارى كلهم مقرنين في قد [6].

---

(١) أخرجه الإمام أحمد في مسنده، (ب): ابتداء مسند أبى هريرة، (٨/ ٤٥).

(٢) الحسين بن مسعود الفراء الشيخ أبو محمد البغوي صاحب التهذيب الملقب محي السنة من مصنفاته شرح السنة والمصابيح والتفسير المسمى معالم التنزيل وله فتاوى مشهورة لنفسه وكان رجلا مخشوشنا يأكل الخبز وحده فعذل في ذلك فصار يأكله بالزيت وكان لا يلقي الدرس إلا على طهارة توفي: ٥١٦هـ) طبقات الشافعية الكبرى (٧/ ٧٥) المؤلف: تاج الدين عبد الوهاب بن تقي الدين السبكي (المتوفى: ٧٧١هـ) المحقق: د. محمود محمد الطناحي د. عبد الفتاح محمد الحلو: الناشر: هجر للطباعة والنشر والتوزيع: الطبعة: الثانية، ١٤١٣هـ: عدد الأجزاء: ١٠.

(٣) سورة التوبة آية (٥).

(٤) سورة الإسراء آية (٨).

(٥) سورة التوبة آية (٥).

(٦) المستدرك على الصحيحين (٣/ ٢٤) المؤلف: أبو عبد الله الحاكم محمد بن عبد الله بن محمد بن حمدويه بن: عيم بن الحكم الضبي الطهماني النيسابوري المعروف بابن البيع (المتوفى: ٤٠٥هـ) تحقيق: مصطفى عبد القادر عطا: الناشر: دار الكتب العلمية – بيروت: الطبعة: الأولى، ١٤١١ – ١٩٩٠: عدد الأجزاء: ٤، «هذا حديث صحيح على شرط مسلم، ولم يخرجاه» والقد: الشق طولا. تقول: قددت السير وغيره أقده قدا. وقد المسافر المفازة. والانقداد: الانشقاق. والقد أيضا: جلد السخلة الماعزة، والجمع القليل أقد والكثير =

الحكمة من مشروعية الأسر:ـ

تكمن الحكمة من مشروعية الأسر في كسر شوكة العدو، ودفع شره، وإبعاده عن ساحة القتال، لمنع فاعليته وأذاه، وليمكن افتكاك أسرى المسلمين به[1].

ومما سبق يتضح لنا أن الأسر مشروعًا فى الإسلام، وليس فيه ما يقلل من عدل الإسلام ورحمته بالبشر بل فى ذلك مصلحة لهم كما ذكرنا أنفا وبينا الحكمة من مشروعية الأسر.

تحديد من ينطبق عليهم وصف أسرى الحرب عن غيرهم:ـ

تمهيـد:

حيث أن إطلاق وصف أسير الحرب سواء في الإسلام أو في القانون الدولي يعد ذا أهمية بالغة بالنسبة للأشخاص الذين يتمتعون به، ذلك أن هذا الوصف يكفل للأشخاص التمتع بالعديد من المزايا، أهمها عدم جواز محاكمته أو معاقبته بمجرد قيامه بأعمال عدائية في زمن النزاع المسلح، في حين لو لم يكن هذا الشخص متمتعا بهذا الوصف كان سيؤول الاختصاص للقانون الداخلي للطرف الذي وقع في قبضته، فهذا الأخير تتسم أحكامه بالقهرية والقسوة ضد هذا الأسير بخلاف الشريعة الغراء.

وعليه فأن مصطلح أسرى الحرب ينطبق على فئات محددة من الأشخاص، وقد بينت الشريعة الإسلامية هذه الشريحة من الطوائف طبقًا لأوصاف وشروط تمكنهم من التمتع بهذا الوصف ويتضح ذلك من خلال الآتي:ـ

قداد.وهناك فرق أيضا بين القط والقد فالقد: هو قطع الشئ طولا، والقط: قطعه عرضا، وفي وصف ضربات علي: " كان إذا اعتلى قد، وإذا اعترض قط "ومنه قط القلم، وهو قطع طرفه. يراجع: منتخب من صحاح الجوهري المؤلف: أبو نصر إسماعيل بن حماد الجوهري الفارابي (المتوفى: ٣٩٣هـ)(ص٤٠٧١)، معجم الفروق اللغوية(ص٤٣٢).

(١) المغنى، ج ١٠ ص(٤٠٣) مطبعة المنار، الطبعة الأولى، وايضًا المبسوط للسرخسى ج ١٠، ص (٦٤)، والمهذب ج ٢، ص (٣٣)

*ـ الأشخاص الذين يتمتعون بوصف أسرى الحرب فى الشريعة الإسلامية.

أولاً : الرجال المقاتلون من أهل الحرب إذا ظفر بهم أحياء :

وهم الرجال المقاتلون من الكفار إذا ظفر المسلمون بأسرهم وهذه الطائفة ليس عليها خلاف بين الفقهاء،"[1] ويتضح لنا أن الكفر وحده ليس مبيحا للأسر، وبالتالي لا يجوز أسر الكفار ما لم يقاتلوا المسلمين ويظهروا الاستعلاء عليهم، فكان النبى ﷺ إذا أمّر أميرًا على سرية أمره بأن يخيّر الكفار بين ثلاثة أمور الإسلام أو الجزية أو القتال، وذلك لقول النبى ﷺ " اغزوا باسم الله، فى سبيل الله، قاتلوا من كفر بالله، اغزوا ولا تغلوا ولا تغدروا، ولا تمثلوا، ولا تقتلوا وليدا، وإذا لقيت عدوك من المشركين فادعهم إلى ثلاث خصال، أو خلال، فأيتهن ما أجابوك فاقبل منهم وكف عنهم، ثم ادعهم إلى الإسلام، فإن أجابوك فاقبل منهم وكف عنهم، ثم ادعهم إلى التحول من دارهم إلى دار المهاجرين، وأخبرهم أنهم . إن فعلوا ذلك . فلهم ما للمهاجرين وعليهم ما على المهاجرين، فإن أبوا أن يتحولوا منها، فأخبرهم أنهم يكونون كأعراب المسلمين، يجرى عليهم حكم الله الذى يجرى على المؤمنين، ولا يكون لهم فى الغنيمة والفىء شىء، إلا أن يجاهدوا مع المسلمين، فإن هم أبوا فسلهم الجزية، فإن هم أجابوك فاقبل منهم وكف عنهم، فإن هم أبوا فاستعن بالله وقاتلهم، وإذا حاصرت أهل حصن، فأرادوك أن تجعل لهم ذمة الله وذمة نبيه، فلا تجعل لهم"[2]

إنما نهى عن قتل الأطفال لأنه لا نكاية فيهم ولا قتال، ولا ضرر بأهل الإسلام، بل هم من جملة الأموال ولم يبلغوا التكليف، فلهذا لم يقتلوا، وفي هذا دليل على أنه يشرع للإمام إذا أرسل قومه إلى قتال الكفار ونحوهم أن يوصيهم بتقوى الله وينهاهم عن المعاصي المتعلقة بالقتال كالغلول والغدر والمثلة وقتل الصبيان. [3]

---

(١) الأحكام السلطانية لأبى يعلى، الجزء (٣) ص ١٤٥، الطبعة ١٩٨٧، مطبعة الحلبى.

(٢) شرح صحيح مسلم، باب تأمير الإمام الأمراء على البعوث،(٦/ ٣١)، الطبعة الأولى ١٤١٩هـ . ١٩٩٨م.

(٣) نيل الأوطار، للإمام الشوكاني، الجزء ٧ ص(٢٧٢).

ولا ينحصر مفهوم المقاتل فيمن يحمل السلاح ويباشر القتال بل يشمل من له رأى في الحرب أو يساهم أو يحرض عليها.

ثانيًا : أن يكون الرجال المقاتلون من الكفار:

أن يكون المقاتل كافرًا قال الله ﷻ: ﴿ فَإِذَا ٱنسَلَخَ ٱلْأَشْهُرُ ٱلْحُرُمُ فَٱقْتُلُوا ٱلْمُشْرِكِينَ حَيْثُ وَجَدتُّمُوهُمْ وَخُذُوهُمْ وَٱحْصُرُوهُمْ وَٱقْعُدُوا لَهُمْ كُلَّ مَرْصَدٍ فَإِن تَابُوا وَأَقَامُوا ٱلصَّلَوٰةَ وَءَاتَوُا ٱلزَّكَوٰةَ فَخَلُّوا سَبِيلَهُمْ إِنَّ ٱللَّهَ غَفُورٌ رَّحِيمٌ ﴾ [1]

{وخذوهم} أى وأسروهم {واحصروهم} وامنعوهم من التصرف في بلاد الإسلام ودخول مكة. {واقعدوا لهم كل مرصد} يقول: واقعدوا لهم بالطلب لقتلهم أو أسرهم [2]، فجعل الكفر سببا للأسر، ويزول الأسر بزوال سببه وهو الكفر ولذلك قال الله ﷻ ﴿ فَخَلُّوا سَبِيلَهُمْ ﴾ أترکوهم وشأنهم فلا تأسروهم، ولا تحصروهم، ولا تقتلوهم [3]

فأمر الله نبيه إذا انقضى الأجل أن يقاتلهم في الحل، والحرم وعند البيت، حتى يشهدوا أن لا إله إلا الله، وأن محمدا رسول الله " [4]

ثالثًا : أن يكون سبب القتال إعلاء كلمة الله ﷻ :

فيجب أن يكون سبب القتال هو إعلاء كلمة الله ﷻ فلو كان القتال لحب السيطرة، ومد النفوذ، والتشهي والرغبة في سفك الدماء، فإن الإسلام لا يقر هذه الحروب، ولا الآثار المترتبة عليها ومنها الأسر، ويدل على ذلك قول النبى ﷺ عن أبي موسى، أن أعرابيا جاء إلى رسول الله -ﷺ- فقال: « إن الرجل يقاتل للذكر، ويقاتل ليحمد، ويقاتل ليغنم، ويقاتل

---

(١) سورة التوبة آية (٥).

(٢) جامع البيان في تفسير القرآن للطبري،(١١ / ٣٤٣) الطبعة الاولى ١٤٢٢هـ.٢٠٠١م.

(٣) فتح القدير، للإمام الشوكاني، الجزء ٢، ص (٣٨٥)

(٤) تفسير الطبرى، باب القول في تأويل قوله تعالى: ولا تقاتلوهم، الجزء ٣، ص (٢٩٦)

ليري مكانه، فقال رسول الله -ﷺ-: «من قاتل حتى تكون كلمة الله هي أعلى، فهو في سبيل الله -ﷻ-»(١) ومن قاتل لتكون كلمة الله هي أعلى فهو في سبيل الله من كل دين، والمراد بكلمة الله دين الإسلام، وأصله أن الإسلام ظهر بكلام الله الذي أظهره الله على لسان رسوله. ويفهم من هذا الحديث اشتراط الإخلاص في الجهاد، وكذلك هو شرط في جميع العبادات. وفيه أن الفضل الوارد في المجاهدين إذا كان في أصل النية إعلاء كلمة الله فلا يضره حب المغنم وحده. (٢) وهذا فيما إذا كانت بداية القتال من المسلمين، أمّا إذا كانت البداءة من الكفار فلا يشترط هذا.

الأشخاص غير المتمتعين بوصف أسرى الحرب:

فمن الناحية الإسلامية، يطلق وصف أسرى الحرب في الأصل على الأعداء المحاربين الذين أظهروا العداوة للإسلام، وصمّموا على محاربته بالعمل، فسقطوا في أيدي المسلمين، وبذلك ينتفي وصف أسرى الحرب على الفئات التالية:

أولاً: الجواسيس: وأصل الجس مس العرق وتعرف نبضه للحكم به على الصحة والسقم، وهو أخص من الحس فإن الحس تعرف ما يدركه الحس، والجس تعرف حال ما من ذلك ومن لفظ الجس اشتق الجاسوس(٣).

وقد ثبت النهي عن التجسس في قول الله ﷻ ﴿يَٰٓأَيُّهَا ٱلَّذِينَ ءَامَنُوا۟ ٱجْتَنِبُوا۟ كَثِيرًا مِّنَ ٱلظَّنِّ إِنَّ بَعْضَ ٱلظَّنِّ إِثْمٌ وَلَا تَجَسَّسُوا۟ وَلَا يَغْتَب بَّعْضُكُم بَعْضًا أَيُحِبُّ أَحَدُكُمْ أَن يَأْكُلَ لَحْمَ أَخِيهِ مَيْتًا فَكَرِهْتُمُوهُ وَٱتَّقُوا۟ ٱللَّهَ إِنَّ ٱللَّهَ تَوَّابٌ رَّحِيمٌ﴾(٤) وأيضًا قد ورد النهي في السنه النبوية فعن أبي

---

(١) حاشية ابن القيم، باب من قاتل (إن الرجل يقاتل للذكر) الجزء ٧ ص (١٣٩)، الطبعة الثانية ١٤١٥.

(٢) شرح سنن أبي داود لابن رسلان، باب من قاتل لتكون كلمة الله هي العليا، الجزء ١١، ص (١٢٧) الطبعة: الأولى، ١٤٣٧ هـ - ٢٠١٦ م.

(٣) المفردات في غريب القرآن (ص١٩٦).

(٤) سورة الحجرات آية (١٢)

هريرة أن النبى ﷺ قال " إياكم والظن فإن الظن أكذب الحديث ولا تجسسوا ولا تحسسوا ولا تباغضوا وكونوا عباد الله إخوانا. [1]" والتجسس: البحث عن باطن أمور الناس، وأكثر ذلك في الشر.

والتجسس: "هو محاولة الاطلاع على عورات المسلمين وأمورهم وأحوال الدولة الإسلامية وإخبار العدو بذلك، ولا شك أن هذا الفعل جريمة كبيرة تهدد سلامة الدولة لا سيما في أوقات الحروب"[2]

وأيضًا من حديث معاوية أنَّه قال: سمعتُ رسول الله –ﷺ– يقول: ""إن اتبعت عورات الناس أفسدتهم، أو كدت أن تفسدهم". قال أبو الدرداء: كلمة سمعها معاوية فنفعه الله بها"[3].

والشرع الحنيف قد اعترف بالاستطلاع باعتباره ضرورة عسكرية، وبالتالي فهي عمل مشروع من أعمال الحرب، بحيث يمكن للدولة الإسلامية أن تستعمل المستطلع أو المستكشف لمعرفة تحصينات وتوقعات العدو ومكان الحرب وقواته، وفي نفس الوقت كفلت للدولة الإسلامية الحق في الدفاع عن نفسها ضد خطر الجاسوسية فقررت للجاسوس أقصى العقوبات[4]

---

(١) شرح صحيح البخاري، باب لا يخطب على خطبة اخية، الجزء ٣، ص ١٩٧٤، الطبعة: الأولى، ١٤٠٩ هـ – ١٩٨٨ م

(٢) أحكام الذميين والمستأمنين في دار الإسلام، للدكتور/ عبد الكريم زيدان، ص (٢٤٠)

(٣) المسالك في شرح موطأ مالك، باب ما جاء في المصافحة، الجزء ٧، ص (٢٧٣)، الطبعة: الأولى، ١٤٢٨ هـ – ٢٠٠٧ م

(٤) حماية ضحايا النزعات المسلحة في الفقه الإسلامى والقانون الدولى الإنسانى، ميلود بن عبدالعزيز، ص(٣٠٩.٣١٠)

ففى بدر بعث ﷺ عندما قرب من الصفراء بَسْبَس بن عمرو الجهني، وعدى بن أبى الزغباء إلى بدر يتحسسان أخبار أبى سفيان وغيره [1].

كما ركب ﷺ وأبو بكر حتى وقفا على شيخ من العرب فسألاه عن قريش وعن محمد وأصحابه وهو لا يعرفهما، وما بلغه عنهم فأجابهما وقص عليهما من خبر الفئتين.

وأيضًا في غزوة الخندق: حيث بعث النبى ﷺ حذيفة بن اليمان ليأتينه بخبر الأحزاب فأتاهم واستتر في غمارهم فعرف خبرهم وعزمهم على الرحيل فأتى النبى ﷺ فأخبرهم خبرهم. وكذلك في غزوة حنين: حيث ارسل النبى ﷺ عبدالله بن أبى حدرد إلى هوزان وثقيف وذلك لجمع المعلومات عنهم وعن جمعهم وما اتفقوا عليه.

ويتضح مما سبق جواز استخدام الإستطلاع لمصلحة الدولة الإسلامية وذلك لدفع الضرر عنها أثناء الحروب، وإذا كان لنا أن نأصل في جواز الإستطلاع في الحروب من الناحية الشرعية فإنما نؤصله على عموم قول الله ﷻ ﴿وَأَعِدُّوا۟ لَهُم مَّا ٱسْتَطَعْتُم مِّن قُوَّةٍ وَمِن رِّبَاطِ ٱلْخَيْلِ تُرْهِبُونَ بِهِۦ عَدُوَّ ٱللَّهِ وَعَدُوَّكُمْ وَءَاخَرِينَ مِن دُونِهِمْ لَا تَعْلَمُونَهُمُ ٱللَّهُ يَعْلَمُهُمْ﴾ [2] وإذا نظرنا في الآية الكريمة يتضح شدة التلازم بين الإعداد من ناحية القوة ومن ناحية أخرى على ما في لفظ القوة من عموم بحيث يدخل في عمومه إذكاء العيون لجمع المعلومات عن قدرات العدو ولقد ثبت أن خزاعة مسلمها ومشركها كانت عيبة نصح للنبى ﷺ أى موضع سره واتفاقهم معه لا يخفون عنه شيئًا كان بمكة [3] ولهذا قال النبى ﷺ عند فتح مكة قال " اللهم حذ العيون والأخبار عن قريش " [4] وقد استأجر النبي ﷺ وأبو بكرﷺ في الهجرة من دلهم على

---

(١) تاريخ الطبرى، الجزء ٢ ص(٤٣٣)

(٢) سورة الأنفال آية (٦٠)

(٣) نيل الاوطار، حديث رقم (٣٤٦٧) ص (٣٥٦) الجزء (٨)، وأيضًا السيرة النبوية لابن هشام ص (١٠٢) ج ٢

(٤) المرجع السابق ص (٣٩٧)، وزاد المعاد في هدى خير العباد، الجزء (٣) ص (٢٥٨).

الطريق ويستحق الجعل بفعل ما جعل له الجعل فيه سواء كان مسلمًا أو غير مسلم من الجيش أو من غير الجيش[1]

وعليه فنرى أن الجاسوس ليس بأسير ولا يجرى عليه أحكام معاملة أسرى الحرب في الشريعة الإسلامية، وإنما هو مجرم من كل النواحى لأن عمله لا يقف في عصرنا الحديث على جمع المعلومات فقط وإنما يمتد ليشمل بث الشائعات والقيام بالاغتيالات، وتفجير المنشآت وسرقة المعلومات والأسرار العسكرية، ولا يقف جرمة أثناء الحرب فقط بل يمتد ليشمل ما قبل الحرب بل وما بعدها فيستتر خلف عباءة الأمان الذى تمنحه له الدولة الإسلامية وذلك سواء كتاجر أو كدبلوماسى أو كمبعوث أو كسائح ليمارس نشاطه الأسود في الإضرار بالدولة وأمنها الداخلى.

عقوبة الجاسوس المسلم :

وقد تحدث الفقهاء عن عقوبة الجاسوس مسلمًا كان أو كافرًا :

فذهب مالك وابن القاسم وأشهب :

قالوا يجتهد في ذلك الإمام. وقال عبد الملك: إذا كانت عادته تلك قتل، لأنه جاسوس، وقد قال مالك بقتل الجاسوس، وهو صحيح لإضراره بالمسلمين وسعيه بالفساد في الأرض. ولعل ابن الماجشون إنما اتخذ التكرار في هذا لأن حاطبا أخذ في أول فعله[2]. واستدلوا على ذلك بحديث حاطب حيث روى عن على -ﷺ-، يقول: بعثني رسول الله -ﷺ- أنا والزبير، والمقداد بن الأسود، قال: «انطلقوا حتى تأتوا روضة خاخ، فإن بها ظعينة، ومعها كتاب فخذوه منها»، فانطلقنا تعادى بنا خيلنا حتى انتهينا إلى الروضة، فإذا نحن بالظعينة، فقلنا

____

(١) يراجع المغنى، لابن قدامة، الجزء (٩) ص (٢٣٠).

(٢) الجامع لأحكام القرآن للقرطبى (تفسير القرطبى)، باب سورة الممتحنة، الجزء (١٨) ص (٥٣)، الطبعة: الثانية، ١٣٨٤هـ - ١٩٦٤ م.

أخرجي الكتاب، فقالت: ما معي من كتاب، فقلنا: لتخرجن الكتاب أو لنلقين الثياب، فأخرجته من عقاصها، فأتينا به رسول الله -ﷺ-، فإذا فيه من حاطب بن أبي بلتعة إلى أناس من المشركين من أهل مكة يخبرهم ببعض أمر رسول الله -ﷺ-، فقال رسول الله -ﷺ-: «يا حاطب ما هذا؟ »، قال: يا رسول الله، لا تعجل علي إني كنت امرأ ملصقا في قريش، ولم أكن من أنفسها، وكان من معك من المهاجرين لهم قرابات بمكة يحمون بها أهليهم وأموالهم، فأحببت إذ فاتني، ذلك من النسب فيهم، أن أتخذ عندهم يدا يحمون بها قرابتي، وما فعلت كفرا ولا ارتدادا، ولا رضا بالكفر بعد الإسلام، فقال رسول الله -ﷺ-: «لقد صدقكم»، قال عمر: يا رسول الله دعني أضرب عنق هذا المنافق، قال: " إنه قد شهد بدرا، وما يدريك لعل الله أن يكون قد اطلع على أهل بدر فقال: اعملوا ما شئتم فقد غفرت لكم^(١)

وذهبوا إلى أن الحديث مخصوص في حاطب لقوله -ﷺ- (إنه شهد بدرًا) وأن هذه العلة لا توجد في غير حاطب، فلو كان الإسلام مانعًا من قتله لم يقرنه ولم يعلله بأخص منه لأن الحكم إذا علل بالأعم كان الأخص عديم التأثير.

(وعليه يكون عدم قتل الجاسوس المسلم خاص بأهل بدر وحدهم دون غيرهم)

وذهب الشافعي: الى عدم قتل الجاسوس فقال: لا يحل دم من ثبتت له حرمة الإسلام إلا أن يقتل أو يزني بعد إحصان أو يكفر كفرًا بينًا بعد إيمان ثم يثبت على الكفر. وليس الدلالة على عورة مسلم ولا تأييد كافر بأن يحذر أن المسلمين يريدون منه غرة ليحذرها أو يتقدم في نكاية المسلمين بكفر بين، واستدل على ذلك بحديث (حاطب بن ابى بلتعة السابق)^(٢)

---

(١) أخرجه الإمام البخاري (٤/ ٥٩) ح رقم (٣٠٠٧) (ك) الجهاد والسير (ب) الجاسوس.

(٢) حاطب بن أبى بلتعة اللخمي، صحابي شهد الوقائع كلها مع رسول الله وكان من اشد الرماة في الصحابة وكانت له تجارة واسعة شهد بدرا، والحديبية، ومات سنة ثلاثين بالمدينة، وهو ابن خمس وستين سنة، وصلى عليه عثمان. الاستيعاب في معرفة الأصحاب (١/ ٣١٢) تأليف: أبو عمر يوسف بن عبد الله بن محمد بن عبد البر بن عاصم النمري القرطبي (المتوفى: ٤٦٣ﻫ): الطبعة: الأولى، ١٤١٢ ﻫ - ١٩٩٢ م: عدد الأجزاء: ٤.

وذهب الشافعى إلى انه لو كان حاطب بهذا الفعل كافرًا مستوجبًا للقتل ما تركه النبى ﷺ سواء كان من أهل بدر أو من غيرها وكذلك لو لزمه القتل بهذا حدًا ما ترك رسول الله ﷺ إقامته فيه، وفيه نزل قول الله ﷺ ﴿يَٰٓأَيُّهَا ٱلَّذِينَ ءَامَنُوا۟ لَا تَتَّخِذُوا۟ عَدُوِّي وَعَدُوَّكُمْ أَوْلِيَآءَ تُلْقُونَ إِلَيْهِم بِٱلْمَوَدَّةِ وَقَدْ كَفَرُوا۟ بِمَا جَآءَكُم﴾[1]

واستدل أيضًا بقول بن سلمة بن الأكوع، عن أبيه، قال: " أتى النبي -ﷺ- عين من المشركين، وهو في سفر، فجلس عند أصحابه يتحدث، ثم انفتل، فقال النبي -ﷺ-: اطلبوه واقتلوه، فقتلته، فنفله سلبه "[2].

وفيه دليل على أن من دخل دار الإسلام من أهل الحرب من غير أمان حل قتله، ومن تجسس للكفار من أهل الذمة، كان ذلك منه نقضا للعهد، وإن فعله مسلم، فلا يحل قتله، بل يعزر، فإن ادعى جهالة بالحال، ولم يكن متهما، يتجافى عنه[3].

وقال أبو حنيفة وأصحابه: إلى عدم قتله، وإنما يعاقب تعزيرًا، إلا إن تظاهر على الإسلام فيقتل، أو ترتب على جاسوسيته قتل، ومثله الذمي. وإن كان كافرًا يقتل في حال الحرب، وكذلك في حال السلم إن كان هناك عهد لأنّه نقض للعهد[4].

وقال لو أن والى المسلمين ظفر بعين للمشركين في دار الإسلام وهو مسلم أوجعه عقوبة وأطال حبسه حتى يحدث توبة[5].

---

(١) سورة الممتحنة آية (١).

(٢) يراجع: شرح السنة للبغوى، باب حكم الجاسوس، الجزء (١١) ص (٧٠)، الطبعة: الثانية، ١٤٠٣هـ - ١٩٨٣م

(٣) المرجع السابق ص (٧١).

(٤) الولاء والبراء في الإسلام، باب ماحكم التجسس للكفار على المسلمين، الجزء(١)، ص (٢٤)، الطبعة: الأولى، ١٤٣٣ هـ - ٢٠١٢ م

(٥) شرح السير الكبير، الجزء (٥) ص (٢٢٩)، وأيضًا الخراج لأبى يوسف، ص(١٩٠)

والتجسس خيانة عظمى، وكبيرة من الكبائر إذا فعله المسلم. وهو من صور موالاة الكفار التي يتراوح الحكم فيها بين الكفر المخرج من الملة إذا كان تجسسه حبًا في انتصار الكفار وعلو شوكتهم على المسلمين وبين الكبيرة من كبائر الذنوب إذا كان لغرض شخصي أو دنيوي أو جاه أو ما أشبه ذلك[1].

❊- وعليه فنرى أن الجاسوس المسلم يقتل وهو ما ذهب إليه الإمام مالك وغيره لأن التعليل في قصة حاطب (تعليل بعلة مانعة من القتل منفية في غيره ولو كان الإسلام مانعًا من قتله لم يعلل بأخص منه، لأن الحكم إذ علل بالأعم كان الأخص عديم التأثير وهذا أقوى والله أعلم) وعدم قتل الجاسوس المسلم خاص بأهل بدر وحدهم.

❊- أما الجاسوس الكافر فهذا يجب قتله لأنه –ﷺ- قتل جاسوسًا من المشركين. فعن أياس بن سلمة بن الأكوع[2] عن أبيه قال: أتى النبي –ﷺ- عين من المشركين وهو في سفر فجلس عند أصحابه يتحدث ثم انفتل فقال النبي –ﷺ- (اطلبوه واقتلوه)[3]. ❊- وأما بالنسبة لقتل الجاسوس الذمي، فقد ورد عن فرات بن حيان[4] ان النبى ﷺ أمر بقتله وكان عينا لأبي

____

(١) الولاء والبراء في الإسلام، باب ماحكم التجسس للكفار على المسلمين، الجزء(١)، ص (٢٩٩)، الطبعة: الأولى.

(٢) هو إياس" بن سلمة بن الأكوع الأسلمي أبو سلمة ويقال أبو بكر المدني ذكره ابن عبد البر في الصحابة وقال ابن سعد توفي بالمدينة سنة "١١٩" وهو ابن "٧٧" سنة و"كان ثقة وله أحاديث كثيرة". يراجع: تهذيب التهذيب (١ / ٣٨٩) المؤلف: أبو الفضل أحمد بن علي بن محمد بن أحمد بن حجر العسقلاني (المتوفى: ٨٥٢ه) الناشر: مطبعة دائرة المعارف النظامية، الهند: الطبعة: الطبعة الأولى، ١٣٢٦ه: عدد الأجزاء: ١٢.

(٣) أخرجه الإمام البخاري في صحيحه (ك) الجهاد باب الحربي إذا دخل دار الإسلام بغير أمان (٦ / ١٦٨ ح ٣٠٥١).

(٤) هو فرات بن حيان بن ثعلبة، البكري، وهو أحد الأربعة الذين أسلموا من ربيعة، وكان دليل قريش حين بعث رسول الله ﷺ سرية مع زيد بن حارثة ليعترضوا عيرا لقريش وكان دليل قريش فرات ابن حيان، فأصابوا العير، وأسروا فرات بن حيان، فأتوا به رسول الله ﷺ، فلم يقتله، وأسلم حسن إسلامه. يراجع:
=

سفيان، وكان حليفا لرجل من الأنصار فمر بحلقة من الأنصار، فقال: إني مسلم، فقال رجل من الأنصار: يا رسول الله، إنه يقول: إني مسلم، فقال النبي ﷺ « إن منكم رجالاً نكلهم إلى إيمانهم، منهم فرات بن حيان»[1] فواضح من هذا الحديث أن الجاسوس الذمي واجب قتله، وإنما الذي حال دون قتل فرات بن حيان هو اعتناقه للإسلام وتوبته عما حدث منه.

ثانيًا : المرتزقة :

فالمرتزقة لا يقاتلون دفاعا عن مبدأ، بل لأجل المال لا غير بائعين ضمائرهم بثمن بخس دراهم معدودة والمرتزقة جمعهم النظام الحاكم من الشوارع والازقة لا يحسنون استعمال السلاح، وهذه المجموعة هي التي تتقدم على الجنود في جبهات القتال ومن هؤلاء المرتزقة الذين يأكلون أموال الناس بالباطل باسم آل البيت، ويبتدعون في دين الله ما لم ينزل به سلطانًا وليس في وقت الحرب فقط.

ولكن من الظاهر أن طوائف اليهود التي عاشت بين العرب كانت عصابات من المرتزقة، الذين اتخذوا الدين عنوانا لمطامع اقتصادية بعيدة المدى، فلمّا توهّمت أنّ هذه المطامع مهدّدة بالزوال ظهر الكفر المخبوء، فإذا هو كفر بالله وسائر المرسلين.

ولم يعرف أولئك شرفا في حرب الإسلام، ولم يقفهم حد أو عهد في الكيد له، فلم يكن بدّ من إجلائهم وتنظيف الأرض منهم[2].

أسد الغابة (٤/ ٥١) المؤلف: أبو الحسن علي بن أبي الكرم محمد بن محمد بن عبد الكريم بن عبد الواحد الشيباني الجزري، عز الدين ابن الأثير (المتوفى: ٦٣٠هـ) الناشر: دار الفكر – بيروت: عام النشر: ١٤٠٩ – ١٩٨٩م.

(١) المستدرك للحاكم (٢/ ١٢٦) ح رقم (٢٥٤٢) هذا حديث صحيح على شرط الشيخين ولم يخرجاه "وقال الذهبي – على شرط البخاري ومسلم.

(٢) فقه السيرة للغزالي، قسم السيرة والشمائل، الجزء الأول، ص (٢٤٩)، الطبعة: الأولى، ١٤٢٧ هـ، وهو محمد الغزالي السقا (المتوفى: ١٤١٦هـ).

وعلى العكس من ذلك فإن المسلم قتاله دفاعا عن المبادئ، وحماية للعقيدة

وهو جهاد في سبيل الله، للقضاء على الظلم ورد الاعتداء، فالمسلم يقاتل لإعلاء كلمة الله، «فعن أبى موسى الأشعري -ﷺ-، قال: قال أعرابي للنبي -ﷺ-: الرجل يقاتل للمغنم، والرجل يقاتل ليذكر، ويقاتل ليرى مكانه، من في سبيل الله؟ فقالﷺ: «من قاتل، لتكون كلمة الله هي العليا، فهو في سبيل الله[1]» فالمسلم في كل الأحوال لا يقاتل إلا دفاعا عن الحق والعدل وللقضاء على الظلم ونصرة المظلومين وإعلاء كلمة الله، ومن ثم لا يكون مرتزقا بأي حال من الأحوال[2].

ثالثًا: الخونة:

والخائن هو المسلم الذي يقاتل إلى جانب صفوف الأعداء، وبذلك يكون قد ارتد عن الإسلام[3]. وحكمه هو القتل إذا وقع في قبضة المسلمين لقوله ﷺ «لا يحل دم امرئ مسلم بإحدى ثلاث النفس بالنفس والسيب الزاني والتارك لدينه المفارق للجماعة[4]» والمرتد المفارق للجماعة وجب قتله لما يحدثه من فتنة داخل المجتمع.

وهناك رأي يسنده الفقهاء إلى عمر بن الخطاب ﷺ بأنه يستتاب ويسجن قبل أن يقتل وذلك لما روى عن أنس بن مالك قال: لما نزلنا على تستر.

---

(1) أخرجه الإمام البخارى في صحيحه، (ب) من قاتل للمغنم هل ينقص من أجره، (٤/ ٨٦) ح رقم (٣١٢٦).

(2) حماية ضحايا النزاعات المسلحة في الفقه الإسلامي والقانون الدولي الإنساني، للدكتور/ ميلود بن عبد العزيز، ص(٣٠٥).

(3) أحكام أسرى الحرب بين الشريعة والقانون، للدكتور/ هانى بن على الطهراوى، ص (٦٦)

(4) أخرجه الإمام البخارى في صحيحه، (ب) قوله تعالى ﴾ أن النفس بالنفس والعين بالعين ﴿ الجزء(٨) ص (٤٥) ح رقم (٦٨٧٨).

فذكر الحديث فى الفتح، وفى قدومه على عمر بن الخطاب ﵁ قال عمر: يا أنس، ما فعل الرهط الستة من بكر بن وائل الذين ارتدوا عن الإسلام فلحقوا بالمشركين؟ قال: فأخذت به فى حديث آخر ليشغله عنهم. قال: ما فعل الرهط الستة الذين ارتدوا عن الإسلام فلحقوا بالمشركين من بكر بن وائل؟ قال: يا أمير المؤمنين، قتلوا فى المعركة. قال: إنا لله وإنا إليه راجعون. قلت: يا أمير المؤمنين، وهل كان سبيلهم إلا القتل؟ قال: نعم، كنت أعرض عليهم أن يدخلوا الإسلام، فإن أبوا استودعتهم السجن[1].

الفئات التي لا يجوز أسرها في الفقه الإسلامي:

أولا: لا يجوز أسر أحد من دار الكفر إذا كان بين المسلمين وبينها عهد موادعة، لأن عقد الموادعة أفاد الأمان، وبالأمان لا تصير الدار مستباحة، وحتى لو خرج قوم من الموادعين إلى بلدة أخرى ليس بينهم وبين المسلمين موادعة، فغزا المسلمون تلك البلدة، فهؤلاء آمنون، لا سبيل لأحد عليهم، لأن عقد الموادعة أفاد الأمان لهم، فلا ينتقض بالخروج إلى موضع آخر. وكذا لو دخل في دار الموادعة رجل من غير دارهم بأمان، ثم خرج إلى دار الإسلام بغير أمان، فهو آمن لا يجوز أسره، لأنه لما دخل دار الموادعين بأمانهم صار كواحد منهم. ومثله ما لو وجد الحربي بدار الإسلام بأمان فإنه لا يجوز أسره، وما لو أخذ الحربي الأمان من المسلمين وهو في حصن الحربيين.[2]

وقد ورد عن النبي ﷺ أنه كان يبعث الرسل إلى الملوك والرؤساء، إذ بعث النبى ﷺ بكتب إلى كسرى وقيصر والنجاشى وملك الغساسنة بالشام والمقوقس. وقد اتفق الفقهاء حول مسألة تأمين الرسل والسفراء حتى ولو تمكنوا من دخول بلاد الإسلام دون إذن ما داموا قد أوفدوا من قبل رئيس دولتهم، وقد دل على ذلك قول النبى ﷺ: «فعن سلمة بن نعيم بن مسعود الأشجعي، عن أبيه نعيم، قال: سمعت رسول الله ﷺ يقول: حين قرأ كتاب مسيلمة

---

(١) السنن الكبرى للبيهقى، باب من قال يحبس ثلاثة أيام، الجزء (١٧) ص (١٣٥) ح رقم (١٦٩٧١)

(٢) الموسوعة الفقهية الكويتية (٤/ ١٩٦).

الكذاب، قال للرسولين: فما تقولان أنتما؟ قالا: نقول: كما قال، فقال رسول الله -ﷺ-: "والله لولا أن الرسل لا تقتل لضربت أعناقكما "(١) فقال ابن مسعودﷺ: "فمضت السنة بأن الرسل لا تقتل "(٢)

وعن حارثة بن مضرب، قال: " خرج رجل يطرق فرسا له فمر بمسجد بني حنيفة فصلى فيه فقرأ لهم إمامهم بكلام مسيلمة الكذاب، فأتى ابن مسعود فأخبره فبعث إليهم فجاءهم، فاستتابهم فتابوا إلا عبد الله ابن النواحة، فإنه قال له: يا عبد الله، إني سمعت ﷺ يقول: «لولا أنك رسول لضربت عنقك، فأما اليوم فلست برسول، يا خرشه قم فاضرب عنقه»، فقام فضرب عنقه "(٣).

وروى أيضًا عن الحسن بن علي بن أبي رافع، أن أبا رافع أخبره قال: « بعثتني قريش إلى رسول الله -ﷺ-، فلما رأيت رسول الله -ﷺ- ألقي في قلبي الإسلام، فقلت: يا رسول الله إني والله لا أرجع إليهم أبدا، فقال رسول الله-ﷺ-: «إني لا أخيس بالعهد ولا أحبس البرد، ولكن ارجع فإن كان في نفسك الذي في نفسك الآن فارجع». قال: فذهبت، ثم أتيت النبي -ﷺ- فأسلمت» قال: بكير وأخبرني: «أن أبا رافع كان قبطيا»(٤).

ونرى أنه لا يجوز أسر الرسل والسفراء لما في ذلك من أهمية بالغة كالتفاوض الذي ينهى الحرب بهدنه أو جزية دون اللجوء إلى استعمال السلاح وقتل الأبرياء وقد يؤدى هذا

---

(١) مسند الإمام أحمد بن حنبل، باب حديث نعيم بن مسعود، الجزء ٢٥ ص (٣٦٦) حديث رقم (١٥٩٨٩)، الطبعة الأولى، ١٤٢١ هـ - ٢٠٠١م.

(٢) ابن كثير، البداية والنهاية، الجزء ٥ ص (٥٦).

(٣) مصنف ابن أبي شيبة، باب ما قالوا في الرجل يسلم ثم يرتد ما يصنع به، الجزء ٦ ص (٤٣٩) حديث رقم (٣٢٧٤٢) الطبعة الأولى.

(٤) سنن أبي داود، باب في الإمام يستجن به في العهود، الجزء ٣ ص (٨٢) ح رقم (٢٧٥٨)،وحسنه الألباني.

التفاوض إلى الدخول ففى الإسلام، ولكن لكى يكسب السفير أو الرسول حق الأمان وجب عليه أن يكون لديه إثبات موكل من قبل رئيس دولته، وأيضًا لإقراره ﷺ مبدأ تأمين الرسل والسفراء كما وضحنا آنفًا.

❋ ❋ ❋

المبحث الثالث - تعريف الأسرى في القانون الدولي

خلال الحروب التى حدثت في الآونة الأخيرة برزت مشكلة تتعلق بأعداد هائلة من الافراد الذين وقعوا في قبضة عدوهم وحيث دار نقاش كبير حول اعتبار هؤلاء الافراد أسرى حرب أو عدم اعتبارهم أسرى حرب.

فلقد كان القادة الألمان في الحرب العالمية الثانية يصدرون التصريحات ويعلنون بأنهم سيقومون بإعدام كل من يقع في أيديهم من أفراد المقاومة في دول أوربا، وغالبًا ما كانت مثل هذه التهديدات توجه لإرهاب أفراد رجال المقاومة الفرنسيين، وبالفعل تم إعدام بعض أفراد رجال المقاومة الذين وقعوا في يد القوات الألمانية باعتبار أنهم ليسوا أسرى حرب؛ حيث تبلور مفهوم المقاتل القانوني الذى هو بحسب الأصل فرد من القوات المسلحة النظامية للدولة والمجموعات النظامية والوحدات التى تكون تحت قيادة مسئولة عن سلوك مرؤوسيها وبشرط خضوع هذه القوات لنظام داخلي يكفل فيما يكفل اتباع قواعد القانون الدولى التى تطبق في النزاع المسلح، ويعد هؤلاء مقاتلين قانونيين بمعنى أنه يحق لهم المساهمة المباشرة في الأعمال العدائية وما يستتبعه من تمتعهم بوضع أسير الحرب القانوني إذا ما وقع في قبضة الخصم على أن يلتزم هؤلاء بوجوب احترام قواعد مخالفة هذه القواعد لا يحرم هؤلاء في أن يعدوا مقاتلين قانونيين أو أن يعدوا أسرى حرب[1].

وأيضًا لم تغفل الاتفاقيات الدولية وضع حركات التحرر الوطنى التى تناضل ضد الاستعمار والاحتلال الأجنبي والأنظمة الاستعمارية، فوسعت من مدلول المقاتل القانوني وأسبغت عليه الحماية كأسير حرب إذا ما وقع في قبضة خصمه[2]

---

(١) البرتوكول الإضافي الأول لعام ١٩٧٧، المادة (٤٣، ٤٤) من البروتوكول.

(٢) البرتوكول الإضافي الأول لعام ١٩٧٧، المادة الأولى، فقرة (٤).

لهذا حاولت اتفاقية جنيف لعام ١٩٤٩م تحديد طوائف الأفراد الذين يعتبرون أسرى حرب، والذين يحق لهم أن يتمتعوا بالحقوق والضمانات المقررة لهم كأسرى حرب، وطوائف الأشخاص الذين يستبعدون من عداد أسرى الحرب.

فقد بينت المادة الرابعة من هذه الاتفاقية الأشخاص الذين يتمتعون بوصف أسرى الحرب[1] وهم:

أولاً: افراد القوات المسلحة:

فبينت الاتفاقية المعنى المقصود لأسرى الحرب فنصت على أن الأسرى هم: افراد القوات المسلحة التابعون لأحد أطراف النزاع والذين يقعون فى قبضة الطرف الأخر[2] ويقصد بهم أفراد القوات النظامية للدولة: وهم مجموعة من الأفراد الذين ينتسبون إلى قوات الدولة المسلحة بتشكيلاتها من المليشيات أو الوحدات المتطوعة والتى تشكل جزءًا من القوات المسلحة وذلك بصورة دائمة أو مؤقتة، ويخضعون لأوامر رؤسائهم، وأيضًا يتقاضون رواتبهم منها ويرتدون زيًا معينًا اثناء قيامهم بالواجب[3].

أما في العصور القديمة لم يكن الأمر كذلك، فقد كانت القاعدة عندهم أن الحرب تعتبر قائمة بين رعايا الدولتين المتحاربتين وليس بين المقاتلين فقط • لهذا كان المنتصر يفتك بسكان الأقاليم التى يغزوها، دون تمييز بين مقاتل وغير مقاتل[4].

وتشمل القوات المسلحة ما يلى:

____

(١) حيث إن المادة ٤٣ الفقرة الأولى من المرجع السابق تطبق وصف أسرى الحرب على (القوات والجماعات والوحدات المسلحة المنظمة والخاضعة إلى قيادة مسؤلة عن تصرفاتهم، وإلى نظام داخلى يؤدى إلى احترام قواعد القانون الدولى المطبق على المنازعات المسلحة•

(٢) نص المادة الرابعة، الفقرة الاولى من اتفاقية جنيف لعام ١٩٤٩م•

(٣) نظام أسرى الحرب، سهيل حسين الفتلاوى، ط ١٩٨٣م، ص (٣٧)

(٤) القانون الدولي العام، للدكتور/ عبدالعزيز سرحان، ط ١٩٧٣، ص (٤١٦)

١ـ المكلفون بالخدمة العسكرية الإجبارية :

حيث يتبين لنا في الوقت الحاضر أن معظم الدول تفرض الخدمة العسكرية الإلزامية على مواطنيها وذلك لفترة محددة عند بلوغهم سنًا معينا، باعتبار أن الخدمة العسكرية هى ضريبة الدم التى تفرض على كل مواطن لخدمة بلدة .

٢ـ الأفراد الذين يتخذون من الخدمة في القوات المسلحة مهنة لهم :

ويقصد بهؤلاء الأفراد الذين يتطوعون للخدمة في القوات المسلحة وذلك بمحض إرادتهم، وبالتالي تكون الخدمة العسكرية بالنسبة لهم مهنة يعتمدون عليها في معيشتهم

٣ـ أفراد الدفاع المدنى :

ويقصد بهم أفراد الدفاع المدنى سواء كانوا من المدنيين المدربين أو العسكريين الذين تلجأ إليهم الدولة عند نشوب الحرب أو حدوث كوارث طبيعية[١]

٤ـ قوى الأمن الداخلى :

ويقصد بهم رجال الشرطة الداخلية وأفراد الأمن، وحراس الحدود، والمكلفون بحماية الأمن من داخل حدود الدولة، إلا أنهم يعتبرون جزءًا من قواتها المسلحة، وأيضًا أفراد الاحتياط حيث يمكن إدارج الضباط الاحتياط في قائمة الأشخاص التى تتمتع بوصف أسرى الحرب .

ثانيًا : الأشخاص المرافقون للقوات المسلحة دون أن يكونوا جزءًا منها .

وهذا ما أكديه الفقرة ٢ من المادة ٤٣ من البروتوكول الأول إذ تنص « يعد أفراد القوات المسلحة لطرف النزاع (عدا أفراد الخدمات الطبية والوعاظ الذين تشملهم المادة ٣٣من الاتفاقية الثالثة)

---

(١) للمعرفة أكثر عن مهام أفراد الدفاع المدنى يراجع نظام الدفاع المدنى السعودى، الصادر عام ١٤١٠م

ولقد تعرضت لائحة الحرب البرية لوضع هؤلاء الأفراد في حالة الأسر بقولها: إن ما يسرى على الأفراد المقاتلين يسرى على الأفراد غير المقاتلين إذا ما وقعوا تحت يد الأعداء»[1]

وأيضًا فأن اتفاقية جنيف الثالثة في إطار اكتمال بنيان مبادىء العلاقات الإنسانية في وقت الأزمات المسلحة قد انتهت إلى إدراج هؤلاء ضمن فئات الأشخاص الذين يتمتعون بالوضع القانوني لأسرى الحرب، غير أن المادة الرابعة من الاتفاقية قد استوجبت أن يحمل هؤلاء تصريح من القوات المسلحة التى يرافقونها وذلك لإسباغ الحماية عليهم، وقد ارفقت الاتفاقية الثالثة ١٩٤٩ نموذج بطاقة تحقيق الهوية بالملحق الرابع منها[2]

ويلاحظ بأن تقرير المعاملة الواجبة لهذه الطائفة من الأشخاص يتوقف على حملهم تصريح أو بطاقه هوية من القوات المسلحة التى يرفقونها الأمر الذى يترتب عليه في حالة فقدها – وهو أمر وارد اثناء الأعمال العدائية – إسباغ الحماية عليهم كأسرى حرب إلى أن تبت في وضعهم محكمة مختصة»[3]

ثالثًا : أفراد الأطقم الملاحية في السفن التجارية والمتطوعون وأفراد المقاومة الشعبية.

ويتمتع أفراد هذه السفن بالوضع القانوني للمقاتلين وبالتالى يعدون أسرى حرب عند وقوعهم في أيدى الخصم، وقد لجأت الولايات المتحدة إلى تلك المراكب في حروبها البحرية أوائل القرن التاسع عشر، وقد أعتبر بحارة هذه السفن أسرى حرب في حالة وقوعهم في قبضة الدولة الحاجزة[4]، وقد نظمت الاتفاقية السابعة التى أقرها مؤتمر لاهاى الثانى ١٩٠٧

---

(١) يراجع: في ذلك اسرى الحرب للدكتور/ عبد الواحد محمد الفار ص ٧٨، وأيضًا لائحة الحرب البرية سنة ١٩٠٧ المادة ٣

(٢) أسرى الحرب لواء/ سيد هاشم ص ٨

(٣) اتفاقية جنيف الثالثة لعام ١٩٤٩ المادة ٢/ ٥، وأيضًا البرتوكول الإضافى الأول لعام ١٩٧٧ المادة ٤٥/١

(٤) أسرى الحرب للدكتور/ عبد الواحد محمد الفار ص ٨٣.

وضع هذه السفن ووضعت نظامًا للتحول وآثاره وشروط ذلك التحول، وقد أيدت الاتفاقية ذلك الوضع القائم عرفًا بين الدول من تحويل المراكب التجارية إلى مراكب حربية، إلا أنها حددت لصحة ذلك الشروط الآتية:

١ - أن تحمل العلامات الخارجية المميزة التى تحملها وحدات الدول الحربية .

٢ - أن توضع تحت سلطان ورقابة ومسئولية الدولة التى ترفع علمها.

٣ - أن تتبع في عملياتها قوانين وعادات الحرب وأن يكون البحارة خاضعين للنظام العسكري.

٤ - أن تعلن الدولة عن هذا التحويل بقيدها في كشف السفن التى يتكون منها أسطولها[1].

وقد رتبت الاتفاقية على استيفاء هذه الشروط تمتع المراكب وبحارتها بحقوق المراكب الحربية وبحارتها غير أن الاتفاقية لم تحدد المكان الذى يجب أن يتم فيه تحويل السفن التجارية إلى حربية، وقد حسمت هذا الموضوع لائحة الحرب البحرية التى وضعها مجمع القانون الدولى فنصت المادة التاسعة على أن «التحويل لا يمكن أن يتم إلا في مياه الدولة نفسها أو في مياه دولة حليفة مشتبكة في الحرب أو في مياه الخصم أو في مياه إقليم تحتله قوات الدولة أو قوات حليفتها»[2]

أما بالنسبة للمتطوعين وأفراد المقاومة الشعبية فهناك رأى يرى أن الحرب مشروعة فقط للهيئة المحاربة في الدولة وهذه الجماعة وحدها هى التى تستحق معاملة أسرى الحرب. [3]

---

(١) اتفاقية جنيف ١٩٥٨ الخاصة بأعالي البحار، المادة ٢ والت اوردت هذه الشروط عند تعريفها للسفينة الحربية، وأيضًا قانون الحرب والحياد، د محمود سامى جنينه ص ١٢٩.

(٢) أسرى الحرب للدكتور/ عبد الواحد الفار ص ٨٧ المرجع السابق.

(٣) أحكام الأسرى والسبايا في الحروب الإسلامية للأستاذ الدكتور/ عبد اللطيف عامر ص ٩٧

ويشترط لانطباق وصف الأسرى على المتطوعين، وتمتعهم بحقوق الأسرى إذا عوف من يد الأعداء ما يأتى:

١- أن تكون لهم علامة أو شارة خاصة بحيث يمكن تمييزهم عن غيرهم.

٢- أن يكونوا تحت قيادة مسئولة لضمان احترام قواعد الحرب وقوانينها.

٣- أن يحملوا أسلحتهم بشكل ظاهر. [1]

رابعًا : القائمون بأعمال تجارية تتصل بالقوات المسلحة أو المقاتلة دون أن يعتبروا جزءا منها كبائعى المأكولات ومتعهدى توريد الجيوش ومراسلى الصحف.

وأيضًا رئيس دولة العدو ووزراؤها وكبار موظفيها الذين يتولون مهام رئيسية لها اتصال بالنشاط الحربى، وذلك إذا عثر على أحدهم فى ميدان القتال أو فى دائرته[2]

ومما سبق يتضح لنا أن الفقه الدولى الحديث عندما نادى بضرورة تطبيق قوانين وأعراف الحرب على كافة صور المنازعات المسلحة الدولية وغير الدولية، فلم يشترط أن يكون الصراع المسلح بين دولتين بل يكتفى بوجود هذا النزاع. [3]

كما أن اتفاقيات جنيف لسنة ١٩٤٩م، وبخاصة ما ذكره الملحقان الإضافيان لسنة١٩٧٧م، حاولت سد هذا العجز إلى حد ما، والغاية من ذلك هى التخفيف من ويلات النزاعات

─────────────────

(١) المرجع السابق للدكتور/ عبد اللطيف عامر، وأيضًا القانون الدولى، د/ على صادق أبو هيف ص ٦٠٨، ومبادئ القانون الدولى، د/ محمد حافظ غانم.

(٢) المرجع السابق، وقانون الحرب، د/ عبد العزيز على جميع ص ص ٢١٠

(٣) شرعية المقاومة في الأرض المحتلة، لعز الدين فودة، بحث منشور في المجلد الأول من دراسات القانون الدولى، الجمعية المصرية للقانون الدولى، القاهرة ١٩٦٩م ص ص ٢، ويراجع ايضًا قوانين الحرب لكونز (kuns) المجلة الأمريكية للقانون الدولي عدد ابريل ١٩٥٦ م ص ص ٣١٣.

المسلحة بكفالة حد أدنى من الحقوق الإنسانية لهؤلاء المقاتلين، وتوفير الرعاية والمعاملة اللائقة بالجرحى والأسرى إلى أقصى حد ممكن.

وبناء على ذلك **يمكن تعريف الأسير فى القانون الدولى هو**: كل مقاتل يقع فى قبضة الخصم أو فى أيدى العدو ويراعى أن يكونوا تحت سلطة دولة العدو لا تحت سلطة الأفراد أو الوحدة العسكرية التى أسرتهم[1].

وعرف أيضًا: بأنه كل شخص يقع فى يد العدو بسبب عسكرى لا بسبب جريمة أرتكبها[2] والقاعدة العامة فى القانون الدولى العام توجب منح حق الأسر للشخص الذى يتمتع بصفة المقاتل، وحجبه عن الشخص الذى لا يتمتع بهذه الصفة[3]

القانون الدولى التى تطبق فى المنازعات المسلحة، بيد أن مخالفة هذه القواعد لا يحرم هؤلاء حقهم فى أن يعدوا مقاتلين قانونيين أو أن يعدوا أسرى حرب[4].

✳ ✳ ✳

---

(١) الوسيط في القانون الدولي العام، للدكتور/ أحمد أبو الوفا، ص (٦٥١)، الطبعة الأولى (١٩٩٥ – ١٩٩٦).

(٢) الأسرى في الفقه الإسلامي والقانون الوضعي، د/ على أحمد جواد، الطبعة الأولى، عام ٢٠٠٥م، وقانون الحرب، د/ عبد العزيز على جميع، عام ١٩٥٢م ص (٢١٠).

(٣) نظام أسرى الحرب، د/ سهيل حسين الفتلاوى، ص (٣٧)، الطبعة الأولى عام ١٩٨٣.

(٤) البرتوكول الإضافى الأول لعام ١٩٧٧، المادة (٤٣.٤٤) من البرتوكول.

الفصل الثاني
حقوق وواجبات أسرى الحرب في الفقه الإسلامي والقانون الدولي

تمهيد :

لقد عنيت الشريعة الإسلامية بأسرى الحرب، فمنحتهم حقوقًا متعددة كفلتها لهم، فلم يترك أمرهم لرئيس الدولة أو قادة الجيوش يستبدون بهم حسب أهوائهم، وإنما نظمت معاملتهم تنظيمًا دقيقًا حفظت به كرامة الأسير بطريقة لم ترق إليها النظم الوضعية والاتفاقيات الدولية إلى يومنا هذا، ولذلك كفلت الشريعة الإسلامية لأسرى الحرب حقوقًا متعددة فقد حفظت لهم الحق فى الحماية من التعذيب، وأيضًا الحفاظ على حياتهم وسلامتهم وكيانهم، والحق فى توفير العناية الصحية وتوفير الطعام والكسوة اللائقة لهم، وعدم تعريضهم للإهانة من الجمهور، فضلاً عن اتاحة الفرصة لهم لممارسة معتقداتهم الدينية، وفى المقابل فرضت عليهم واجبات عدة يجب على الأسرى احترامها وعدم انتهاكها، فالمعروف أن الحق دائمًا يقابله واجب وأهم هذه الواجبات ضرورة الانقياد لأوامر الأسرين، لاسيما عند فرض الوثاق عليهم، وحق الدولة الأسرة فى تشغيلهم، وهو ما يتضح من استعراض حقوق وواجبات الأسرى فى الإسلام والمواثيق الدولية من خلال المباحث الأتية : -

المبحث الأول - حقوق وضمانات أسرى الحرب فى الإسلام

أذ نظرنا إلى حقوق الأسرى فى الشريعة الإسلامية نجد أنها منحت الأسرى حقوقًا رائعة ومتعددة كفلتها لهم، ولم ترق إلى درجتها النظم الوضعية، وهى فى معظمها حقوق توفر لهم احترام إنسانيتهم وصون كرامتهم حتى والسيوف متشابكة، فقد قدرت شريعة الإسلام الموقف الحساس الذى سيواجهه الأسرى عند وقوعهم فى أيدى أعدائهم الذين كانوا يقاتلونهم، مجردين من السلاح، لاحول لهم ولا قوة، ولذلك كفلت لهم حقوق وضمانات

تحفظ حياتهم وسلامتهم ماديًا ومعنويًا وسوف نقوم بتوضيح هذه الحقوق فى عدة مطالب على النحو التالى: -

أولا : الحق في إطعام الأسير.

يعد حق الأسرى فى الحصول على الطعام من أهم الحقوق التى حرص الإسلام على توفيرها لأسرى الحرب، فيجب توفير الطعام الكافى واللائق للأسير والمنع من تعذيبه بالتجويع أو إطعامه الطعام غير اللائق بكرامة الإنسان ويدل على ذلك قول الله ﷺ ﴿وَيُطْعِمُونَ ٱلطَّعَامَ عَلَىٰ حُبِّهِۦ مِسْكِينًا وَيَتِيمًا وَأَسِيرًا ۞ إِنَّمَا نُطْعِمُكُمْ لِوَجْهِ ٱللَّهِ لَا نُرِيدُ مِنكُمْ جَزَآءً وَلَا شُكُورًا﴾ [1]

والأسير هو الذى يؤسر فيحبس، وعن مجاهد قال الأسير: هو المحبوس، وقال القرطبى: نسخ إطعام الأسير آية السيف، وقال غيره هو حكم ثابت وإطعام الأسير لحفظ نفسه إلى أن يتخير فيه الإمام، وكان هذا القول عام يجمع جميع الأقوال ويكون إطعام الأسير المشرك قربة إلى الله تعالى، غير أنه من صدقة التطوع فأما المفروضة فلا،،[2]

وأما قوله ﷺ ﴿وَيُطْعِمُونَ ٱلطَّعَامَ عَلَىٰ حُبِّهِۦ مِسْكِينًا وَيَتِيمًا وَأَسِيرًا﴾ [3] وذكر الماوردى فى تفسير هذه الآية أنها نزلت فيمن تكفل بأسرى بدر وهم سبعة من المهاجرين، أبو بكر وعمر وعلى والزبير وعبد الرحمن وسعد وأبو عبيدة[4] وذكر أيضًا أن هذه الآية نزلت فى رجل من الأنصار أطعم مسكينًا ويتيمًا وأسيرًا، وقيل أنها نزلت فى جميع الأبرار ومن فعل فعلاً حسنًا فهي عامة وهذا ما قاله القرطبي في تفسيره،،[5]

---

(١) سورة الإنسان آية رقم (٨-٩).

(٢) يراجع في ذلك تفسير القرطبى، الجزء ١٩ في تفسير سورة الإنسان ص(١٢٥-١٢٦).

(٣) سورة الإنسان آية رقم (٨)

(٤) تفسير الماوردي الجزء ٦ ص ١٦٧.

(٥) تفسير سورة الإنسان للقرطبي، الجزء ١٩ ص ١٢٦.

فتقديم الأسير على النفس فى الطعام إنما هو قربة يتقرب بها العبد من ربه، وربما يحتاج المسلم فيؤثر أسيرًا أو غيره على نفسه، كما فى قوله ﷺ ﴿ وَيُؤْثِرُونَ عَلَىٰ أَنفُسِهِمْ وَلَوْ كَانَ بِهِمْ خَصَاصَةٌ وَمَن يُوقَ شُحَّ نَفْسِهِ فَأُوْلَٰٓئِكَ هُمُ ٱلْمُفْلِحُونَ ﴾ [١] والإثار هو تقديم الغير على النفس وحظوظها الدنيوية ورغبة فى الحظوظ الدينية وذلك ينشأ عن قوة اليقين وتوكيد المحبة والصبر على المشقة، أى يؤثرونهم على أنفسهم بأموالهم ومنازلهم، لا عن غنى بل مع احتياجهم إليها. [٢]

وحث النبى ﷺ على ذلك حين أقبل بالأسارى، فرقهم بين أصحابه، وقال: استوصوا بالأسارى خيرا. فعن أبي عزيز بن عمير ابن أخي مصعب بن عمير قال: كنت في الأسارى يوم بدر، فقال ﷺ: «استوصوا بالأسارى خيرا»، وكنت في نفر من الأنصار، فكانوا إذا قدموا غداءهم أو عشاءهم أكلوا التمر وأطعموني الخبز بوصية النبي ﷺ إياهم بنا. [٣] وما تقع فى يد رجل منهم كسرة خبز إلا نفحنى بها، قال: فاستحى فأردها على أحدهم، فيردها على ما يمسها» [٤]

وعن أبي هريرة ﷺ عنه قال: خرجت خيل لرسول الله ﷺ، فأخذت رجلا من بني حنيفة لا يشعرون من هو حتى أتوا به رسول الله ﷺ فقال: «أتدرون من أخذتم؟ » قالوا: لا والله يا رسول الله قال: «هذا ثمامة بن أثال، هذا سيد حنيفة وفارسها – وكان رجلا عليلا – أحسنوا إساره»، ورجع إلى أهله فقال: اجمعوا ما قدرتم عليه من طعامكم فابعثوا به إليه، وأمر بلقحة له يغدى بها عليه ويراح، فلا يقع من ثمامة موقعا، ويأتيه النبي ﷺ ببعض ذلك فيقول: «إيها يا

---

(١) سورة الحشر آية رقم (٩).

(٢) يراجع في ذلك تفسير سورة الحشر للقرطبى، الجزء ١٨ ص ٢٨ – ٣٠.

(٣) المعجم الصغير للطبرانى، باب من اسمه الحسين، ح ٤٠٩، الجزء ١، ص ٢٥٠، الطبعة الأولى ١٤٠٥ – ١٩٨٥ ويراجع البداية والنهاية الجزء ٣ ص ٣٠٧

(٤) السيرة النبوية لابن هشام، المجلد الأول ص ٦٤٥

ثمامة»، فيقول: إيها يا محمد، إن تقتل تقتل ذا دم، وإن ترد الفداء فسل مالا ما شئت، فلبث ما شاء الله أن يلبث، وقال النبي ﷺ ذات يوم: «أطلقوا ثمامة»[1]

«لا ينبغي أن يعذبوهم بالجوع والعطش وغير ذلك من أنواع التعذيب لأن ذلك تعذيب من غير فائدة »[2]

وفي المقابل نجد أن اليهود والنصارى لم يقفوا عند حدود ما شرع لهم على هذا الباب عند حدود ما شرع لهم على لسان أنبيائهم بل كانوا لا يتركون حيا يمشى على الأرض في المدن والقرى التي يحاربونها، وما محاكم التفتيش التي أقامها النصارى ضد مسلمى الأندلس ولا مذابح اليهود للمسلمين في فلسطين ولبنان بخافية على أحد، مع الفارق العظيم بين معاملة أهل الإسلام لمن يكون تحت أيديهم من الكفار من الرحمة والإحسان لهم حتى أشار الله -ﷻ- إلى أن إطعام الأسير الكافر من أعظم ما يقرب العبد من ربه حيث يقول في ورثة الجنة من الأبرار.[3]

ثم يأتى بعد ذلك من يجحد أثر الإسلام في تنظيم العلاقات الإنسانية في وقت الحرب فيتهم الإسلام بالإساءة إلى الأسرى والجرحى والادعاء بأن الإسلام انتشر بالسيف، ولنا في صلاح الدين مثلاً فقد أمد فيليب وريتشارد بالمرطبات والأدوية والأزواد أثناء مرضهما. وأيضًا عندما أسر صلاح الدين عددًا من جنود الجيش الصليبى، وكان لا يوجد عندهم ما يكفيهم من الطعام. أطلق صراحهم حتى لا يموتوا جوعا، ورأى أن يقتلهم محاربين أفضل من أن يقتلهم في الأسر جائعين. [4]

---

(١) تاريخ المدينة لابن شبة، باب ذكر سرايا رسول الله -ﷺ-، الجزء الثانى، ص ٤٣٧

(٢) بدائع الصنائع في ترتيب الشرائع للكاسانى، الجزء ٧ ص ١٢٠

(٣) فقه الإسلام «شرح بلوغ المرام من جمع أدلة الأحكام»، باب كتاب الجهاد، الجزء ٩ ص ١٠٧ - ١٠٨ الطبعة الأولى، ١٤٠٢ هـ - ١٩٨٢ م.

(٤) حضارة العرب لجو ستاف لوبون، ترجمة عادل زعيتر ص ٤٠٧،

ولذلك فإن تقديم الأسير على النفس فى الطعام ومراعاة هذا الحق والحرص على تطبيقه يظهر مدى حسن المعاملة التى حرص عليها الرسول ﷺ فقد كان زيد بن حارثة ﷺ غلامًا لخديجة ﷺ فوهبته للنبى ﷺ لما تزوجها، وقدم أبوه وعمه فى فدائه، فسألا عن النبى ﷺ فقيل هو فى المسجد فدخلا عليه فقالا: يا ابن عبد المطلب، يا ابن هاشم يا ابن سيد قومه، أنتم أهل حرم الله وجيرانه، تفكون العانى، وتطعمون الأسير. [1]

وأيضًا لابد أن تكون الوجبات التى تقدم للأسير مشبعة وتكفى احتياجات الأسير وأن تكون ثلاث وجبات أو كحد أدنى وجبتين فى اليوم، بدليل أن أسرى بدر كان يقدم لهم الغداء والعشاء على الرغم من فاقة أهل المدينة فى ذلك الوقت.

ويجب أن يخلوا الطعام والشراب من محرم فلا يجوز إطعام الأسير لحم خنزير أو تقديم الخمر إليه، إلا فى حالة الضرورة على أنه إن وجدت ضرورة تستوجب ذلك ففى هذه الحالة وجب حفظ النفس لدرء خطر الهلاك، والضرورة هى خوف الهلاك على النفس أو المال. [2]

ثانيا : عدم تعذيب الأسرى والتعرض لهم بالأذى :

الفطرة السليمة تأبى التعذيب للنفوس البشريّة، بل إنها لا ترضى بتعذيب الحيوان أو الطير، وقد ربّى الرسول - ﷺ - صحابته الكرام - ﷺ - على الرحمة[3]، فعن جرير بن عبد الله - ﷺ - أن رسول الله ﷺ قال: " لا يرحم الله من لا يرحم الناس -ﷻ-"[4]

---

(١) زاد المعاد في هدى خير العباد، للإمام ابن القيم الجوزية، الجزء الثانى، ص ٤٣، دار الكتاب العربى بيروت.

(٢) نظرية الضرورة في الفقه الجنائى والإسلامى القانون الجنائى الوضعى، للدكتور/ يوسف قاسم ص ٨٠ دار النهضة العربية، طبعة ١٩٨١.

(٣) موسوعة محاسن الإسلام ورد شبهات اللئام، باب شبهات عن النبى ﷺ الجزء ٨ ص ٤٩٦، الطبعة: الأولى، ١٤٣٦ هـ - ٢٠١٥ م

(٤) أخرجه الإمام البخاري في صحيحه (٩/ ١١٥) ح رقم (٦٠١٣). (ك) التوحيد (ب) قول الله تبارك وتعالى: {قل ادعوا الله أو ادعوا الرحمن أيا ما تدعوا فله الأسماء الحسنى} [الإسراء: ١١٠]

ويعد هذا الحق من أهم الحقوق التى كفلتها الشريعة الإسلامية حيث تقضى بضرورة احترام الأسرى، وحسن معاملتهم، وحظر أى شكل من أشكال التعذيب، لأن الأسير هو فى النهاية آدمى، يجب أن يحترم وألا يعرض للأذى. (١)

فكان الصحابة - ﷺ - نماذج عملية في الرحمة ببني البشر جميعا مسلمين وغير مسلمين، وقد ذكر قبل ذلك إنكار الرسول - ﷺ - ضرب غلامي قريش في أحداث بدر وقوله - ﷺ -: "إذا صدقاكم ضربتموهما، وإذا كذباكم تركتموهما، صدقا والله إنهما لقريش"(٢)، مع أن هذين الغلامين اللذين ضربا من الجيش المعادي -جيش المشركين- ويمدان الجيش بالماء، بل إن شريعة الإسلام تذهب إلى ما هو أبعد من ذلك، حيث تمنع تعذيب الأسير للإدلاء بمعلومات عن العدو، وقد قيل للإمام مالك: أيعذب الأسير إن رجي أن يدل على عورة العدو؟ قال: ما سمعت بذلك. (٣) كما لا يجوز أن يعذب الأسير لأى سبب كان لأجل إجباره على الإدلاء بمعلومات، أو لأجل الحصول عليها وذلك لقول النبى ﷺ عن أبي عزيز بن عمير، أخي مصعب بن عمير قال: كنت في الأسارى يوم بدر فقال رسول الله -ﷺ-: «استوصوا بالأسارى خيرا وكنت في نفر من الأنصار، وكانوا إذا قدموا غداءهم وعشاءهم أكلوا التمر وأطعموني الخبز بوصية رسول الله -ﷺ- إياهم» (٤)

وقوله ﷺ « لا تجمعوا عليهم حر هذا اليوم وحر السلاح قيلوهم حتى يبردوا »(٥)

---

(١) الحقوق الإنسانية لأسرى الحرب فى الإسلام والقانون الدولى الإنسانى، د عبد السلام الشريف، مجلة دراسات قانونية، ص ١٤، م ١٢، طبعة ١٩٩٤م.

(٢) الثقات لابن حبان ١/ ١٦٠.

(٣) المرجع السابق، موسوعة محاسن الإسلام ورد شبهات اللئام، باب شبهات عن النبى ﷺ الجزء ٨ ص.

(٤) المعجم الكبير للطبراني، باب من يكنى أباعزيز أبو عزيز بن عمير بن هاشم، ح ٩٧٧، الجزء ٣٢، ص ٣٩٣.

(٥) ابن كثير السيرة النبوية، ٢/ ٤٧٥، والسيرة النبوية لابن هشام، دار المعرفة بيروت، ٣/ ٤٥

وكذلك نجد الإسلام يحث على معاملة الأسرى بالرفق والرحمة والأخذ بأيديهم إلى الهدى والمحافظة على حرمته في بدنه وعرضة وماله، بالإضافة إلى أن تحريم تعذيب الأسير وسقيه وإكرامه وكسوته وإيوائه ونحو ذلك من مظاهر الإحسان إلى الأسرى.

وإذا نظرنا لقول الله ﷺ ﴿يَٰٓأَيُّهَا ٱلنَّبِيُّ قُل لِّمَن فِىٓ أَيْدِيكُم مِّنَ ٱلْأَسْرَىٰٓ إِن يَعْلَمِ ٱللَّهُ فِى قُلُوبِكُمْ خَيْرًا يُؤْتِكُمْ خَيْرًا مِّمَّآ أُخِذَ مِنكُمْ وَيَغْفِرْ لَكُمْ وَٱللَّهُ غَفُورٌ رَّحِيمٌ﴾[1] وكان النبي ﷺ فادى بعض أسارى بدر، وقد كان أبو عزة الجمحي ممن من عليه، وقد كان معروفا بعداوته والتأليب عليه بنفسه ولسانه، ومن بعد بدر على ثمامة بن أثال، وكان معروفا بعداوته، وأمر بقتله ثم من عليه بعد أسره وأسلم ثمامة وحبس الميرة عن أهل مكة فسألوا رسول الله –ﷺ– أن يأذن له أن يميرهم فأذن له فمارهم.[2]

ولذلك فقد كرم الإسلام الأسير، وضمن له الحفاظ على حياته وسلامته من التعذيب، فعن ابن عمر ﷺ قال إن «إن يهود بني النضير وقريظه حاربوا الرسول ﷺ فأجلى الرسول ﷺ بني النضير، وأقر قريظه ومن عليهم، حتى حاربت بني قريظه بعد ذلك، فقتل رجالهم، وقسم نساءهم وأولادهم وأموالهم بين المسلمين، إلا أن بعضهم لحقوا برسول الله ﷺ فأمنهم، وأسلموا، وأجلى رسول الله ﷺ يهود المدينة كلهم، من بني قينقاع، وهم قوم عبدالله بن سلام، ويهود بني حارثة، وكل يهود المدينة»[3]

وقد ثبت عن النبي ﷺ احترامه لعدم تعذيب الأسرى والتعرض لهم بالأذى، حتى ولو كان هذا الأسير قد ألحق الأذى به أو بأحد من أهل بيته، فلا تأخذه في ذلك حمية ولا غضب، بل يحث على أن يحترم ويكرم، وألا يعرض للتعذيب.

---

(١) سورة الأنفال آية رقم (٧٠)

(٢) الولاء والبراء والعداء في الإسلام، باب حكم مطلق البر والإحسان للكافر المعين، الجزء الاول ص ٥٥.

(٣) أخرجه البخاري في صحيحه، ب حديث بني النضير، ومخرج رسول الله –ﷺ– ح رقم –٤٠٢٨ ج ٥ ص ٨٨.

فعن أبي هريرة –ﷺ–، أنه قال: بعثنا رسول الله ﷺ في بعث وقال لنا: «إن لقيتم فلانا وفلانا، لرجلين من قريش سماهما، فحرقوهما بالنار» قال: ثم أتيناه نودعه حين أردنا الخروج، فقال: «إني كنت أمرتكم أن تحرقوا فلانا وفلانا بالنار، وإن النار لا يعذب بها إلا الله، فإن أخذتموهما فاقتلوهما»(١)، وأيضًا قول الرسول ﷺ: «أطعموا الجائع، وعودوا المريض، وفكوا العاني» لأن ما يخاف من تعذيب الأسير أعظم في الضرورة من بذل المال، فجاز دفع أعظم الضررين بأخفهما. والحنفية على وجوب ذلك في بيت المال، فإن لم يكن فعلى جميع المسلمين أن يفتدوه. ونقل أبو يوسف عن عمر بن الخطاب –ﷺ– أنه قال: " كل أسير كان في أيدي المشركين من المسلمين ففكاكه في بيت مال المسلمين ". وهو ما ذهب إليه المالكية، كما نقله المواق عن ابن بشير من أنه يجب في بيت المال، فإن تعذر فعلى عموم المسلمين، والأسير كأحدهم، فإن ضيع الإمام والمسلمون ذلك وجب على الأسير من ماله، وهو ما رواه ابن رشد أيضا (٢)

وهناك رأى أخر عند الشافعية يقول: أن بذل المال لفك أسرى المسلمين، إن خيف تعذيبهم، جائز عند الضرورة، ويكون في مالهم، ويندب عند العجز افتداء الغير له، فمن قال لكافر: أطلق هذا الأسير، وعلي كذا، فأطلقه لزمه، ولا يرجع على الأسير ما لم يأذن له في فدائه. (٣)

وهذ يبين لنا أنه لا يجوز تعذيب الأسرى وأن تعذيب الأسير أعظم فى الضرورة من بذل المال، لأن ما يخاف من تعذيب الأسير أعظم في الضرورة من بذل المال، فجاز دفع أعظم الضررين بأخفهما. (٤)

ومن أخلاق الإسلام أيضا في التعامل مع الأسرى الرفق ولين الجانب، فعن عمران بن حصين ﷺ – قال: كانت ثقيف حلفاء لبنى عقيل، فأسرت ثقيف رجلين من أصحاب رسول

---

(١) أخرجه الإمام البخارى في صحيحه، (ب) التوديع، حديث رقم ٢٩٥٤، الجزء ٤، ص ٤٩.

(٢) أرشيف ملتقى أهل الحديث، باب أحكام الأسرى، الجزء ٢٣ ص ٢٢٣

(٣) المرجع السابق (أرشيف ملتقى أهل الحديث).

(٤) الموسوعة الفقهية الكويتية، (٤/ ٢١٥).

الله - ﷺ -، وأسر أصحاب رسول الله - ﷺ - رجلا من بني عقيل، وأصابوا معه العضباء، فأتى عليه رسول الله - ﷺ - وهو في الوثاق قال: يا محمد، فأتاه فقال: "ما شأنك؟" فقال: بم أخذتني وبم أخذت سابقة الحاج؟ فقال: "إعظاما لذلك أخذتك بجريرة حلفائك ثقيف" ثم انصرف عنه فناداه فقال: يا محمد، يا محمد، وكان رسول الله - ﷺ - رحيما رقيقا فرجع إليه فقال: "ما شأنك؟" قال: إني مسلم. قال: "لو قلتها وأنت تملك أمرك أفلحت كل الفلاح" ثم انصرف فناداه فقال: يا محمد، يا محمد، فأتاه فقال: "ما شانك؟" قال: إني جائع فأطعمني وظمآن فاسقني، قال: "هذه حاجتك"(١)

فهذا التردد على الرجل كلما نادي عليه - ﷺ - وهو القائد الأول للدولة الإسلامية- ومناداته باسمه - ﷺ - مجردا يدل على مدى الرحمة والإنسانية التي يحملها الرسول - ﷺ - في قلبه لكل البشر، وأعطى رسول الله - ﷺ - لأبي الهيثم بن التيهان أسيرا، وأمره بالإحسان إليه، فأخذه أبو الهيثم إلى منزله، ثم قال: إن رسول الله - ﷺ - أوصاني بك خيرا، فأنت حر لوجه الله. (٢)

ومما سبق يتضح لنا أنه لا يجوز تعذيب الأسير أو التعرض له بالأذى بسبب أنهم قاتلونا، إذ إن المسلم مأمور بإكرام الأسرى واحترامهم.

ثالثا: حرية العقيدة والحق فى ممارسة الشعائر الدينية:

واذا نظرنا ألى هذا الحق نجد أن الإسلام قد كفل هذا الحق بقول الله ﷻ ﴿لَآ إِكْرَاهَ فِي ٱلدِّينِ قَد تَّبَيَّنَ ٱلرُّشْدُ مِنَ ٱلْغَيِّ﴾(٣) فمن حق الأسير عدم إكراهه على ترك دينه فلا يكره على الدخول فى الإسلام، وإنما يدعى إلى الإسلام بالتى هى أحسن، لقول الله ﷻ ﴿يَٰٓأَيُّهَا ٱلنَّبِيُّ قُل لِّمَن فِي أَيْدِيكُم مِّنَ ٱلْأَسْرَىٰ إِن يَعْلَمِ ٱللَّهُ فِي قُلُوبِكُمْ خَيْرًا يُؤْتِكُمْ خَيْرًا مِّمَّا أُخِذَ مِنكُمْ وَيَغْفِرْ لَكُمْ

____

(١) موسوعة محاسن الإسلام ورد شبهات اللئام، باب شبهات عن النبى -ﷺ-، الجزء ٨ صـ ٤٩٦

(٢) المرجع السابق الجزء ٨ ص ٤٩٧.

(٣) سورة البقرة آية (٢٥٦)

﴿ وَٱللَّهُ غَفُورٌ رَّحِيمٌ ﴾ [1] ويقصد بممارسة الشعائر الدينية، وهو أن يقوم المرء بإقامة شعائره الدينية، دون انتقاد أو استهزاء، أو تخويف أو تهديد، ولعل موقف الإسلام الذي حواه التاريخ تجاه أهل الذمة، أصحاب الديانات الأخرى، من دواعي فخره واعتزازه، وسماحته، فمنذ نزل ﷺ يثرب، المدينة المنورة أعطى اليهود عهد أمان، يقتضي فسح المجال لهم أمام دينهم وعقيدتهم، وإقامة شعائرهم في أماكن عبادتهم [2]

فقد كان قتال النبي ﷺ كله مدافعة عن الحق وأهله، وحماية لدعوة الحق، ولهذا كان تقديم الدعوة إلى الحق شرطًا لجواز القتال، وإنما تكون الدعوة بالحجة والبرهان، لا بالسيف والسنان، فإذا منع المسلمون من الدعوة بالقوة، كأن هدد الداعى أو قتل، فعليهم أن يقاتلوا لحماية الدعوة ونشرها، لا للإكراه على الدين. [3]

ثم سار بعد ذلك على هذا النهج الخلفاء الراشدون، فكتب عمر بن الخطاب –ﷺ– لأهل إيلياء –القدس– معاهدة جاء فيها: هذا ما أعطاه عمر أمير المؤمنين، أهل إيلياء من الأمان، أعطاهم أمانا على أنفسهم، ولكنائسهم وصلبانهم، لا تسكن كنائسهم ولا تهدم ولا يتنقص منها ولا من غيرها ولا من صلبهم، ولا يكرهون على دينهم، ولا يضار أحد منهم. [4]

وتقرير حرية العقيدة يستتبع إقرار حرية ممارسة الشعائر الدينية؛ لأننا أمرنا بترك الذميين وما يدينون، ولا يعتدى على كنائسهم ومعابدهم، ولهم ما للمسلمين وعليهم ما على المسلمين، ولا يناقشون في عقائدهم إلا باللين والخطاب الحسن، [5] وقال الله ﷺ ﴿ وَلَا تُجَٰدِلُوٓاْ أَهۡلَ

---

(١) سورة الأنفال آية (٧٠)

(٢) القيم الإسلامية، باب أنواع الحرية، الجزء ١، ص ٤١، وزارة الأوقاف السعودية.

(٣) د/ عبد الوهاب خلاف، في السياسة الشرعية أو نظام الدولة الإسلامية في الشئون الدستورية والخارجية والمالية، ص ١٧، دار الأنصار للطباعة والنشر.

(٤) المرجع السابق، القيم الإسلامية، باب أنواع الحرية، الجزء ١، ص ٤١.

(٥) الفقه الإسلامي وأدلته، للزحيلي، الجزء ٨، ص ٦٢٠٩.

﴿ٱلْكِتَٰبِ إِلَّا بِٱلَّتِي هِيَ أَحْسَنُ إِلَّا ٱلَّذِينَ ظَلَمُوا۟ مِنْهُمْ وَقُولُوٓا۟ ءَامَنَّا بِٱلَّذِىٓ أُنزِلَ إِلَيْنَا وَأُنزِلَ إِلَيْكُمْ وَإِلَٰهُنَا وَإِلَٰهُكُمْ وَٰحِدٌ وَنَحْنُ لَهُۥ مُسْلِمُونَ﴾ [١]

ونرى أن النصوص صريحة في كفالة الحرية الدينية وممارسة الشعائر والعقيدة وعدم الإكراه في الدين، قال الله ﷻ ﴿وَلَوْ شَآءَ رَبُّكَ لَءَامَنَ مَن فِى ٱلْأَرْضِ كُلُّهُمْ جَمِيعًا أَفَأَنتَ تُكْرِهُ ٱلنَّاسَ حَتَّىٰ يَكُونُوا۟ مُؤْمِنِينَ﴾ [٢]

ولا يجوز إكراه الأسير على الكفر بما يعتقده، فإن اكره الأسير المسلم على ذلك فما الموقف في هذه الحالة.

ذهب الحنابلة إلى: أن الأفضل للأسير يصبر ولا يقولها، وإن أتى ذلك على نفسه؛ لما روى خباب، عن رسول الله ﷺ قال: «إن كان الرجل من قبلكم ليحفر له في الأرض، فيجعل فيها، فيجاء بمنشار، فيوضع على شق رأسه، ويشق باثنين، ويمنعه ذلك عن دينه، ويمشط بأمشاط الحديد ما دون عظمه من لحم، ما يصرفه ذلك عن دينه» [٣]

وسئل الإمام أحمد عن الرجل يؤسر فيعرض على الكفر ويكره عليه، هل له أن يرتد – أي ظاهرا – فكرهه كراهة شديدة وقال: ما يشبه هذا عندي الذين أنزلت فيهم الآية من أصحاب النبي ﷺ أولئك كانوا يرادون على الكلمة ثم يتركون يفعلون ما شاءوا، وهؤلاء يريدونهم على الإقامة على الكفر وترك دينهم. [٤]

وذهب الشافعية: إلى أن الأسير إذا إكره على الشرك وقلبه مطمئن بالإيمان، فقال «لا تبين منه امراته وإن تكلم بالشرك ولا يحرم ميراثه من المسلمين ولا يحرمون ميراثهم منه إذا علم أنه

---

(١) سورة العنكبوت آية (٤٩)

(٢) سورة يونس آية (٩٩)

(٣) المغني لابن قدامة، المتوفى ٦٢٠هـ، باب مسألة أرتد وهو سكران، الجزء ٩، ص ٢٥.

(٤) الموسوعة الفقهية الكويتية، (١٣، ص ١٩٢.، ((المغني)) لابن قدامة (٨/ ١٤٧).

قال ذلك مكرهًا وعلمهم أن يقول ذلك قبل قوله أو مع قوله أو بعد قوله أى إنما قلت ذلك مكرهًا»(١) واستدلوا على ذلك بقول الله ﷺ ﴿ إِلَّا مَنْ أُكْرِهَ وَقَلْبُهُ مُطْمَئِنٌّ بِالْإِيمَنِ وَلَكِن مَّن شَرَحَ بِالْكُفْرِ صَدْرًا فَعَلَيْهِمْ غَضَبٌ مِّنَ اللَّهِ وَلَهُمْ عَذَابٌ عَظِيمٌ ﴾(٢)

وقال ابن قدامة: وذلك لأن الذي يكره على كلمة يقولها ثم يخلى لا ضرر فيها، وهذا المقيم بينهم يلتزم بإجابتهم إلى الكفر المقام عليه. (٣)

وقال الشيباني فى السير الكبير: «أن الحرمة لا تنكشف، ولكن يرخص له فى إجراء كلمة الكفر على اللسان مع طمأنينة القلب بالإيمان، فهو بالامتناع يكون متمسكًا بالعزيمة، وفى الإجراء يكون مرخصًا بالرخصة، والتمسك بالعزيمة أفضل، إلا أن فى الكتاب لم يطلق الجواب فى تأثيمه، ولكن قال: خفت أن يأثم»(٤)

وقال الأوزاعى: الرجل يؤسر فيخير بين القتل والكفر؟ قال: حدثني من سمع خصيفا يذكر عن ابن عباس: «إنما الرخصة في القول، وليست الرخصة في شرب الخمر، وترك العمل، أو أكل الخنزير، أو أن يصلي لغير القبلة»(٥)

وذهب العلماء إلى أن الرخصة إنما جاءت فى القول لا فى الفعل، وبه قال الإمام حسن البصرى، والأوزعى،(٦) والبعض ذهب إلى أن الإكراه فى الفعل والقول سواء إذا أسر الإيمان

---

(١) اختلاف الفقهاء للطبري، كتاب الجهاد، ص ١٩٦ – ١٩٨.

(٢) سورة النحل آية (١٠٦)

(٣) الموسوعة الفقهية الكويتية، وزارة الأوقاف والشئون الإسلامية، باب شروط جواز التقية،، الجزء ١٣، ص ١٩٢.

(٤) شرح السير الكبير، الجزء ٤، ص ١٩٥.

(٥) السير لأبي إسحاق الفزاري، أبو إسحاق إبراهيم بن محمد بن الحارث بن أسماء بن خارجة بن حصن الفزاري (المتوفى: ١٨٨هـ)، الطبعة: الأولى، ١٩٨٧.

(٦) تفسير القرطبي الجزء ١٠ ص (١٩٠).

وهو ما روى عن عمر وهو قول مالك وطائفة من أهل العراق، وروى ابن قاسم عن مالك أن من أكره على ترك الصلاة أو الإفطار فى رمضان أن الإثم عنه مرفوع. [١]

ويقول فضيلة الدكتور/ عبد اللطيف عامر: نعم يجب على المجاهد أن يستمسك ويتحمل العذاب، ولكنه لا يكلف بالإستمساك حتى الموت، فإنه لقول الله ﷻ ﴿لَا يُكَلِّفُ ٱللَّهُ نَفْسًا إِلَّا وُسْعَهَا...﴾[٢] وإذا كان الإسلام قد أباح النطق بكلمة الكفر والقلب مطمئن بالإيمان، فلقد وضع فى اعتباره طاقة الإنسان المحدودة وقدرته العاجزة عن تحمل أقسى ألوان العذاب. [٣]

ولكن الإكراه على الكفر هو الذى يلجأ إلى أشد الوسائل وأصعبها، غير أنه قلما يصل إلى غاية، ذلك لأن الإكراه لا ينال غالبًا إلا الجوارح، ولا يصل إلا إلى الطاقة البشرية المادية، والإيمان حقيقة وقرت فى القلب فلا تهتز إلا إذا زحزحتها حقيقة أنصع منها فى نفس المؤمن بها. [٤]

ومن هنا لم يكن على عقيدة الإيمان خطر إذا تحرك اللسان بالكفر واطمأن القلب بالإيمان فى حالة الإكراه.

أما عن حكم الأسيرة إذا أكرهت على الزنا استكمالاً لهذا المطلب فنقول ان الإسلام نهى عن الاغتصاب وكل تعرض بدنى للمرأة ولو كانت أسيرة ولم يثبت عن النبى ﷺ أنه استباح أسيرة كما يزعم بعض الباحثين وذلك لأن الحروب الإسلامية حروب إنسانية بالدرجة الأولى، فهى لا تستهدف إرقاق الأحرار، ولكنها تستهدف تحرير الأرقاء، وما ينكره العرف

---

(١) المرجع السابق ص ١٨٨ وما بعدها.

(٢) سورة البقرة آية (٢٨٦)

(٣) أحكام الأسرى والسبايا في الحروب الإسلامية، للأستاذ الدكتور/ عبداللطيف عامر، ص (٢٤٣).

(٤) المرجع السابق، ذات الموضوع وذات الصفحة.

الدولى الآن من استباحة الجنود لنساء أعدائهم، لا يمكن أن تقره شريعة الإسلام وهى أسمى الشرائع. [1]

ويقول فضيلة الدكتور/ عبد اللطيف عامر: ليس بين أيدينا نص قطعى الدلالة على إباحة وطء سبايا الحروب، وهذا يجعلنا نذهب إلى أن السبايا لا يتحولن بالضرورة إلى ملك يمين، لأن السبى لا يحول الحرائر بالضرورة إلى إماء، وكما يفادى الأسرى ويمن عليهم، فأن السبايا أولى بالمن والفداء. [2]

وعن المرأة المسلمة تؤسر فيراودونها عن نفسها؟ قال الأوزاعى تصبر على الضرب فإذا خافت القتل ذلت لهم أما هى فلا تأتيهم إلا وهى كارهة غير منشرحة الصدر، ولا رخصة لها فى أن تطاوعهم إلا أن تكره على ذلك. [3]

وها هم علماء أوروبا اليوم، يشهدون لسماحة الإسلام، ويقرون له بذلك في كتبهم. قال ميشود في كتابه (تاريخ الحروب الصليبية): إن الإسلام الذي أمر بالجهاد، متسامح نحو أتباع الأديان الأخرى وهو قد أعفى البطاركة والرهبان وخدمهم من الضرائب، وقد حرم قتل الرهبان -على الخصوص - لعكوفهم على العبادات، ولم يمس عمر بن الخطاب النصارى بسوء حين فتح القدس، وقد ذبح الصليبيون المسلمين وحرقوا اليهود عندما دخلوها أي مدينة القدس. [4]

---

(١) المرجع السابق ص(٣٣٤)

(٢) المرجع السابق، أحكام الأسرى والسبايا في الحروب الإسلامية، للأستاذ الدكتور/ عبداللطيف عامر، ص (٢٤٣).

(٣) تفسير القرطبي، الجزء ١٠، ص (١٩٣)، واختلاف الفقهاء للطبرى كتاب الجهاد ص(١٩٧)

(٤) القيم الإسلامية، باب أنواع الحرية، الجزء ١ ص (٤١)

رابعا : حق الأسير في الرعاية الصحية :

أوجب الإسلام المحافظة على سلامة الأسرى وحسن رعايتهم الصحية الكاملة فتدخل فى عموم الوصية والإحسان بالأسرى لقولة ﷺ عن أبي عزيز بن عمير ابن أخي مصعب بن عمير قال: كنت في الأسارى يوم بدر، فقال: رسول الله ﷺ: «استوصوا بالأسارى خيرا»[1]

ولم يكن بوسع المسلمين فى زمن النبى ﷺ أن ينظموا أماكن مخصصة لحجز الأسرى، وذلك لبساطة الأوضاع حينذاك، وإنما كان الأسير يحجز فى مكان ملحق بالمسجد مؤقتًا، وهذا يعادل اليوم أماكن الحجز المؤقتة، أو يوزع الأسرى على أفراد المسلمين باعتبارهم متضامنين مع جماعتهم، وهذا ما يحدث فى أغلب الأحيان، مع عموم الأمر بالتوصية بهم خيرًا وتقديم الرعاية الصحية لهم. [2]

فالرعاية الصحية تشمل رعاية الأسرى طبيًا وعلاجهم والاهتمام بنظافتهم البدنية، والتداوى مطلوب شرعًا.

وذلك لقول النبى ﷺ: (تداووا عباد الله، فإن الله ما أنزل داء إلا أنزل له دواء)[3] فلا يوجد مرض في الدنيا ليس له علاج إلا مرض واحد، وهو الهرم والشيخوخة فقط، وما عدا ذلك من كل الأمراض التي في العالم لها علاج.

---

(١) المعجم الصغير للطبرانى، باب من اسمه الحسين، ح رقم ٤٠٩، الجزء الاول صـ ٢٥٠.

(٢) أحمد على الأنور، في حماية ضحايا الحرب بيوالأمر بالتداوي لا ينافي التوكل كما لا ينافيه دفع داء الجوع والعطش والحر والبرد بأضدادها بل لا تتم حقيقة التوحيد إلا بمباشرة الأسباب التي نصبها الله مقتضيات لمسبباتها قدرا وشرعا وأن تعطيلها يقدح في نفس التوكل كما يقدح في الأمر والحكمةن الشريعة الإسلامية والقانون الدولى الإنسانى، ص (٢٠)

(٣) يراجع تفسير القرآن الكريم، باب، ضوابط التداوى بالقرآن الكريم، الجزء ١٣١، صـ ٥، لمحمد أحمد إسماعيل المقدم. مصنف ابن أبى شيبة، باب من رخص فى الدواء والطب، ح ٢٣٤١٧، الجزء ٥، ص ٣١.

وعن أسامة بن شريك قال: جاء أعرابي إلى رسول الله ﷺ، فقال: يا رسول الله، أي الناس خير؟ قال: " أحسنهم خلقا " ثم قال: يا رسول الله، أنتداوى؟ قال: " تداووا، فإن الله لم ينزل داء، إلا أنزل له شفاء، علمه من علمه، وجهله من جهله "(١)

مع العلم بأن الأمر بالتداوي لا ينافي التوكل كما لا ينافيه دفع داء الجوع والعطش والحر والبرد بأضدادها بل لا تتم حقيقة التوحيد إلا بمباشرة الأسباب التي نصبها الله مقتضيات لمسبباتها قدرا وشرعا وأن تعطيلها يقدح في نفس التوكل كما يقدح في الأمر والحكمة. (٢)

وعن أبي هريرة ﷺ، قال: بعث النبي ﷺ خيلا قبل نجد، فجاءت برجل من بني حنيفة يقال له ثمامة بن أثال، فربطوه بسارية من سواري المسجد، فخرج إليه النبي ﷺ، فقال: «ما عندك يا ثمامة؟ » فقال: عندي خير يا محمد، إن تقتلني تقتل ذا دم، وإن تنعم تنعم على شاكر، وإن كنت تريد المال فسل منه ما شئت، فترك حتى كان الغد، ثم قال له: «ما عندك يا ثمامة؟ » قال: ما قلت لك: إن تنعم تنعم على شاكر، فتركه حتى كان بعد الغد، فقال: «ما عندك يا ثمامة؟ » فقال: عندي ما قلت لك، فقال: «أطلقوا ثمامة» فانطلق إلى نجل قريب من المسجد، فاغتسل ثم دخل المسجد، فقال: أشهد أن لا إله إلا الله، وأشهد أن محمدا رسول الله، يا محمد، والله ما كان على الأرض وجه أبغض إلي من وجهك، فقد أصبح وجهك أحب الوجوه إلي، والله ما كان من دين أبغض إلي من دينك، فأصبح دينك أحب الدين إلي، والله ما كان من بلد أبغض إلي من بلدك، فأصبح بلدك أحب البلاد إلي، وإن خيلك أخذتني وأنا أريد العمرة، فماذا ترى؟ فبشره رسول الله ﷺ وأمره أن يعتمر، فلما قدم مكة قال له قائل:

---

(١) مسند احمد ط الرسالة، باب أسامة بن شريك، ح ١٨٤٥٥، الجزء ٣٠، ص (٣٩٨).

(٢) موسوعة محاسن الإسلام ورد شبهات اللئام، أحمد بن سليمان أيوب، ونخبة من الباحثين، الطبعة الأولى، ١٤٣٦ هـ – ٢٠١٥ م، الفصل الثاني الجزء ١ ص ٢٧١.

صبوت، قال: لا، ولكن أسلمت مع محمد رسول الله ﷺ، ولا والله، لا يأتيكم من اليمامة حبة حنطة، حتى يأذن فيها النبي ﷺ[1].

وإذا نظرنا في هذا الحديث نجد أنه ومنذ القدم لم تكلف الدول المتحاربة نفسها أن توجد أماكن مخصصة للأسرى، تراعى فيها الشروط الصحية لأسرى الحرب من تخصيص اماكن صالحة تشمل رعاية الأسرى طبيًا وعلاجهم والاهتمام بنظافتهم البدنية.

ولقد دخل خالد بن هشام بن المغيرة وأمية بن أبى حذيفة بن المغيرة في منزل أم سلمه في مناحة العفراء فقيل لها أتى بالأسرى، فخرجت، فدخلت عليهم فلم تكلمهم حتى رجعت، فوجدت رسول الله ﷺ في بيت عائشة، فقالت يا رسول الله، إن بنى عمى طلبوا أن يدخل بهم على وأضيفهم وأدهن من رؤوسهم، وألم من شعثهم، فلم أحب أن أفعل ذلك حتى أستأذنك، فقال رسول الله ﷺ لست أكره شيئًا من ذلك. [2]

وإذا نظرنا في هذا الحديث نجد أنه يحمل في معناه ضرورة العناية بالأسرى بدنيًا وصحيًا ونجد أن الشرع الإسلامى حفظ حقوقًا مهمة تصب جميعها في غاية واحدة وهى الحفاظ على صحة الأسرى، وعدم تعريضهم للأذى كما وضحنا أنفًا فقد كانوا يوفرون حاجتهم الأساسية من الطعام والكسوة، لأجل أن يكون الأسير بصحة جيدة.

بقى لنا في هذا المطلب وهو هل يجوز التداوى بما هو محرم فمن المتفق عليه بين العلماء منع التداوى بما هو محرم لأن الاستشفاء به حرام ومحل ذلك الظروف العادية، فلا يوجد خلاف بين الفقهاء في منع التداوى بما هو محرم في الظروف العادية، أما عند الضرورة كالاضطرار إلى

---

(١) أخرجه الإمام البخاري في صحيحه، (ب) وفد بنى حنيفة، وحديث ثمامة بن اثال، ح رقم ٤٣٧٢، ج ٥، ص رقم (١٧٠).

(٢) يراجع: في ذلك د/ عبد التواب عبد السلام، في أسرى الحرب بين الشريعة الإسلامية والقانون، رسالة دكتوراه قسم السياسة الشرعية والقانون، سنة ١٩٩٢، ص (١٣٤)

التداوى بالخمر وغيرها من المسكرات، فمحل خلاف بين الفقهاء فذهب البعض إلى أنه: لا يجوز التداوى بالخمر حتى ولو لم يجد المريض غيرها وبذلك قال الحنابلة والمالكية، واستدلوا على ذلك بقول النبى ﷺ عن أبي إسحاق الشيباني، عن حسان بن مخارق، عن أم سلمة قالت: نبذت نبيذا في كوز فدخل رسول الله - ﷺ - وهو يغلي فقال: "ما هذا؟" قلت: اشتكت ابنة لي فنعت لها هذا. فقال رسول الله - ﷺ -: "إن الله لم يجعل شفاءكم فيما حرم عليكم"(١)

ولا يجوز لمسلم تملك الخمر ولا تمليكها من أحد لأن الشرع نهى عن الانتفاع بها، وأمر باجتنابها. (٢) ومنها ما رواه أحمد ومسلم وأبو داود عن النّبي - ﷺ - أنه قال: في التداوي بالخمر: «إنه ليس بدواء ولكنه داء» ردا على طارق بن سويد الجعفي الذي قال: «إنما أصنعها للدواء» (٣).

أما الحنفية والظاهرية: قالوا بجواز التداوي بالخمر والنجاسات والسموم إذا تعينت، وعلم يقينا أن فيها شفاء للضرورة. واستدلوا بقول الله ﷻ ﴿وَقَدْ فَصَّلَ لَكُم مَّا حَرَّمَ عَلَيْكُمْ إِلَّا مَا اضْطُرِرْتُمْ إِلَيْهِ وَإِنَّ كَثِيرًا لَّيُضِلُّونَ بِأَهْوَائِهِم بِغَيْرِ عِلْمٍ إِنَّ رَبَّكَ هُوَ أَعْلَمُ بِالْمُعْتَدِينَ﴾(٤)

فعندهم يجوز للمريض أن يتناول الخمر أو غيرها من المسكرات على سبيل التداوى مادام لم يجد ما يقوم مقامها من مباح.

ونرى أنه لا يجوز التداوى بالخمر أو المسكر لأنه فى الحقيقة ما أكثر الأدوية وشركات الدواء ومصانعه في عالم اليوم، فإنهم صنعوا لأكثر الأمراض علاجا، فلم يعد الشخص بحاجة أو ضرورة للتداوي بالخمر وغيرها مما حرم الله الانتفاع به وجعله نجسا.

---

(١) أخرجه البخاري (٧/ ١١٠) ح رقم (٥٦١٤) (ك) الأشربة (ب) شراب الحلواء والعسل.

(٢) التفسير المنير للزحيلي، باب فقه الحياة أو الأحكام، الجزء ٧، ص ٤٥.

(٣) المرجع السابق، الجزء ٧، ص ٤٥.

(٤) سورة الأنعام آية (١١٩)

خامسا : وجوب كسوة الأسرى بالكسوة اللائقة بهم :

وجوب كسوة الأسير بثياب صالحة لستر العورة والزينة اللائقة بكرامة الإنسان والمنسقة مع إكرام الأسير، ولذلك روى عن جابر بن عبد الله ، قال: لما كان يوم بدر أتي بأسارى، وأتي بالعباس ولم يكن عليه ثوب، «فنظر النبي -ﷺ- له قميصا، فوجدوا قميص عبد الله بن أبي[1] يقدر عليه، فكساه النبي ﷺ إياه، فلذلك نزع النبي ﷺ قميصه الذي ألبسه»[2] قال ابن عيينة كانت له عند النبي -ﷺ- يد فأحب أن يكافئه.

والمختار عند الكثيرين من الفقهاء أن الفعل فى هذه الحالة للوجوب لأنه جهلت صفة فعله ﷺ فيكون الوجوب[3]،

وذلك لأنهم لم يجدوا قميصًا يصلح للعباس إلا قميص عبدالله لأن العباس كان طويلاً جدًا.

لم يقتصر المسلمون على إطعام أسراهم من المشركين؛ بل إنهم كانوا يقدمون لهم الملابس أيضا، وهذا ثابت في الصحيح، فقد جعل البخاري -رحمه الله- بابا في الصحيح سماه: باب الكسوة للأسارى[4]، كما ورد آنفا فى الحديث الشريف الذى ورد فى صحيح البخارى.

وعندما أصابت خيل لرسول الله ﷺ، فتصيب ابنة حاتم، فيمن أصابت، فقدم بها على رسول الله ﷺ فى سبايا من طيئ، وقد بلغ رسول الله ﷺ هربى إلى الشام. قال: فجعلت بنت حاتم فى

---

(1) هو عبدالله بن أبى بن مالك بن الحارث بين عبيد الخزرجى، المشهور بابن سلول، وسلول جدتة لأبيه، من خزاعة، رأس المنافقين في الإسلام، كان سيد الخزرج في آخر جاهليتهم وأظهر الإسلام بعد وقعة بدر توفى سنة ٩ه.

(2) أخرجه الإمام البخارى في صحيحه، باب الكسوة لأسارى، حديث رقم ٣٠٠٨، الجزء ٤ ص (٦٠)

(3) شرح الأسنوى، الجزء ٢، ص (٢٤١)

(4) موسوعة محاسن الإسلام ورد شبهات اللئام، باب شبهات عن النبى ﷺ، الجزء (٨)، ص (٤٩٥)، لطبعة: الأولى، ١٤٣٦ هـ - ٢٠١٥ م.

حظيرة بباب المسجد، كانت السبايا يحبسن فيها، فمر بها رسول الله ﷺ، فقامت إليه، وكانت امرأة جزلة، فقالت: يا رسول الله، هلك الوالد، وغاب الوافد، فامنن علىّ منّ الله عليك. قال: ومن وافدك؟ قالت: عدى بن حاتم. قال: الفار من الله ورسوله؟ قالت: ثم مضى رسول الله ﷺ، وتركنى، حتى إذا كان من الغد مربى، فقلت له مثل ذلك، وقال لى مثل ما قال بالأمس. قالت: حتى إذا كان الغد، مربى، وقد يئست منه، فأشار إلى رجل من خلفه: أن قومى فكلميه، قالت: فقمت إليه، فقلت: يا رسول الله، هلك الوالد، وغاب الوافد، فامنن علىّ منّ الله عليك. فقال ﷺ: قد فعلت، فلا تتعجلى بخروج، حتى تجدى من قومك من يكون لك ثقة، حتى يبلغك إلى بلادك، ثم آذنينى. فسألت عن الرجل الذى أشار إلى أن أكلمه، فقيل: على بن أبى طالب ﷺ، وأقمت حتى قدم ركب من بلى أو قضاعة قالت: وإنما أريد أن آتى أخى بالشام. قالت: فجئت رسول الله ﷺ، فقلت: يا رسول الله، قدم رهط من قومى، لى فيهم ثقة وبلاغ. قالت: فكسانى رسول الله ﷺ، وحملنى وأعطانى نفقة، فخرجت معهم، حتى قدمت الشام.[1]

والنساء والرجال على حد سواء فى وجوب ستر العورة أسرى كانوا أو غير أسرى ثم إنه لا يعقل أن الإسلام يهدر كرامة الإنسان بتركه عارى البدن، فهذا مما تأباه الطبائع ولا تستسيغه النفوس إذ لا يجوز النظر إلى العورات أصلاً.

من أخلاق الإسلام أيضا في التعامل مع الأسرى الرفق ولين الجانب، حتى يشعروا بالأمن والطمأنينة، وقد كان من أخلاق رسول الله – ﷺ – أنه كان يرد على استفسارات الأسرى، ولا يسأم أو يمل من أسئلتهم، مما يوحي بسعة صدره، وعمق رحمته – ﷺ – التي شملت البشر جميعا[2].

---

(١) الموسوعة القرآنية، باب سنة الوفود وهى سنة تسع، الجزء ١، صـ (٢٦٧ – ٢٦٨)، إبراهيم بن إسماعيل الأبيارى (المتوفى: ١٤١٤هـ)، الطبعة: ١٤٠٥ هـ.

(٢) المرجع السابق، موسوعة محاسن الإسلام ورد شبهات اللئام، باب شبهات عن النبى ﷺ، الجزء (٨)، صـ (٤٩٦)، لطبعة: الأولى، ١٤٣٦ هـ – ٢٠١٥م.

وأيضًا وجوب احترام مشاعرهم الإنسانية إن الإسلام يرفع من قيمة البشر، ويحترم المشاعر الإنسانية احتراما كبيرا، سواء مع المسلمين أو مع غيرهم، وقد وجدنا تطبيقات عملية كثيرة لهذا الأمر في حياة النبي – ﷺ –، ويظهر هذا الأمر بوضوح في أوقات الشدائد، وبعد الحروب خاصة، فنجد النبي – ﷺ – يوجه أصحابه الكرام توجيهات إنسانية راقية في شأن التعامل مع الأسرى من النساء والأطفال؛ فينهى عن التفريق بين الأم وطفلها[1]؛ فعن أبي أيوب – ﷺ – قال: سمعت رسول الله ﷺ يقول: "من فرق بين والدة وولدها فرق الله بينه وبين أحبته يوم القيامة"[2]

____

(١) المرجع السابق ذات الموضوع، جزء ٨، ص ٤٩٧.

(٢) أخرجه الترمذي (١٥٦٦)، والطبراني في الكبير (٤٠٨٠)، والحاكم ٢/ ٦٣، وأحمد ٥/ ٤١٢ من طرق عن أبي عبد الرحمن الحبلى، عن أي أيوب الأنصاري به.

المبحث الثاني - واجبات أسرى الحرب في الفقه الإسلامي

أما عن آداب الأسير وواجباته فأنه لا مانع من أن يخبر الأسير عن أسمه وطبيعة عمله في الجيش الإسلامي، إلا أنه يحظر عليه إباحة الأسرار الحربية أو إرشادهم إلى المناطق العسكرية، حيث قال الأوزعى وسفيان الثورى «لا رخصة للأسير فى أن يدل على عورة وإن قتل»(١)

وإذا نظرنا إلى معاملة الأسرى فى الشريعة الإسلامية نجد أن الإسلام نظر إلى حالة الأسر كحالة عارضة ومؤقتة وليست كحالة دائمة، ولم يجعل الإسلام للأسر صفة التأبيد لأنه استثناء من الأصل، والأصل فى الإنسان الحرية، لذا خالف الأسر الرق فى مفهوم الحرية والاستبعاد، فإذا صح استعباد الرقيق وتكليفهم بالعمل لم يصح ذلك فى حق الأسرى، لذا لم نجد فى كتب الفقه دلالة على تشغيل الأسرى وعليه سوف نقوم بعرض آداب الأسير وواجباته على النحو التالى:

المطلب الأول: تشغيل أسرى الحرب في الفقه الإسلامي:

ويجوز تشغيل الأسرى مقابل أجر، لكن ليس للمسلم أن يخون صاحب العمل، وإنما يتقنه كالمعتاد، على أن الثابت فى غزوة بدر أن بعض الأسرى ممن لم يكن له مال يفتدى به نفسه جعل فداءهم أن يعلموا أولاد الأنصار الكتابة.

وعن ابن عباس-ﷺ- قال: كان ناس من الأسرى يوم بدر لم يكن لهم فداء، " فجعل رسول الله - ﷺ - فداءهم أن يعلموا أولاد الأنصار الكتابة "(٢)

---

(١) يراجع: اختلاف الفقهاء للطبرى، ص (١٩٧).

(٢) الجامع الصحيح للسنن والمسانيد، باب نزول الملائكة يوم بدر، الجزء ١٤، ص (٤٢٧)، ورواه أحمد فى مسنده ١ / ٢٤٧.

وهذا الحديث يفيد فى معناه تعلم أولاد الصحابة الكتابة على المشركين من قريش أسرى بدر حين جعل النبي –ﷺ– ذلك فداء من لم يجد من المال ما يفدي به نفسه. [1]

وجواز ذلك أيضًا مبني على قاعدة: «الأصل فى الأشياء الإباحة حتى يدل الدليل على التحريم» [2]، فتشغيل الأسرى ليس فيه أمر بمحرم ولا إعانة على باطل، لأنهم واقعون تحت سلطة آسريهم، وقد أجيز لهم الاشتراك فى دفع العدوان عن الآسرين عند الضرورة أو المصلحة كإطلاق سراحهم، ولكن يكره الاشتغال بما يقويهم على القتال [3]

وعن عكرمة قال: كان فداء أسرى بدر مختلفًا وكان منهم من فداؤه أن يعلم غلمان الكتاب أو قال: «يعلم الغلمان الكتاب». [4] وجاء فى الرحيق المختوم «أن أهل مكة كانوا يكتبون وأهل المدينة لا يكتبون فمن لم يكن عنده فداء دفع إليه عشرة غلمان من غلمان المدينة يعلمهم، فإذا حذقوا فهو فداء» [5]

وعليه فإن رسول الله ﷺ، فادى بعض أسرى بدر بتعليم عدد من صبيان المدينة.. حيث جاء في مسند الإمام أحمد عن ابن عباس وحسنه شعيب الأرناؤوط ولفظه: كان ناس من الأسرى يوم بدر لم يكن لهم فداء فجعل رسول الله ﷺ فداءهم أن يعلموا أولاد الأنصار الكتابة. قال: فجاء يومًا غلام يبكي إلى أبيه فقال: ما شأنك؟ قال ضربني معلمي، قال: الخبيث يطلب

---

(١) فتاوى الشبكة الإسلامية، باب ضوابط تلقى العلم من الكافر، الجزء الأول، ص ٥٣١

(٢) يراجع في ذلك الإحكام في أصول الأحكام للآمدى، ج ٦، ص ٣، والإباحة د/ محمد سلام مدكور، بحث في مجلة القانون والاقتصاد العدد الأول، ص (١٤٤)

(٣) اختلاف الفقهاء للطبري، ص (١٨٧)، وأيضًا شرح السير الكبير، الجزء ٣ ص (٢٧٣).

(٤) دار الفكر، كتاب الأموال لأبى عبيد القاسم، ص (١٥٣)

(٥) الرحيق المختوم، ص (٢٥٦)، لصفى الرحمن، دار الوفاء للنشر.

بِدِحْل بدر (يعني: بثأر) والله لا تأتيه أبدًا. [1] وجاء أيضاً في سنن البيهقي بهذا اللفظ، وذكر في أكثر كتب السيرة أيضًا. [2]

وكان زيد بن ثابت – ﷺ – ممن تعلم الكتابة والقراءة من الأسرى.

وقال ابن القيم في زاد المعاد: فصل في حكمه في الأسرى: ثبت عنه ﷺ في الأسرى أنه قتل بعضهم، ومنَّ على بعضهم، وفادى بعضهم بمال، وبعضهم بأسرى من المسلمين، واسترق بعضهم، ولم يسترق رجلاً بالغًا وفادى بعضهم على تعليم جماعة من المسلمين الكتابة ولكن تحديد عدد الصبيان بعشرة لم نقف عليه من وجه صحيح. [3]

ولكن إذا صح اعتبار ذلك تكليف الأسرى بعمل فإنه أخف درجات العمل مشقه وأكثرها نفعًا للعباد ولو كانت نظرة الإسلام إلى هذا التكليف باعتباره سخرة لكلف هؤلاء الأسرى بما لا يطيقون من العمل، وإنما تجلت حكمة الإسلام في تكليف هؤلاء الأسرى بهذا النوع من العمل دون غيرة وذلك لأمرين:

الأول: أن هذا العمل وسيلة إلى التحرر من الأسر أو أنه فداء على عمل يمكن تقويمه بالمال فالعمل يستحق عليه أجر لأنه عوض عن المنفعة فجعل فداءهم أجرهم عن هذا العمل.

والثاني: إزالة الجهل بالكتابة بين غلمان أهل المدينة لنظرة الإسلام للعلم وتوفير أهله والحض عليه. [4]

وأما عمل الأسير المسلم فإنما نؤسسه على الإكراه، وذلك لقول الأوزعي بخصوص عمل الأسير فقال «لا يقاتلوا معهم إلا أن يخافوا على دمائهم لأنهم حينئذ يقوون بهؤلاء»

---

(١) سبق تخريجه.

(٢) فتاوى الشبكة الإسلامية، باب فداء أسرى بدر تعليم الكتابة، الجزء ٣، ص (١٦٢٥).

(٣) المرجع السابق ذات الموضوع.

(٤) أحكام أسرى الحرب بين الشريعة الإسلامية والقانون الدولي العام، د/ أيمن محمد فوزي، ص (٣٥٤).

وأيضًا قول الشافعى رحمه الله «وإن لم يستكرهوهم علىٰ قتالهم كان أحب إلىٰ إلا يقاتلوا»[1]

وذكر الدكتور يوسف قاسم: إلى أن نظرية الضرورة فى العلاقات الدولية ليس لها تطبيقات فى الفقه الإسلامى والرأى الذى يكاد يكون مجمعًا عليه بين الشرائع هو عدم الاعتراف بأى أثر للضرورة بمعناها الخاص فى العلاقات الدولية وهو ما قررته الشريعة الإسلامية منذ أربعة عشر قرنًا من الزمن.[2]

قتال الأسرى المسلمين مع جيش الدولة المعادية.

وأما عن حكم قتال الأسرى المسلمين مع عدوهم: فقد ذهب بعض العلماء إلى أنه يجوز للأسرى المسلمين أن يقاتلوا مع عدوهم عدوا آخر، وقال بذلك الأوزاعى، والثورى[3]،

وذهب جمهور العلماء: إلى أنه لا يجوز للأسرى المسلمين أن يقاتلوا مع عدوهم عدوًا آخر[4]، حيث قال الإمام مالك فى هذا الشأن: «لا ينبغي لمسلم أن يهريق دمه إلا فى حق ولا يهريق دمًا إلا بحق»[5]

أما إذا كلف الأسير المسلم بقتال أو اشتراك فى حرب ضد المسلمين حتى وإن اكره على ذلك فيحرم ذلك عند جمهور الفقهاء قولاً واحداً إذا كان الأمر باختيار الأسير، فليس له أن يقاتل مسلمًا ولو أكرهوه على أن يقتل مسلمًا لم يكن له أن يقتله. [6]

---

(١) اختلاف الفقهاء للطبري ص (١٩٥)

(٢) الدكتور يوسف قاسم في نظرية الضرورة، ص ٦٨ وما بعدها، دار النهضة العربية.

(٣) التاج والاكليل للمواق، الجزء ٣، ص (٣٨٩).

(٤) كتاب الأم، الجزء ٤، ص (١٥٩)، وشرح السير الكبير، جزء ٣ ص (٢٤١)، كشاف القناع، ٣، ص (١١٠)

(٥) اختلاف الفقهاء للطبري، ص ١٩٤.- ١٩٦.، والتاج الجزء ٤ ص (٤٤٢).

(٦) شرح السير الكبير، الجزء ٤ ص (٢٥٣ وما بعدها)، الأم الجزء ٤، ص (١٩٨)، وأيضًا اختلاف الفقهاء ص (١٩٨).

وقد أجمع العلماء على أن الأسير من المسلمين إذا كان فى أيدى العدو وقدر أن يتخلص منهم فله أن يتخلص منهم ويهرب بأى وسيله كانت، حتى ولو أدى الأمر إلى قتل بعض الأعداء أو فك القيود وكسرها أو أخذ بعض الأموال، إذ أن الهرب أمر طبيعى ومنعه مصادرة لحرية الإنسان وسوف نقوم بتوضيح الهرب فى الفصل الثالث من هذا الباب على نحو مفصل إن شاء الله.

فعليه عند جمهور الفقهاء أن يفى بعهده، لقول النبى ﷺ «المسلمون عند شروطهم» وأيضًا عن عائشة، عن النبي ﷺ قال: «المسلمون عند شروطهم ما وافق الحق»[1]

فكل من عقد عقدا من العقود التي أثبتتها الشريعة، وجعلت لها حكما بين يدي الله تعالى وبين العبد، أو بين العباد بعضهم من بعض، فصح ذلك منه، وانعقد عليه ولزمه، فعليه أن يوفي به. [2] إذًا فالمسلمون عند شروطهم، والوفاء بالعهد واجب.

وذهب المالكية: إلى أنه يجوز له الهرب بنفسه فقط لحرمة المقام بدار الحرب[3]

والراجح: أنه يجب الوفاء بالعهد فى أى مكان إذا صدر من الاسير لأنه أصل من أصول الإسلام ولقوة الأدلة التى تم ذكرها آنفًا، وأيضًا لقول الله تعالى فى سورة النحل: ﴿وَأَوْفُواْ بِعَهْدِ ٱللَّهِ إِذَا عَٰهَدتُّمْ وَلَا تَنقُضُواْ ٱلْأَيْمَٰنَ بَعْدَ تَوْكِيدِهَا وَقَدْ جَعَلْتُمُ ٱللَّهَ عَلَيْكُمْ كَفِيلًا إِنَّ ٱللَّهَ يَعْلَمُ مَا تَفْعَلُونَ﴾[4]

---

(١) سنن الدار قطنى، كتاب البيوع، (٣ /٤٢٧) حديث رقم (٢٨٩٣).، اختلاف الفقهاء، ص ١٨٦ وما بعدها.

(٢) شعب الإيمان، باب العتق ووجه التقرب إلى الله ﷺ الجزء ٦ ص (١٨٨) لأحمد بن الحسين بن علي بن موسى الخُسْرَوْجِردي الخراساني، أبو بكر البيهقي (المتوفى: ٤٥٨هـ) الطبعة: الأولى، ١٤٢٣ هـ - ٢٠٠٣م.

(٣) الحطاب، الجزء ٣، ص (٣٥٤ وما بعدها)، وحاشية الدسوقى، الجزء ٢، ص (١٦٥)

(٤) سورة النحل آية رقم (٩١).

فالوفاء بالعهد واجب والهجرة مطلوبة إذا خاف المسلم الفتنة في الدين، أو كان لا يتمكن من إقامة شعائر الإسلام، فيجوز حينئذ للأسير أن يهرب لهذا الغرض عند صدور العهد، أما في حالة عدم وجود العهد فالهرب حق معترف به للأسير حتى في القانون الدولى العام وسوف نقوم بتوضيح هروب الأسير بشئ من التفصيل في الفصل الثالث من هذا الباب إن شاء الله في حينه.

المطلب الثاني : احترام التعليمات والقوانين المعمول بها لدى الدولة الآسرة :

لقد أشارت كتب السيرة والمغازى والسير الكبير إلى أسماء من وقعوا في الأسر ودل ذلك على اهتمام السلف بهذه القضية إذ يجرى بشأنهم بعد الأسر والحصر تحديد مراكزهم القانونية والشرعية بحيث يتحدد في ضوء ذلك وجه المعاملة الواجبة بشأنهم

فقد يرتكب الأسير الجرائم وبعض الأفعال التى من شأنها الإضرار بأمن الدولة الإسلامية، فقد ثبت أن بعض الأسرى في عهد النبى ﷺ قتل لجرم اقترفه، وبعضهم مّن عليه أو تم فداءه على مال أو بأسرى حسب الأحوال وما يراه الإمام.

ولقد أشار أبو يوسف في كتابه الخراج إلى تنظيم بعض أحكام السجن أو الحبس فقال: « وولّ ذلك رجلاً من أهل الخير والصلاح يثبت أسماء من فى السجن ممن تجرى عليهم الصدقة، وتكون الأسماء عنده » [١]

وعلى الأسير أن يحترم القوانين والتعليمات والأوامر المعمول بها لدى الدولة الآسرة، ولكن إذا وقعت جناية من الأسير المسلم على غيره، فإن اتجاهات الفقهاء تتعدد حول محاسبته على جنايته التى وقعت في بلاد الحرب الى ثلاث اتجاهات:

١. أنه لاحد عليه، لأنه وهو في أيدى أعدائه من أهل الحرب تبع لهم، فيصير وكأنه واحد منهم.

____

[١] الخراج لأبى يوسف، ص (١٥٠).

٢. ليس عليه إلا الكفارة في القتل الخطأ ولا شيء عليه في القتل العمد.

٣. تقام عليه الحدود كما لو وقعت منه هذه الجناية في دار الإسلام.

حيث ذهب الحنفية: إلى أنه إذا ارتكب الأسير شيئًا من الأسباب الموجبة للعقوبة في دار الحرب كالزنى والسرقة وشرب الخمر، فإن ذلك لا يكون مستوجبًا للعقوبة حتى ولو رجع بعد ذلك إلى دار الإسلام.

واستدلوا على ذلك بقولهم: أن الفعل لم يقع موجبًا أصلاً للعقوبة لعدم الولاية على دار الحرب، بعكس مالو وقعت الجريمة في دار الإسلام، ثم هرب الشخص إلى دار الحرب فلا يسقط عنه الحد، لوقوع الفعل موجبًا للعقاب فلا يسقط بالهرب. [(١)]

الحكم إذا صدر من مسلم ما يوجب حدّ أو تعزير في دار الحرب.

ذهب جمهور الفقهاء: إلى أنه إذا صدر من مسلم ما يوجب حدّا أو تعزيرًا في دار الحرب فإنه يستحق العقاب عليه، إلا أن الحنابلة قالوا: لا ينفذ العقاب إلا في دار الإسلام، وبذلك قال الأوزعى أيضًا، والباقون من الفقهاء قالوا يقام الحد في دار الحرب، ولا يؤخر حتى يرجع إلى بلاد الإسلام، وذلك لأن إقامة الحد طاعة. [(٢)]

ويتفق مذهب الجمهور مع المبدأ الذى كان سائدًا في الشرائع القديمة، وهو مبدأ شخصية القوانين الجنائية، ومقتضاه أن أحكام التشريع الجنائى للدولة تتبع رعاياها وتحكمهم أينما وجدوا، فإنها على العكس لا ترى ذلك في الاجانب، وإن ارتكبوا جرائمهم فوق إقليم الدولة. [(٣)]

---

(١) المراجع السابق، ص (١٧٨)، والمبسوط للسرخسى، الجزء ١٠، ص(٧٥)،

(٢) المغنى الجزء ٨، ص (٤٧٣)، والشرح الكبير لدردير الجزء ٢ ص (١٦٦)، وأحكام الأسرى والسبايا فى الحروب الإسلامية، للأستاذ الدكتور/ عبد اللطيف عامر، مرجع سابق. (أين رقم الصفحة)

(٣) موجز الدكتور/ على راشد فى موجز القانون الجنائى، ص (٧٥). وكذلك المرجع السابق فى ذات الموضوع ص (٢٤٦).

أما مذهب الحنفية الذى لا يجيز توقيع العقاب على المجرمين من الأسرى في دار الحرب مع النزعة الحديثة لقاعدة إقليمية التشريع الجنائى بمعنى أن هذا التشريع يحكم كل ما يقع على إقليم الدولة من الجرائم أيًا كانت جنسية مرتكبها، وإنه على العكس لا سلطان له على ما يقع من الجرائم في الخارج، وهذه القاعدة تتفق مع مبدأ إقليمية سيادة الدولة، وهى القاعدة المعمول بها في الشرائع الحديثة. (١)

ويرى أبى حنيفة أيضًا أنه ليس على الأسير دية ولا كفارة في القتل العمد، ووجه قوله: أن الأسير مقهور في يد أهل الحرب فصار تابعًا لهم، ولهذا يصير مقيمًا بإقامتهم ومسافرا بسفرهم.

وذكر الشافعى في كتاب الأم في الأسارى من المسلمين في دار الحرب يقتل بعضهم بعضًا أو يجرح بعضهم بعضًا، أو يغضب بعضهم بعضا ثم يصيرون إلى بلاد الإسلام أن الحدود تقام عليهم كما لو كانوا قد فعلوا ذلك في بلاد الإسلام، ولا تسقط دار الحرب عنهم فرضًا كما لا تسقط عنهم صومًا ولا صلاة ولا زكاة، والحدود فرض عليهم كما أن هذه فرض عليهم، ولقد قام النبى ﷺ الحد بالمدينة والشرك قريب منها، وضرب الشاربين بحنين والشرك قريب منهم. (٢)

وجناية الاسير إما أن تقع على أسير مسلم مثلة، وأما أن تقع على العدو الذى أسره فردا كان أم دولة، فإذا جنى على أخيه وهو يملك ألا يجنى عليه، وإذا تعمد قتله وقد كان يستطيع أن يتجنب ذلك، فإنه يعامل كما لوكان حرا، وكما لو وقعت منه جناينه وهو في دار الإسلام.

ويقول فضيلة الدكتور/ عبد اللطيف عامر: وما دام الفقه الإسلامى قد أجاز بعض تصرفاته في مسألة وهو أسير، واحتفظ بحقه في ميراثه حتى يعود، وحافظ على بقاء زوجيته إلى أن

---

(١) النظم السياسية، للدكتور/ ثروت بدوى ص (١٣٨). وأيضًا المرجع السابق فى ذات الموضوع.
(٢) الأم للشافعى، الجزء الرابع، ص (١٦٢ وما بعدها ابع، ص (١٦٢ وما بعدها)

يطلق سراحه، فإن من حقه كذلك أن يؤاخذه على جناية وأن يقرر القصاص منه مادامت هذه جناية صادرة منه عن وعي وإرادة، ولو حاكمه أعداؤه على جنايته، لأن أهل الحرب لا يقيمون أحكام الإسلام، ودار الحرب ليست دار استيفاء العقوبات كما أن أحكامها ليست من أحكام المسلمين. (١)

**** **** ****

---

(١) أحكام الأسرى والسبايا في الحروب الإسلامية، ص (٢٤٩) عبد اللطيف عامر.

المبحث الثالث – حقوق وواجبات أسرى الحرب في القانون الدولى

أما عن حقوق وضمانات الأسرى في المواثيق الدولية، فقد أبانت المحكمة العسكرية الولية بنورمبرج عن طبيعة الأسر ووضع الأسير في ظلة إذ تقول « إن الأسير الحربى ليس إنتقامًا أو عقابًا وإنما هو مجرد اعتقال تحفظي غرضه الوحيد منع الأسير من العودة إلى المساهمة في القتال»[1]

حيث نجح العمل القانوني من خلال ما أفرزته المؤتمرات الدولية التى شارك فيها أفراد الجماعة الدولية في تقنين قواعد المعاملة الخاصة بأسرى الحرب، وقد مر هذا التقنين بعد مراحل أهما:

١. نظام لاهاى الملحق بالاتفاقية الرابعة ١٩٠٧م.

٢. الاتفاقيات الخاصة التى أبرمت في برن بين الأطراف المتحاربة لعام ١٩١٧م.١٩١٨م.

٣. اتفاقية جنيف لعام ١٩٢٩م المتعلقة بتحسين حالة أسرى الحرب.

٤. اتفاقية جنيف الثالثة لعام ١٩٤٩م المتعلقة بمعاملة أسرى الحرب.

٥. البروتوكولين الإضافيين الملحقين باتفاقيات جنيف عام ١٩٧٧م.

وقد ذكر البرتوكول الأول لعام ١٩٧٧م بان أسير الحرب ينسحب على جميع أفراد القوات المسلحة والمجموعات والوحدات المقاتلة التى تمارس عملها تحت امرة قيادة مسؤلة.

وقد تضمنت تلك الاتفاقيات عددًا من الحقوق والضمانات المتعلقة بمعاملة أسرى الحرب وهى:

أولاً : الحق في احترام الشخصية والشرف والمعاملة الإنسانية :

يتمتع أسرى الحرب في جميع الأوقات والظروف، بحق الاحترام لشخصهم وشرفهم، ويحتفظون بأهليتهم المدنية التي كانت لهم عند وقوعهم في الأسر بحيث يستمر تمتعهم بالحقوق المدنية، وفقا لقوانين بلادهم، وليس للدولة الحاجزة وضع قيود على ممارسة هذه الحقوق إلّا بالقدر الذي تتطلبه دواعي الأسر. [1]

حيث أن للمحارب أن يهاجم مقاتلي العدو وأن يقتلهم أو يقوم بجرحهم، ولكنهم إذا وقعوا في يده أو ألقوا أسلحتهم، صاروا في هذ الحالة أسرى حرب ويتمتعون بالحماية العامة للأسرى والتى تتضمن الأتى : .

١_ يجب أن يعامل الأسير وفقًا للمبادئ الإنسانية، وأى عمل غير مشروع يتسبب عنه موت الأسير أو تعريض صحته للخطر يعتبر إخلالاً خطيرًا بهذه الاتفاقية. [2]

٢_ ويخضع أسرى الحرب لسلطة الدولة الآسرة وليس للقوات أو الأشخاص الذين اعتقلوهم، وتعتبر الدولة مسؤولة عن كل ما يتعرض له الأسير [3]

٣_ تعتبر الدولة الحاجزة مسؤولة عن نقل الأسرى. [4]

ثانيًا : الأحوال المعيشية للأسرى من مأوى، وملبس، ومأكل :

فلقد نصت اتفاقية جنيف سنة ١٩٤٩م على أن طعام الأسرى ولباسهم وسكناهم يجب أن تكون في نفس المستوى المتبع بالنسبة لجيوش الدولة الآسرة [5]

---

(١) حماية ضحايا النزاعات المسلحة في القانون الدولى والشريعة الإسلامية، للدكتور/ عبد الغنى محمود، ص (٣٢).

(٢) اتفاقية جنيف الثالثة لسنة ١٩٤٩م، المادة ١٣، فقرة ١.

(٣) اتفاقية جنيف الثالثة لسنة ١٩٤٩ م، المادة ١٢، فقرة ١.

(٤) اتفاقية جنيف الثالثة لسنة ١٩٤٩ م المادة ١٢، فقرة ٢.

(٥) القانون الدولي، للدكتور/ أبو هيف، ص (٢١٤)، والعلاقات السياسية الدولية، للدكتور/ أحمد سويلم العمرى، ص (٣٤٨).

أما فيما يتعلق بالمأوى :

فقد نصت المادة ٢٥ من اتفاقية جنيف الثالثة ١٩٤٩م حيث استهدفت الاتفاقية بتنظيم المأوى لأسرى الحرب وذلك بتوفير ظروف ملائمة تماثل تلك المتوفرة لأفراد القوات المسلحة للدولة الحاجزة المتواجدين في ذات المنطقة، على أن يؤخذ في الاعتبار في جميع الأحوال عادات وتقاليد الأسرى ووسائل التدفئة والإنارة ووسائل الحريق مع ضرورة تخصيص أماكن للإقامة خاصة بالأسيرات عن تلك المخصصة للأسرى من الرجال. [1] وتناولت ذات الأحكام المادة العاشرة من اتفاقية أسرى الحرب لسنة ١٩٢٩م والتى حققت قدرًا كبيرًا من الرضا العام خلال الحرب العالمية الثانية. [2]

أما فيما يتعلق بالمأكل :

فيجب أن تكون وجبات الغذاء اليومية مناسبة وكافية في كمياتها وقيمتها الغذائية بحيث تكفل سلامتهم وبقائهم في حالة صحية جيدة، وأيضًا لتوفير ظروف معيشية مناسبة لهم مع مضاعفة الكمية أو توفير وجبات إضافية للقائمين من الأسرى بأعمال بدنية، ولابد من مراعاة أنواع الأغذية التى تناسب الأسرى وتتفق وعاداتهم، فربما كان نوع الطعام الذى تقدمه الدولة الآسرة لأفراد قواتها المسلحة لا يناسب المعتقلين من الأسرى أو أنهم لا يتقبلونه، أو يكون محرمًا عليهم تناوله وفقًا لشريعتهم، فيجب مراعاة ذلك حتى لا يتعرض الأسرى لسوء التغذية وبالتالى يلحق ذلك ضررًا بصحتهم، ويراعى أيضًا توفير الأماكن المناسبة لتناول الأطعمة، وفى جميع الأحوال يحظر استخدام المأكل أو المشرب كوسيلة من وسائل التأديب الجماعى أو كعقوبة. [3]

---

(١) نص المادة ٢٥ من اتفاقية جنيف الثالثة لسنة ١٩٤٩م.

(٢) للمزيد يراجع المادة ١٠ من اتفاقية أسرى الحرب لعام ١٩٢٩م.

(٣) نص المادة ٢٦ من اتفاقية جنيف الثالثة لسنة ١٩٤٩م، وأيضًا: اجتماع الأمم المتحدة المعنى بقضية فلسطين، الجلسة العامة الثانية، الوضع القانونى للسجناء السياسيين الفلسطينيين فى القانون الولى، (ص ١٥ وما بعدها).

أما فيما يتعلق بالملبس :

حيث تناولت المادة ٢٧ من اتفاقية حنيف الثالثة على الدولة الحاجزة أن تصرف ملابس ملائمة لطبيعة المناخ والأعمال المكلفين بها على أن تكون كافية من حيث الكم ومناسبة من حيث النوع، ويشمل الملبس الملابس بأنواعها الداخلية والخارجية والأحذية وكافة ما يغطى احتياجات الأسرى من الملبس [1]

وعلى أن يزود الأسرى الذين يعملون بملابس تتناسب وطبيعة تلك الأعمال التى يؤدونها على أن يسمح للأسرى وكحد أدنى بارتداء ملابسهم العسكرية وكذا رتبهم ونياشينهم فى حدود نص المادة ١٨ من الاتفاقية [2]، وتناولت المادة ٢٨ من اتفاقية حنيف الثالثة: ولتوفير المأكل والمشرب وكافة لوازم واحتياجات الأسرى من الصابون والتبغ وأدوات الاستعمال اليومية تنشأ كنتينات داخل كل معسكر تتولى بيع مستلزمات الأسرى على ألا تزيد الأسعار عن تلك السائدة فى السوق المحلية للدولة الأسرة. [3]

ثالثًا : الحق فى ممارسة الأنشطة الدينية والذهنية والبدنية :

حيث حرصت المواثيق الدولية المعنية بمعاملة أسرى الحرب على كفالته فنصت عليه المادة ١٨ من لائحة الحرب البرية لسنة ١٩٧٧م فنصت على أنه: « تترك لأسرى الحرب حرية كاملة لممارسة شعائرهم الدينية بما فى ذلك حضور الاجتماعات الدينية الخاصة بعقيدتهم، شريطة أن يراعوا التدابير النظامية المعتادة التى حددتها السلطة العسكرية »[4]

---

(١) نص المادة ٢٧ من اتفاقية حنيف الثالثة لسنة ١٩٤٩م.

(٢) أسرى الحرب للأستاذ الدكتور/ عبد الواحد الفار ص ٢١٦ وما بعدها.

(٣) نص المادة ٢٨ من اتفاقية حنيف الثالثة لسنة ١٩٤٩م.

(٤) يراجع نص المادة ١٨ من لائحة الحرب البرية لسنة ١٩٠٧م، وأيضا نص المادة ١٦ فقرة ١ من اتفاقية اسرى الحرب لسنة ١٩٢٩م.

إذًا فيجب على الدولة الحاجزة أن تهيئ لأسرى الحرب كل ما يلزم لممارسة نشاطهم البدنية، وذلك بأن تعد لهم أماكن لهذا الغرض، وأن تسمح لهم بإقامة الشعائر الدينية، كما يتعين توزيعهم على مختلف المعسكرات وفرق العمل التى بها أسرى من نفس قواتهم. [1]

وحيث تباشر الشعائر الدينية لأسرى الحرب تحت إشراف رجال الدين من أفراد الخدمات الدينية بالقوات المسلحة التى يتبعها الأسرى الذين تستبقيهم الدولة الآسرة أو تحت إشراف أسرى الحرب من ذوى المؤهلات الدينية الذين تتفق مؤهلاتهم أو دراستهم مع هذا المجال، وحتى ولو لم يكونوا من أفراد الخدمات الدينية في قواتهم المسلحة، وفى الحالة الأخيرة يتمتع هؤلاء بذات المعاملة التى يتمتع بها رجال الدين المستبقين لمساعدة الأسرى ولا يكلفون بأي أعمال خلاف ذلك. [2]

ويجب على الدولة الآسرة أن تمكنهم من تنمية قدراتهم العقلية بتوفير الكتب والصحف والمجلات والأجهزة والأدوات التى يحتاجونها للقيام بمختلف النشاطات الثقافية، كما تلتزم الدولة الحاجزة بكفالة ممارسة الأسرى للأنشطة الذهنية والتعليمية والرياضية والترفيهية، ولها في ذلك أن تتخذ كافة التدابير المناسبة لتحقيق ذلك من حيث الأماكن [3]

ويرى جانبًا من الفقه إلى أن ممارسة الأسرى لشعائرهم الدينية يجب ألا يتضمن أمورًا تثير غضب مواطني الدولة الحاجزة وان لا تكون مخالفة لقواعد النظام العام أو الآداب العامة أو أن يكون الغرض منها استفزاز مجموعة من الأفراد. [4]

____

[1] نص المادة ٣٥.٣٤ من اتفاقية حنيف الثالثة لسنة ١٩٤٩م.

[2] أسرى الحرب للدكتور/ عبد الواحد الفار، ص (٢١٩) مرجع سابق، وأيضًا اتفاقية حنيف الثالثة لسنة ١٩٤٩ م المادة (٣٥.٣٤).

[3] نص المادة ٣٨ من اتفاقية جنيف الثالثة لسنة ١٩٤٩م، وأيضًا اتفاقية اسرى الحرب لسنة ١٩٢٩م، المادة (١٧).

[4] حماية ضحايا النزاعات الدولية المسلحة، للدكتور/ عبد الكريم محمد، ص (٢٦٨).

رابعًا : الحق في الرعاية الصحية والطبية :

حيث أقرت اتفاقيات جنيف ضرورة توفير العناية الطبية والصحية للأسرى، إذ يجب إتخاذ كافة الإجراءات الازمة لضمان نظافة المعسكرات، ونظافة الأسرى، وكل ما من شأنه منع انتشار الأمراض والأوبئة، وعلى وجه الخصوص لابد من وجود المرافق الصحية مع المحافظة على نظافتها باستمرار. [1]

وتجهز في كل معسكر عيادة أو عيادات أو وحدات علاجية حسب حجم الأسرى وظروفهم الصحية، مع توفير عنابر منفصله لعزل المرضى من الأسرى بأمراض معدية أو عقلية، وتولى رعاية خاصة للعجزة والعميان، وفى حالة عدم توافر رعاية صحية مناسبة لحالة المصابين بأمراض معدية وخطيرة أو الذين تستدعى حالتهم إجراء عملية جراحية فيتم نقلهم إلى أقرب وحدة طبية عسكرية أو مدنية تتوفر فيها الرعاية الصحية المناسبة.

ويستحسن إجراء فحص طبى للأسرى بشكل عام مرة واحدة في الشهر على الأقل، وبهدف مراقبة الحالة الصحية للأسرى وتستخدم لهذا كافة الإمكانيات المتاحة لكشف الأمراض المعدية وتمنح السلطات الحاجزة لأى أسير عولج شهادة رسمية خاصة بحالته الصحية، ومدة علاجه، ونوع مرضة، وذلك بناءًا على طلبه، على أن ترسل صورة منها إلى الوكالة المركزية لأسرى الحرب. [2]

أما بالنسبة لنفقات العلاج والأجهزة الطبية فتلتزم الدولة الآسرة بإعداد وتجهيز العيادات، وتتحمل تكاليف العلاج وتوفير الرعاية الصحية المجانية لهم. [3]

---

(1) ينظر أحكام أسرى الحرب، د/ هانى الطهراوى، ص (٨٩)، وأيضًا نص المادة (٢٩) من اتفاقية حنيف الثالثة لسنة ١٩٤٩م.

(2) اتفاقية حنيف ينظر نص المادة ٣٠ من اتفاقية حنيف الثالثة لسنة ١٩٤٩ م، وأيضًا اتفاقية اسرى الحرب لسنة ١٩٢٩م المادة (١٣).الثالثة لسنة ١٩٤٩ م المادة ٣١، وأيضا اتفاقية اسرى الحرب لسنة ١٩٢٩ المادة (١٥).

(3) الفقرة (٥ والأخيرة) من المادة (٣٠) من اتفاقية حنيف الثالثة لسنة ١٩٤٩ م

كما يجب على الدولة الآسرة اتخاذ كافة التدابير التى من شأنها ضمان تحقيق رعاية صحية ملاءمة للأسرى من خلال توفير مرافق صحية مستوفاة للاشتراطات المطلوبة من حيث النظافة والشروط الصحية، مع تخصيص مرافق للنساء تراعى فيها الخصوصية والانفصال، ويزود الأسرى بكميات مناسبة من الماء والصابون لنظافة أجسامهم مع ما يستلزم ذلك من تجهيزات ووقت. (١)

خامسًا : تشغيل أسرى الحرب:

للدولة الآسرة الحق في تشغيل الأسرى القادرين على أداء الأعمال الموكلة إليهم في ضوء اعتبارات ذاتية كالسن والجنس والرتبة والقدرات الجسمانية والمحافظة على صحتهم بدنيًا ومعنويًا. (٢)

ولكن حددت اتفاقية جنيف الثالثة لعام ١٩٤٩ م وأيضًا اتفاقية أسرى الحرب لعام ١٩٢٩ م الأعمال التى يجوز للدولة الآسرة تشغيل الأسرى بها وهى كالتالى (٣):.

١_ أعمال الزراعة.

٢_ الأعمال المتعلقة بإدارة المعسكر أو صيانته أو تنظيمه، وتشمل من بين ما تشمل إدارة المطعم وتقديم الخدمات الطبية للمؤهلين من الأسرى لذلك لمصلحة باقى الأسرى التابعين لذات الدولة.

---

(١) يراجع اتفاقية حنيف الثالثة لسنة ١٩٤٩م، المادة (٢٩) منها، وأيضا اتفاقية اسرى الحرب لسنة ١٩٢٩ م المادة (١٣) أحكام أسرى الحرب، د/ ايمن محمد فوزى، ص (٤١٨).

(٢) اتفاقية جنيف الثالثة لسنة ١٩٤٩م المادة ٤٩، الفقرة الثانية،، ايضًا اتفاقية اسرى الحرب لستة١٩٢٩م المادة ٢٧، فقرة١.

(٣) المادة ٥٠ من اتفاقية جنيف الثالثة لعام ١٩٤٩ م، وأيضًا اتفاقية اسرى الحرب لعام ١٩٢٩م المادة (٣١).

٣_ أعمال النقل والمناولة التى ليس لها غرض عسكري.

٤_ الصناعات الإنتاجية أو التحويلية، واستخراج الخامات، فيما عدا ما أختص منها باستخراج المعادن والصناعات الميكانيكية والكيميائية والأشغال العامة، وأعمال البناء التى ليس لها طابع أو غرض عسكري.

٥_ الخدمات المنزلية.

٦_ الأعمال التجارية والفنون والحرف.

٧_ خدمات المنافع العامة التى ليس لها غرض عسكري.

وفى جميع الأحوال لا يجوز تشغيل أسرى الحرب في الأعمال غير الصحية أو الخطرة أو أى عمل ينطوى على مخاطرة أو اضرار بالصحة كإزالة الألغام وغيرها من الأعمال الخطرة. [١]

ولا يجوز تكليف الأسرى بأى عمل من الأعمال التى تتصل مباشرة بالأعمال الحربية أو صنع الأسلحة أو نقل الذخائر وكذا نقل الأدوات المعدة لوحدات متحاربة، بمعنى أنه لا يجوز للدولة الآسرة تكليف الأسرى بأى أعمال ذات طبيعة عسكرية، وأيضًا لسلامة الأسرى أثناء أدائهم العمل يتوجب على الدولة الآسرة أن تهيئ للأسرى الظروف الملائمة للعمل، وأن تتأكد من تطبيق التشريع الوطنى المتعلق بحماية العمل، وخاصة تعليمات سلامة العمال، وألا تتخذ الدولة الآسرة تدابير تأديبية تزيد من صعوبة ظروف العمل. [٢]

ولهذا تلتزم الدولة الآسرة بتهيئة الظروف الملائمة للعمل بحيث لا تقل عما هو متاح لرعاياها في الأعمال المماثلة لأعمال الأسرى، وتشمل هذه الظروف المناخية والإقامة والغذاء والملبس والتجهيزات وسائر الظروف المرتبطة ارتباطًا مباشرًا بالعمل. [٣]

---

(١) يراجع المادة ٥٢ من اتفاقية جنيف الثالثة لعام ١٩٤٩م.

(٢) يراجع المادة ٥١ من اتفاقية جنيف الثالثة لعام ١٩٤٩م.

(٣) المادة ٥٥ من اتفاقية جنيف الثالثة لعام ١٩٤٩م، وأيضًا أسرى الحرب للدكتور/ عبد الواحد الفار ص (٢٣٢).

أما عن مدة العمل فقد تناولت اتفاقية جنيف الثالثة لعام ١٩٤٩م في المادة ٥٣ منها على أن تكون مدة العمل مناسبة بحيث لا يكون مبالغًا فيها، أى أن مدة العمل اليومى بما فيها وقت الذهاب والإياب، مفرطة الطول، وألا تتجاوز المدة المسموح بها بالنسبة للعمال المدنيين من رعايا الدولة الآسرة في ذات طبيعة العمل، كما يمنح أسرى الحرب راحة لا تقل عن ساعة في منتصف العمل اليومى، وتكون مماثلة لما يمنح لعمال الدولة الآسرة. [١]

ويمنح الأسرى أجازه مدتها يومًا واحدا كل أسبوع تتحدد حسب يوم العطلة المقرر فى الدولة التابعين لها أو يوم الأحد حسب الأحوال، كما يمنحون أجازه مدتها ثمانية أيام متصلة مدفوعة الأجر لمن أمضى منهم سنة كاملة في العمل. [٢]

كما أنه يصرف للأسرى الذين يتعرضون لأصابات العمل أو المرض الناشئ عن العمل أو بسببه، تعويض يتلاءم والإصابة، ويتعين على الدولة الحاجزة منحهم شهادات طبية توضح ظروف الإصابة وطبيعتها ليتسنى لهم المطالبة بحقوقهم أمام السلطات القضائية للدولة التابعين لها. [٣]

وفيما يتعلق بتنظيم العمل يتبع في ذلك نظام فصائل العمل وهى قطاعات أو وحدات مهنية تماثل في نظامها نظام معسكرات الأسرى، وتظل كل فصيلة تحت إشراف وإدارة أحد معسكرات الأسرى، وتخصيص سجلات لكل فصيلة عمل يتولى قائد المعسكر الاحتفاظ بها، ويخضع لمراجعة مندوبى الدولة الحامية أو اللجنة الدولية للصليب الأحمر أو الوكالات الأخرى التى تشرف على الأسرى. [٤]

---

(١) يراجع اتفاقية جنيف الثالثة لعام ١٩٤٩م، المادة ٥٣ منها، وأسرى الحرب، للدكتور/ عبد الواحد الفار، ص (٢٣٤ وما بعدها) مرجع سابق.

(٢) المرجع السابق، أسرى الحرب، للدكتور/ عبد الواحد الفار، ص (٢٣٦).

(٣) يراجع: في ذلك أيضاً اتفاقية جنيف الثالثة لعام ١٩٤٩م المادة (٦٨).

(٤) يراجع: في ذلك اتفاقية جنيف الثالثة لعام ١٩٤٩م المادة ٥٦ من الاتفاقية.

*- وجه المقارنة بين حقوق وواجبات الأسرى في الفقه الإسلامى والقانون الدولى.

ومما سبق يتضح لنا أن وجه المقارنة بين الفقه الإسلامى والقانون الدولى حول حقوق وواجبات الأسرى يتبن التباين والاتساق بينهما حول جملة القواعد النموذجية التى يجرى اتباعها والتى تحدد إطار معاملة الأسرى:

فمن المتفق عليه بين الفقه الإسلامى والقانون الدولى أن قواعد معاملة أسرى الحرب تشكل الحد الأدنى من درجات الحماية الواجبة لهم بما لا ينتقص من حق أحد الطرفين المتحاربين في توفير قدر أكبر من الحماية والرعاية لطوائف الأسرى.

وتتفق الشريعة الإسلامية مع القانون الدولى على وجوب تقديم الرعاية الصحية للأسرى وإطعامهم وسقايتهم وكسوتهم وإتاحة الفرصة لهم لممارسة شعائرهم الدينية.

كما أنه من المتفق عليه في الشريعة الإسلامية والقانون وجوب عدم اتخاذ الأسرى هدفاً لأعمال القصاص أو الثأر أو فرض عقوبات جماعية عن جرائم فردية بما في ذلك اتخاذ وسائل الإعاشة الضرورية كوسيلة للعقاب كتجويع الأسرى أو حرمانهم من الطعام أو الشراب أو الكسوة أو تركهم عراء إضراراً بهم.

كما أن من المتفق عليه وجوب عدم التعرض للأسرى بأى أذى بدنى أو معنوى أو بأى عمل من شأنه امتهان الكرامة أو الحط منهم وبصفة عامة عدم تعذيبهم.

ومن المتفق عليه بين الشريعة الإسلامية والقانون حق الأسرى في الاتصال بذويهم كأحد قواعد معاملة أسرى الحرب سواء تم الاتصال بطريق مباشر أو غير مباشر وهنا تلعب نظرية المعاملة بالمثل دوراً في تحديد قواعد هذا الاتصال.

ومن المتفق عليه أيضاً حق أسرى الحرب في الاتصال بالسلطات بإعتبارهم أسرى دولة لا أسرى أفراد بما يوجب حقهم في الاتصال بالسلطة أو الحاكم لعرض شكواهم أو تدبير مطالبهم المتعلقة بظروف وأحوال معيشتهم.

وفيما يتعلق بتشغيل الأسرى، فإنه وإن اتفق الفقه الإسلامى مع القانون الدولى على إمكان تشغيل الأسرى إلا أن الفارق يتسع بينهما في هذا المجال من مجالات المعاملة فبينما يقر القانون الدولى حق الدولة الحاجزة في تشغيل الأسرى في إطار قواعد محددة تتحدد في إطارها طبيعة تلك الأعمال الجائز إسنادها إلى الأسرى إلا أن الفقه الإسلامى لا يقر المبدأ ذاته بحسب الأصل وإن أجازت عند الضرورة تكليف الأسرى ببعض الأعمال التى من شأنها المساهمة في تدبير ظروف معيشية مناسبة لهم.

ذلك أنه وإن جاز شرعاً هذا التكليف بالعمل إلا أن شواهد السنة النبوية وما ورد في كتب الفقه والسير والمغازى لا يحمل دلالة على جواز تشغيل الأسرى ويرجع ذلك إلى إحترام الشريعة الإسلامية لآدمية الإنسان ولو كان أسيراً على نحو يذهب بطابع السخرة الذى يمكن استظهاره في عمل الأسير فالأسر ليس استعباداً ولا يوجد أساس شرعى بحسب نصوص الكتاب والسنة وإجماع الأئمة على جواز هذا التشغيل مالم تتوافر حالة ضرورة نبرر ذلك.

ولقد أكدت مبادىء الشريعة الإسلامية على عدم جواز تكليف الأسرى بأعمال القتال وإن أقر الفقهاء ذلك للأسير المسلم بحكم الإكراه وعند تحقق موجباته.

والقدر المشترك بين الشريعة الإسلامية والقانون الدولى هو ضرورة إحترام الأسير لإلتزاماته وتعهداته متى كانت وليدة إرادة حرة وابرز تطبيقات ذلك هو جواز إعطاء الأسير العهد على ترك السلاح وعدم العودة إلى القتال كوسيلة لإنهاء حالة الأسر بحيث يوجب ذلك العهد على الأسير ووجوب الإلتزام به فإن خالفه بوقوعه في الأسر حال القتال مرة أخرى جاز قتله لنقضه عهده وقد قتل أبو عزه الجمحى أحد الأسرى في أحد بعد أن نقض عهده مع النبى ﷺ ذلك العهد الذى قطعه على نفسه عند وقوعه في الأسر ببدر.

ولم تحمل كتب المغازى والسير من الدلالات على عمل الأسرى وتشغيلهم سوى ما ورد من آثار على تكليف بعض أسرى بدر من المشركين بأن يعلموا أولاد الأنصار الكتابه كوسيلة لأن يفدى الأسير نفسه ممن لم يكن له من الأسرى مال يفتدى به.

وفيما يتعلق بالحقوق اللصيقة بالشخصية، فالثابت من الدراسة الموضوعية لاحكام الفقه الإسلامى والقانون الدولى حق الأسير في إجراء التصرفات القانونية واكتساب الحقوق والتحمل بالالتزامات إلا أن ذلك يتوقف بصفه عامة على ثبوت الملكية والأهلية للأسير بما يرتب صحة التصرف.

والأسر في الفقه الإسلامى شأنه في القانون الدولى ليس عارضاً من عوارض الاهلية فلا يعدمها أو ينقصها إلا بالقدر الذى يكون له من أثر على مباشرة الأسير في التصرف بإرادته المنفردة دون إكراه.

الفصل الثالث
حالات انتهاء الأسر في الفقه الإسلامي والقانون الدولي.

تمهيد :

تكلمنا في الفصل الثاني عن حقوق وواجبات أسرى الحرب في الفقه الإسلامي والقانون الدولي، وذكرنا أن الشريعة الإسلامية قد عنيت بأسرى الحرب، فمنحتهم حقوقًا متعددة كفلتها لهم، فلم يترك أمرهم لرئيس الدولة أو قادة الجيوش يستبدون بهم حسب أهوائهم، وإنما نظمت معاملتهم تنظيمًا دقيقًا حفظت به كرامة الأسير بطريقة لم ترق إليها النظم الوضعية والاتفاقيات الدولية إلى يومنا هذا، ولذلك كفلت الشريعة الإسلامية لأسرى الحرب حقوقًا متعددة ذكرنها سابقا فبل داعي للإعادة.

وذكرنا أيضا قبل ذلك أن الأصل في الإنسان الحرية وأنه يحاول أن يحصل على حريته بشتى الوسائل ويقاوم كل قيد يحد من هذه الحرية، ومما لاشك فيه أن الأسر سلب للحرية وتقييد لتصرفات الإنسان، ولكن الإسلام حين أباحه إنما جعله دفعًا لضر أشد منه، ومعاملة بمثل ما يعامل به الأعداء المسلمين.

فالأسر حالة عارضة وطارئة أوجبتها حالة الحرب، فكان من الضرورى أن تنتهى هذه الحالة حتمًا لأن الأسر عارض والعارض يزول بزوال سببه، وإذا تصورنا وقوع المحارب في الأسر سواء أكان ذلك بإحاطة الأعداء به وسوقه أسيراً، أم كان باستئثاره إذا لم يجد مناصًا من الاستسلام، فإن لنا أن نتصور خلاصه من الأسر، سواء أكان ذلك عن طريق فدائه، أم باستنقاذه بالقوة من أيدى آسريه، أم بلجوئه هو إلى الفرار أو الهرب.

حيث يوجد نصوص وقوانين رادعة تضمن حسن معاملة الأسير عند انتهاء حالة الأسر، واستجابة لذلك وردت مجموعة من النصوص تبين حالات انتهاء الأسر في الشريعة الإسلامية، حيث أتفق الفقهاء على أن الحكم في الأسرى يكون للإمام يجتهد فيه بحسب ما

يراه أصلح وأحظ للإسلام والمسلمين وما فيه وجه المصلحة العامة بين عدة أمور جرى اتفاقهم على بعضها واختلافهم في البعض الأخر فإن خفى عليه الأحظ حبسهم حتى يظهر له الأحظ فيفعله. (١)

وعليه سوف نقوم بتناول هذا الفصل بتوضيح حالات انتهاء الأسر في عدة مباحث على النحو التالي:

المبحث الأول – هروب الأسير من الأسر في الفقه الإسلامي

ذكرت آنفًا أن الأسر سلب للحرية وتقييد لتصرفات الإنسان، والأسر أخف الإجراءات لمواجهة عدو بارز الإسلام بالعداوة، وحمل في وجه المسلمين السلاح، وحين يقع المحارب في الأسر فإن نظرة الإسلام إليه تتحول من شخص محارب يحاول القتل ويستحق القتل، إلى شخص مهزوم له حقوق قبل آسره، ولم يستطع هو أن يكسب هذه الحقوق بسيفه فاستحقها أو بعضها بضعفه.

ولكن إذا وقع المسلم في الأسر فيجب عليه الإفلات منهم واللحوق بدار الإسلام، وذلك لأن مقامه في دار الشرك مع قدرته على الهرب معصية، لما في ذلك من التضييق عليه وعدم قدرته على ممارسة حريته الدينية كاملة فإذا تمكن الأسير من الهرب فيجوز له أن يهرب.

ومن الطبيعى أن يحاول الأسير الهرب ولا يستسلم للقيود، وقد مر أن أسيرًا فر من حجرة عائشة حين شغلت عنه ببعض نسوة كن عندها، وبعث النبى ﷺ في أثره العيون والأرصاد حتى عثروا عليه. (٢)

---

(١) حاشية البيجورى على ابن القاسم، الجزء ٢ ص (٢٧٣).

(٢) سنن البيهقي، الجزء (٩) ص (٨٩).

ولكن لم يثبت أن النبى ﷺ عاقب الأسير على الفرار، ولكن قد يعاقب النبى ﷺ أسيرا خلى سبيله بشرط ألا يحارب المسلمين، فلم يفى بوعده وانضم إلى صفوف الأعداء المحاربين فحينئذ تكون العقوبة له على إخلاله بالعهد. [1]

وإذا نظرنا إلى هروب الأسير المسلم من الأسر في عهد النبى ﷺ فنجد أن هناك حالتان وقعتا في عهد النبى ﷺ تدلان على جواز هروب الأسير من الأسر:

الحالة الأولى: ما أخرجه البخارى في صحيحة في الحديث الطويل، فعن المسور بن مخرمة[2]، ومروان، يصدق كل واحد منهما حديث صاحبه، قالا: خرج ﷺ زمن الحديبية حتى إذا كانوا ببعض الطريق،..... فجاءه أبو بصير[3] رجل من قريش وهو مسلم، فأرسلوا في طلبه رجلين، فقالوا: العهد الذي جعلت لنا، فدفعه إلى الرجلين، فخرجا به حتى بلغا ذا الحليفة[4]، فنزلوا يأكلون من تمر لهم، فقال أبو بصير لأحد الرجلين: والله إني لأرى سيفك هذا يا فلان جيدا، فاستله الآخر، فقال: أجل، والله إنه لجيد، لقد جربت به، ثم جربت، فقال

ـــ

(1) فضيلة الدكتور/ عبد اللطيف عامر، في احكام الأسرى والسبايا في الحروب الإسلامية، مرجع سابق ص (١٦٢).

(2) هو المسور بن مخرمة بن نوفل بن أهيب القرشى الزهرى، أمه عاتكة بنت عوف أخت عبد الرحمن بن عوف، ولد بمكة بعد الهجرة بعامان، وقدم به أبوه المدينة سنة ثمان، قال البغوى حفظ من الرسول ﷺ أحاديث كثيرة، مات فى حصار ابن الزبير الأول أصابه حجر من المنجنيق فمات. يراجع: الإصابة ص (١٢٤٤).

(3) أبو بصير: هو عتبة بن أسيد بن جارية، وأمه سالمة بنت عبد بن يزيد بن هاشم بن عبد المطلب، وهو الذى جاء النبى ﷺ بعد صلح الحديبية. حيث قال أبو جندل: وكان ممن لحق به أن قريشًا أرسلت الى النبى ﷺ في طلبهم جميعًا فقرأت كتاب النبى ﷺ علية وكان مريضًا، فمات، فدفنه أبو جندل وصلى عليه، وبنى على قبرة مسجدًا، أنظر أسد الغابة، ص (٣٨٩ حتى ٣٩٠).

(4) ذا الخليفه: هو مكان يقع فى جنوب المدينة المنورة يبعد عنها نحو ستة أميال، ومنه يحرم القادمون من الشام ومن المدينة المنورة وهو ما يسمى اليوم (آبار على). يراجع معجم لغة الفقهاء، ص (١٩٢).

أبو بصير: أرني أنظر إليه، فأمكنه منه، فضربه حتى برد[1]، وفر الآخر حتى أتى المدينة، فدخل المسجد يعدو، فقال رسول الله ﷺ حين رآه: «لقد رأى هذا ذعرا» فلما انتهى إلى النبي ﷺ قال: قتل والله صاحبي وإني لمقتول، فجاء أبو بصير فقال: يا نبي الله، قد والله أوفى الله ذمتك، قد رددتني إليهم، ثم أنجاني الله منهم، قال النبي ﷺ: «ويل أمه مسعر حرب، لو كان له أحد» فلما سمع ذلك عرف أنه سيرده إليهم، فخرج حتى أتى سيف البحر قال: وينفلت منهم أبو جندل بن سهيل[2]، فلحق بأبي بصير، فجعل لا يخرج من قريش رجل قد أسلم إلا لحق بأبي بصير، حتى اجتمعت منهم عصابة، فو الله ما يسمعون بعير خرجت لقريش إلى الشأم إلا اعترضوا لها، فقتلوهم وأخذوا أموالهم، فأرسلت قريش إلى النبي –ﷺ– تناشده بالله والرحم، لما أرسل، فمن أتاه فهو آمن، فأرسل النبي –ﷺ– إليهم، فأنزل الله تعالى: ﴿وَهُوَ ٱلَّذِى كَفَّ أَيْدِيَهُمْ عَنكُمْ وَأَيْدِيَكُمْ عَنْهُم بِبَطْنِ مَكَّةَ مِنۢ بَعْدِ أَنْ أَظْفَرَكُمْ عَلَيْهِمْ وَكَانَ ٱللَّهُ بِمَا تَعْمَلُونَ بَصِيرًا﴾[3] وكانت حميتهم أنهم لم يقروا أنه نبي الله، ولم يقروا ببسم الله الرحمن الرحيم، وحالوا بينهم وبين البيت.[4]

وقوله: ثم رجع النبي ﷺ إلى المدينة، فجاءه أبو بصير ـ رجل من قريش ـ وهو مسلم. فأرسلوا في طلبه رجلين. وهو غير أبي جندل، هرب من مكة إلى المدينة. فأتوا النبي ﷺ فقالوا: العهد الذي جعلت لنا، فمن بنود المعاهدة: أن من أتاك من عندنا ولو كان على دينك فلابد أن ترده

---

(١) المقصود في الحديث فضربه حتى برد: فضربه حتى الموت.

(٢) أبو جندل: هو أبو جندل بن سهيل بن عمرو العامري، من بني عامر بن لؤى، أسلم بمكة فسجنة أبوة وقيدة، ثم هرب أبو جندل يوم الحديبية إلى النبي ﷺ فرفض المشركون أن يجيزوه للنبي ﷺ، فلحق بأبى بصير بساحل البحر، واستشهد باليمامة وعمره ٣٨ عام، يراجع الإصابة ص (١٤٤٦) مرجع سابق.

(٣) سورة الفتح آية (٢٤).

(٤) أخرجه الإمام البخارى في صحيحه، باب الشروط في الجهاد والمصالحة، حديث رقم (٢٧٣١)، الجزء ٣، ص (١٩٣).

إلينا، فقالوا: العهد الذي جعلت لنا، فدفعه إلى الرجلين، يعني: سلمه لهما النبي –ﷺ–، فخرجا به حتى بلغا ذا الحليفة. (١)

الحالة الثانية: « عن عمران بن حصين، قال: كانت ثقيف حلفاء لبني عقيل، فأسرت ثقيف رجلين من أصحاب رسول الله ﷺ، وأسر أصحاب رسول الله ﷺ، رجلا من بني عقيل، وأصابوا معه العضباء، فأتى عليه رسول الله ﷺ وهو في الوثاق، قال: يا محمد، فأتاه، فقال: «ما شأنك؟ » فقال: بم أخذتني، وبم أخذت سابقة الحاج؟ فقال: «إعظاما لذلك أخذتك بجريرة حلفائك ثقيف»، ثم انصرف عنه، فناداه، فقال: يا محمد، يا محمد، وكان رسول الله ﷺ رحيما رقيقا، فرجع إليه، فقال: «ما شأنك؟ » قال: إني مسلم، قال: «لو قلتها وأنت تملك أمرك أفلحت كل الفلاح»، ثم انصرف، فناداه، فقال: يا محمد، يا محمد، فأتاه، فقال: «ما شأنك؟ » قال: إني جائع فأطعمني، وظمآن فأسقني، قال: «هذه حاجتك»، ففدي بالرجلين، قال: وأسرت امرأة من الأنصار وأصيبت العضباء(٢)، فكانت المرأة في الوثاق وكان القوم يريحون نعمهم بين يدي بيوتهم، فانفلتت ذات ليلة من الوثاق، فأتت الإبل، فجعلت إذا دنت من البعير رغا(٣) فتتركه حتى تنتهي إلى العضباء، فلم ترغ، قال: وناقة منوقة فقعدت في عجزها، ثم زجرتها فانطلقت، ونذروا بها فطلبوها فأعجزتهم... (٤)»

وعن عامر بن سعد عن أبيه قال: لما أسر سهيل بن عمرو قال عمر: يا رسول الله انزع ثنيته يدلع لسانه فلا يقوم عليك خطيبا أبدا، فقال رسول الله ﷺ لا أمثل فيمثل الله بى وإن كنت

---

(١) تفسير القرآن الكريم، لمحمد أحمد إسماعيل المقدم، باب هروب أبى بصير من مكة إلى المدينة، الجزء ١٢٩، ص (١٢).

(٢) والجدعاء: ناقة رسول الله، ﷺ، وهي العضباء والقصواء، ولم تكن جدعاء ولا عضباء ولا قصواء وإنما هن ألقاب. القاموس المحيط (ص٧٠٨).

(٣) البعير رغا: أى ضج، والرغاء صوت ذوات الخف، ورغا العير أي ضج. لسان العرب (١٥/ ٣٠).

(٤) مسند الإمام أحمد بن حنبل، حديث رقم (١٩٨٩٤)،، باب حديث عمران بن حصين، الجزء ٣٣، ص (١٢٤).

نبيا ولعله يقوم مقاما لا تكرهه، فقام سهيل بن عمرو حين بلغه وفاة النبى – ﷺ – بخطبة أبى بكر كأنه كان يسمعها، فقال عمر حين بلغه كلام سهيل: أشهد أنك رسول الله حيث قال النبى – ﷺ – لعله يقوم مقاما لا تكرهه، وكان سهيل بن عمرو مع مالك بن الدخشم فقال: خل سبيلى للغائط، فقام به فقال سهيل: إنى أحتشم، فاستأخر عنه ومضى سهيل على وجهه، فلما أبطأ سهيل على مالك بن الدخشم أقبل فصاح فى الناس، فخرجوا فى طلبه وخرج النبى – ﷺ – فى طلبه فقال: من وجده فليقتله، فوجده رسول الله – ﷺ – نفسه بين سمرات فأمر به فربطت يداه إلى عنقه ثم قرنه إلى راحلته فلم يركب خطوة حتى قدم المدينة فلقى أسامة بن زيد، فحدثنى إسحاق بن حازم عن عبيد الله بن مقسم عن جابر بن عبد الله قال: لقى رسول الله – ﷺ – أسامة بن زيد ورسول الله – ﷺ – على راحلته القصوى فأجلسه رسول الله – ﷺ – بين يديه وسهيل مجنوب يداه إلى عنقه فلما نظر أسامة إلى سهيل قال رسول الله – ﷺ – أبو يزيد قال: نعم، هذا الذى كان يطعم الخبز بمكة(١)، فخلوا سبيل سهيل، وحبسوا مكرزا مكانه عندهم(٢).

وقيل إنه بعد وفاة النبى ﷺ وارتداد من ارتد من العرب قام سهيل بن عمرو بمكة وخطب الناس وثبتهم على الدين، فتحققت الحكمة التى قصدها الرسول من ترك عقوبته أو التمثيل به. (٣)

ومما سبق يتضح لنا أن النبى ﷺ لم ينكر هرب الأسير ولم يثبت أنه ﷺ عاقبه على فراره، ففى الحالتين السابقتين هرب الأسيران من الأسر ولم ينكره النبى ﷺ وبقى لنا فى هذا المبحث أن نعرض أقوال الأئمة والعلماء على النحو التالى:.

---

(١) جامع الأحاديث، باب مسند سعد بن أبى وقاص، حديث رقم (٣٥٠٧١) الجزء ٣٢، ص (٢٠١ وما بعدها) وأيضًا إمتاع الأسماع، باب أمر أسرى يوم بدر، الجزء الأول، ص (١١٣)، ومغازى الواقدى، باب بدر القتال، الجزء الأول ص (١١٧).

(٢) سيرة بن هشام، الجزء الثانى، ص (٦٥٠).

(٣) إمتاع الأسماع، الجزء الأول، ص (٩٦)، البداية والنهاية الجزء الثالث، ص (٣١٠).

فذهب المالكية: إلى أنه إذا أؤتمن سواء أوتمن على نفس أو على مال بعد وعدهم أن لا يهرب أولا يخونهم فى مالهم فلا يجوز أن يهرب منهم وذلك لأن خيانة الأسير المسلم حرام، ولا يجوز له أن يأخذ شيئًا من أموالهم مما قدر على حمله فيهرب به حتى ولو كان حقيرا [1]، وسواء أؤتمن طائعًا أو على وجه المعاهدة، ولذا قالوا: لو وكلوا الأسير ببيع شىء لهم بدارنا باعه ورد ثمنه إليهم.

وقال اللخمى: إذا أمنوه على أن لا يهرب لم يكن له أن يهرب، وكذا إن أعطاهم عهدًا على ألا يهرب وتركوه يتصرف لم يكن له أن يهرب، فإذا تنازع الأسير ومن أمنه هل وقع الائتمان على الطوع أو الإكراه فالقول قول الأسير، وله أخذ كل ما قدر عليه من مال أو نساء أو ذرية ولو بيمين ولا حنث عليه[2].

وذهب الشافعية: إلى أنه يجوز أن يهرب من أيديهم، ولا يجوز أن يأخذ من أموالهم، فإن لم يكن بينهم عهد جاز له أن يتخلص منهم بكل طريقة [3]، فإذا أخذوا منه الأمان والعهد على عدم الهرب أو على عدم قتل أحد فعليه أن يفى بعهده لأن النبى ﷺ يقول فيها رواه الحاكم فى المستدرك عن أنس ﷺ قال «المسلمون عند شروطهم ما وافق الحق من ذلك [4]»

وذهب الحنفية: والاتجاه الغالب عند الحنفية أن الغدر حرام فى كل الحالات إلا على الأسير، بمعنى أنه فى حالة إعطاؤه العهد على ذلك باطل، ويجوز له أن لا يفى لهم به، بل يلزمه الخروج حيث أمكنه فرارًا بدينه من الفتن، وبنفسه من الذل[5]، لأنه غير مستأمن ولم يظهر

---

(١) الحطاب، مواهب الجليل الجزء ٤، ص (٥٤٨). وحاشية الدسوقى، الجزء الثانى ص (٤٨٤).

(٢) المرجع السابق، حاشية الدسوقى، الجزء الثانى، ص (١٧٩)،

(٣) الأم للشافعي، ص (٨٥٥)، مغنى المحتاج، الجزء الرابع ص (٣٠٠).

(٤) اختلاف الفقهاء، ص (١٨٦)، شرح السير الكبير، الجزء ٤ ص (٢٢٠).

(٥) فتح البارى، الجزء ٦، ص(١٨٤).

من نفسه ما يكون دليل الاستئمان، بل هو كالمتلصص، فيجوز له أخذ المال، وقتل النفس دون استباحة الفرج. [1]

وذهب الحنابلة: إذا كانوا قد خلوا سبيله وأمنوه وولوه ضياعهم أو لم يولوه فأمانهم إياه أمان لهم وأما الهرب بنفسه فله الهرب، وأن أدرك ليؤخذ فله أن يدافع عن نفسه وإن قتل الذى أدركه، لأن قتله حينئذ مقاومة لأسر جديد، فله أن يأخذ منهم ما قدر عليه، وأن أطلقوه وشرطوا عليه المقام عندهم لزمه ما شرطوا عليه [2].

وذهب ابن حزم الظاهري أنه لا يحل له الرجوع إليهم ولا أن يعطيهم شيئا وتلك العهود والأيمان التى أعطاهم لا شيء عليه فيها لأنه مكره عليها. [3]

وعليه فنرى أن للأسير من المسلمين إذا كان فى أيدى المشركين وقدر أن يتخلص منهم فله أن يتخلص منهم ويهرب منهم بأية وسيلة، ولو أدى الأمر إلى قتل بعض الأعداء أو كسر القيود والأغلال أو أخذ بعض الأموال.

فإذا أخذوا منه الأمان والعهد على عدم الهرب أو على عدم الهرب أو على عدم قتل أحد فعليه أن يفى بعهده لأن النبى ﷺ يقول فيما رواه الحاكم فى المستدرك عن أنس ﷺ قال «المسلمون عند شروطهم ما وافق الحق من ذلك [4]»

وهذا ما قال به الجمهور وأكثر الفقهاء فى هروب الأسير المسلم من آسريه ولكن بقى لنا أن نقول: أنه إذا تمكن الأسير من الهرب أنتهى أسره ولم يعد فيئا، لأن حق أهل دار الإسلام لا

---

(١) البحر الرائق، الجزء ٥، باب المستأمنّ (١٠٧)، شرح غرر الأحكام، الجزء الأول ص (٢٩٢)، وشرح السير الكبير، الجزء ٢، ص(٥١١).

(٢) المهذب الجزء الثاني، ص (٢٤٢ وما بعدها)، المغني، الجزء الثاني، ص (٢٣٣٣).

(٣) المحلى الجزء السابع، ص (٣٠٨)، مسألة (٩٣٤)

(٤) مرجع سابق، يراجع اختلاف الفقهاء، ص (١٨٦)، شرح السير الكبير، الجزء ٤ ص (٢٢٠).

يتأكد إلا بالأخذ حقيقة ولم يوجد، وإذا انفلت واحد من الأسارى قبل الإحراز بدار الإسلام والتحق بمنعتهم فإنه يعود حرًّا كما كان [1].

*** ***

---

(١) يراجع البدائع والصنائع، الجزء ٩، ص (٤٣٤٣)، انظر فضيلة الدكتور/ عبد اللطيف عامر، في احكام الأسرى والسبايا في الحروب الإسلامية، مرجع سابق ص (١٦٣).

المبحث الثاني - إطلاق سراح أسرى الحرب في الفقه الإسلامي

بين القرآن الكريم إطلاق سراح الأسرى في قوله تعالى في سورة محمد ﴿ فَإِذَا لَقِيتُمُ ٱلَّذِينَ كَفَرُواْ فَضَرْبَ ٱلرِّقَابِ حَتَّىٰ إِذَآ أَثْخَنتُمُوهُمْ فَشُدُّواْ ٱلْوَثَاقَ فَإِمَّا مَنًّا بَعْدُ وَإِمَّا فِدَآءً حَتَّىٰ تَضَعَ ٱلْحَرْبُ أَوْزَارَهَا ذَلِكَ وَلَوْ يَشَآءُ ٱللَّهُ لَٱنتَصَرَ مِنْهُمْ وَلَكِن لِّيَبْلُوَاْ بَعْضَكُم بِبَعْضٍ وَٱلَّذِينَ قُتِلُواْ فِي سَبِيلِ ٱللَّهِ فَلَن يُضِلَّ أَعْمَالَهُمْ ﴾[1] تبين هذه الآية الكريمة حكم إطلاق سراح الأسرى، وتحصره في أحد أمرين: المنّ أو الفداء، وسوف نقوم بتوضيح هذين الأمرين على النحو التالي::

أولاً : المنّ على الأسرى: وحكم المنّ ثابت بالكتاب والسنة وعمل الصحابة، كما أنه إما مطلق بلا قيد أو شرط وإما بشرط تقديم وعد أو تعهد. ويقصد بالمنّ: إطلاق سراح الأسير مجانًا، وبدون مقابل وفدية، وقد عمل به الرسول ﷺ في كثير من غزواته، والذى يعنينا هنا هو قول الله ﷻ: ﴿ فَشُدُّواْ ٱلْوَثَاقَ فَإِمَّا مَنًّا بَعْدُ وَإِمَّا فِدَآءً حَتَّىٰ تَضَعَ ٱلْحَرْبُ ﴾[2] فالمنّ في الآية الكريمة إشارة إلى الإطلاق بلا عوض وقيل الإطلاق بلا فدية. والمنّ كما ذكرت آنفًا إما أن يكون مطلق بلا قيد أو شرط وإما أن يكون بشرط تقديم وعد أو تعهد.

أما المـنّ المطلق: وهو إطلاق سراحهم من غير فداء، يعني من غير مقابل، لقوله ﷻ بعدما تضع الحرب أوزارها (فإما منا بعد وإما فداء)[3] وعن جبير بن مطعم أن النبي ﷺ قال في أسارى بدر "لو كان المطعم بن عدي حيا، ثم كلمني في هؤلاء النتن لتركتهم له " أخرجه البخاري في صحيحه، ولفظ أبي داود " لأطلقتهم له ". [4]

---

(١) سورة محمد آية رقم (٤).

(٢) سورة محمد آية رقم (٤).

(٣) أرشيف ملتقى أهل الحديث، باب نريد بحثًا عن معاملة الأسير، الجزء ٣١، ص (٢٦٩).

(٤) أخرجه البخارى في صحيحه، حديث رقم (٣١٣٩)، باب ما من النبى ﷺ على الأسرى من غير أن يخمس.

" ونقل الحافظ ابن حجر في الفتح بأن ذلك مكافأة له على يد كانت له عند النبي ﷺ وهي إما ما وقع من المطعم حين رجع النبي ﷺ من الطائف ودخل في جوار المطعم بن عدي، أو كونه من أشد من قام في نقض الصحيفة التي كتبتها قريش على بني هاشم ومن معهم من المسلمين حين حصروهم في الشعب ". (١)

والحديث صريح على جواز إطلاق الأسير والمن عليه من غير فداء، نقله الحافظ في الفتح عن ابن بطال، وقاله الخطابي.

وفي قصة اختطاف ثمامة بن أثال، سيد أهل اليمامة، وبعد حبسه في المسجد أيام قليلة من عليه النبي ﷺ وقال: "أطلقوا ثمامة" ثم أسلم. أخرجه البخاري ومسلم. (٢)

وارتد الأشعث بن قيس في ناس من كندة، فحوصر فأخذ الأمان لسبعين منهم ولم يأخذ لنفسه، فأتى به أبو بكر، فقال: أنا قاتلوك لا أمان لك، فقال: من علي، وأسلم؟ قال: فعل وزوجه أخته. (٣)

وفي حديث أنس بن مالك أن ثمانين رجلا من أهل مكة هبطوا على رسول الله -ﷺ- من جبل التنعيم متسلحين يريدون غرة النبي -ﷺ- وأصحابه فأخذهم سلما فاستحياهم فأنزل الله ﷻ ﴿وَهُوَ ٱلَّذِي كَفَّ أَيْدِيَهُمْ عَنكُمْ وَأَيْدِيَكُمْ عَنْهُم بِبَطْنِ مَكَّةَ مِنۢ بَعْدِ أَنْ أَظْفَرَكُمْ عَلَيْهِمْ وَكَانَ ٱللَّهُ بِمَا تَعْمَلُونَ بَصِيرًا﴾ (٤) والمعنى أنه -ﷺ- أسرهم ثم أطلقهم. وفي بعض الروايات "فعفا عنهم وقال: أرسلوهم" وفي بعضها "فخلى سبيلهم ". (٥)

---

(١) المرجع السابق في ذات الموضوع، أرشيف ملتقى أهل الحديث، باب نريد بحثًا عن معاملة الأسير، الجزء ٣١، ص (٢٦٩).

(٢) سبق تخريجه().

(٣) يراجع: الأموال لأبي عبيد، ص (١٤٩)، بند ٣٠٣.

(٤) سورة الفتح آية (٢٤).

(٥) المرجع السابق، أرشيف ملتقى أهل الحديث، باب نريد بحثًا عن معاملة الأسير، الجزء ٣١، ص (٢٦٩).

وحاصر المسلمون تستر فنزل الهرمزان على حكم عمر، قال أنس بن مالك: فبعث به أبو موسى معى إلى عمر فمنّ عليه عمر فأسلم وفرض له عمر. [1]

أما المنّ بشرط تقديم وعد أو تعهد: وقد ثبت المنّ على وعد أو عهد أو شرط فقد روى أن النبى ﷺ أطلق سراح أفراد كثيرين فى مناسبات عدة: ففى غزوة بدر وقف أحد الأسرى وهو أبو عزة عمرو بن عبد الله الجمحي قد منَّ عليه رسول الله – ﷺ – يوم بدر، وكان فقيرًا ذا عيال وحاجة، وكان في الأسارى فقال: يا رسول الله، إني فقير وذو عيال وحاجة قد عرفتها فامنن عليَّ صلى الله عليك، فمن عليه ثم خرج عليه فأمر بقتله، – واستشار – ﷺ – أصحابه في الخروج فكان رأي كبارهم كرأيه وخالف فيه شبابهم فخرج في ألف بعد صلاة الجمعة، فلما كان بمكان يقال له الشوط انخزل ابن أُبيّ بثلاثمائة، ويقال: بل أمرهم – ﷺ – بالانصراف لكفرهم. [2]

وفي قصة اختطاف ثمامة بن أثال، سيد أهل اليمامة، وبعد حبسه في المسجد أيام قليلة من عليه النبي ﷺ وقال: "أطلقوا ثمامة"، فقد من عليه النبي ﷺ بشرط أن يقطع الميرة عن أهل مكة [3]، ومنّ على ابى العاص بن الربيع وكان فيما شرط عليه فى إطلاقه أن يخلى سبيل زينب إليه، وعن جابر بن عبد الله، قال: أقبلنا مع رسول الله ﷺ حتى إذا كنا بذات الرقاع، قال: كنا إذا أتينا على شجرة ظليلة تركناها لرسول الله ﷺ، فجاء رجل من المشركين، وسيف رسول الله ﷺ معلق بشجرة، فأخذ سيف نبي الله ﷺ فاخترطه، ثم قال لرسول الله ﷺ: أتخافني؟ قال: «لا»، قال: فمن يمنعك مني؟ قال: «الله يمنعني منك». [4]

---

(١) المرجع السابق، الأموال لأبى عبيد، بند (٣٠٤).

(٢) يراجع التوضيح لشرح الجامع الصحيح، باب غزوة أحد، الجزء ٢١، ص (١٤٥)، الطبعة الأولى، ١٤٢٩ هـ – ٢٠٠٨ م، وانظر: "سيرة ابن هشام" ٣/ ٤ – ٨.

(٣) أرشيف ملتقى أهل الحديث، باب نريد بحثًا عن معاملة الأسير؟، الجزء ٣١، ص (٢٦٩)، مرجع سابق.

(٤) مسند الإمام أحمد بن حنبل، باب مسند جابر بن عبدالله ﷺ الجزء ٢٣، ص (١٩١) ح رقم (١٤٩٢٨)، الطبعة: الأولى، ١٤٢١ هـ – ٢٠٠١ م.

وفى رواية أخرى وعن جابر بن عبد الله ﷺ قال: (غزونا مع رسول الله ﷺ غزوة قبل نجد، فلما قفل رسول الله ﷺ قفلنا معه، فأدركتنا القائلة(١) في واد كثير العضاه(٢) "فنزل رسول الله ﷺ تحت سمرة، وعلق بها سيفه "، وتفرق الناس يستظلون بالشجر، ونمنا نومة فجاء رجل من المشركين، وسيف النبي ﷺ معلق بالشجرة فأخذ سيف رسول الله ﷺ فاخترطه ثم قال لرسول الله ﷺ: أتخافني؟، قال: " لا "، قال: فمن يمنعك مني؟ قال: " الله ﷿ " فسقط السيف من يده، " فأخذه رسول الله ﷺ فقال: من يمنعك مني؟ "، قال: كن كخير آخذ فقال: " أتشهد أن لا إله إلا الله؟ "، قال: لا، ولكني أعاهدك أن لا أقاتلك، ولا أكون مع قوم يقاتلونك، قال جابر: فبينما نحن نيام، " إذا رسول الله ﷺ يدعونا "، فجئناه، فإذا أعرابي قاعد بين يديه، فقال: " إن هذا أتاني وأنا نائم، فأخذ السيف، فاستيقظت وهو قائم على رأسي، فلم أشعر إلا والسيف في يده صلتا(٣) "، فقال لي: من يمنعك مني؟، فقلت: الله، فخلى رسول الله ﷺ سبيله ولم يعاقبه " فذهب الرجل إلى أصحابه فقال: قد جئتكم من عند خير الناس).(٤)

حكم المنّ عند الفقهاء:

ذهب جمهور العلماء: إلى جواز المنّ على الأسير حيث اتفق الفقهاء على أن لولي الأمر أن يفعل بالنسبة للأسرى ما يراه الأوفق لمصلحة المسلمين، ويختار أحد أمور حددها كل واحد من أصحاب المذاهب بما هداه إليه اجتهاده، قال الترمذى: العمل عند أكثر أهل العلم من أصحاب النبى ﷺ أن للإمام أن يمنّ على من شاء من الأسارى.(٥)

والأصل فى جواز المنّ عند جمهور العلماء هو قول الله ﷻ فى سورة (محمد) ﴿فَإِذَا لَقِيتُمُ الَّذِينَ كَفَرُواْ فَضَرْبَ الرِّقَابِ حَتَّىٰ إِذَآ أَثْخَنتُمُوهُمْ فَشُدُّواْ الْوَثَاقَ فَإِمَّا مَنًّا بَعْدُ وَإِمَّا فِدَآءً حَتَّىٰ تَضَعَ الْحَرْبُ أَوْزَارَهَا...﴾[1]

ولفعل النبى ﷺ، وقد روى إياس بن سلمة عن أبيه أنه لما اصطلح المسلمون وأهل مكة في الحديبية سمع سلمة أربعة من المشركين يقعون في الرسول ﷺ فأسرهم، وجاء رجل آخر يقود سبعين من المشركين، فنظر إليهم الرسول ﷺ فقال: دعوهم وعفا عنهم [2]، وأنزل الله ﷻ ﴿وَهُوَ الَّذِي كَفَّ أَيْدِيَهُمْ عَنكُمْ وَأَيْدِيَكُمْ عَنْهُم بِبَطْنِ مَكَّةَ مِن بَعْدِ أَنْ أَظْفَرَكُمْ عَلَيْهِمْ وَكَانَ اللَّهُ بِمَا تَعْمَلُونَ بَصِيرًا﴾[3]

وأيضًا لفعله ﷺ وقد سبق الإشارة إلى بعض من شواهد السنة وفعل النبى ﷺ في جواز المنّ في ذات المبحث، فالقول بالمن على الأسرى من غير فداء، لهذه الأخبار الصحيحة، وغيرها قول قوي، وهو قول جماهير العلماء المالكية والشافعية والحنابلة، وبه قال الحسن البصري وعطاء بن أبي رباح وسعيد بن جبير وغيرهم. [4]

وذهب الحنفية: إلى تحريم المنّ على الأسرى بإطلاقهم دون فداء، فيرجعون إلى المنعة ويعودون حربًا علينا، ولأن الأسر قد ثبت فيه حق الغانمين فى استرقاق الأسرى، والمنّ إبطاله لهذا الحق وإسقاط له بغير عوض. [5]

---

(١) سورة محمد آية رقم (٤).

(٢) صحيح مسلم بشرح النووى الجزء ١٢، كتاب الجهاد والسير، ص (١٧٣)، وأيضًا الدكتور/ عبد اللطيف عامر، في احكام الأسرى والسبايا في الحروب الإسلامية، ص (١٩٠).

(٣) سورة الفتح آية (٢٤).

(٤) مرجع سابق: أرشيف ملتقى أهل الحديث، باب نريد بحثًا عن معاملة الأسير؟، الجزء ٣١، ص (٢٦٩).

(٥) المرجع السابق، والبحر الرائق، الجزء ٥، ص (٩٠)، وشرح الدر المختار للحصكفى، الجزء ٢، ص (٩٠) وما بعدها، بدائع الصنائع الجزء ٧ ص(١١٨).

وذهبوا إلى أن في المن تمكين الأسير من أن يعود حربًا على المسلمين، فيقوي عدوهم عليهم، وهو لا يحل، لكن يجوز باتفاق الحنفية المن على الأسرى تبعًا للأراضي، كيلا يشغل الفاتحون بالزراعة عن الجهاد. [1]

ويقول السرخسي: إن للإمام أن يمنّ على الرقاب تبعًا للأرض لأن فيه منفعة للمسلمين من حيث الجزية والخراج، فعرفنا أنه يجوز ذلك عند المنفعة للمسلمين [2].

واستدل الحنفية على عدم جواز المنّ بالأدلة الآتية: ذهب الحنفية إلى أن حكم المن الثابت بقول الله ﷺ ﴿فَإِذَا لَقِيتُمُ ٱلَّذِينَ كَفَرُوا فَضَرْبَ ٱلرِّقَابِ حَتَّىٰ إِذَآ أَثْخَنتُمُوهُمْ فَشُدُّوا ٱلْوَثَاقَ فَإِمَّا مَنًّا بَعْدُ وَإِمَّا فِدَآءً حَتَّىٰ تَضَعَ ٱلْحَرْبُ أَوْزَارَهَا﴾ [3] هي منسوخة بقوله تعالى: ﴿فَٱقْتُلُوا ٱلْمُشْرِكِينَ حَيْثُ وَجَدتُّمُوهُمْ وَخُذُوهُمْ وَٱحْصُرُوهُمْ وَٱقْعُدُوا لَهُمْ كُلَّ مَرْصَدٍ....﴾ [4] قال: وهذه الآية التي في سورة التوبة مدنية نزلت عند حجة الوداع، ولذلك فالمشهور في مذهب أبي حنيفة: أنه لا أسر ولا من، وليس إلا القتل والقتال، فالأمر بالقتال واجب لإعلاء كلمة الله وسبيله، ومن أسر فليس له إلا القتل، وليس له من ولا استرقاق ولا فداء. [5] ولأن سورة براءة آخر ما نزل من القرآن.

---

(١) الفقه الإسلامى وأدلته، للدكتور/ وهبة بن مصطفى الزحيلى، باب حكم الأسرى، الجزء ٨، ص (٥٩١٤).

(٢) شرح السير الكبير للشيبانى أملاء السرخسى، الجزء ٣ ص (١٢٨ وما بعدها)، دار الكتب العلمية بيروت.

(٣) سورة محمد آية رقم (٤).

(٤) سورة التوبة آية رقم (٥).

(٥) تفسير المنتصر الكتانى، باب خلاف العلماء في بقاء حكم المنّ والفداء، ج ٧، ص ٣٤٥. لمحمد المنتصر بالله بن محمد الزمزمي الكتاني الإدريسي الحسني (المتوفى: ١٤١٩ﻫ).

أما يقال من أن الرسول ﷺ قد منّ على بعض الأسرى فى غزوة بدر كأبى عزة الجمحى والعاص بن الربيع وثمامة بن أثال وغيرهم، فقد كان ذلك فى رأيهم قبل انتساخ الحكم، وقد فعل النبى ﷺ ذلك باجتهاده دون انتظار للوحى. (١)

بالأسر ثبت حق الغانمين فى الرقاب فلا يجوز إبطال ذلك بغير عوض كسائر الأموال المغنومة، ويحتمل أنه ﷺ وقد منّ على بنى قريظة وأهل خيبر أنهم كانوا أهل كتاب، فتركهم ومنّ عليهم ليصيروا أكرة للمسلمين، وفى ذلك معنى الجزية. (٢)

وقال محمد تأويلاً آخر وهو أن الرسول ﷺ كان يحارب عبدة الأوثان من العرب، وأولئك ما كان يجرى عليهم حكم السبى، وإنما منّ على بعض الأسراء لأنه ليس فيه إبطال حق ثابت للمسلمين فى رقابهم. (٣)

مناقشة أدلة الحنفية: أن حكم المن الثابت بقول الله ﷻ ﴿فَإِذَا لَقِيتُمُ ٱلَّذِينَ كَفَرُواْ فَضَرْبَ ٱلرِّقَابِ حَتَّىٰ إِذَآ أَثْخَنتُمُوهُمْ فَشُدُّواْ ٱلْوَثَاقَ فَإِمَّا مَنًّا بَعْدُ وَإِمَّا فِدَآءً حَتَّىٰ تَضَعَ ٱلْحَرْبُ أَوْزَارَهَا﴾ (٤) غير منسوخة بقوله تعالى: ﴿فَٱقْتُلُواْ ٱلْمُشْرِكِينَ حَيْثُ وَجَدتُّمُوهُمْ وَخُذُوهُمْ وَٱحْصُرُوهُمْ وَٱقْعُدُواْ هُمْ كُلَّ مَرْصَدٍ.﴾ (٥) بمعنى أن الآية محكمة وليست منسوخة؛ لأن الله أمر بالقتال والإثخان في القتل؛ حتى يكثر القتل في صفوف الأعداء، فتقتل القادة والزعماء والضباط، فلا يبقى إلا أتباع ورعاع لا يقودون جيشًا ولا يدبرون حربًا ولا يستطيعون إلا الامتثال لآمريهم، فهؤلاء ائسروهم وشدوا وثاق أسرهم، واربطوهم ربطًا محكمًا بالحبال

---

(١) مرجع سابق، فضيلة الدكتور/ عبد اللطيف عامر، في احكام الأسرى والسبايا في الحروب الإسلامية، ص (١٩٠) فى ذات الموضوع.

(٢) يراجع: فى ذلك بدائع الصنائع، الجزء ٧ ص (١٢٠).

(٣) المراجع السابق، وشرح السير الكبير، الجزء ٣، ص (١٠٣١).

(٤) سورة محمد آية رقم (٤).

(٥) سورة التوبة آية رقم (٥).

وبالسلاسل؛ حتى لا يفروا؛ وبعد ذلك الأمر لكم حسب مصلحتكم ومصلحة الإسلام والدولة الإسلامية والجيوش الإسلامية، فإما أن تمنوا على أسراهم فتطلقوا سراحهم بلا مقابل، وإما أن يكون ذلك مبادلة بأسرى آخرين، وإما أن تطلقوا سراحهم بالفداء من مال أو عمل أو مبادلة بأسرى لكم عندهم، ويبقى هذا مستمرًا إلى أن تنتهي الحرب ويهزم العدو ويستسلم وينكس رايته ويخضع لسلطانكم وأمركم ونهيكم، وإذا لم يتم ذلك فلا ترفعوا السيف عن رقابهم ولا الأسر عن أسراهم. [1]

٢. أن النسخ لعلة حددها الشرع بلا اجتهاد من فقيه أو عالم، إذ قال الله ﷻ: ﴿وَمَا نَنسَخْ مِنْ ءَايَةٍ أَوْ نُنسِهَا نَأْتِ بِخَيْرٍ مِّنْهَا أَوْ مِثْلِهَآ أَلَمْ تَعْلَمْ أَنَّ ٱللَّهَ عَلَىٰ كُلِّ شَيْءٍ قَدِيرٌ﴾ [2]

حيث قال الضحاك عن ابن عباس ﴿نَأْتِ بِخَيْرٍ مِّنْهَا أَوْ مِثْلِهَآ﴾ نجعل مكانها أنفع لكم منها وأخف عليكم أو مثلها في المنفعة. [3]

وقال القرطبي لفظ « بخير » هنا صفة تفضيل، والمعنى بأنفع لكم أيها الناس في عاجل إن كانت الناسخة أخف إن كانت في آجل وفي أثقل وبمثلها إن كانت مستوية. [4]

٣. أن النص القطعي الدلالة لا ينسخه إلا نص قطعي الدلالة مثله، وآية محمد قطعية الدلالة على المنّ والفداء، وآية السيف ليست قطعية الدلالة على القتال حتمًا إذ يصح الأخذ أي الأسر والحصر والتربص قال الله ﷻ: ﴿فَإِذَا ٱنسَلَخَ ٱلْأَشْهُرُ ٱلْحُرُمُ فَٱقْتُلُوا۟ ٱلْمُشْرِكِينَ حَيْثُ وَجَدتُّمُوهُمْ وَخُذُوهُمْ وَٱحْصُرُوهُمْ وَٱقْعُدُوا۟ لَهُمْ كُلَّ مَرْصَدٍ فَإِن تَابُوا۟ وَأَقَامُوا۟ ٱلصَّلَوٰةَ وَءَاتَوُا۟ ٱلزَّكَوٰةَ فَخَلُّوا۟ سَبِيلَهُمْ إِنَّ ٱللَّهَ غَفُورٌ رَّحِيمٌ﴾ [5].

---

(١) تفسير المنتصر الكتاني، باب خلاف العلماء في بقاء حكم المنّ والفداء، ج ٧، ص ٣٤٥. لمحمد المنتصر بالله بن محمد الزمزمي الكتاني الإدريسي الحسني (المتوفى: ١٤١٩ه)، مرجع سابق.

(٢) سورة البقرة آية (١٠٦).

(٣) الناسخ والمنسوخ لأبي جعفر النحاس، ص (١٣).

(٤) تفسير القرطبي، الجزء الثاني، ص (٧٥).

(٥) سورة التوبة آية (٥)

وقال ابن كثير: « وهذا يقوى القول بعدم النسخ كأنه شرع هذا الحكم فى الحرب إلى أن لا يبقى حرب»[1]

٤.أن المنّ والفداء ثابت بالكتاب والسنة وعمل الصحابة وإجماع جمهور العلماء على نحو ينفى وقوع النسخ كما سبق ووضحنا أدلة جمهور الفقهاء، وأنه لا مجال للقول بالنسخ إذ لا تعارض بين آية المن وآية السيف.

حكم المنّ على النساء والصبيان:

فقد ذهب الحنفية: فإنهم لا يجيزون المن مطلقًا، حتى لا يعود السبى حربًا على المسلمين، لأن المسلمين، لأن النساء يقع بهن النسل، والصبيان يبلغون فيصيرون حربًا كذلك[2] ولأن الصبى يصير مسلمًا بإسلام سابيه فلا يجوز رده إلى المشركين. [3]

وعلى أن الثابت أن النبى ﷺ منّ على سبى هوزان من النساء والذرية بعد أن استطاب نفوس الغانمين كما روى البخارى وأبو داود والطبرانى[4]، ومنّ على سبى أهل اليمن بلا فدية ولا مال. [5]

وذهب الشافعية والحنابلة: بأنه يجوز المنّ على النساء والصبيان وذلك بشرط وهو استطابة أنفس الغانمين إما بالعفو منهم عن حقوقهم، أو بمال يعوضهم من سهم المصالح، فإن كان المنّ عليهم لمصلحة عامة جاز أن يعوضهم من سهم المصالح، وإن كان الأمر يخصه فاوض عنهم من مال نفسه، ومن امتنع من الغانمين من ترك حقه لم يجبر.[6]

---

(١) يراجع مختصر تفسير ابن كثير، المجلد الثالث، دار القرآن الكريم، بيروت، ص (٣٣٠).

(٢) المرجع السابق، وتبيين الحقائق للزيلعى، الجزء ٣ ص (٢٤٩)، وأيضا فتح القدير الجزء ٤ ص (٣٠٩).

(٣) يراجع الفتاوى الهندية، الجزء ٢، ص (٢٠٧)، وحاشية بن عابدين، الجزء الثالث، ص (٣١٦).

(٤) أخرجه الإمام البخاري في صحيحه ٥ / ١٥٤.

(٥) آثار الحرب في الفقه الإسلامي، للدكتور/ وهبة بن مصطفى الزحيلى، ص (٤٢١)، الأموال لابي عبيد ص (١٥٩).

(٦) أحكام الأسرى والسبايا في الحروب الإسلامية، للأستاذ الدكتور/ عبد اللطيف عامر، ص (٣٥٦)

وذهب المالكية: إلى أنه يجوز للإمام أن يمنّ على السبى بإطلاق سراحهم إلى بلادهم بدون مقابل أو عوض. [1]

وقال الماوردي: إن أراد الإمام المنّ عليهم لم يجز إلا باستطابة نفوس الغانمين عنهم، إما بالعفو عن حقوقهم منهم، وإما بمال يعوضهم عنهم، فإن كان المنّ عليهم لمصلحة عامة جاز أن يعوضهم من سهم المصالح، وإن كان لأمر يخصه عاوض عنهم من مال نفسه. ومن امتنع من الغانمين لم يستنزل عنه إجبارا حتى يرضى، وخالف ذلك حكم الأسرى ففيهم لا يلزمه استطابة نفوس الغانمين لأن قتل الرجال مباح وقتل السبي محظور، فصار السبي مالا مغنوما لا يستنزلون عنه إلا باستطابة النفوس. [2]

وإذا كان يجوز لنا أن نمنّ على الأسرى من الرجال المحاربين الذين يُخْشَى أن يعودوا إلى حربنا، أفلا يجوز لنا أن نمنّ على النساء اللاتى لا ضرر من إطلاقهن، وقد يكون الضرر فى استرقاقهن؟ والواقع أن مسألة المنّ على السبى أو الأسرى أمر متعلق بالمصالح العامة للمسلمين التى يتولاها ولى الأمر، إذا لم يكن هناك نص صريح يوجب المنّ، فليس هناك نص صريح يمنعه، بل أن طبيعة مبادىء الإسلام الإنسانية لتميل إليه وتحرص عليه وإنما النص فى التخيير بين المنّ والفداء؟ لقول الله ﷺ ﴿فَإِذَا لَقِيتُمُ ٱلَّذِينَ كَفَرُواْ فَضَرْبَ ٱلرِّقَابِ حَتَّىٰ إِذَآ أَثْخَنتُمُوهُمْ فَشُدُّواْ ٱلْوَثَاقَ فَإِمَّا مَنًّا بَعْدُ وَإِمَّا فِدَآءً حَتَّىٰ تَضَعَ ٱلْحَرْبُ أَوْزَارَهَا﴾ [3]

ثانيًا: الفـداء: والأصل فى الفداء قول الله ﷺ ﴿فَإِذَا لَقِيتُمُ ٱلَّذِينَ كَفَرُواْ فَضَرْبَ ٱلرِّقَابِ حَتَّىٰ إِذَآ أَثْخَنتُمُوهُمْ فَشُدُّواْ ٱلْوَثَاقَ فَإِمَّا مَنًّا بَعْدُ وَإِمَّا فِدَآءً حَتَّىٰ تَضَعَ ٱلْحَرْبُ أَوْزَارَهَا ذَٰلِكَ وَلَوْ يَشَآءُ ٱللَّهُ لَٱنتَصَرَ مِنْهُمْ وَلَٰكِن لِّيَبْلُوَاْ بَعْضَكُم بِبَعْضٍ وَٱلَّذِينَ قُتِلُواْ فِي سَبِيلِ ٱللَّهِ فَلَن يُضِلَّ

---

(١) آثار الحرب في الفقه الإسلامي، للدكتور/ وهبة بن مصطفى الزحيلي، ص (٤٢١)

(٢) الموسوعة الفقهية الكويتية ((٢٤/ ١٥٩).

(٣) سورة محمد آية رقم (٤).

أَعْمَـٰلَهُمْ ﴾[1] وتدل هذه الآية على أن الأسير من الأعداء يدور أمره بين هاتين الحالتين إما أن نطلق سراحه بدون مقابل، وإما أن نطلق سراحه في مقابل فدية معينة نأخذها منه، وقد تكون هذه الفدية مالا، أو عملا، أو غير ذلك مما فيه منفعة للمسلمين[2]

والفداء قد يكون على مال، أو يكون فداء لأسرى المسلمين بأسرى أهل الحرب، أو بدفع الجزية. وعليه يمكن تعريف الفداء بأنه: إطلاق سراح أسرى الأعداء مقابل إطلاق سراح أسرى المسلمين، أو إطلاق مقابل مال، أو مقابل خدمة يؤدونها.[3]

وأيضًا قول الله ﷻ ﴿وَإِن يَأْتُوكُمْ أُسَـٰرَىٰ تُفَـٰدُوهُمْ وَهُوَ مُحَرَّمٌ عَلَيْكُمْ إِخْرَاجُهُمْ أَفَتُؤْمِنُونَ بِبَعْضِ ٱلْكِتَـٰبِ وَتَكْفُرُونَ بِبَعْضٍ فَمَا جَزَآءُ مَن يَفْعَلُ ذَٰلِكَ مِنكُمْ إِلَّا خِزْيٌ فِى ٱلْحَيَوٰةِ ٱلدُّنْيَا وَيَوْمَ ٱلْقِيَـٰمَةِ يُرَدُّونَ إِلَىٰٓ أَشَدِّ ٱلْعَذَابِ وَمَا ٱللَّهُ بِغَـٰفِلٍ عَمَّا تَعْمَلُونَ﴾[4]

والمفاداة هو أن يرد أسرى العدو وسترجع منهم من فى أيديهم، وقال ابن كثير فى تفسير هذه الآية: فإذا أسر رجل من الفريقين كليهما، جمعوا له حتى يفدوه. فتعيرهم العرب بذلك، ويقولون: كيف تقاتلونهم وتفدونهم؟ قالوا: إنا أمرنا أن نفديهم، وحرم علينا قتالهم، قالوا: فلم تقاتلونهم؟ قالوا: إنا نستحيي أن تستذل حلفاؤنا[5]. فذلك حين عيرهم الله، فقال: ﴿ثُمَّ أَنتُمْ هَـٰٓؤُلَآءِ تَقْتُلُونَ أَنفُسَكُمْ وَتُخْرِجُونَ فَرِيقًا مِّنكُم مِّن دِيَـٰرِهِم﴾[6]

---

(١) سورة محمد آية رقم (٤)

(٢) التفسير الوسيط للقرآن الكريم، د: محمد سيد طنطاوي، باب سورة محمد، الجزء ١٣، ص (٢٢٣) الطبعة الأولى.

(٣) يراجع: وفاء مرزوق، أسرى الحرب فى الفقه الإسلامى والإتفاقيات الدولية، ص (٨٧)، بيروت، الطبعة (٢٠٠٨م

(٤) سورة البقرة آية (٨٥).

(٥) تفسير القرآن العظيم لابن كثير ت سلامه، ج ١ ص (٣١٨).

(٦) سورة البقرة آية رقم (٨٥).

الفـــداء بالمال :

الفداء ثابت بالكتاب والسنة وعمل الصحابة قال الله ﷺ ﴿ فَإِمَّا مَنًّا بَعْدُ وَإِمَّا فِدَآءً حَتَّى تَضَعَ الْحَرْبُ أَوْزَارَهَا ﴾[١] فعموم الآية يتسع ليشمل صور الفداء سواء على مال أو غيره، فلفظ فداء جاء مطلقًا لم يرد ما يقيده.

وفى أسارى بدر قال النبى ﷺ: «لا يفلت منهم أحد إلا بفداء أو ضربة عنق». [٢]

وروى الطبرى بسنده عن عبيدة قال: « كان فداء أسارى بدر، مائة أوقية، والأوقية أربعون درهما، ومن الدنانير: ستة دنانير». [٣]

وفى مصنف عبد الرازق: «فادى رسول الله ﷺ أسارى بدر، وكان فداء كل رجل منهم أربعة آلاف». [٤]، وعن الشعبى قال: «كان فداء أسارى بدر أربعة آلاف إلى ما دون ذلك ». [٥]

ولكن اختلف العلماء فى الفداء بالمال على النحو التالى:

والمشهور فى مذهب المالكية، ومذهب الشافعية، والحنابلة فى غير رواية عن الإمام أحمد وهو قول محمد بن الحسن من فقهاء الحنفية: ذهبوا إلى جواز فداء أسرى الحربيين الذين يثبت الخيار للإمام فيهم بالمال. [٦]

غير أن المالكية يجيزون فداء الأسير بمال أكثر من قيمة الأسير[٧].

─────────

(١) سورة محمد آية (٤).

(٢) الأموال لأبى عبيد ص (١٥١)

(٣) تفسير الطبرى، ج ١٠، ص (٤٦)

(٤) مصنف عبد الرازق، ج ٥، ص (٣٥٢).

(٥) نيل الأوطار ج ٧، ح ٣٤١٩، ص (٣١٣)، وأيضا الأموال لأبى عبيد ص (١٥٣).

(٦) بدائع الصنائع، الجزء ٧، ص (١١٩) وما بعدها، والشرح الكبير، الجزء ١٠، ص (٤٠١)، المبسوط الجزء ١٠، ص (١٣٨)، وحاشية الدسوقى الجزء ٢ ن ص (١٨٤).

(٧) التاج والإكليل، الجزء ٣، ص (٣٥٨)، وأيضاً شرح منح الجليل على مختصر خليل. كتاب الجهاد ص (٧٢٦).

أما الحنفية لا يجيزون الفداء بمال، وقد قال محمد بن الحسن من فقهاء الحنفية: مفاده الشيخ الكبير الذى لا يرجىٰ له ولد ولا تحصل منه الإعانة تجوز، ولكن قال صاحب البدائع: إن كان لا يحصل بهذا الطريق يحصل بطريق آخر وهو الرأى والمشورة وتكثير السواد[1]

وأما الشافعية: قالوا بجواز الفداء مطلقًا بأخذ المال دون قيد، ولو لم تكن ثمة حاجة للمال، وذكروا على أنه للإمام أن يفدى الأسرى بالمال بأخذه منهم، سواء أكان من مالهم أم من مالنا الذى فى أيديهم، وأن نفديهم بأسلحتنا التى فى أيديهم. أما أسلحتهم التى بأيدينا ففى جواز مفاداة أسرانا به وجهان، أوجههما عندهم الجواز. [2]

قال أبو عبيد: قوله «فاجتهدت فى الفداء ثم خمست وقسمت» ينبئك أنه إنما افتداهم بالمال لا بافتكاك المسلمين من أيديهم، وهذا رأى يترخص فيه الناس. [3]

وقال ابن عرفة[4]: فداء أسارى المسلمين بالقتال واجب فكيف بالمال، زاد اللخمى فى روايته مع رواية أشهب ولو بجميع أموال المسلمين. [5]

---

(١) مرجع سابق، بدائع الصنائع، الجزء السابع، ص (١٢١).

(٢) حاشية الشرقاوى على شرح التحرير، الجزء ٢، ص (٣٩٤)، ونهاية المحتاج، الجزء ٨، ص (٦٥)، وشرح روض الطالب ن الجزء ٤، ص (١٩٣).

(٣) يراجع الأموال لأبى عبيد ص (١٦٢) وما بعدها.

(٤) ابن عرفة: هو محمد بن عرفه الورغمى أبو عبد الله أمام تونس وعالمها وخطيبها، ولد وتوفى فيها، من أشهر كتبه المختصر الكبير في الفقه المالكى توفى سنة ٨٠٣ه. يراجع: ذيل التقييد في رواة السنن والأسانيد(١ / ٢٣٦)المؤلف: محمد بن أحمد بن علي، تقي الدين، أبو الطيب المكي الحسني الفاسي (المتوفى: ٨٣٢ه) المحقق: كمال يوسف الحوت: الناشر: دار الكتب العلمية، بيروت، لبنان، الطبعة: الأولى، ١٤١٠ه/ ١٩٩٠م: عدد الأجزاء: ٢.

(٥) التاج والإكليل للمواق، ص (٣٨٧) وما بعدها، الطبعة الأولى لعام ١٣٢٨ه.

وعليه نرى: بأن فداء الأسرى جائز فى الإسلام إذا رأى الإمام مصلحة المسلمين فى ذلك، إما بالمال، وإما بالرجال من الأسرى. وذلك لأن الروايات والشواهد الواردة فى الفداء بالمال ومقداره كثيرة وأغلبها فى شأن أسرى بدر كما ذكرنا ووضحنا آنفًا، هذا وكان أول عملية فداء تمت بين المسلمين وقريش فى السنة الثانية من الهجرة قبل وقعة بدر الكبرى بشهرين، حيث بعث رسول الله ﷺ عبدالله ابن جحش الأسدى إلى نخلة بين مكة والطائف، وبعث معه ثمانية رهط من المهاجرين ليس فيهم من الأنصار أحد، وكان قد كتب لعبد الله كتابًا أمره فيه بأن يترصد لقريش ويتتبع أخبارهم. (١)

قال ابن إسحاق: فلما نزل القرآن بهذا من الأمر وفرج الله عن المسلمين ما كانوا فيه من الشدة قبض رسول الله ﷺ العير والأسيرين وبعثت إليه قريش في فداء عثمان بن عبد الله والحكم بن كيسان فقال رسول الله ﷺ: «لا نفديكموها حتى يقدم صاحبانا» يعني (سعد بن أبي وقاص) و(عتبة بن غزوان) فإنا نخشاكم عليهما، فإن تقتلوهما نقتل صاحبيكم، فقدم سعد وعتبة ففداهما رسول الله ﷺ منهم، فأما الحكم بن كيسان فأسلم وحسن إسلامه، وأقام عند رسول الله ﷺ حتى قتل يوم بئر معونة شهيدا، وأما عثمان بن عبد الله فلحق بمكة فمات بها كافرا، قال ابن إسحاق: فلما تجلى عن عبد الله بن جحش وأصحابه ما كان حين نزل القرآن طمعوا في الأجر فقالوا: يا رسول الله أنطمع أن تكون لنا غزوة نعطى فيها أجر المجاهدين فأنزل الله ﷻ ﴿إِنَّ ٱلَّذِينَ ءَامَنُوا۟ وَٱلَّذِينَ هَاجَرُوا۟ وَجَٰهَدُوا۟ فِي سَبِيلِ ٱللَّهِ أُو۟لَٰٓئِكَ يَرْجُونَ رَحْمَتَ ٱللَّهِ وَٱللَّهُ غَفُورٌ رَّحِيمٌ﴾ (٢) فوضع الله من ذلك على أعظم الرجاء. (٣)

---

(١) يراجع البداية لابن كثير، الجزء ٣ ص (٢٤٨) وما بعدها، وسيرة ابن هشام، الجزء ٢ ص (٢٣٨) وما بعدها.

(٢) سورة البقرة آية (٢١٨).

(٣) مختصر تفسير ابن كثير، باب سورة البقرة، الجزء الأول، ص (١٩٠ وما بعدها)، الناشر: دار القرآن الكريم، بيروت – لبنان، الطبعة: السابعة، ١٤٠٢ هـ – ١٩٨١ م، وايضًا فقه السيرة النبوية، باب سرية عبدالله بن جحش، الجزء ١ ص (٤٠٠ وما بعدها)، الطبعة: الثانية، ١٤١٣هـ – ١٩٩٢ م.

ويقول فضيلة الدكتور/ عبد اللطيف عامر: ويحسم هذا الخلاف أن الرسول ﷺ قد قبل المال فداء لأسرى المشركين فى بدر، فأخذ مائة أوقية من ذهب فداء لعمه العباس وابنى عمه عقيل ونوفل، ورفض أن يتركهما دون فداء، وأخذ أربعة آلاف درهم من المطلب بن أبى وداعة فى فداء أبيه، ومثله فى فداء عزيز بن عمير وهكذا. [١]

المفاداة بالأسرى «تبادل الأسرى»:

مفاداة الأسرى جائزه، إما بالمال، وإما بالنفوس من الأسارى وذلك لعموم قول الله ﷻ ﴿فَإِمَّا مَنًّا بَعْدُ وَإِمَّا فِدَآءً حَتَّىٰ تَضَعَ ٱلْحَرْبُ أَوْزَارَهَا﴾ [٢] وقد تقدم الحديث عن الفداء بالمال، وفيها يأتى الحديث عن المفاداة بالأسرى وهو ما يعرف فى عصرنا الحالى بتبادل الأسرى، حيث تواترت الشواهد من السنة على اتباع أسلوب مفاداة الأسرى كوسيلة لإنهاء حالة الأسر.

حيث ذهب الجمهور من المالكية، والشافعية، والحنابلة، إلى جواز تبادل الأسرى واستدلوا على ذلك بقول النبى ﷺ عن أبي موسى الأشعري -ﷺ-، عن النبي ﷺ قال: «أطعموا الجائع، وعودوا المريض، وفكوا العاني» [٣]، قال سفيان: "والعاني: الأسير

وعن أبي قلابة، عن عمه، عن عمران بن حصين، «أن النبي ﷺ فادى رجلين من المسلمين برجل من المشركين». [٤]

عن إياس بن سلمة بن الأكوع، عن أبيه قال: غزونا مع أبي بكر هوازن على عهد النبي ﷺ فنفلني جارية من بني فزارة من أجمل العرب عليها قشع لها، فما كشفت لها عن ثوب حتى

____

(١) أحكام الأسرى والسبايا فى الحروب الإسلامية، للأستاذ الدكتور/ عبداللطيف عامر، ص (١٩١ - ١٩٢).

(٢) سورة محمد آية (٤).

(٣) أخرجه الإمام البخاري في صحيحه (٧/ ٦٧) ح رقم (٥٣٧٣) (ك) النفقات (ب) قول الله تعالى: {كلوا من طيبات ما رزقناكم} [البقرة: ٥٧].

(٤) الأموال لابن زنجويه، الجزء ١ ح رقم ٤٩٣، ص (٣٢٢)، الطبعة: الأولى، ١٤٠٦ هـ - ١٩٨٦ م، ومصنف ابن أبى شيبه ـ دار القبلة، ج ١٨، ح ٣٣٩٢٠ ص (٥٤).

قدمت المدينة، فلقينا النبى ﷺ وهو بالسوق فقال: "لله أبوك، هبها لى، فوهبتها له قال: فبعث بها ففادى بها أسارى من المسلمين كانوا بمكة "(١)

وعن أبى الجويرية، وعاصم بن كليب الجرمى، أن عمر بن عبد العزيز فدى رجلاً من المسلمين من جرم من أهل الحرب بمئة ألف. (٢)

أما الحنفية فذهبوا إلى عدم جواز مفاداة الأسرى بالأسرى، وذلك لأن قتل المشركين فرض بقول الله ﷻ ﴿ فَٱقۡتُلُواْ ٱلۡمُشۡرِكِينَ حَيۡثُ وَجَدتُّمُوهُمۡ وَخُذُوهُمۡ وَٱحۡصُرُوهُمۡ ﴾(٣) وقوال الله ﷻ ﴿ فَٱضۡرِبُواْ فَوۡقَ ٱلۡأَعۡنَاقِ وَٱضۡرِبُواْ مِنۡهُمۡ كُلَّ بَنَانٍ ﴾(٤) فلا يجوز تركه إلا لما شرع له من إقامة الغرض وهو التوسل إلى الإسلام، كما أن المفاداة إعانه لأعداء الدين وتقوية لهم، ودفع شر الحرب أولى من استنقاذ الأسير المسلم، حيث ذهب أبى حنيفة إلى منع مفاداة الأسير بالأسير، وذلك لأن قتل المشركين فرض محكم، فلا يجوز تركه بالمفاداة. (٥)

وعند أبى يوسف ومحمد جواز المفاداة لأن إنقاذ المسلم أولى من إهلاك الكافر، وما ذكر من الضرر الذى يعود إلينا بدفع الأسير يدفعه المسلم الذى تخلص منهم، لأنه ضرر شخص واحد، فيقوم بدفعه واحد مثله ظاهر فيتكافأ، ثم تبقى فضيلة تخليص المسلم وتمكينه من عبادة الله. (٦)

---

(١) مصنف ابن أبى شيبه، باب فى الفداء من رآه وفعله، الجزء ٦، ح رقم ٣٣٢٤٦، ص(٤٩٥)، وأيضًا السنن المأثورة للشافعى، باب الجهاد، الجزء ١، ح ٦٦٦، ص (٤٤٠)، الطبعة: الأولى، ١٤٠٦.

(٢) مصنف ابن أبى شيبه. دار القبلة، ١٨/ ٥٥، (٣٣٩٢٣).

(٣) سورة التوبة آية (٥).

(٤) سورة الأنفال آية (١٢).

(٥) البدائع والصنائع، الجزء٢، ص (١٢٠)، والمبسوط الجزء ١٠، ص (١٣٩ وما بعدها)، ومواهب الجليل، الجزء٣، ص (٣٥٩).

(٦) مرجع سابق، وغنية ذوى الأحكام على درر الحكام، الجزء ١ ص (٢٨٦).

وقال صاحبا أبى حنيفة وهو أحدى الروايتين عن أبى حنيفة إلى جواز تبادل الأسرى أى جواز المفاداة بالأسرى واستدلوا على ذلك بما ورد بن سلمة عن الأكوع فيما أخرجه مسلم وأبو داود وابن ماجه أنه وهب الرسول بتا من بنى فزارة، فبعث بها رسول الله ﷺ إلى أهل مكة، ففدى بها أناسًا من المسلمين كانوا أسروا بمكة. [1] وفى هذا جواز المفاداة وجواز فداء الرجال بالنساء الكافرات، وفيه كذلك جواز استيهاب الإمام أهل جيشه بعض ما غنموه ليفادى به مسلمًا. [2]

وعند الزيدية: جواز الفداء بأسرى المسلمين وسباياهم إن وجد عند الأعداء أسرى وسبايا من المسلمين وهو ظاهر مذهب الظاهرية وكذلك الإمامية. [3]

وهناك أيضًا أمثلة كثيرة في كتب التاريخ الإسلامى في هذا الشأن ومنها في فصل الروم، حيث تم تبادل الأسرى بين المسلمين والروم في عهد المنصور استنقذ بها أسرى المسلمين وكان ذلك عام ١٣٩هـ.

وأيضًا في عهد هارون الرشيد[4] في عام ١٨٩هـ حيث فادى الأسارى من المسلمين الذين كانوا ببلاد الروم، فلم يبق بأرض الروم مسلم إلا فودى به فقال مروان بن أبى حفصة يمدح هارون الرشيد::

---

(١) سنن أبى داود، الجزء ٣، ص (٨٦).

(٢) أحكام الاسرى والسبايا في الحروب الإسلامية، للأستاذ الدكتور/ عبداللطيف عامر، ص (١٩٤).

(٣) المحلى، الجزء ٧ ص (٣٠٩)، وأيضأ المختصر النافع فى فقه الإمامية، الجزء ١٠ ص (١١٣) .

(٤) هو جعفر أمير المؤمنين ابن المهدى، ولد في شوال سنة ١٤٨، وقيل غير ذلك، وبويع بالخلافة بعد موت أخيه موسى الهادى فى ربيع الأول سنة ١٧٠ هـ، وتوفى سنة ١٩٣ هـ، وكانت أيامه كلها خير كأنها من حسنها أعراس، يراجع فى ذلك البداية لابن كثير، الجزء ١٠، ص (٢١٣)، وأيضًا تاريخ الخلفاء للسيوطي، ص(٢٨٣).

وفكت بك الأسارى التي شيدت لها محابس ما فيها حميم يزورها على حين أعيا المسلمين فكاكها وقالوا سجون المشركين قبورها. [1]

وأيضًا في عهد المكتفى سنة ٢٩٣ هـ حدثت جملة مفاداة فكان جملة من فودى به من المسلمين نحو ١٢٠٠ وفي اخر عهد المكتفى تمت مفاداة ثانية سنة ٢٩٥ هـ وكان عدمن فودى به من الرجال والنساء ثلاثة آلاف نفس. [2]

ويتضح مما سبق من تبادل الأسرى أن عملية التبادل لا تقتضى التساوى في العدد، وإن كان ذلك أمرًا مطلوبأ، فالمصلحة العامة هى التى تتفاعل مع الأحداث فمن كان من الأسارى له شأن أكثر من غيره، فلابد من النظر إلى ذلك واعتباره في حالة الاتفاق بين المتحاربين.

حكم قبول الجزية من الأسير:

أما فداء الأسرى بقبول الجزية منهم فيرى المالكية والحنفية إن للإمام أن يترك الأسرى أحرارا في بلاد المسلمين على أن يعقد لهم الذمة ويضرب عليم الجزية[3] واستثنى الحنفية مشركى العرب والمرتدين.

وعند الشافعية والحنابلة: أنه إذا سأل الأسارى الذين تقبل منهم الجزية تخليتهم على إعطاء الجزية، وعقد الذمة جاز للإمام قبول ذلك منهم، لأنه إذا جاز أن يمن على الأسير من غير مال أو بمال يؤخذ من مرة واحدة، فلا يجوز معه في كل سنة أولى[4]

---

(١) مرجع سابق البداية لابن كثير، الجزء ١٠، ص (٢٠١)، وتارخ الخلفاء للسيوطى، ص (٢٨٩).

(٢) محاضرات في تاريخ الأمم الإسلامية الدولة العباسية، الشيخ محمد الخضرى، دار الفكر العربى.

(٣) مواهب الجليل، الجزء ٣، ص (٣٥٩)، وفتح القدير، الجزء ٤، ص (٣٠٦)، بدائع الصنائع الجزء ٧، ص (١١٩)، البحر الرائق، الجزء ٥، ص (٨٢).

(٤) مرجع سابق، أحكام الاسرى والسبايا ففى الحروب الإسلامية، ص (١٩٥)، والمغنى، الجزء ٨، ص (٣٧٥)، وكتاب الام للشافعى، الجزء ٤ ص (٦٨).

وعند الزيدية: لا يجب قبول الجزية من أسير الكتابيين في أصح روايتين عنهما، وفي رواية أخرى يجب كغير الأسير. [١]

وعند الإباضية[٢]: إن للإمام قبول الجزية من الأسرى دون أن يزول التخيير الثابت فيهم عن الرسول. [٣]

جواز الفداء مقابل عمل :

كان من الأسرى من لم يكن له شيء من المال، ولكنه يعرف الكتابة، إذ كان أهل مكة يكتبون، وأهل المدينة لا يكتبون، فكان من مصلحة المسلمين وحاجتهم الشديدة إلى الكتابة أن يجعل النبي ﷺ فداء من لم يكن له مال أن يعلم عشرة صبيان من الأنصار الكتابة.

---

(١) البحر الزخار، الجزء ٥، ص (٤٠٥).

(٢) الإباضية هم أصحاب عبد الله بن إباض التميمي الذي خرج في أيام مروان بن محمد في أواخر دولة بني أمية، وبعضهم يقول: كان عبد الله بن إباض مع نافع بن الأزرق ثم انشق عنه لتشدد نافع مع مخالفيه، حيث كان ابن إباض لا يرى إلا استحلال دم مخالفيه دون أموالهم وتدعى الإباضية ارتباطها بجابر بن زيد - أحد التابعين - مع أنه قد تبرأ منهم والإباضية فرق متعددة فمنهم الحفصية واليزيدية، والحارثية، وغيرها، وأشد هذه الفرق انحرافا طائفة اليزيدية، وإمامهم يزيد بن أنيسة زعم أن الله سيبعث رسولا من العجم، وينزل عليه كتابا من السماء، ومن ثم ترك شريعة محمد ﷺ وقد تبرأ أكثر الإباضية من هذه الفرقة ومنهم من توقف فيها.. هذا وقد اندثرت هذه الفرق التي انشقت عن الإباضية، وقد تبرأ سائر الإباضية من أفكارهم وكفروهم لشططهم وابتعادهم عن الخط الإباضية الأصلي، الذي لا يزال إلى يومنا هذا. يراجع: الدخيل في كتاب " تيسير التفسير"(ص٣٥) أول تفسير فاتحة الكتاب إلى آخر تفسير سورة أل عمران دراسة نقدية. للشيخ محمد بن يوسف بن عيسى أطفيش المتوفي سنة (١٣٣٢ه) وهي رسالة "دكتوره" للباحث مصطفى عبد العزيز محمد ندوان، نوقشت في _ جامعة الأزهر _ في كلية أصول الدين والدعوة عام ٢٠٢٠م إشراف فضيلة الأستاذ الدكتور/ محمد سعيد عرام.

(٣) شرح النيل وشفاء العليل، الجزء ١٠، ص (٤٧٥).

نؤكد على ما سبق أن ذكرناه في الفصل الثاني من أنه لم يثبت أن الإسلام استباح عمل الأسرى كنوع من الاستعباد وإنما جعل ذلك وسيلة إلى تحريرهم من قيود الآسر لمن لم يجد له فداء.

وعن ابن عباس – ﷺ – قال: كان ناس من الأسرى يوم بدر لم يكن لهم فداء، "فجعل رسول الله – ﷺ – فداءهم أن يعلموا أولاد الأنصار الكتابة" [1]

وهذا الحديث يفيد في معناه تعلم أولاد الصحابة الكتابة على المشركين من قريش أسرى بدر حين جعل النبي –ﷺ– ذلك فداء من لم يجد من المال ما يفدي به نفسه. [2]

وعليه فإن رسول الله ﷺ، فادى بعض أسرى بدر بتعليم عدد من صبيان المدينة..

حيث جاء في مسند الإمام أحمد عن ابن عباس وحسنه شعيب الأرناؤوط ولفظه: كان ناس من الأسرى يوم بدر لم يكن لهم فداء فجعل رسول الله ﷺ فداءهم أن يعلموا أولاد الأنصار الكتابة. قال: فجاء يومًا غلام يبكي إلى أبيه فقال: ما شأنك؟ قال ضربني معلمي، قال: الخبيث يطلب بِذِحْل بدر (يعني: بثأر) والله لا تأتيه أبدًا. وجاء أيضاً في سنن البيهقي بهذا اللفظ، وذكر في أكثر كتب السيرة أيضًا. [3]

وقال ابن القيم: (وهذا يدل على جواز الفداء بالعمل كما يجوز بالمال). [4] وروى أبو عبيد عن الشعبي قال: (كان فداء أسرى بدر أربعة آلاف إلى ما دون ذلك، فمن لم يكن له شيء أمر أن يعلم صبيان الأنصار الكتابة). [5]

---

(١) الجامع الصحيح للسنن والمسانيد، باب نزول الملائكة يوم بدر، الجزء ١٤، صـ (٤٢٧)، ورواه أحمد في مسنده ١/ ٢٤٧.

(٢) فتاوى الشبكة الإسلامية، باب ضوابط تلقى العلم من الكافر، الجزء الأول، ص ٥٣١.

(٣) فتاوى الشبكة الإسلامية، باب فداء أسرى بدر تعليم الكتابة، الجزء ٣، ص (١٦٢٥).

(٤) مرجع سابق، ويراجع في الزاد، الجزء ٢، ص (٦٧).

(٥) الأموال، ص (١١٦).

وفي الرحيق المختوم: كان الفداء من أربعة آلاف درهم إلى ثلاثة آلاف درهم إلى ألف درهم، وكان أهل مكة يكتبون وأهل المدينة لا يكتبون، فمن لم يكن عنده فداء دفع إليه عشرة من غلمان المدينة يعلمهم، فإذا حذقوا فهوا فداء. [1]

❋ ❋ ❋

---

(١) الرحيق المختوم، ص (٢٥٦).

المبحث الثالث – حكم قتل الأسرى في الفقه الإسلامي

إذا نظرنا فى القاعدة الأصلية فى معاملة أسرى الحرب وهى المن والفداء كما وضحنا سابقًا، فهل قتل الأسير معاملة بالمثل، أم هو حكم مقرر للحاكم أن يأخذ به أم لا، فقتل الأسير البالغ المحارب جائز فى الإسلام إذا رأى إمام المسلمين المصلحة فى ذلك.

حيث اتفق الفقهاء على جواز قتل الأسرى: وذهب إلى ذلك الحنفية، والمالكية، والشافعية، والحنابلة، والزيدية، والظاهرية، والأوزعى والثورى. (١)

وحيث قال أبو بكر الجصاص: «أتفق الفقهاء على جواز قتل الأسير، ولا نعلم بينهم خلافًا فيه، وفد تواترت الأخبار عن النبى ﷺ فى قتله الأسرى...». (٢)

واستدل الفقهاء على جواز قتل الأسرى بالأدلة الآتية: –

أولا: بقول الله ﷻ ﴿مَا كَانَ لِنَبِيٍّ أَن يَكُونَ لَهُ أَسْرَىٰ حَتَّىٰ يُثْخِنَ فِي ٱلْأَرْضِ تُرِيدُونَ عَرَضَ ٱلدُّنْيَا وَٱللَّهُ يُرِيدُ ٱلْآخِرَةَ وَٱللَّهُ عَزِيزٌ حَكِيمٌ﴾ (٣) القول في تأويل قوله: ما كان لنبي أن يكون له أسرى حتى يثخن في الأرض، قال أبو جعفر: يقول تعالى ذكره: ما كان لنبي أن يحتبس كافرا قدر عليه وصار في يده من عبدة الأوثان للفداء أو للمن.

وإنما قال الله جل ثناؤه ذلك لنبيه محمد ﷺ، يعرفه أن قتل المشركين الذين أسرهم ﷺ يوم بدر ثم فادى بهم، كان أولى بالصواب من أخذ الفدية منهم وإطلاقهم. (٤)

---

(١) اختلاف الفقهاء للطبري ص (١٤١)، شرح فتح القدير، الجزء ٥، ص (٤٧٣)، مواهب الجليل لشرح مختصر خليل، الجزء ٣ ن ص (٣٥٩).

(٢) أحكام القرآن للجصاص، الجزء ٣، ص (٣٩١ وما بعدها).

(٣) سورة الأنفال آية رقم (٦٧).

(٤) جامع البيان للطبري الجزء ١٤، ص(٥٨)، الطبعة: الأولى، ١٤٢٠ هـ – ٢٠٠٠م.

وأيضًا قول الله ﷻ ﴿فَإِذَا ٱنسَلَخَ ٱلْأَشْهُرُ ٱلْحُرُمُ فَٱقْتُلُوا۟ ٱلْمُشْرِكِينَ حَيْثُ وَجَدتُّمُوهُمْ وَخُذُوهُمْ وَٱحْصُرُوهُمْ وَٱقْعُدُوا۟ لَهُمْ كُلَّ مَرْصَدٍ﴾ [1] فالآية قاضية بقتل المشركين دون أسرهم ليمن عليهم أو يفادوا. [2]، أى اقتلوا المشركين الذين يحاربونكم. [3]

غير أن الجمهور يرى أن الإمام مخير بين القتل والمفاداة، والمن والاسترقاق بما يراه في صالح المسلمين، إذ ثبت في الصحيح أن رسول الله – ﷺ – قتل بعض الأسرى، وفادى آخرين، ومن على بعض آخر تصرفا بما يحقق المصلحة العامة للمسلمين. اللّهم صل على نبينا محمد وآله وصحبه وسلم[4]، وأيضًا قول الله ﷻ ﴿فَإِمَّا تَثْقَفَنَّهُمْ فِي ٱلْحَرْبِ فَشَرِّدْ بِهِم مَّنْ خَلْفَهُمْ لَعَلَّهُمْ يَذَّكَّرُونَ﴾[5]

وأيضًا قوله ﷻ ﴿إِذْ يُوحِي رَبُّكَ إِلَى ٱلْمَلَٰئِكَةِ أَنِّي مَعَكُمْ فَثَبِّتُوا۟ ٱلَّذِينَ ءَامَنُوا۟ سَأُلْقِي فِي قُلُوبِ ٱلَّذِينَ كَفَرُوا۟ ٱلرُّعْبَ فَٱضْرِبُوا۟ فَوْقَ ٱلْأَعْنَاقِ وَٱضْرِبُوا۟ مِنْهُمْ كُلَّ بَنَانٍ﴾[6] فقتل هؤلاء واجب كيفما أمكن، ويبين أن المراد بالآية التى فيها ضرب الرقاب الأسرى فقط، واستثنى الأسرى من جملة قوله ﷻ ﴿وَٱضْرِبُوا۟ مِنْهُمْ كُلَّ بَنَانٍ﴾.

وما دامت الآيات لا تدل دلالة صريحة على وجوب قتل الأسرى أو حتى على جوازه، وما دام جمهور العلماء قد بنوا اتجاهاتهم في قتل الأسرى على فعل النبى ﷺ، فيحسن بنا أن نستعرض بعض الحالات التى تم فيها قتل الأسرى وهو ما سنوضحه في الأدلة من السنة.

---

(١) سورة التوبة آية رقم (٥)

(٢) مِنهاجُ المُسلم، كتاب عقائد وآداب وأخلاق وعَبادات ومعاملات، أبو بكر جَابِر الجَزَائِرِي، الجزء ١، ص (٢٧٩)، الطبعة: الأولى، ١٣٨٤ هـ – ١٩٦٤ م.

(٣) أحكام القرآن لابن العربى، الجزء ٢، ص (٨٨٩).

(٤) مرجع سابق، مِنهاجُ المُسلم، كتاب عقائد وآداب وأخلاق وعَبادات ومعاملات، الجزء ١ ص (٢٧٩).

(٥) سورة الأنفال آية (٥٧).

(٦) سورة الأنفال آية (١٢).

ثانيًا : من السنة : - فعن مصعب بن سعد، عن سعد بن أبي وقاص، قال: لما كان يوم فتح مكة أمن رسول الله ﷺ الناس إلا أربعة نفر وامرأتين وسماهم، وابن أبي سرح، فذكر الحديث قال: وأما ابن أبي سرح فإنه اختبأ عند عثمان بن عفان، فلما دعا رسول الله ﷺ الناس إلى البيعة جاء به حتى أوقفه على رسول الله ﷺ، فقال: يا نبي الله بايع عبد الله، فرفع رأسه فنظر إليه ثلاثا كل ذلك يأبى فبايعه بعد ثلاث، ثم أقبل على أصحابه فقال: «أما كان فيكم رجل رشيد يقوم إلى هذا حيث رآني كففت يدي عن بيعته فيقتله؟ » فقالوا: ما ندري يا رسول الله، ما في نفسك ألا أومأت إلينا بعينك. قال: «إنه لا ينبغي لنبي أن تكون له خائنة الأعين»(١)

وقتل النبي - ﷺ - رجالا من بني قريظة حين حكم فيهم سعد بن معاذ، ﷺ - فقال: أحكم فيهم أن تقتل مقاتلتهم وتسبى ذراريهم وتقسم أموالهم، فقال رسول الله - ﷺ -: لقد حكمت بحكم الله --ﷻ-- وحكم رسوله " (٢)

وروى ابن وهب أن النبي ﷺ قتل سبعين اسيرًا بعد الإثخان من يهود. وقتل عقبة ابن أبي معيط صبرًا بعد أن ربط. ولم يقتل يوم بدر من الأسرى غيره، وكثر يومئذ الفداء، وأكثر ما فودي به الرجل أربعة آلاف. وربما فدي الرجل على أن يعلم عندنا الخط لأن أهل المدينة لم يكونوا يحسنون الخط. وقتل أبو بكر أسيرًا بعد أن أعطى في فدائه مالاً فقال: اقتلوه فقتل رجل منهم أحب إلى من كذا. وقد قتل الأسرى غير واحد من الصحابة. وقتل عمر بن عبد

---

(١) سنن أبي داود، باب قتل الأسير ولا يعرض عليه الإسلام، حديث رقم (٢٦٨٣)، الجزء ٣، ص (٥٩)، والسنن الكبرى للبيهقي، وهو: أحمد بن الحسين بن علي بن موسى الخُسْرَوْجِردي الخراساني، أبو بكر البيهقي (ت: ٤٥٨هـ)، ح رقم (١٦٨٦٢) الجزء ٨ ص (٣٥٢)، ط: دار الكتب العلمية، بيروت - لبنات، الطبعة: الثالثة، ١٤٢٤هـ - ٢٠٠٣م.

(٢) الموسوعة الفقهية الميسرة في فقه الكتاب والسنة المطهرة، باب أسرى الحرب، الجزء ٧، ص (٢٢٩)، الطبعة: الأولى، من ١٤٢٣ - ١٤٢٩ هـ، السير الكبير، الجزء ٢ ص (٥٩٠).

العزيز أسارى من الروم وقتل أسيرًا من الترك، وأمر بفداء من أسر من المسلمين وإن كان قد هرب إليهم من حر أو عبد. (١)

وكان النضر ابن الحارث أسير المقداد، فلما رأى ذلك وخشى أن يقتل فتفوته فدية كبيرة صاح قائلاً: النضر أسيرى، فقال النبى ﷺ (اضرب عنقه، واللّهم أغن المقداد من فضلك)، فتقدم على بن أبى طالب ﷺ وضرب عنقه، وقد بكته أخته وقالت فى ذلك شعرًا. (٢)

وأيضًا وقد تواترت الأخبار عن الصحابة ﷺ فى جواز قتل الأسير، فعن يزيد بن أبى حبيب أن عمر بن عبد العزيز أتى بأسير من الخزر، فقال عمر ﷺ لأقتلنك، فقال الأسير: إذن لا ينقص من عدد الخزر شىء، فقتله عمر ﷺ، قال: ولم يقتل أسيرًا فى خلافته غيره. (٣)

وكتب إلى أبى بكر الصديق ﷺ فى أسير من المشركين قد أعطى به كذا وكذا فكتب ﷺ ألا تفادوا به واقتلوه، ومنها عن أبى موسى أنه قتل دهقان السوس بعد ما أعطاه الأمان على قوم سماهم ونسى نفسه فلم يدخلها فى الأمان فقتله. (٤)

ثالثًا: من المعقول: ذهبوا إلى أنه فى قتل بعض الأسرى حسمًا لمادة الفساد، وإن المصلحة قد تكون فى القتل واستئصالاً لجذور الشر وشرايين الفتنه التى تستمر لولا التخلص منهم الذى تلجئ إليه الضرورة، فكان فى القتل مصلحة.

مناقشة أدلة جمهور الفقهاء في المسألة:

أن الآيات لا تدل دلالة صريحة على وجوب قتل الأسرى أو حتى على جوازه كما ذكرنا سابقًا، وحيث يوجد أدلة فى عدم جواز قتل الأسير إن أسلم ومنها: قول الله ﷻ ﴿فَإِن تَابُوا

---

(١) النَّوادر والزِّيادات على مَا في المدَوَّنة من غيرها من الأُمهاتِ، باب قتل الأسرى واسترقاقهم، الجزء ٣، ص (٧٠)، الطبعة: الأولى، ١٩٩٩ م.

(٢) البداية لابن كثير، الجزء ٣، ص (٣٠٦)، السيرة النبوية لابن هشام، الجزء ٢، ص ٤١٩ وما بعدها.

(٣) الأموال لأبى عبيد، ص (١٧٣ وما بعدها).

(٤) أحكام القرآن للجصاص، الجزء ٥، ص (٢٦٩ وما بعدها)

وَأَقَامُواْ ٱلصَّلَوٰةَ وَءَاتَوُاْ ٱلزَّكَوٰةَ فَخَلُّواْ سَبِيلَهُمْ إِنَّ ٱللَّهَ غَفُورٌ رَّحِيمٌ ﴾[1]، وعن سفيان عن الليث عن مجاهد قال: "إذا أسلم الأسير حرم دمه"[2]، وعن جابر، قال: قال رسول الله ﷺ: "أمرت أن أقاتل الناس حتى يقولوا: لا إله إلا الله، فإذا قالوا: لا إله إلا الله، عصموا مني دماءهم وأموالهم إلا بحقها، وحسابهم على الله، ثم قرأ {إنما أنت مذكر لست عليهم بمصيطر}[3].

فإنَّ المسلم معصوم الدم والمـال، لا تُرفعُ عنه هذه العصمة إلاَّ بإحدى ثلاث؛ إذ يقول الرسول – ﷺ –: ((لا يَحِلُّ دمُ أمرئ مسلم إلاَّ بإحدى ثلاث: كَفَرَ بعدَ إسلامِهِ، أو زَنَى بعد إحصانِهِ، أو قَتَلَ نفسًا بغير نفس))، وما عدا ذلك، فحرمة المـسلم أعظم عند الله من حرمة الكعبة، بل من الدنيا أجمع. وفي ذلك يقول الرسول – ﷺ –: ((والذي نفسي بيده لقتل مؤمن أعظم عند الله من زوال الدنيا))[4].

أما فى حكم جواز قتل الأسير مالم يسلم:

فقد سبق أن بينا أن آية ﴿ فَإِمَّا مَنًّا بَعْدُ وَإِمَّا فِدَآءً حَتَّىٰ تَضَعَ ٱلْحَرْبُ أَوْزَارَهَا ﴾[5] محكمة فى الأمر بالقتال عند الاعتداء، وهى من أمهات الآيات التى بينت كيفية القتال، وأنها ليست منسوخه، لأن النسخ إنما يكون بشئ قاطع يثبت به التأخير الزمنى فى الناسخ والتقدم فى المنسوخ، وهو غير موجود، والإمام مخير وبه قال جمهور العلماء مالك والشافعى والأوزعى

---

(1) سورة التوبة آية (٥).

(2) الأموال لأبى عبيد، ص (١٨٠).

(3) مصنف ابن أبى شيبة، باب فيما يمتنع به من القتل وما هو وما يحقن، حديث رقم (٣٣٠٩٧)، الجزء ٦، ص (٤٨٠).

(4) يراجع حرمة المسلم على المسلم، باب دماء المسلمين، الجزء ١، ص (٣٧)، والنسائي، الجزء ٨، ص (١٣)، والشوكاني، حديث ٢٩٩٥، الجزء ٧، ص (٩).

(5) سورة محمد آية (٤).

وأبى عبيد وابن عمر والحسن وعطاء ورواه على بن أبى طلحة عن ابن عباس، قال القرطبى وهو الاختيار. [1]

وقال الطبرى: والصواب أن هذه الآية محكمة غير منسوخه وذلك أن صفة الناسخ والمنسوخ ما قد بينا فى غير موضع من كتابنا أنه مالم يجز اجتماع حكميهما فى حالة واحدة أو ما قامت الحجة بأن أحدهما ناسخ الأخر..). [2]

وقال الجصاص: وظاهر هذه الآية يقتضى أخذ شيئين إما منًا وإما فداء وذلك ينفى القتل [3]

أما مناقشة الأدلة من السنة فهى كالتالى :

إذا كان المن على الأسرى دون مقابل، أو فداؤهم بمقابل هو القاعدة المطردة فى شأن الأسرى، إلا أنه حدث أن قتل بعض الأفراد فى أحيان نادرة جدًا، لأسباب خاصة تتعلق بجرائم اقترفوها تستحق هذا الجزاء، وتتفق فى حكمها جميع الشرائع السماوية والقوانين الوضعية. [4]

ونهى النبى ﷺ أيضًا عن قتل الحرب بن عامر بن نوفل، وقال إئسروه ولا تقتلوه، وكان كارهًا للخروج إلى بدر، فلقيه خبيب بن يساف فقتله، وهو لا يعرفه، فبلغ النبى ﷺ فقال: لو وجدته قبل أن يقتل لتركته لنسائه، وكذلك نهى عن قتل زمعة بن الأسود. [5]

―――――――――――

(١) تفسير القرطبي، الجزء ١٦، ص (٢٢٠).

(٢) تفسير الطبري، الجزء ٢٦ ص (٤٢).

(٣) أحكام القرآن للجصاص، الجزء ٥، ص (٢٦٩).

(٤) أحكام أسرى الحرب دراسة مقارنه بين القانون الوضعى والشريعة الإسلامية، د/ هانى بن على الطهراوى، ص(١٤٤).

(٥) أحكام الأسرى والسبايا في الحروب الإسلامية/ للأستاذ الدكتور/ عبد اللطيف عامر، ص (٢٠٨) مرجع سابق.

وأما قتل النضر بن الحارث بالصفراء بعد بدر فلأنه من أكابر مجرمى قريش وكان ممن يؤذى رسول الله ﷺ وينصب له العداوة، وهو الذى قال سأنزل مثل ما أنزل الله وكان ابن عباس يقول نزل فيه ثمان آيات من القرآن قال الله ﷻ ﴿إِذَا تُتْلَىٰ عَلَيْهِ ءَايَٰتُنَا قَالَ أَسَٰطِيرُ ٱلْأَوَّلِينَ﴾[1] وكان إذا جلس رسول الله ﷺ مجلسًا فذكر فيه بالله وحذر قومه خلفه في مجلسه إذا قام ثم يقول: أنا والله يا معشر قريش أحسن حديثًا منه ثم يحدثهم عن ملوك فارس ورستم واسبنديار.[2]

وأما مقتل عقبة بن أبى معيط بعرق الظبية أنه لما أمر رسول الله ﷺ بقتله قال أتقتلنى يا محمد من بين سائر قريش قال نعم، ثم أقبل على أصحابه، فقال: «أتدرون ما صنع هذا بى؟ جاء وأنا ساجد خلف المقلم، فوضع رجله على عنقى وجعل يغمزها، فما رفعها حتى ظننت أن عينى تندران، أو قال تسقطان، ثم مرة أخرى جاء بسلا شاة فألقاه على رأسى وأنا ساجد خلف المقام فجاءت فاطمة فغسلته عن رأسى»[3]

وعليه فقد تم قتل بعض الأفراد بسبب الجرائم التى ارتكبوها بحق النبى ﷺ وبحق الدعوة الإسلامية، واستهزائهم بآيات الله ﷻ وغلوهم في العداء للمسلمين والكيد بهم لا بسبب الأسر كما وضحنا سابقًا.

وأيضًا عبد الله بن خطل فكان قتله لما اقترف من الجرائم، فقد قتل مسلمًا، ثم ارتد عن الإسلام، وكلاهما جريمة تستحق هذه العقوبة. أما الأسير الذى لم يقترف شيئًا من هذه الجرائم فلا يجوز قتله، وقد أجمع الصحابة ﷺ على ذلك.[4]

---

(١) سورة القلم آية رقم (١٥).

(٢) مرجع سابق، السيرة النبوية لابن هشام، الجزء الأول، ص (٣٠٠).

(٣) يراجع الدرر في اختصار المغازي والسير لابن عبد البر ص (١١٧).

(٤) شرح السير الكبير، الجزء ٢ ص (٢٦١).

وعلى هذا النهج سار الخلفاء الراشدون رضوان الله عليهم، واقتدى بهم أئمة المسلمين، ولم يذكر لنا التاريخ أن إمامًا من أئمة المسلمين أمر بقتل الأسرى.[1]

والحاصل أن سبب الخلاف بين الفقهاء فى قتل الأسرى: هو معارضة ظاهر القرآن لفعلة ﷺ، وذلك أن ظاهر قول الله ﷿ ﴿فَإِذَا لَقِيتُمُ ٱلَّذِينَ كَفَرُوا۟ فَضَرْبَ ٱلرِّقَابِ حَتَّىٰٓ إِذَآ أَثْخَنتُمُوهُمْ فَشُدُّوا۟ ٱلْوَثَاقَ فَإِمَّا مَنًّا بَعْدُ وَإِمَّا فِدَآءً...﴾[2] أى أنه ليس للإمام بعد الأسر إلا المن أو الفداء، وقول الله ﷿ ﴿مَا كَانَ لِنَبِيٍّ أَن يَكُونَ لَهُۥ أَسْرَىٰ حَتَّىٰ يُثْخِنَ فِي ٱلْأَرْضِ تُرِيدُونَ عَرَضَ ٱلدُّنْيَا وَٱللَّهُ يُرِيدُ ٱلْءَاخِرَةَ وَٱللَّهُ عَزِيزٌ حَكِيمٌ﴾[3] والسبب الذى نزلت فيه من أسارى بدر يدل على أن القتل فى بادئ أمر النبى ﷺ أفضل من الاستعباد، على حد تعبير بعض العلماء، وأما النبى ﷺ فقد قتل الأسارى فى أحوال معينة[4]

وأما عن مناقشة أدلة المعقول :

لا حجة لهم فيه: لأن الثابت أن المن والفداء جعل توسلاً إلى الإسلام وهو غاية القتال والباعث على تشريعه لقوله ﷺ عن جابر، قال: قال رسول الله –ﷺ–: " أمرت أن أقاتل الناس حتى يقولوا: لا إله إلا الله، فإذا قالوها عصموا مني دماءهم وأموالهم إلا بحقها، وحسابهم على الله، ثم قرأ {فذكر إنما أنت مذكر لست عليهم بمصيطر}.[5]

فقد من النبى ﷺ على ثمامة الحنفي فأسلم وحسن إسلامه، ومن على أبى العاص بن الربيع فأسلم وحسن إسلامه، ومن وفادى على أسرى بدر فمنهم من أسلم وحسن إسلامه كما وضحنا سابقًا.

---

(١) العلاقات الدولية في القرآن والسنة، لمحمد على الحسن، ص (٢١٣).

(٢) سورة محمد آية (٤).

(٣) سورة الأنفال آية رقم (٦٧).

(٤) أثار الحروب، د/ وهبة الزحيلى، ص (٤٣٨) مرجع سابق.

(٥) مصنف ابن أبى شيبه، باب فيما يمتنع به من القتل وما هو وما يحقن، حديث رقم (٣٣٠٩٧)، الجزء ٦، ص (٤٨٠).

ويرى فضيلة الدكتور/ عبد اللطيف عامر[1] فى أمر الأسرى وهو ما نميل إليه، وهو يتلخص فى اختيار الإمام بين شيئين لا ثالث لهما، وهما المَنّ والفداء وذلك بنص قول الله ﷻ ﴿فَإِذَا لَقِيتُمُ ٱلَّذِينَ كَفَرُواْ فَضَرْبَ ٱلرِّقَابِ حَتَّىٰ إِذَآ أَثْخَنتُمُوهُمْ فَشُدُّواْ ٱلْوَثَاقَ فَإِمَّا مَنًّا بَعْدُ وَإِمَّا فِدَاءً... ٤﴾[2] فهو يدل دلالة صريحة على التخيير بين هذين الشيئين، وما يقال عن نسخ هذه الآية بآية السيف أو غيرها فلم يقم عليه دليل معقول، وليس بينهما تعارض.

أما القتل والاسترقاق فهما من قبيل المعاملة بالمثل، ولا يقدم عليهما المسلمون إلا إذا مارسها العدو فى أسرى المسلمين.

وقد ثبت أن الإسلام قد سبق كل النظريات الدولية والنظم المعاصرة فى المحافظة على أرواح الناس ورعاية حرياتهم المقررة لهم «وقد ولدتهم أمهاتهم أحرارا».

❈ ❈ ❈

---

(١) أحكام الأسرى والسبايا في الحروب الإسلامية/ للأستاذ الدكتور/ عبد اللطيف عامر، ص (٢٠٩ وما بعدها.

(٢) سورة محمد آية (٤).

المبحث الرابع - وفاة الأسير في الفقه الإسلامي

من حالات انتهاء الأسر في الفقه الإسلامي وفاة الأسير حيث لا يوجد خلاف بين الفقهاء إذ اتفقوا على أن أحكام معاملة الأسرى تسري على الأحياء منهم لأنهم المخاطبون بالأحكام الشرعية، على أن موت الأسير المسلم أو وفاته له بعض الآثار الفقهية، ذلك أن الموت تسقط به الأحكام الدنيوية التكليفية ويبقى عليه إثم ما قصر فيه.

وأما ما شرع للميت فيبقى على ملكه من تركته قدر ما تتدفع به تلك الحاجة وحاجته في وفاء ديونه وتنفيذ وصيته التي صرح الشارع بنفاذها وجهازه ويقدم من هذه الحاجات الدين المعلق بعين والمشترى قبل القبض ثم جهازه ثم بقية ديونه ثم وصيته[1].

وأما مالا يصلح لحاجته كالقصاص، فذهب الإمام أبو حنيفة إلى أنه لا يورث القصاص لأن الإرث موقوف على الثبوت للمورث ثم النقل عنه إلى الورثة وليس الحال هنا كذلك، وعند الصاحبين يرثه لأن خلفه، وهو المال الذي يصالح الجاني عليه موروث إجماعاً ولا تصح المخالفة بين الأصل والخلف في الأحكام[2].

وأما إذا علم موت الأسير، فإنه يأخذ حكم الميت، وكذا إذا علم ردته يأخذ حكم المرتد، وهو موت حكماً وفي هذه الحالة تسقط الآجال بموت المدين موتا حقيقيا أو حكميا[3].

ويخالف حكم الشهيد في وجوب الغسل والتكفين والتجهيز والصلاة عليه ومتى تيقن وفاة الأسير اعتدت امرأته عدة الوفاة وتقسم أمواله بين ورثته الموجودين وقت وفاته، وأما

---

(1) يراجع احكام معاملة أسرى الحرب بين الشريعة الإسلامية والقانون الدولي العام، ايمن محمد، ص (٤٩٧)، مرجع سابق

(2) المرجع السابق في ذات المعنى.

(3) الموسوعة الفقهية الكويتية،، باب سقوط الأجل بانتهاء مدة، ص (٤٧)، الجزء الثاني، الطبعة: (من ١٤٠٤ - ١٤٢٧ هـ)

تصرفاته التى أنفذها فبل موته فيجرى عليها ما يجرى على تصرفات المريض مرض الموت من أحكام.

فأن مات أسير البغاة جرى بشأنه من الأحكام ما يجرى على الأسير المسلم فيغسل ويكفن ويصلى عليه ولا تغنم أمواله ولا تسبى ذريته ويرثه أهل العدل وتصح تصرفاته فى ماله، أما إن مات أسير الردة فلا يجوز غسله أو تكفينه أو الصلاة عليه ولا يدفن فى مقابر المسلمين لخروجه بالردة عنهم ولا فى مقابر المشركين لما تقدمت له من حرمة الإسلام ولكن يوارى مقبوراً ويكون ماله فيء فى بيت مال المسلمين مصروفاً فى أهل الفيء ولا يرثه عنه وارث مسلم ولا كافر وتغنم أمواله وتسبى ذريته التى حدثت بعد الردة[1].

وإن كان أحد الأسرى الذين أسلموا مات ووارثه أسير فى المسلمين أيضاً فرأى الإمام أن يمن عليهم فإنه يجعل مال الميت ميراثاً لوارثة المسلم[2].

وإذا أقر بالإسلام وأسلم ثم مات قبل أن يصلى، قال: يصلى عليه وبه قال الشيباني لأنه قبل أن يصلى تم إسلامه لأن الصلاة من شرائع الإسلام لا من نفس الإسلام، وعن سلمة قال: سألت الشعبي عن السبى متى يصلى عليه؟ قال: إذا صلى فصلوا عليه، وتأويل ذلك عند السرخسى فيما إذا لم يسمع منه الإقرار بالإسلام ولكنه صلى مع المسلمين بالجماعة، فإن ذلك يوجب الحكم بالإسلام لأن المشركين لا يصلون بالجماعة على هيئة جماعة المسلمين وإظهار ما يختص به المسلمون فعلاً يكون بمنزلة إظهار ما يختص به المسلمون قولاً[3].

❊ ❊ ❊

---

(١) الأحكام السلطانية لابي يعلى الفراء ص (٥٥ وما بعدها).

(٢) يراجع السير الكبير، ص (٢٥)، الجزء (٤).

(٣) يراجع شرح السير الكبير، الجزء الأول، ص (١٠٩ وما بعدها).

المبحث الخامس – حالات انتهاء الأسر في اتفاقيات جنيف

تنص المادة (١٠٩) من الاتفاقية على أن أطراف النزاع يلتزمون بأن يعيدوا أسرى الحرب الذين يصابون بجراح خطيرة أو أمراض خطيرة إلى وطنهم بصرف النظر عن العدد أو الرتبة، وذلك بعد أن ينالوا من العناية ما يمكنهم من السفر، وأى أسير مريض أو مصاب يكون من الممكن إعادته إلى وطنه، ولا يجوز إعادته رغمًا عن إرادته أثناء قيام الأعمال العدائية. [١]

وعليه ينتهى الأسر بطرق مختلفة كهروب الأسير أو وفاته او تبادل الأسر، والإفراج عن أسر الحرب وإعادتهم إلى أوطانهم عند انتهاء الأعمال العدائية، حيث لم تنتهج اتفاقية جنيف ١٩٤٩م مسلكًا منفردًا في هذا الشأن، فقد نظمت لائحة الحرب البرية الملحقة باتفاقية لاهاى ١٩٠٧م حالات انتهاء الأسر بما لا يخرج عما قننه مشروع بروكسل.

حيث تنتهى حالة الأسر وفقًا لأحكام اتفاقية جنيف ١٩٤٩م في عدة حالات وسوف نقوم بتوضيح هذه الحالات على النحو التالى:

الحالة الأولى: هروب الأسير:

إن هروب الأسير من مكان احتجازه يعد أمرًا مشروعًا في نظر الأسير، إلا أنه يعتبر غير مشروع في نظر الدولة الآسرة، وأنه مخالف لقوانينها الداخلية. [٢]

غير أن الهرب كأحد الوسائل التى تنتهى بها حالة الأسر باعتبار الأسر حالة مادية تبدأ بسقوط الأسير في قبضة الدولة الآسرة بحيث يصبح تحت سيطرتها المادية والقانونية وهو ما أشارت إليه المادة (٥) من اتفاقية حنيف لسنة ١٩٤٩م فإذا ما زلت هذه السيطرة بأى وسيلة كانت مشروعة أو غير مشروعة فإن حالة الأسر تزول بحيث يخرج الأسير عن نطاق فبضة

---

(١) القواعد الأساسية لاتفاقيات جنيف وبروتوكوليها الإضافيين، اللجنة الدولية للصليب الأحمر، الطبعة ٢ ص (٣٥) لعام ١٩٩٢م.

(٢) أحكام الأسرى، ص ١٠٨، هانى بن على الطهراوى.

الدولة الآسرة ويتحقق ذلك من بين ما يتحقق بالهروب الناجح والذى أشارت إليه لائحة الحرب البريه واتفاقية ١٩٢٩م فجاءت اتفاقية جنيف لعام ١٩٤٩م مكملة لهذه الحلقة. [١]

ويعتبر الهروب ناجحًا وفقًا لما أشارت إليه المادة (٩١) من اتفاقية جنيف لعام ١٩٤٩م في الحالات الآتية: [٢]

١. إذا انضم للقوات المسلحة للدولة التى يتبعها أو قوات دولة حليفة.

٢. إذا غادر الأراضى الواقعة تحت سيطرة الدولة الحاجزة أو دولة حليفة لها.

٣. إذا أنضم إلى سفينه أو باخرة ترفع علم الدولة التى يتبعها، أو علم دولة حليفة لها في المياه الإقليمية للدولة الآسرة، بشرط ألا تكون هذه السفينة أو الباخرة خاضعة لسلطة الدولة الآسرة.

وإذا وقع الأسير الذى نجح في الهروب مرة أخرى في يد الدولة الحاجزة، فلا يجوز التعرض له بأى عقوبة بسبب هروبه السابق[٣]، ولكن إذا تم إلقاء القبض عليه قبل أن ينجح في هروبه فإنه يكون عرضة للعقوبات التأديبية فقط حتى ولو تكرر من الهروب [٤]

ويتضح من هذه الحالات التى أوردتها اتفاقية حنيف الثالثة في المادة (٩١) أن الهروب يعد ناجحًا في الحالات التى يتمكن فيها الأسير من الإفلات من السيطرة المادية والقانونية للدولة الآسرة، غير أن الاتفاقية لم تورد من بين حالات الهروب الناجح حالة تمكن الأسير من

---

(١) المادة (٩١) من اتفاقية حنيف لسنة ١٩٤٩م، والمادة (٥٠) من اتفاقية ١٩٢٩م، وايضًا نص المادة ٨ فقرة ٢ من لائحة الحرب البرية، واحكام معاملة أسرى الحرب بين الشريعة الإسلامية والقانون الدولى العام، ايمن محمد، ص (٥٣٧).

(٢) المادة (٩١) من اتفاقية جنيف لسنة ١٩٤٩م.

(٣) المادة (٩٢) من اتفاقية حنيف الثالثة لسنة ١٩٤٩م.

(٤) المادة (٩٣) من اتفاقية حنيف الثالثة لسنة ١٩٤٩م.

الهروب إلى إقليم دولة محايدة، بمعنى أنه يعتبر الهروب ناجحًا ومنهيًا لحالة الأسر إذا استطاع الأسير اللجوء إلى اقليم دولة حيادية[1]

وجدير بالذكر أن المخالفات التي يرتكبها الأسير ابان هروبه وتنطوى على جريمة جنائية فيسأل عنها الأسير عقابيًا خاصة تلك التي تنطوى على استعمال للعنف ضد الأشخاص، إلا ان الهروب في ذاته أو الشروع فيه لا يعتبر مشددًا عند اجراء محاكمة للأسير. [2]

وإذا هرب الأسير فإن على الدولة الآسرة أن تعلن الدولة الحامية عن هروبه وكذا إذا اعيد القبض عليه فإذا ما نجح في الهرب فإن ذلك ينهى حالة الأسر على نحو لا يحق معه للدولة الآسرة طلب اعادته إليها مرة أخرى أو ان تضيفه إلى قوائم تبادل الأسرى. [3]

ويجوز للأسير أن يتعهد بعدم الهروب من الأسر متى كانت قوانين دولته تسمح بذلك وفى هذه الحالة يلتزم الأسير بشرف شخصى بعدم الهروب مع التزام دولته بعدم قبول أى فعل بتعارض وهذا العهد. [4]

كما لا يجوز اعتبار الهروب أو محاولة الهروب أكثر من مرة، وحتى في حالة التكرار، ظرفًا مشددًا كما وضحنا سابقًا.

---

(١) أسرى الحرب، د/ عبد الواحد الفار، ص (٣٥٥).

(٢) المادة (٩٣) من اتفاقية حنيف الثالثة لسنة ١٩٤٩م، المرجع السابق، د/ عبد الواحد الفار، في أسرى الحرب، ص (٣٥٦)، ونظام أسرى الحرب في القانون الدولي، د/ سهيل الفتلاوى، ص (١٦٣).

(٣) أحكام معاملة أسرى الحرب بين الشريعة الإسلامية والقانون الدولى العام، د/ ايمن محمد، ص (٥٣٧)، وايضًا المرجع السابق فى ذات الموضع.

(٤) نظام أسرى الحرب في القانون الدولى، د/ سهيل الفتلاوى، ص (١٦٣) مرجع سابق.

الحالة الثانية : وفاة الأسير :

هذا وقد قررت الشريعة الإسلامية الغراء أن الأسير إذا قتل بعد الفداء فعلى قاتله الدية ديته غنيمة إن لم يكم قبض الإمام الفداء، وإلا فديته لورثته. وإن قتله بعد اختيار الإمام قتله فلا شيء عليه، وإن كان قبله عذر.

هذا والشريعة الغراء تدعونا إلى معاملة الأسارى معاملة طيبة، حتى ولو كان الأعداء يعاملون أسرانا معاملة سيئة. وهذا هو من أعظم الفوارق بين معاملة الأسرى في الشريعة الإسلامية والقوانين الوضعية المختلفة.

وحيث أوردت اتفاقية جنيف الثالثة لعام ١٩٤٩م في الباب الرابع منها ثلاث حالات تنتهى بها حالة الأسر منها وفاة الأسير، وقد عنيت الاتفاقية بتنظيم هذا الموضوع على نحو يخالف المنهج الذى اتبعته لائحة الحرب البرية ومن بعدها اتفاقية ١٩٢٩م [1]

وتلتزم الدولة الحاجزة في حالة وفاة الأسير ببعض الواجبات، حيث نظمت اتفاقية جنيف الثالثة لعام ١٩٤٩م في المادة ٢٠ منها فقرة أولى موضوع أسرى الحرب واستوجبت ضرورة توافر الشروط المنصوص عليها في تشريع بلدهم لكى تستوفى شروط صحتها، بحيث تلتزم الدولة الآسرة في حالة وفاة الأسير ببعض الواجبات ومنها :.

١. بالنسبة للأسرى الذين قتلوا في ظروف غامضه أو عمدًا على يد أحد الحراس أو أسير حرب أو شخص آخر فقد أوجبت الاتفاقية إجراء فحص طبى للجثة وعمل تحقيق عاجل عن كل حالة وفاة أو إصابة خطيرة، ويتضمن التحقيق أقوال الشهود وخصوصًا زملاء المتوفى، فإذا أثبت التحقيق إدانة أحد الأشخاص وجب إتخاذ الإجراءات القانونية تجاهه وتوقيع العقوبة المقررة في تشريع الدولة الآسرة. [2]

---

(١) المادة ١٩ من لائحة الحرب البرية لعام ١٩٠٧، والمادة ٧٦ من اتفاقية عام ١٩٢٩م.

(٢) المادة ١٢١ من اتفاقية حنيف الثالثة لسنة ١٩٤٩م.

٢. أوجبت الاتفاقية إعداد شهادات الوفاة الخاصة بالأسرى، بقصد اثبات هوية المتوفى عند اللزوم، أو قوائم معتمدة من ضابط مسئول بأسماء الأسرى الذين توفوا في الاسر على أن تتضمن هذه القوائم أسمه كاملاً ورتبته ورقمه العسكرى ورقمه الشخصى وتاريخ ميلاده ومكان الوفاة وتاريخها وسبب الوفاة ومكان الدفن وتاريخه وكذلك كافة المعلومات الازمة لتمييز مقابرهم. [1]

٣. يجب على الدولة الآسرة القيام بعملية دفن وفيات الأسرى بالاحترام الواجب، ويتم الدفن وفقًا للشرائع الدينية للأسرى المتوفين كلما كان ذلك متيسرًا وفى مقابر فردية إلا في الحالات الاستثنائية فيجوز الدفن في مقابر جماعية، وعلى أن يدفن الأسرى التابعين للدولة الواحدة في مكان واحد، مع تسجيل جميع المعلومات المتعلقة بالدفن والمقابر. [2]

٤. ويجب أن يتم تدوين وصايا أسرى الحرب بحيث تستوفى شروط صلاحيتها حسب مقتضيات تشريع بلدهم، وتلتزم الدولة الآسرة بإرسال الوصية التى يكون الأسير قد دونها قبل وفاته إلى الدولة الحامية، مع إرسال صورة منها إلى الوكالة المركزية للاستعلامات[3].

ولا يجوز حرق الجثث إلا في الحالات الصحية التى تستوجب ذلك أو وفقًا لما تقضيه ديانة المتوفى أو بناء على رغبته مع إثبات ذلك في شهادة الوفاة.

ومما سبق يتضح أن حالة الأسر حالة قانونية ومادية ترتب حقوقًا والتزامات متبادلة على الأطراف المعنية وهى الأسير، الدولة التابع لها الأسير، الدولة الآسرة، الدولة الحامية، ونظرًا

---

(١) المادة (١٢٠) الفقرة الثانية من اتفاقية حنيف الثالثة لعام ١٩٤٩م.

(٢) المادة (١٢٠) الفقرة الثانية من اتفاقية حنيف الثالثة لعام ١٩٤٩م، الفقرات (٦، ٥، ٤، ٣)من ذات الاتفاقية.

(٣) المادة (١٢٠) الفقرة الثانية من اتفاقية حنيف الثالثة لعام ١٩٤٩م، فقرة (١).

لما يتمتع به الأسير من حماية قانونية واجبة بموجب أحكام اتفاقية جنيف الثالثة لسنة ١٩٤٩م حيث أوردت الحماية القانونية على الدولة الآسرة. [1]

الحالة الثالثة : تبادل الأسرى :

وبالحديث عن تبادل الأسرى نجد أنها من أكثر الطرق شيوعًا في العمل الدولى وبه تنتهى حالة الأسر بما ترتبه من وضع قانونى وحماية دولية، وقد جرى اتباع هذا الأسلوب لتسوية أوضاع أسرى عدد من الحروب والمنازعات المسلحة ومن ذلك ما تضمنه اتفاق «دايتون» للسلام لعام ١٩٩٥م الذى أنهى الحرب في البوسنة والهرسك والذى تضمن إلزام الأطراف المتحاربة بتبادل الأسرى بينهم. [2]

حيث تعارفت الدول على هذه الوسيلة منذ القدم، ومن أقدم عمليات تبادل الأسرى: تلك التى تمت بين المسلمين والروم على ضفاف نهر اللامس في عهد الخليفة الواثق سنة ٨٤٥م. [3] ويتم ذلك عن طريق إبرام اتفاقيات خاصة بين الفرقاء المتنازعين سواء أثناء العمليات الحربية أو بعد توقفها، ولم تشتمل اتفاقية جنيف لسنة ١٩٤٩م على نظام تبادل أسرى الحرب، إلا أن الاتفاقية أشارت إلى حالة محددة عندما نصت على أنه: « تعمل أطراف النزاع طوال مدة الأعمال العدائية، بالتعاون مع الدول المحايدة المعنية، من أجل تنظيم إيواء أسرى الحرب، ويجوز لأطراف النزاع عقد اتفاقات ترمى إلى إعادة الأسرى العاديين والأصحاء الذين قضوا مدة طويلة في الأسر إلى أوطانهم، أو حجزهم في بلد محايد »[4]

------

(١) مرجع سابق، وأسرى الحرب، د/ عبد الواحد الفار، ص (٣٦٧)، واحكام معاملة أسرى الحرب بين الشريعة الإسلامية والقانون الدولى العام، د/ ايمن محمد ص(٥٥٨)، ونظام أسرى الحرب فى القانون الولى، د/ سهيل الفتلاوى، ص (١٧٤ وما بعدها).

(٢) أحكام أسرى الحرب بين الشريعة والقانون الدولى العام، د/ ايمن محمد، ص (٥٦٥).، مرجع سابق.

(٣) أحكام الأسرى، ص (١١١)، هانى بن على الطهراوى.

(٤) المادة (١٠٩) فقرة ٢ من اتفاقية جنيف الثالثة لعام ١٩٤٩م، وأحكام الأسرى، ص (١١٢)، هانى بن على الطهراوى.

ويتضح من هذا النص أن الاتفاقية وإن لم تعنى بتنظيم هذا الوضع، إلا أنها أقرته ضمنًا بالنص على جواز عقد اتفاقيات خاصة بين الأطراف المتحاربة لتسوية أى مسائل أو موضوعات متعلقة بموضوع الأسرى بشروط خاصة وهو ما أشارت إليه المادة (٦) من الاتفاقية، إلا أنها اشترطت ألا يؤثر أى اتفاق خاص يعقد بين الأطراف المتحاربة تأثيرًا ضارًا على وضع أسرى الحرب أو يقيد الحقوق الممنوحة لهم وهو ما عبرت عنه الجملة الأخيرة من الفقرة الأولى من المادة (٦) حيث تنص على أنه: «ولا يؤثر أى اتفاق خاص تأثيرًا ضارًا على وضع أسرى الحرب كما حددته هذه الاتفاقية، أو يقيد الحقوق الممنوحة لهم بمقتضاها»[١]

كما أن ظاهر النص يؤكد أن أى اتفاق خاص يعقد بين الأطراف المتحاربة ينظم عملية تبادل الأسرى بينهم يخضع لشروط تلك الأطراف بشرط ألا تخل هذه الشروط بالأوضاع القانونية للأسرى سواء بالانتقاص من حقوقهم التى كفلتها الاتفاقية الثالثة ١٩٤٩م أو بتغير الوضع القانوني لهم عما حددته الاتفاقية. [٢]

وفى جميع الأحوال أن الأسرى يتمتعون بالحماية التى كفلتها الاتفاقية الثالثة والضمانات الواردة فيها كحد أدنى للحماية القانونية الواجبة لهم فإذا ما قررت أى اتفاقية خاصة يعقدها الأطراف وضعًا قانونيًا أكثر ملائمة فإنه يجرى تطبيقه.

ومن الأمثلة المشهورة على ذلك عملية تبادل أسرى الغزو الإسرائيلي للبنان، فبعد جهود دولية مكثفة تمت عملية تبادل عدد كبير من الأسرى المحتجزين بين منظمة التحرير الفلسطينية وإسرائيل في عام ١٩٨٣م، حيث تم الإفراج عن نحو ٤٨٠ أسيرًا فلسطينيًا من معتقل أنصار، و ١٠٠ أسير من معتقلات وسجون الاحتلال الأخرى، في حين أنه أفرج عن

---

(١) المادة (٦) فقرة ١ من اتفاقية حنيف الثالثة لعام ١٩٤٩م.

(٢) مرجع سابق، أحكام أسرى الحرب بين الشريعة والقانون الدولى العام، د/ أيمن محمد، ص (٥٦٥- ٥٦٦).

٦ من جنود الاحتلال الإسرائيلى وقعوا في الأسر وكانوا محتجزين لدى منظمة التحرير الفلسطينية في طرابلس[1]، ومن الأمثلة الحديثة لعمليات تبادل الأسرى: عملية تبادل الأسرى بين إسرائيل وحزب الله اللبنانى عام ٢٠٠٧م وذلك بتسليم جثتى جنديين إسرائيليين مقابل (٢٤) أسيرًا لحزب الله[2]

وأيضًا عملية تبادل الأسرى التى كانت بين إسرائيل وحماس في ١١ أكتوبر ٢٠١١م حيث أفرجت إسرائيل على (١٠٥٠) أسيرًا فلسطينيًا مقابل الإفراج عن الجندى الإسرائيلى «جلعاط شاليط». [3]

والجدير بالذكر أنه لا يجوز أن تتضمن اتفاقيات تبادل الأسرى أى نصوص من شأنها الإعفاء من المسئولية عن المخالفات التى اقترفها أحد الأطراف المتحاربة ضد أسرى الطرف الاخر إذ لا يجوز لأى طرف استبعاد الأثر القانوني لأحكام الاتفاقية الثالثة لعام ١٩٤٩م فيما يتعلق بالمسئولية عن معـاملـة الأسرى وخاصة فيما يتعلق بالمخالفات الجسيمة التى حددتها المادة (١٣٠) من اتفاقية جنيف الثالثة لعام ١٩٤٩م.

***- الحالة الرابعة : الإفراج عن أسرى الحرب وإعادتهم إلى الوطن عند انتهاء الأعمال العدائية في القانون:**

إذا انتهت الحرب ووضعت أوزارها إما بوقف القتال وإما بالانتصار النهائى وإما بالهدنة وإما بالصلح فلا معنى لأن يبقى أسرى الحرب في معسكرات الاعتقال وذلك لأن الخوف

---

(١) انظر هانى بن على الطهراوى، احكام اسرى الحرب دارسة مقارنه بين الشريعة الإسلامية والقانون الوضعى، ص (١١٢)

(٢) مرجع سابق ذات الموضع.

(٣) حماية الأسرى بين الشريعة الإسلامية واتفاقيات جنيف، عثمان رزوق، ص (٥٠)، لعام ٢٠١٦، ٢٠١٧م.

المرتقب منهم قد زال، حيث لا يجدون من ينضم إليهم ليكونوا قوة عدائية من جديد، لذا وجب أن يطلق سراح أسرى الحرب وإعادتهم إلى أوطانهم.

وعند النظر في اتفاقية ١٩٢٩م نجد أنه جرى البحث عن حل تلقائي يضع في الاعتبار تلافي تلك المشاكل باقتراح إعادة الأسرى فور انتهاء العمليات الحربية العلية وذلك من طرف واحد الأمر الذى انتهى إلى اعتماد نص المادة (١١٨) من اتفاقية حنيف الثالثة لعام ١٩٤٩م حيث نصت تلك المادة على أنه: «من بين الحالات التى بها حالة الأسر، حالة الإفراج عن الأسرى وإعادتهم إلى أوطانهم بدون ابطاء بعد انتهاء الأعمال العدائية الفعلية»[١]

وإذا نظرنا إلى نص المادة (١١٨) من اتفاقية جنيف الثالثة لعام ١٩٤٩م نجد أنه ميز بين الإفراج عن الأسرى وإعادتهم إلى أوطانهم متى كانوا جرحى أو مرضى تستوجب حالتهم الصحية إعادتهم إلى أوطانهم أو إيوائهم في بلد محايد لحين انتهاء الأعمال العدائية وبين الإفراج غير المشروط عن الأسرى عمومًا وإعادتهم إلى أوطانهم بعد انتهاء الأعمال العدائية، ومعيار التمييز بين الحالتين شخصى ومادى: فالحالة الأولى تقتصر على المرضى والجرحى من الأسرى الذين تبرر حالتهم الصحية الإعادة أو الإيواء.

أما الحالة الثانية: لا تقتصر على المرضى والجرحى من الأسرى فقط وإنما تستوجب إعادة الأسرى عمومًا، فنجد تطبيق الحالة الأولى خلال الأعمال العدائية، ونجد تطبيق الحالة الثانية قاصرة فقط في تطبيقها والتزام الأطراف بها عند انتهاء الأعمال العدائية الفعلية[٢]

---

(١) المادة (١١٨) من اتفاقية جنيف الثالثة، لعام ١٩٤٩م، والقواعد الأساسية لاتفاقيات حنيف وبروتوكوليها، اللجنة الدولية للصليب الأحمر، ص (٣٦).

(٢) أحكام أسرى الحرب بين الشريعة والقانون الدولي العام، ص (٥٤٧) أيمن محمد.

وتطرقت المادة (٢٠٩) من لائحة لاهاى لسنة ١٩٠٧م إلى الإفراج عن الأسرى وإعادتهم إلى أوطانهم بأسرع وقت ممكن بعد انتهاء العمليات العدائية الفعلية. [١]

فأسرى الحرب لهم حق ثابت في أن يعادوا إلى أوطانهم بعد توقف العمليات الحربية، ومن واجب الدولة الحاجزة لهم أن تتولى إعادتهم، كما أن حق الإعادة إلى الوطن مبدأ عام وهو أن إعادة الأسير إلى وطنه تمثل له عودة الحياة الطبيعية. [٢]

ثم أن إعادة أسرى الحرب إلى وطنهم يتطلب مصاريف كثيرة للنقل وللغذاء، حيث نصت المادة (١١٨) في الفقرة الثانية من اتفاقية جنيف ١٩٤٩م على أن: «مصاريف إعادة أسرى الحرب إلى أوطانهم يجب أن تقسم بطريقة عادلة بين الدولة الحاجزة والتى يتبعها الأسرى»[٣] فيتضح من هذا النص أن المصاريف تتحملها الدولتان معًا.

وإذا كان للأسرى أدوات ذات قيمة وسحبت منهم ترد إليهم عند الإفراج عنهم، وهذا ما تشير إلية المادة (١١٩) من اتفاقية جنيف الثالثة والتى تنص على أنه: «عند الإعادة للوطن ترد إلى أسرى الحرب أى: أدوات ذات قيمة تكون قد سحبت منهم وكذلك أى: عملة أجنبية لم تكن قد حولت إلى عملة الدولة الحاجزة»[٤]

──────────────────

(١) يراجع المادة (٢٠) من لائحة لاهاى لعام ١٩٠٧م، النظرية العامة للقانون الدولى الإنسانى، لعبد القادر حوبه، ص (٥٠ وما بعدها).

(٢) عثمان رزوق، حماية الأسرى بين الشريعة الإسلامية واتفاقيات جنيف، ص(٤٩)، لعام ٢٠١٦م، ٢٠١٧م، والقانون الدولى الإنسانى، لمحمد فهاد، ص (١٣٩).

(٣) المادة (١١٨) فقرة ٢ من اتفاقية جنيف لعام ١٩٤٩م.

(٤) المادة (١١٩) من اتفاقية جنيف لعام ١٩٤٩م، والقواعد الأساسية لاتفاقيات جنيف وبروتوكوليها، اللجنة الدولية للصليب الأحمر، ص (٣٦).

ويتضح من نص المادة (١١٩) من الاتفاقية أنه على الدولة الحاجزة أن تهتم بأموال الأسارى أثناء بقائهم محتجزين عندها، ولا تفوت عليهم أموالهم التى توجد معهم مادامت أنها ملكهم.

أما الأسرى الذين اقترفوا جرائم وينتظر اتخاذ إجراءات جنائية ضدهم فيجوز حجزهم إلى أن تنتهى هذه الإجراءات أو تنتهى مدة العقوبة ويطبق ذات الإجراء على أسرى الحرب الذين صدرت ضدهم أحكام عن مثل هذه الجرائم. [١]

ونصت الاتفاقية في نفس المادة: على أنه يجب على كل طرف من أطراف النزاع أن يبلغ الطرف الآخر أسماء أسرى الحرب المحجوزين حتى انتهاء الإجراءات أو انتهاء العقوبة.

ونصت المادة (١٢٠) من اتفاقية جنيف لعام ١٩٤٩م: على أنه «إذا مات الأسير يجب أن يسبق دفن أو حرق جثة أسير حرب، فحص طبى من اللجنة بقصد إثبات حالة الوفاة لإمكان وضع تقرير وإثبات الشخصية عند اللزوم»[٢]

وعلى الدولة الحاجزة أن تتأكد من أن أسرى الحرب الذين كانوا في الأسرى قد دفنوا بالاحترام الواجب وفقا لشرائعهم.

وتجيز الاتفاقية للدولة الحاجزة أن تحرق الجثث فى ثلاث حالات:

١. عند الاضطرار، أى عندما يكون إحراقهم هو الطريق الوحيد للقضاء على الأمراض الوبائية خشية أن تتسرب إلى الأسرى أو إلى الجيش.

---

(١) ينظر: احمد على جواد، أحكام الأسرى في الفقه الإسلامى والقانون الوضعي، ملحقًا باتفاقية حنيف، ص (١٦٦).

(٢) يراجع: نص المادة (١٢٠) من اتفاقية حنيف الثالثة لعام ١٩٤٩م، والقواعد الأساسية لاتفاقيات حنيف وبروتوكوليها، اللجنة الدولية للصليب الأحمر، ص (٣٦)، مرجع سابق في ذات الموضع.

٢. إذا كان دين الأسير المتوفى ينص على ذلك ففى هذه الحال يجوز حرق الأموات وفقا لديانتهم وشرائعهم.

٣. تحرق جثة الأسير إذا كان أوصى هو نفسه بذلك، أى يكون الإحراق تنفيذًا لرغبته الصريحة بهذا [1]

الحالة الخامسة : الإفراج عن الأسرى بناءً على شرط أو تقديم وعد أو تعهد :

والإفراج عن الأسرى هو أن تقوم الدولة الحاجزة بإخلاء سبيل الأسرى في أى وقت سواء بعد توقف العمليات الحربية أو قبل ذلك شريطة أن يوقع الأسير على تعهد كتابى، أو يعطى كلمة شرف بعدم العودة للقتال ضدها مرة أخرى. [2]

وحيث اتبعت هذه الحالة في الماضى بشكل محدود، إلا أن تنظيم لاهاى لسنة ١٩٠٧م قد نص عليها في المواد (١٠، ١١، ١٢) الخاصة بإطلاق سراح الأسرى بعد إعطاء كلمة الشرف، ولم تتعرض اتفاقية جنيف لعام ١٩٢٩م للإفراج عن الأسرى بشرط تقديم وعد أو تعهد.

وحيث أن مقتضى القواعد الواردة باللائحة أن الدولة لا تلتزم بإطلاق سراح الأسرى بعد إعطاء كلمة الشرف، ولاهم يلزمون بقبوله، وإنما للأسير أن يقبله مختارًا إذا سمحت له قوانين دولته به، فإذا قبله وجب عليه أن يحافظ على وعده قبل الدولة التى أطلقت سراحه والدولة التى يتبعها، ووجب على دولة الأسير ألا تطلب إليه الإخلال بوعده، أو تقبل منه إذا هو عرض الالتحاق بخدمة جيشه من جديد، فإذا أخل بكلمة الشرف التى أعطاها والتحق

---

(١) المراجع السابق ذات المادة (١٢٠) من الاتفاقية، احمد على جواد، احكام الأسرى في الفقه الإسلامى والقانون الوضعى، ملحقًا باتفاقية حنيف، ص (١٦٧).

(٢) يراجع انظر عثمان رزوق، حماية الأسرى بين الشريعة الإسلامية واتفاقيات جنيف، ص(٤٩)، لعام ٢٠١٦،٢٠١٧م.

بالجيش ثم أسرته الدولة التى أطلقت سراحه أو دولة حليفة لها فقد حقه فى أن يعامل كأسير حرب وجاز محاكمته على إخلاله. [1]

وبالرجوع إلى جنيف الثالثة لعام ١٩٤٩م نجد أنها نصت على أنه يجوز الإفراج جزئيًا أو كليًا عن أسرى الحرب إزاء وعد أو تعهد منهم، بقدر ما تسمح به قوانين الدولة التى يتبعونها، ولا يجوز إرغام أسير على قبول إطلاق سراحه مقابل وعد أو تعهد، إذا كانت قوانين دولتهم تسمح لهم بإعطاء مثل هذا التعهد فإنها تلتزم بعدم تكليفهم بأى عمل لا يتفق مع نصوص هذا التعهد. [2]

ونجد أن اتفاقية حنيف الثالثة حدد شروطًا واجبة لقبول الوعد أو التعهد ونذكر منها ما يلي:-

١. أن يكون إطلاق حرية أسرى الحرب مقابل وعد أو تعهد منهم بقدر ما تسمح بذلك قوانين الدولة التى يتبعونها.

٢. يحظر على الدولة إرغام الأسير على قبول إطلاق سراحه فى مقابل ذلك الوعد أو التعهد.

٣. يلتزم أسرى الحرب الذين يطلق سراحهم مقابل تعهد وفقًا للقوانين واللوائح المبلغة على هذا النحو بتنفيذ التعهد الذى أعطوه بكل دقة، وتلتزم الدولة التى يتبعها الأسرى بأن لا تطلب إليهم أو تقبل منهم تأدية أية خدمة لا تتفق مع الوعد او التعهد الذى أعطوه. [3]

---

(١) يراجع د/ عبد الواحد الفار، أسرى الحرب، ص (٣٥٧)، ونص المواد (١٢، ١١، ١٠) من لائحة الحرب البرية لعام ١٩٠٧م، ايمن محمد، أحكام أسرى الحرب بين الشريعة والقانون الدولى العام، ص (٥٦٢).

(٢) انظر هانى بن على الطهراوى، احكام اسرى الحرب دارسة مقارنه بين الشريعة الإسلامية والقانون الوضعى، ص (١٠٩ وما بعدها) مرجع سابق.

(٣) يراجع: نص المادة (٢١) الفقرة (٢، ٣) من اتفاقية جنيف الثالثة لعام ١٩٤٩م.

وقد رتبت الاتفاقية على تقديم الوعد أثرًا مؤداه التزام الأسير بتنفيذ وعده أو تعهده سواء في مواجهة الدولة التى يتبعها أو الدولة الآسرة، ورتبت على ذلك التزام الدولة الأولى بعدم حمل الأسير على نفض عهده أو مخالفة تعهده سواء بحمله على الانضمام إلى قواتها والمشاركة في الأعمال العدائية مرة أخرى أو بالإتيان بأى عمل من شأنه ان يفسر على أنه نقض لروح التعهد المقدم. [1]

ولم تشترط الاتفاقية افراغ التعهد في شكل معين أو صياغة معينة فهو ينعقد بأى شكل أو صياغة تُبين عن مضمونها كما يصح إفراغه في وثيقة جماعية أو فردية ولا يشترط لصحته الموافقة الصريحة المسبقة للدولة التى يتبعها الأسير ما دمت قوانينها تسمح بتقديمه إذ يفترض وجود موافقة مسبقة ضمنية على قبوله في هذه الحالة.

ونظرًا لأن مصدر الالتزام في الوعد هو الإرادة المنفردة فغنه يجب أن يكون وليد إرادة حرة لا يشوبها ما ينقصها أو يعدمها، كالإكراه ماديًا كان أو معنويًا، إذ في هذه الحالة لا ينتج أثره القانوني قبل الدولة التابع لها الأسير أو قبل الأسير ذاته. [2]

ومما سبق يتضح لنا أنه تنتهى حالة الأسر في الشريعة الإسلامية والقانون الوضعى بالإفراج عن الأسرى وهو القدر المشترك بينهما وإن تباينت وسائل الإفراج سواء بالمن أو الفداء في الشريعة الإسلامية أو بإطلاق سراح الاسير وإعادته إلى وطنه أو إيوائه في بلد محايد لحين انتهاء الأعمال العدائية الفعلية في القانون الوضعى.

ويـعد الإفراج عـن الأسرى بنـاءً على شـرط أو تقديم وعد أو تعهد بترك السلاح وعدم الانخراط في القتال مرة ثانية وهو ما يعرف في الفقه والعمل الدوليين بإعطاء كلمة الشرف

---

(١) نص المادة (٢١) فقرة٢ من اتفاقية جنيف الثالثة لعام ١٩٤٩م.

(٢) ينظر: أيمن محمد، أحكام أسرى الحرب بين الشريعة والقانون الدولى العام، ص (٥٦٣).

أحد وسائل الإفراج عن الأسرى في الشريعة الإسلامية والقانون الوضعي، وقد قننته أحكام الاتفاقيات والمواثيق الدولية كما تواترت على اتباعه شواهد السنة وجرى اتباعه مع عدد من أسرى بدر كأبي عزة الجمحي، قد منَّ عليه رسول الله – ﷺ – يوم بدر، وكان فقيرًا ذا عيال وحاجة، وكان في الأسارى فقال: يا رسول الله، إني فقير وذو عيال وحاجة قد عرفتها فامنن عليَّ صلى الله عليك، فمن عليه.

الباب الثاني

قواعد المسئولية الدولية في نطاق معاملة أسرى الحرب

ويتكون هذا الباب من فصلين:

☞ **الفصل الأول:** مسئولية الأسرى عما يقترفونه من جرائم في الفقه الإسلامي والقانون الدولي

☞ **الفصل الثاني:** المسئولية الدولية عن معاملة أسرى الحرب في الفقه الإسلامى والقانون الدولى

الفصل الأول
مسئولية الأسرى عما يقترفونه من جرائم
في الفقه الإسلامي والقانون الدولى

المبحث الأول - تعريف الجريمة والعقوبة والاصول العامة لها
في الفقه الإسلامي

الجريمة ظاهرة اجتماعية قديمة ومستمرة ومتطورة، ولها تأثيرات ضارة ومؤذية وهي في مفهوم الناس سلوك شاذ يحظره قانون الدولة، ويرتب له جزاء، أو هي الخروج على أوامر قانون العقوبات ونواهيه. [1]

ويتطور مفهوم الجريمة من زمن لآخر، ومن مجتمع لآخر في الزمن الواحد. والجريمة هي الجناية بالمعنى الخاص في اصطلاح الفقه الإسلامي، قال القاضي الماوردي: الجرائم محظورات شرعية زجر الله تعالى عنها بحد أو تعزير.

والمحظور إما إتيان منهي عنه أو ترك مأمور به. والجناية بالمعنى العام: هي كل فعل محرَّم شرعًا، سواء وقع الفعل على نفس أو مال أو غيرهما. وهذا هو معنى الجريمة عند أغلب القانونيين، فإنهم صوروها بأنها كل فعل ينهى عنه القانون ويفرض له عقوبة. [2]

وعرفها الدكتور/ محمد أبو زهرة بأنها: إتيان فعل محرم معاقب على فعله أو ترك فعل مأمور به معاقب على تركه. [3]

---

(1) يراجع: دكتور: حسنى درويش عبد الحميد، فى الجريمة والتنمية ص (13 وما بعدها)، الفقه الإسلامى وأدلته، د/ وهبه بن مصطفى الزحيلي، ص (5287)، الجزء 7.

(2) المرجع السابق، ذات الموضع، والاحكام السلطانية ص (211).

(3) الجريمة والعقوبة في الفقه الإسلامي، لمحمد أبو زهرة، دار الفكر العربى، ص (20) الجزء 1.

والظاهرة الإجرامية إحدى سمات المجتمعات بسبب الصراع على إشباع حاجات الأفراد غير المتناهية. ووجدت فكرة الجزاء بالفطرة في كل جماعة إنسانية، وإن اختلفت صورته، أو تباينت وجهات النظر في تحديد أهداف العقوبة بالانتقام من الجاني، أو تطبيق العدالة، أو إصلاح المتهم وتهذيبه. [1]

وعرف فقهاء الشريعة الإسلامية الجرائم بأنها محظورات شرعية زجر الله تعالى عنها بحد أو تعزير، ويفهم من هذا التعريف أن الجريمة في الاصطلاح الفقهي يجب أن تتوفر فيها الأمور الآتية: .

١. أن تكون من المحظورات الشرعية، أي: مما نهى عنه الشرع الإسلامي نهي تحريم لا نهي كراهة، بدليل وجوب العقاب على مرتكب هذه المحظورات، والعقاب لا يجب إلا على ترك واجب أو فعل محرم، فيكون المقصود من المحظورات الشرعية: ترك واجب أو فعل محرم.

٢. أن يكون تحريم الفعل أو الترك من قبل الشريعة الإسلامية، فإن كان من غيرها فلا يعتبر المحظور جريمة.

٣. أن يكون للمحظور عقوبة من قبل الشرع الإسلامي، سواء أكانت هذه العقوبة مقدرة وهي التي يسميها الفقهاء بـ"الحد"، أو كان تقديرها مفوضا إلى رأي القاضي، وهي التي يسميها الفقهاء "التعزير"، فإذا خلا الفعل أو الترك من عقوبة لم يكن جريمة. [2]

الجرائم على اختلاف أنواعها يجمعها جامع واحد، هو أنها محظورات شرعية معاقب عليها، وقد قسمها الفقهاء إلى ثلاثة أنواع بالنظر إلى نوع عقوبتها، وهي: جرائم الحدود، وجرائم القصاص والديات، وجرائم التعزير.

---

(١) مراجع سابق ص (٥٢٨٩)، وأيضا د/ حسن المرصفاوي، في الإجرام والعقاب في مصر، ص (٢٣١).

(٢) يراجع أصول الدعوة، عبد الكريم زيدان، في نظام الجريمة والعقوبة، مؤسسة الرسالة، الطبعة: التاسعة ١٤٢١هـ-٢٠٠١م، وأيضًا الماوردي ص٢١١.

والجزاء في الشريعة الإسلامية أخروي ودنيوي، وإن الأصل في الجزاء في الشريعة هو جزاء الآخرة، ولكن مقتضيات الحياة وضرورة استقرار المجتمع وتنظيم علاقات الأفراد على نحو واضح، وضمان حقوقهم، كل ذلك دعا إلى أن يكون مع الجزاء الأخروي جزاء دنيوي، وهذا الجزاء هو العقوبة التي توقعها الدولة على من يرتكب محرما أو يترك واجبا. (١)

ولكن مع هذا كله فقد تسول للبعض نفوسهم ارتكاب الجرائم، فكان لا بد من عقوبة عاجلة توقعها الدولة الإسلامية عليهم زجرا لهم من العودة إليها، وردعا للآخرين الذين قد تسول لهم أنفسهم ارتكاب الجريمة، وفي هذا استقرار للمجتمع وإشاعة للطمأنينة فيه، كما أن في إنزال العقاب بالمجرمين مصلحة لهم. (٢)

فإذا كان الشارع في الفقه الإسلامي قد تشدد في إثبات العقوبة المقدرة في الحدود وتشدد في إثبات العقوبة المقدرة في الدماء فإنه قد أفسح المجال في إثبات عقوبة التعزير ليكمل بذلك ما بقي من عقوبات لجرائم لم ينص عليها أو نص عليها ودرئت العقوبة المقدرة لسبب اقتضى ذلك، فخرج بهذا التشريع الجنائي الإسلامي متزنا ومطردا ومتناسقا بالنظر إلى الجريمة والعقوبة وطريقة إثباتها، نظر إلى جرائم الحدود والدماء وإلى آثارها الخطيرة في المجتمع فعمد إلى بيان عقوباته فشدد فيها ردعا لمقترفيها ثم بين طرق إثباتها حتى لا تكون هناك توسعة في إثباتها، ثم لما تناقضت هذه الآثار الخطيرة للجريمة ترك أمر تقدير عقوباتها لولاة الأمر حتى يضع العقوبة المناسبة لكل جريمة في كل عصر، ولم يسلك في إثباتها ذلك المسلك الذي سلكه في غيرها حتى لا تضيق مسالك الإثبات فتكثر الجرائم ويتعذر الوصول إلى الجناة. (٣)

---

(١) مرجع سابق، أصول الدعوة، عبد الكريم زيدان، الجزء الأول ن ص (٢٨١)، الطبعة: التاسعة ١٤٢١هـ.

(٢) المرجع السابق في ذات الموضع.

(٣) مجلة مجمع الفقه الإسلامي، باب دور القرائن والامارات في الإثبات، الجزء ١٢، ص (١٢٦٨).

التناسب بين الجريمة والعقوبة في الفقه الإسلامي :

حيث إن الجرائم التي يغلب فيها جانب الاعتداء على حق الله تعالى تتسم عقوباتها بالشدة حيث لا يجوز فيها العفو، إما مطلقا لعدم مساسها حقوق أفراد معينين حتى يعفوا عن الجاني، وإما بعد الرفع إلى القاضي كما في جرائم السرقة، فلا يجوز فيها الشفاعة من وال أو غيره بعد رفعها إلى القاضي[1]، كما فى أمر المرأة المخزومية التي سرقت ورفع أمرها إلى رسول الله ﷺ، فشفع المسلمون فيها أسامة بن زيد لدى الرسول ﷺ فقال: «أتشفع في حد من حدود الله؟ وايم الله لو أن فاطمة بنت محمد سرقت لقطع محمد يدها »[2].

بينما الجرائم الماسة بحقوق العبد تتسم باللين والتسامح، فيجوز فيها العفو فتسقط العقوبة بالعفو، ويجوز للولي ولغيره أن يشفع لدى المجني عليه أو ورثته ويرغب في العفو، على نحو ما مر من حديث أنس أنه قال: «ما رفع إلى رسول الله -ﷺ- أمر فيه القصاص إلا أمر فيه بالعفو »[3].

إذا فعقوبة الجرائم الماسة بحق الله تتسم بالشدة، بخلاف العقوبات في الجرائم الماسة بحقوق العبد، وذلك أنه في تقدير العقوبة في الجرائم الماسة بحق الله لا ينظر إلى الجريمة ذاتها؛ بل ينظر إلى آثارها السيئة على المجتمع والمصالح العامة وحقوق الجماعة. [4]

والتساهل في هذه العقوبة يؤدي إلى زعزعة النظام الاجتماعي القائم على الدين، فكان لا بد من تشديد العقوبة لاستئصال المجرم من المجتمع منعًا للجريمة وزجرًا عنها. وشدة العقوبة

---

(١) مجلة البحوث الإسلامية، التناسب بين الجريمة والعقوبة، الجزء ٥٦، ص (٢٢٧)، الرئاسة العامة لإدارات البحوث العلمية والإفتاء والدعوة والإرشاد.

(٢) أخرجه الإمام البخاري فى صحيحه الحدود (٦٧٨٨).

(٣) سنن أبو داود الديات (٤٤٩٧)، سنن ابن ماجه الديات (٢٦٩٢)، سنن النسائي القسامة (٤٧٨٣).

(٤) مرجع سابق في ذات الموضوع، ص (٢٢٨) وما بعدها.

تولّد في نفس الإنسان من العوامل الصارفة عن الجريمة ما يكبت العوامل الدافعة إليها، ويمنع من ارتكاب الجريمة في أغلب الأحوال.

ومن المعلوم أن العقوبات تتناسب مع الجرائم؛ فكلما ازدادت بشاعة الجريمة استلزمت عقابًا موازيًا لها في الشدة. ومن المبادئ المتفق عليها لدى التشريعات الجنائية مبدأ مقارنة جسامة الجريمة بجسامة العقوبة، وكلما زادت العقوبة في جسامتها دل ذلك على ارتفاع جسامة الوصف القانوني للجريمة. (١)

والمساواة بين الجريمة والعقوبة ولا يعاقب أحد بجرم لم يصدر منه وعدم الحرص على إيقاع العقوبة، ليتمكن المخطئ من إصلاح عيوب نفسه والستر على المخطئ غير المجاهر ونصحه وتجوز الشفاعة في الحدود قبل بلوغها الحاكم، وتحرم الشفاعة وقبولها بعد بلوغها الحاكم ولا تُوقع عقوبة إلا بعد انتفاء الشبهات ولصاحب الحق الخاص كالقصاص العفو عن القاتل أو المخطئ والعفو يكون بالاختيار والرضا لا بالإكراه. (٢)

ولأن الجريمة تهون بهوان مرتكبها وتعلو بعلو مرتكبها. وإذا علت الجريمة علت معها العقوبة، وإذا نقصت نقصت معها العقوبة، وهذا دليل على عدل الشريعة، وعلو الأحكام الإسلامية عن القانون الروماني وغيره من قوانين أهل الدنيا، ففي القانون الروماني كان العبد إذا زنا بحرة قتل، وإذا زنا الشريف حكم عليه بغرامة، فكان هذا ظلمًا، ولكن الإسلام قال إن عقوبة العبد على النصف من عقوبة الحر، فإذا زنا الحر الشريف جلد مائة أو رجم، وإذا زنا العبد عوقب بخمسين جلدة(٣).

---

(١) مجلة البيان، باب الأسباب والعقوبات وتهافت الشبهات، العدد رقم (٢٢٥)، ص (٣).

(٢) موسوعة الفقه الإسلامي، باب أحكام الحدود، الجزء ٥، ص (١٠٠)، الطبعة: الأولى، ١٤٣٠ هـ- ٢٠٠٩م.

(٣) يراجع زهرة التفاسير، لمحمد بن أحمد بن مصطفى بن أحمد المعروف بأبي زهرة (المتوفى: ١٣٩٤هـ) ، دار الفكر العربي، الجزء ٣، ص (١٦٤٦ وما بعدها).

والمساواة بين الجريمة والعقوبة: [1] أساس تشريع العقوبات الإسلامية، فلا تجاوز عن الحدود المقررة شرعًا، قال النبي ﷺ: «من بلغ حدًا في غير حد، فهو من المعتدين»[2]. ومن مبادئ الإسلام أنه لا افتئات فيه على أحد بجرم لم يصدر عنه، وأن الأصل في المتهم البراءة حتى تثبت إدانته. والقصاص أو إمكان المماثلة بين الجناية والعقوبة شرط جوهري في العقوبة، حتى يطمئن الناس إلى عدالة الحكم القضائي، ولتسهم العقوبة في توفير عنصر الرهبة والزجر المانع في الغالب من الإقدام على الجريمة دون إثارة ولا تشنيع ولا نقد، لذا قال ﷻ: ﴿وَلَكُمْ فِي ٱلْقِصَاصِ حَيَوٰةٌ يَٰٓأُو۟لِي ٱلْأَلْبَٰبِ لَعَلَّكُمْ تَتَّقُونَ﴾[3].

أن هذه المبادئ أو القواعد الشرعية تساهم مساهمة فعالة في منع الجريمة أو التخفيف منها أو توجيهها الوجهة الصالحة.

شرعية الجريمة والعقوبة : -

أخذت أحكام الشريعة الإسلامية بقاعدة « لا جريمة إلا بنص ولا عقوبة إلا بدليل » أو مبدأ « لا جريمة ولا عقوبة إلا بنص »، وتأثير ذلك على ظاهرة الإجرام.

إن التصور السابق للجريمة المنصوص على تجريمها في قوانين الدولة العقابية، ومعرفة نوع العقوبة المقررة قانونا في تقنين منشور متداول، يعد حاجزا قويا ما نعا من الإجرام والتفكير بالجريمة والتخطيط لها، لذا ظلت النظم الديمقراطية تحترم مبدأ قانونية أو شرعية الجرائم والعقوبات، بمعنى تركيز سلطة التجريم في يد الشارع أو من يفوضه في ذلك ضمن حدود معلومة. [4]

---

(١) يراجع الفقه الإسلامي وأدلته، د/ وهبة بن مصطفى الزحيلي، الجزء (٧٩)، ص (٥٣١٨ وما بعدها).

(٢) يراجع مجمع الزوائد: (٢٨١/٦).

(٣) سورة البقرة آية (١٧٩).

(٤) الفقه الإسلامي وأدلته، د/ وهبة بن مصطفى الزحيلي، الجزء (٧) ص ٥٣٢٧، باب شرعية الجريمة والعقوبة.

ويقول الشيخ أبو زهرة: «إن الجرائم التى لها عقوبات مقدرة فى الشريعة الإسلامية هى الحدود والقصاص وماعدا ذلك من الجرائم لم يقدر عقابه بنص من القرآن أو السنة، بل يترك تقدير عقابه إما لولى الأمر، أو للقاضى الذى يستمد السلطان من ولى الأمر، على أن الأمر فى ذلك لم يترك فرطًا بل له ضوابط حاكمة». [1]

والقاضي لا يملك في الشريعة سلطة التجريم وتحديد أصل العقاب بحسب رغبته وهواه، كما يفهم خطأ، وإنما هو مقيد في ذلك بأحكام الشريعة، وبما تضعه له الدولة من نظام، إذ ليس لأي مسلم سلطة التشريع، وإنما السلطان في الأحكام إنشاء ووضعا للشريعة والمشرع وهو الله تعالى، كل ما في الأمر هو أن للقاضي سلطات تقديرية في التطبيق فقط، حسبما يرى ملائما لظروف الجريمة والجاني ولكن في غير دائرة الحدود والقصاص المنصوص على أحكامها صراحة، وإنما في مجال التعزيزات التي يمكن إدخال أغلب نصوص القوانين الجزائية الحديثة في مضمونها. [2]

والنزعات والميول الفردية، كما دل على ذلك القرآن الكريم في آيات كثيرة منها قوله الله ﷿: ﴿وَلَا تَقْفُ مَا لَيْسَ لَكَ بِهِ عِلْمٌ إِنَّ ٱلسَّمْعَ وَٱلْبَصَرَ وَٱلْفُؤَادَ كُلُّ أُو۟لَٰٓئِكَ كَانَ عَنْهُ مَسْـُٔولًا﴾[3]، وأيضًا قـول الله ﷿: ﴿وَمَا لَهُم بِهِۦ مِنْ عِلْمٍ إِن يَتَّبِعُونَ إِلَّا ٱلظَّنَّ وَإِنَّ ٱلظَّنَّ لَا يُغْنِي مِنَ ٱلْحَقِّ شَيْـًٔا ۞ فَأَعْرِضْ عَن مَّن تَوَلَّىٰ عَن ذِكْرِنَا وَلَمْ يُرِدْ إِلَّا ٱلْحَيَوٰةَ ٱلدُّنْيَا﴾[4]، وأيضًا قوله ﷿: ﴿وَلَوِ ٱتَّبَعَ ٱلْحَقُّ أَهْوَآءَهُمْ لَفَسَدَتِ ٱلسَّمَٰوَٰتُ وَٱلْأَرْضُ وَمَن فِيهِنَّ بَلْ أَتَيْنَٰهُم بِذِكْرِهِمْ فَهُمْ عَن ذِكْرِهِم مُّعْرِضُونَ﴾[5].

---

(١) يراجع الجريمة والعقوبة في الفقه الإسلامي، لمحمد أبو زهرة، ص (١٣٧).

(٢) مرجع سابق، د/ وهبة بن مصطفى الزحيلى، الفقه الإسلامى وأدلته، باب شرعية الجريمة، ص (٥٣٢٩)، الجزء (٧).

(٣) سورة الإسراء آية رقم (٣٦).

(٤) سورة النجم آية رقم (٢٩،٢٨).

(٥) سورة المؤمنون آية رقم (٧١).

لذا وضعت الشريعة نظاما تشريعيا متكاملا ودقيقا للحياة، وسبق الفقهاء المسلمون إلى معرفة قاعدة «لا جريمة ولا عقوبة إلا بنص» كما يتضح من القاعدتين الأصوليتين التاليتين:.

١.: «لا حكم لأفعال العقلاء قبل ورود النص».

٢.: «الأصل في الأشياء والأفعال والأقوال: الإباحة».

ومصدر هاتين القاعدتين قول الله ﷻ: ﴿وَمَا كُنَّا مُعَذِّبِينَ حَتَّىٰ نَبْعَثَ رَسُولًا﴾[1]، وقـوله ﷻ: ﴿وَمَا كَانَ رَبُّكَ مُهْلِكَ ٱلْقُرَىٰ حَتَّىٰ يَبْعَثَ فِي أُمِّهَا رَسُولًا يَتْلُوا عَلَيْهِمْ ءَايَٰتِنَا وَمَا كُنَّا مُهْلِكِي ٱلْقُرَىٰ إِلَّا وَأَهْلُهَا ظَٰلِمُونَ﴾[2]، وقـوله ﷻ: ﴿رُّسُلًا مُّبَشِّرِينَ وَمُنذِرِينَ لِئَلَّا يَكُونَ لِلنَّاسِ عَلَى ٱللَّهِ حُجَّةٌۢ بَعْدَ ٱلرُّسُلِ وَكَانَ ٱللَّهُ عَزِيزًا حَكِيمًا﴾[3]

هذه النصوص الشريفة قاطعة بأن لا جريمة إلا بعد بيان، ولا عقوبة إلا بعد إنذار.[4]

فهناك وجه للارتباط بين المصالح التى يشكل الاعتداء عليها جريمة وبين الأوامر والنواهي الشرعية، فالشارع إذ نص على جملة الأوامر والنواهى بين الجرائم فتحققت بذلك قاعدة المشروعية فى شقها الأول أنه لا جريمة إلا بنص.

وأما مبدأ المشروعية فى شقه الثانى «لا عقوبة إلا بدليل» فتتحقق كذلك فى التعزير ولا يقدح فى هذا كون التعزير من سلطة القاضى كما ذكرنا آنفا حيث ذهب أكثر العلماء إلى أن العقوبات المقدرة شرعًا تعد الحد الأقصى ويدل على ذلك قول النبى ﷺ فعن النعمان بن بشير، كذا قال: قال رسول الله ﷺ: " من ضرب " وفي رواية الأصبهاني: " من بلغ حدا في

---

(١) سورة الإسراء آية رقم (١٥).

(٢) سورة القصص آية رقم (٥٩).

(٣) سورة النساء آية رقم (١٦٥).

(٤) مرجع سابق في ذات الموضع، ص (٥٣٣٠).

غير حد فهو من المعتدين "(1) وعن عمر ﷺ: «أنه كتب إلى أبي موسى: لا تبلغ بالتعزيرِ أدنى الحدود». (2)

وهذه القاعدة لا يمكن الخروج عليها في جرائم الحدود وجرائم القصاص، فلا يمكن العقاب على الشروع في الزنا التام وهي الجلد والرجم، ولا يمكن العقاب على الشروع في السرقة بعقوبة القطع؛ لأن القطع جعل جزاء الجريمة التامة.

ولا شك أن البون شاسع بين الشروع والفعل التام، فيجب أن يؤخذ المتهم بقدر ما فعل، ويجزي بقدر ما اكتسب، فضلاً عن أن التسوية في العقاب بين الشروع والجريمة التامة تحمل مَن شرع في جريمة. (3)

وقد ثار الخلاف بين الفقهاء: هل يبلغ بالتعزير أعلى الحدود؟ فذهب ابو حنيفة والشافعى وأحمد: إلى أنه لا يبلغ به، وقال مالك أنه يرجع فى ذلك إلى الإمام إن رأى أن يزيد عليه فعل(4)

ويرجع اختلاف المذاهب واختلاف فقهاء المذهب الواحد إلى حديثي الرسول – ﷺ – اللذين ذكرناهما وهما قوله: "من بلغ حدًا في غير حد فهو من المعتدين"، وقوله: "لا يجلد أحد فوق عشرة أسواط إلا في حد من حدود الله"، فأما الحديث الأول فلا يرده من المذاهب الأربعة إلا مذهب مالك بحجة أنه منسوخ، وعندهم أنه لا حد لأكثر التعزير، وأن للإمام أن يزيد في التعزير على الحد إذا رأى المصلحة في ذلك مجانبًا لهوى النفس، وأما الحديث الثاني فهو مردود

---

(1) السنن الكبرى للبيهقى، باب ما جاء فى التعزير، ح (17584)،(8/ 567)، الطبعة: الثالثة، 1424 هـ – 2003م.

(2) الممتع في شرح المقنع ابن دهيش، باب التعزيز، الجزء 4، ص (282)، الطبعة: الثالثة، 1424 هـ – 2003م.

(3) التشريع الجنائي الإسلامي مقارنًا بالقانون الوضعي، عبد القادر عودة، الجزء الأول، ص (35.).

(4) يراجع: رحمة الامة في اختلاف الأئمة للدمشقى، ص (220)، دار الفكر.

إلا عند بعض الفقهاء في مذهب أحمد، ومن رده يرده لأنه منسوخ، أو لأنه مقصور على زمن الرسول الله – ﷺ– (١).

ومن أخذوا بالحديث الأول اختلفوا في تفسيره، ففسره البعض بأنه يمنع من أن تصل العقوبة في التعزير إلى العقوبة في أدنى الحدود، ونظر فريق منهم إلى البعيد فقال: إن الحد ينصف لهم، فأدنى الحدود حدودهم، وأدنى حد لهم هو أربعون جلدة(٢).

سريان النصوص الجنائية على الزمان والمكان والأشخاص في الفقه الإسلامي :

١ـ سريان النصوص الجنائية على الزمان.

قاعدة أصولية: القاعدة العامة في الشريعة الإسلامية أن النصوص الجنائية لا تسري إلا بعد صدورها وعلم الناس بها: فلا تسري على الوقائع السابقة على صدورها أو علم بها، ومقتضى هذه القاعدة أن النصوص الجنائية ليس لها أثر رجعي، وأن الجرائم يعاقب عليها بالنصوص المعمول بها وقت ارتكاب هذه الجرائم. (٣)

وليس في كتب الفقه مباحث خاصة عن الأثر الرجعي للنصوص، ولكن ليس معنى ذلك أن الشريعة لا تعرف الأثر الرجعي ولم تتعرض له، فإن من يتتبع آيات الأحكام وأسباب النزول يستطيع بسهولة أن يخرج بنظرية الشريعة كاملة في الأثر الرجعي. (٤)

ونستطيع أن نقول بعد أن تتبعنا آيات الأحكام الجنائية: إن القاعدة العامة في الشريعة هي أن التشريع الجنائي ليس له أثر رجعي، وإن هذه القاعدة العامة لها استثناءان:

---

(١) مرجع سابق، شرح فتح القدير الجزء ٤ ص (٢١٥).

(٢) التشريع الجنائي الإسلامي مقارنًا بالقانون الوضعي، عبد القادر عودة، باب عقوبات التعزير، الجزء الأول، ص (٦٩٢).

(٣) مرجع سابق ص (٢٦١).

(٤) التشريع الجنائي الإسلامي مقارنًا بالقانون الوضعي، عبد القادر عودة،، الجزء الأول ص (٢٦١)

أولهما: إن التشريع الجنائي يجوز أن يكون له أثر رجعي في حالة الجرائم الخطيرة التي تمس الأمن العام أو النظام العام.

ثانيهما: إن التشريع الجنائي يجب أن يكون له أثر رجعي كلما كان ذلك في مصلحة الجاني.

والفرق بين الاستثنائيين أن الأول جوازي للشارع، فله أن يجعل للتشريع أثرًا رجعيًا بشرط أن تستوجب ذلك مصلحة عامة، والثاني وجوبي، فليس للشارع أن يمنعه إلا إذا اقتضت ذلك مصلحة عامة [1]

٢- سريان النصوص الجنائية على المكان.

لا خلاف بين الفقهاء على سريان النصوص الجنائية على دار الإسلام حيث أن أحكامه سارية على المسلم والذمى والمستأمن المقيم فى دار الإسلام [2]. وإن أختلف الفقهاء فى حكم المستأمن إذا سرق أو زنا أو قذف أو أتى ما يجب عليه فيه الحد، وذهب الأوزعى: إلى أنه إذا استعلنوا بها فيما بينهم أو كان ذلك منهم فينا أو فى أهل ذمتنا أخذوا بالحدود فإنهم لم يؤمنوا على إتيانها فينا وإظهار الفواحش فى دار الإسلام[3].

وذهب ابن قدامه: إلى أنه إذا سرق المستأمن فى دار الإسلام أو قتل أو غصب ثم عاد إلى وطنه فى دار الحرب ثم خرج مستأمنًا مرة ثانية استوفى منه ما لزمه فى أمانه الأول [4].

وذهب الشافعية: إلى أنه إذا أصابوا حدودًا فوجهان: ما كان لله منها لاحق فيه للأدميين يكون لهم عفوه فهو معطل عنهم لأنه لا حق فيه لمسلم إنما هو لله ولكن يقال لهم لم تؤمنوا

---

(1) التشريع الجنائي الإسلامي مقارنًا بالقانون الوضعي، عبد القادر عودة، باب عقوبات التعزير، الجزء الأول ص (٢٦٢).

(2) الجريمة والعقوبة في الفقه الإسلامي، لمحمد أبو زهرة، ص (٢٤١)، وأيضا أحكام الذميين والمستأمنين فى دار الإسلام، ص (١٧٩).

(3) اختلاف الفقهاء للطبرى، ص (٥٤).

(4) المغنى لابن قدامة، ص (٨١)، الجزء ١٣.

على هذا فإن كففتم وإلا رددنا عليكم الأمان وألحقناكم بمأمنكم. وما كان من حد الأدميين أقيم عليهم [١].

حيث يرى الشافعى أن الشريعة تطبق على كل جريمة ترتكب في أي مكان داخل حدود دار الإسلام، سواء اكن مرتكب الجريمة مسلمًا أو ذميًا أو مستأمنًا؛ لأن المسلم ملزم بطبيعة إسلامه بأحكام الشريعة، والذمي ملزم بأحكام الشريعة بعقد الذمة الذي التزم بمقتضاه أحكام الإسلام التزامًا دائمًا في مقابل الأمان الدائم والعصمة الدائمة لنفسه ولماله، والمستأمن ملزم بأحكام الشريعة بطلبه الأمان ودخوله أرض الإسلام بعد إعطائه الأمان، فحكمه حكم الذمي، ولا يختلف المستأمن عن الذمي إلا في أن المستأمن إقامته بدار الإسلام مؤقتة، والذمي إقامته مؤبدة. [٢]

وإذا هرب المستأمن من دار الإسلام بعد ارتكابه جريمة ما، فلا تسقط العقوبة بهربه وخروجه من دار الإسلام، بل تستوفي العقوبة حين القدرة عليه.

وذهب الحنفية: إن آدان بعضهم بعضًا ثم اختصموا في ذلك إلى أحد القضاة المسلمين قضى لبعضهم على بعض وحبس بعضهم لبعض فيما يلزمهم من الدين، فإن زنى بعضهم أو سرق درئ عنه الحد وضمن السرقة ولو قتل رجل منهم رجلاً من المسلمين قتل به[٣].

حيث يرى أبو حنيفة أن الشريعة تطبق على الجرائم التي ترتكب في دار الإسلام، أي مكان داخل حدود الدولة الإسلامية، أيًا كانت الجريمة، وسواء كان مرتكبها مسلمًا أو ذميًا؛ لأن المسلم ليس له قانون غير الشريعة، ولا يجوز له أن يرضى لنفسه قانونًا غيرها؛ ولأن الذمي التزم أحكام الإسلام التزامًا دائمًا بقبوله عقد الذمة الدائم.

____

(١) اختلاف الفقهاء، ص (٥٤ وما بعدها).

(٢) مرجع سابق ص (٢٨٧).

(٣) مرجع سابق في ذات الموضع.

وعليه فإن الأصل في الشريعة الإسلامية أنها شريعة عالمية لا مكانية، جاءت للعالم كله لا لجزء منه، وللناس جميعًا لا لبعضهم، فهي شريعة الكافة لا يختص بها قوم دون قوم، ولا جنس دون جنس، ولا قارة دون قارة، وهي شريعة العالم كله، يخاطب بها المسلم وغير المسلم، وساكن البلاد الإسلامية، وساكن البلاد غير الإسلامية.

ولكن لما كان الناس جميعًا لا يؤمنون بها، ولا يمكن فرضها عليهم فرضًا، فقد قضت ظروف الإمكان أن لا تطبق الشريعة إلا على البلاد التي يدخلها سلطان المسلمين دون غيرها من البلاد، وهكذا أصبح تطبيق الشريعة الإسلامية مرتبطًا بسلطان المسلمين وقوتهم؛ فكلما اتسعت الأقاليم التي يتسلط عليها المسلمون اتسع نطاق تطبيق الشريعة، وكلما انكمش سلطانهم انكمشت الحدود التي تطبق فيها الشريعة، فالظروف والضرورة هي التي جعلت من الشريعة الإسلامية شريعة إقليمية وإن كانت الشريعة في أساسها شريعة عالمية. ولهذا نستطيع أن نقول: إن الشريعة الإسلامية في أساسها شريعة عالمية إذا نظرنا إليها من الوجهة العلمية، ولكنها في تطبيقها شريعة إقليمية إذا نظرنا إليها من الوجهة العلمية. [1]

ولا يسرى القانون الجنائى الإسلامى على دار الحرب بإجماع الفقهاء وذلك لأن الحربى إذا اقترف فى دار الحرب جريمة ثم خرج إلى دار الإسلام بأمان لم يؤخذ بها لعدم ولاية القانون الجنائى الإسلامى على دار الحرب وأهلها، وقال الطبرى: «وأجمعوا أن جنايات أهل الحرب بعضهم على بعض فى دار الحرب وغصب بعضهم بعضًا فيها قبل الإسلام موضوعة وأن ليس لحاكم المسلمين أن ينظر فى ذلك إذا أسلموا أو دخلوا دار الإسلام بأمان وكذلك حكم جناياتهم على المسلمين فى الحروب وفى دار الحرب وغصوبهم لهم إذا أسلموا أو دخلوا دار الإسلام». [2]

---

(١) التشريع الجنائي الإسلامي مقارنًا بالقانون الوضعي، عبد القادر عودة، الجزء الأول ص (٢٧٥).

(٢) اختلاف الفقهاء للطبري، ص (٦٠).

سريان القانون الجنائى الإسلامى من حيث الأشخاص: جاءت الشريعة الإسلامية من يوم نزولها بنظرية المساواة التامة، فقررت المساواة على إطلاقها، فلا قيود ولا استثناءات، وإنما مساواة تامة بين الأفراد، ومساواة بين الجماعات، ومساواة تامة بين الأجناس، ومساواة تامة بين الحاكمين والمحكومين، ومساواة تامة بين الرؤساء والمرؤوسين، لا فضل لرجل على رجل، ولا لأبيض على أسود، ولا لعربي على أعجمي.

ويدل على ذلك قول الله ﷻ: ﴿يَٰٓأَيُّهَا ٱلنَّاسُ إِنَّا خَلَقۡنَٰكُم مِّن ذَكَرٖ وَأُنثَىٰ وَجَعَلۡنَٰكُمۡ شُعُوبٗا وَقَبَآئِلَ لِتَعَارَفُوٓاْ إِنَّ أَكۡرَمَكُمۡ عِندَ ٱللَّهِ أَتۡقَىٰكُمۡ إِنَّ ٱللَّهَ عَلِيمٌ خَبِيرٞ ١٣﴾ [1]

وأيضًا قول النبى ﷺ «الناس سواسية كأسنان المشط لا فضل لعربي على عجمي إنما الفضل بالتقوى»[2]، وفي قوله: ﷺ "إن الله قد أذهب بالإسلام نخوة الجاهلية وتفاخرهم بآبائهم، لأن الناس من آدم، وآدم من تراب، وأكرمهم عند الله أتقاهم". [3]

فالناس جميعًا في الشريعة متساوون على اختلاف شعوبهم وقبائلهم، متساوون في الحقوق، متساوون في الواجبات، متساوون في المسؤوليات، وهم في ذلك كأسنان المشط الواحد لا تزيد سن عن سن، ولا تنقص سن عن سن، أو هم في ذلك كأبناء الرجل الواحد والمرأة الواحدة، ترشحهم وحدة أصلهم إلى المساواة في حقوقهم وواجباتهم ومسؤولياتهم.

❋ ❋ ❋

---

(١) سورة الحجرات آية (١٣).

(٢) المبسوط للسرخسى، باب الأكفاء، الجزء ٥، ص (٢٣)، تاريخ النشر: ١٤١٤هـ – ١٩٩٣م.

(٣) التشريع الجنائي الإسلامي مقارنًا بالقانون الوضعي، عبد القادر عودة، الجزء الأول ص (٣١٦). مراجع سابق.

المبحث الثاني - الجرائم التي يقترفها الأسرى
قبل الوقوع في الأسر وأثناء الأسر

إذا وقعت جناية من الأسير المسلم على غيره، فإن اتجاهات الفقهاء تتعدد حول محاسبته على جنايته التي وقعت في بلاد الحرب.

ونرى أنه من الملائم التفرقة بين جرائم الأسير المسلم وجرائم الأسير المشرك.

أولاً : جرائم الأسير المسلم :

الأسير المسلم قد يكون من أسرى أهل البغى أو من أسرى أهل الردة أو أسير مسلم لدى أهل الحرب يقترف قبل الأسر أوحال الأسر جرائم توجب القصاص أو الحد أو التعزير، فهل يحاسب على تلك الجرائم سواء منها ما يوقع الضرر بالنفس أو بالمال وسواء كان ذلك في دار الحرب أو دار الإسلام.

وعليه سوف نقوم بتوضيح جرائم الأسير المسلم في دار الحرب، وكذا جرائم أهل البغى على النحو التالى:

١. جرائم الأسير المسلم في دار الحرب:

ذكرنا آنفًا أنه إذا وقعت جناية من الأسير المسلم على غيره، فإن اتجاهات الفقهاء تتعدد حول محاسبته على جنايته التي وقعت في بلاد الحرب.

وتكاد تنحصر هذه الاتجاهات في ثلاثة: (١)

١. تقام عليه الحدود كما لو وقعت منه هذه الجناية في دار الإسلام.

____

(١) أحكام الأسرى والسبايا في الحروب الإسلامية/ للأستاذ الدكتور/ عبد اللطيف عامر، ص (٢٤٥) الطبعة الأولى (١٤٠٦هـ.١٩٨٦م).

٢. أنه لا حد عليه، لأنه وهو فى أيدى أعدائه من أهل الحرب تبع لهم، فيصير وكأنه واحد منهم.

٣. ليس عليه إلا الكفارة فى القتل الخطأ ولا شيء فى القتل العمد، وإذا قتل أسيرًا أخر فلا شيء على القاتل سوى الكفارة فى القتل الخطأ، لأن الأسير مقهور فى أيديهم، ودار الحرب ليست بدار استيفاء أحكام الإسلام، فيبطل الإحراز أصلاً ويصير الأسير فى دار الحرب كالمسلم الذى لم يهاجر إلينا. (١)

وأسرى الحرب فى دار الحرب أو بلاد العدو من المسلمين إذا فودوا ورجعوا إلى دار الإسلام وفيهم من قد زنى أو شرب الخمر أو قتل أو قذف أو جرح بعضهم أو كان عليه حق فى نفس أو مال يستوجب الضمان، أخذ لبعضهم من بعض القتل والقذف وغيره من الجرائم التى يرتكبها أسرى الحرب وأقيمت عليه الحدود وذلك بعد توافر طرق الإثبات وشهادة الشهود بذلك إلا أن يكون فعله بامرأة من العدو فيدعى الشبهة، ويحرم على المسلم فى أرض الحرب أو بلاد العدو أكل الربا فى مبايعتهم. (٢)

والأسير المسلم عند الكفار إذا استطاع الخلاص والانفلات منهم لم يحل له المقام بينهم، فإن حلفوه أنهم إن خلوه لا يخرج فحلف فخلوه، وجب عليه الخروج ويمينه يمين مكره لا كفارة عليه فيها، وإن حلف استطابة لنفوسهم من غير أن يحلفوه فعليه الخروج إلى دار الإسلام ويلزمه كفارة اليمين. (٣)

فذهب جمهور الفقهاء: الشافعية والحنابلة، وهو قول عند المالكية، إلى أنه إذا صدر من الأسير حال الأسر جناية أو ما يوجب حدا أو قصاصا وجب عليه ما يجب فى دار الإسلام، لأنه لا

---

(١) مرجع سابق فى ذات الموضع.

(٢) يرجع اختلاف الفقهاء للطبرى، ص (٦٠).

(٣) الولاء والبراء فى الإسلام، باب المراد بإظهار الدين، الجزء الأول، ص (٢٧٩)، لمحمد بن سعيد بن سالم القحطاني.

تختلف الداران في تحريم الفعل المجرم، فلم تختلف فيما يجب من العقوبة. فلو قتل بعضهم بعضا، أو قذف بعضهم بعضا، أو شرب أحدهم خمرا، فإن الحد يقام عليهم إذا صاروا إلى بلاد المسلمين، ولا تمنع الدار حكم الله. ويقول الخطاب: إذا أقر الأسير أنه زنى، ودام على إقراره ولم يرجع، أو شهد عليه، قال ابن القاسم وأصبغ: علية الحد. (١)

وإذا قتل الأسير أحدا منهم خطأ، وقد كان أسلم، والأسير لا يعلم، فعليه الدية والكفارة. وقيل الكفارة فقط. وإذا قتله عمدا، وهو لا يعلمه مسلما فعليه الدية والكفارة. وإن كان قتله عمدا وهو يعلم بإسلامه قتل به. وإذا جنى الأسير على أسير مثله فكغيرهما. (٢)

وذهب الحنفية: وهو قول عند المالكية، قاله عبد الملك – في جريمة الزنى – بعدم إقامة الحد عليه، لقوله عليه السلام لا تقام الحدود في دار الحرب وذلك لقول النبي ﷺ فعن زيد بن ثابت –ﷺ– قال: " لا تقام الحدود في دار الحرب مخافة أن يلحق أهلها بالعدو "(٣) وذلك لانعدام المستوفي، وإذا لم يجب عليه حين باشر السبب لا يجب عليه بعد ذلك، وقالوا: لا حد على من زنى وكان أسيرا في معسكر أهل البغي، لأن يد إمام أهل العدل لا تصل إليهم.

وقالوا: لو قتل أحد الأسيرين المسلمين الآخر فلا شيء عليه سوى الكفارة، وهذا عند أبي حنيفة، لأنه بالأسر صار تبعا لهم، لصيرورته مقهورا في أيديهم، ولهذا يصير مقيما بإقامتهم ومسافرا بسفرهم. وخص الخطأ بالكفارة، لأنه لا كفارة في العمد، وبقي عليه عقاب الآخرة.

---

(١) يراجع أرشيف ملتقى أهل الحديث، باب أحكام الأسير، ص (٢٢٥)، وأيضًا الأم ٤ / ١٦٢، ١٩٩، والمغني ١٠ / ٥٣٧، ومواهب الجليل ٣ / ٣٥٤.

(٢) مرجع سابق في ذات الموضع.

(٣) السنن الكبرى للبيهقى، ح ١٨٢٢٥، الجزء (٩)، ص (١٧٨)، باب من زعم لا تقام الحدود في أرض الحرب، الطبعة: الثالثة، ١٤٢٤ هـ – ٢٠٠٣ م.

وقال الصاحبان بلزوم الدية أيضا في الخطأ والعمد، لأن العصمة لا تبطل بعارض الأسر وامتناع القصاص لعدم المنفعة، وتجب الدية في ماله الذي في دار الإسلام. [1]

وقال الشيرازي [2] : من قتل في دار الحرب قتلاً يوجب القصاص أو أتى بمعصية توجب الحد وجب عليه ما يجب في دار الإسلام لأنه لا تختلف الدارين في تحريم الفعل فلم تختلف فيما يجب به من العقوبة. [3]

لأنه كما ذكرنا آنفا في المبحث الأول من هذا الفصل: أن الحكمة من العقوبة أنها توفر حماية للمجتمع من القتلة والمجرمين، فتسمية العقوبة قصاصًا، لأنها تساوى بين الجريمة والعقوبة، وهذه أبلغ صور العدالة، إذ أن الجزاء إذا ساوى العمل كان ذلك عين العدل، فقطع دابر الجريمة هو عين الإصلاح في الجماعة، فالإصلاح في جماعة لا يعمل على محو الجريمة، بل يعمل على التغاضى عنها. [4]

---

(1) البدائع 7 / 131 وما بعدها، والبحر الرائق 5 / 108، الموسوعة الفقهية الكويتية، الجزء (4)، ص (220)، الطبعة: (من 1404 - 1427 هـ).

(2) محمود بن مسعود بن مصلح الفارسي قطب الدين الشيرازي الشافعي العلامة ولد في شيراز سنة 634 وكان أبوه طبيبا فقرأ عليه وعلى عمه ومن تصانيفه شرح المختصر وشرح المفتاح للسكاكي وشرح الكليات لابن سينا وشح الإشراق للسهروردي وصنف كتابا في الحكمة سماه غرة التاج وكان من أذكياء العالم ولقبه عند الفضلاء الشارح العلامة قال الذهبي قيل كان في الاعتقاد على دين العجائز وكان يخضع للفقهاء ويوصي بحفظ القرآن وكان إذا مدح يخشع وكان يقول أتمنى أن لو كنت في زمن النبي ﷺ ولم يكن لي سمع ولا بصر رجاء أن يلحظني بنظره وكان ذا مروءة وأخلاق حسان ومحاسن وتلاميذه يبالغون في تعظيمه ومات في 24 رمضان سنة 710. ينظر: الدرر الكامنة في أعيان المائة الثامنة (6 / 101) المؤلف: أبو الفضل أحمد بن علي بن محمد بن أحمد بن حجر العسقلاني (المتوفى: 852هـ) المحقق: مراقبة/ محمد عبد المعيد ضان: الناشر: مجلس دائرة المعارف العثمانية – صيدر اباد/ الهند: الطبعة: الثانية، 1392هـ/ 1972م: عدد الأجزاء: 6.

(3) اختلاف الفقهاء للطبري، ص (63)

(4) الجريمة والعقوبة في الفقه الإسلامي، لمحمد أبو زهرة، ص (268 وما بعدها).

وذهب الإمام أحمد بن حنبل أن الأسير لا يحل له التزوج ما دام أسيرا، وهذا قول الزهري، وكره الحسن أن يتزوج في أرض المشركين، لأن الأسير إذا ولد له ولد كان رقيقا لهم، ولا يأمن أن يطأ امرأته غيره منهم، وسئل أحمد عن أسير اشتريت معه امرأته أيطؤها؟ فقال: كيف يطؤها؟ فلعل غيره منهم يطؤها، قال الأثرم: قلت له: ولعلها تعلق بولد فيكون معهم. [1]

وإذا كانت الجناية أو الجريمة زنى، وأقر الأسير ودام على إقراره، ولم يرجع عليه أو شهد عليه بشهادة الشهود، فقد قال ابن القاسم واصبغ عليه الحد سواء زنى بحرة أو بأمة، وقال عبد الملك لا حد عليه. [2]

وذهب الزيدية: إلى أنه لا قصاص في دار الحرب بين أهل الجنايات مطلقًا سواء كانت الجنايات بين الكفار أم بين المسلمين، وأما الدية فتجب وكذلك لا تأرش لما يجب فيه الأرش إلا إذا كانت الجنايات بين المسلمين أو المؤمنين أو المصالحين أو الذميين فأنه وإن سقط القصاص فيها فلا يسقط الأرش. [3]

وجاء في كتاب الأم للشافعي في الأسارى من المسلمين في دار الحرب يقتل بعضهم بعضًا أو يجرح بعضهم بعضًا، أو يغضب بعضهم بعضًا ثم يصيرون إلى بلاد الإسلام أن الحدود تقام عليهم كما لو كانوا قد فعلوا ذلك في بلاد الإسلام، ولا تسقط دار الحرب عنهم فرضًا، كما لا تسقط عنهم صومًا ولا صلاة ولا زكاة، والحدود فرض عليهم كما أن هذه فرض عليهم، ولقد أقام الرسول ﷺ الحد بالمدينة والشرك قريب منها، وضرب الشاربين بحنين والشرك قريب منهم. [4]

---

(1) الموسوعة الفقهية الكويتية، باب جناية الأسير وما يجب فيها، ص (٢٢١) الجزء (٤)، وأيضًا المغني ١٠/ ٥١١.

(2) الشرح الكبير، ص (٣٨٢ وما بعده) الجزء (٩).

(3) المذهب للصنعاني، ص (٤٤١) الجزء (٤).

(4) الأم للشافعي، ص (١٦٢ وما بعدها) الجزء (٤)، وأيضًا فضيلة الدكتور/ عبد اللطيف عامر في احكام الأسرى والسبايا في الحروب الإسلامية، ص (٢٤٨).

وإذا قتل الأسير المسلم أحدًا من أهل الحرب خطأ وقد كان أسلم ولأسير لا يعلم فقد قل عند بعض أئمة المالكية عليه الدية وكفارة معًا وقيل الكفارة فقط.

وإن قتل أحدًا عمدًا وهو لا يعلم بأنه مسلمًا فعليه الدية والكفارة، وأما القتل عمدًا وهو يعلم بإسلامه قتل به.

وإذا جنى الأسير على أسير مثله فحكمه كحكم جنايته على غيره، وإذا قتل المسلم مسلمًا فى حال القتال وقال ظننته من الكفار حلف ووجبت الدية والكفارة معًا قاله البساطى، وإذا سرق مسلم من حربي مستأمن قطع، ويقيم أمير الجيش الحدود ببلد الحرب فى السرقة وغيرها لأن ذلك أقوى على الحق. (١)

إكراه الأسير: الأسير إن أكرهه الكفار على الكفر، وقلبه مطمئن بالإيمان، لا تبين منه امرأته، ولا يحرم ميراثه من المسلمين، ولا يحرمون ميراثهم منه، وإذا ما أكره على أكل لحم الخنزير أو دخول الكنيسة ففعل وسعه ذلك لقاعدة الضرورات. (٢) ولو أكرهوه على أن يقتل مسلما لم يكن له ذلك، كما لا يرخص له في أن يدل على ثغرة ينفذ منها العدو إلى مقاتلتنا، ولا الاشتراك مع العدو في القتال عند كثير من العلماء، وأجاز ذلك الأوزاعي وغيره، ومنعه مالك وابن القاسم. (٣)

وجاء فى حاشية الدسوقى على الشرح الكبير للدردير «المسلم العين كالزنديق يقتل إن ظهر عليه ولا تقبل منه توبة وإن جاء تائبًا قبلت» (٤) بمعنى أنه إذا تجسس الأسير المسلم قتل إلا فى حالة التوبة يسقط عليه الحد.

---

(١) ايمن محمد، أحكام أسرى الحرب بين الشريعة والقانون الدولى العام، ص (٥٩٧).

(٢) الأم للشافعي، ص (٦٩٨) الجزء (٤).

(٣) الموسوعة الفقهية الكويتية، باب جناية الأسير وما يجب فيها، ص (٢٢١)، الجزء (٤)، وأيضا التاج والإكليل مطبوع بهامش مواهب الجليل ٣٨٩/ ٣.

(٤) حاشية الدسوقي على الشرح الكبير، ص (١٨٢) الجزء (٢).

يقول البغوي رحمه الله تعالى: إن الأسير المسلم عند الكفار إذا استطاع الخلاص منهم لم يحل له المقام بينهم، فإن حلفوه أنهم إذا تركوه لا يخرج إلى دار الإسلام فحلف؛ وجب عليه الخروج، ويمينه يمين مكره لا كفارة عليه فيها، وإن حلف لهم من غير أن يحلفوه فعليه الخروج إلى دار الإسلام، ويلزمه كفارة يمين. [1]

حكم هرب الأسير المسلم:

حيث وقعت حادثة هروب الأسرى الفلسطينيين من سجن جلبوع في ٦ سبتمبر ٢٠٢١ وذلك عندما تمكن ستة أسرى فلسطينيون من الهرب من سجن جلبوع ومن بينهم زكريا الزبيدي، ومحمود العارضة، حيث استطاعوا الهرب من خلال نفق حُفر في زنزانة السجن فما حكم هرب هؤلاء الأسرى في الشريعة الإسلامية.

ذهب أكثر الفقهاء أن للأسير من المسلمين إذا كان في أيدي العدو، وقدر أن يتخلص منهم فله أن يتخلص منهم ويهرب بأية وسيلة، ولو أدى الأمر إلى قتل بعض الأعداء أو كسر القيود والأغلال أو أخذ بعض الأموال.

واستدلوا على ذلك بإقرار النبي ﷺ أبا بصير على فراره من أيدي المشركين وقتله لبعضهم رغم شروط صلح الحديبية، كانت تقرر تسليم الفارين من مكة وإعادتهم إلى المشركين، ورغم أنه ﷺ قد رده قبل ذلك إليهم حين جاء إليه مسلمًا. [2]

ولكن إذا وقع المسلم في الأسر فيجب عليه الإفلات منهم والحوق بدار الإسلام، وذلك لأن مقامه في دار الشرك مع قدرته على الهرب معصية، لما في ذلك من التضييق عليه وعدم قدرته على ممارسة حريته الدينية كاملة فإذا تمكن الأسير من الهرب فيجوز له أن يهرب.

---

(١) عقيدة الولاء والبراء، لمحمد أحمد إسماعيل المقدم، الجزء (٤)، ص (٢).

(٢) السيرة الحلبية، ص (١٥٠)، الجزء (٢)، وأيضًا سيرة ابن هشام، ص (٣٢٣)، الجزء (٣).

ولكن لم يثبت أن النبى ﷺ عاقب الأسير على الفرار، ولكن قد يعاقب النبى ﷺ أسيرا خلى سبيله بشرط ألا يحارب المسلمين، فلم يفى بوعده وانضم إلى صفوف الأعداء المحاربين فحينئذ تكون العقوبة له على إخلاله بالعهد. [1]

وإذا نظرنا إلى هروب الأسير المسلم من الأسر في عهد النبى ﷺ فنجد أن هناك حالتان وقعتا في عهد النبى ﷺ تدلان على جواز هروب الأسير من الأسر ولكن منعًا للتكرار فقد سبق ذكر الحالتين في الباب الأول من هذه الرسالة في الفصل الثالث في المبحث الأول منه.

وما دام الفقه الإسلامى قد أجاز بعض تصرفاته في مسألة وهو أسير، وأحتفظ بحقه في ميراثه حتى يعود، وحافظ على بقاء زوجيته إلى أن يطلق سراحه وغيره، فإن من حقه كذلك أن يؤاخذه على جرائمه وأن يقرر القصاص منه مادامت هذه الجريمة صادرة منه عن وعي وإرادة، ولو حاكمه أعداؤه على جريمة، لأن أهل الحرب لا يقيمون أحكام الإسلام، ودار الحرب ليست دار استيفاء العقوبات كما أن أحكامها ليست من أحكام المسلمين. [2]

وعليه نرى أن الدار لا تمنع حكم الله ﷻ فيحرم على المسلم في أرض الحرب ما يحرم عليه في أرض الإسلام، ولأنه لا تختلف الداران في تحريم الفعل فلم تختلفا فيما يحببه من عقوبة، وأن اختلاف الدارين لا يستوجب إباحة الجريمة أو إسقاط العقوبة.

ومردود على قول الزيدية في أنه لا قصاص في دار الحرب بين أهل الجنايات مطلقًا سواء كانت الجنايات بين الكفار أم بين المسلمين بمعنى أن دار الحرب دار إباحة، بأن المسلم وجب عليه الإلتزام بأحكام الإسلام حيثما وجد إذ لا يعقل القول بتحريم الزنا في دار الإسلام

---

(١) يراجع: فضيلة الدكتور/ عبد اللطيف عامر، في احكام الأسرى والسبايا في الحروب الإسلامية، مرجع سابق ص (١٦٢).

(٢) مرجع سابق ص (٢٤٩).

وإباحته في دار الحرب والأخذ بنظرية الإباحة أو اختلاف الدارين كأساس للإعفاء من الجريمة أو العقوبة يستتبع هدم الأحكام الشرعية.

٢- جرائم أسرى أهل البغي في الفقه الإسلامي:

وقبل عرض آراء الفقهاء في جرائم أسرى البغي نقوم أولا بتعريف البغي: والبغي: هو الخروج عن طاعة الإمام وترك الانقياد، أو منع حق إليه، أو منعه من قبض ما استحق قبضه أو من إقامة ما أمره إليه، مع محاربته أو العزم عليها، وله تأويل في ذلك. [١]

ويقول المولى ﷻ في القرآن الكريم: ﴿وَإِن طَآئِفَتَانِ مِنَ ٱلْمُؤْمِنِينَ ٱقْتَتَلُوا فَأَصْلِحُوا بَيْنَهُمَا فَإِن بَغَتْ إِحْدَىٰهُمَا عَلَى ٱلْأُخْرَىٰ فَقَٰتِلُوا ٱلَّتِي تَبْغِي حَتَّىٰ تَفِيءَ إِلَىٰ أَمْرِ ٱللَّهِ فَإِن فَآءَتْ فَأَصْلِحُوا بَيْنَهُمَا بِٱلْعَدْلِ وَأَقْسِطُوا إِنَّ ٱللَّهَ يُحِبُّ ٱلْمُقْسِطِينَ﴾ [٢]

فلم يأمر بقتال الباغية ابتداء، فالاقتتال ابتداء ليس مأمورا به؛ ولكن إذا اقتتلوا أمر بالإصلاح بينهم؛ ثم إن بغت الواحدة قوتلت؛ ولهذا قال من قال من الفقهاء: إن البغاة لا يبتدئون بقتالهم حتى يقاتلوا. [٣]، وعن ابن عمر   قال: قال رسول الله . ﷺ: "من حمل علينا السلاح فليس منا". [٤] متفق عليه.

والحديث فيه دلالة على تحريم قتال المسلمين والتشديد فيه، وخروج من قاتل البغاة من أهل الحق بدليل خاص، فيحمل الحديث على البغاة، وعلى من بدأ بالقتال ظالمًا.

---

(١) البدرُ التمام شرح بلوغ المرام، باب قتال أهل البغي، الجزء (٨)، ص (٤٤٧) لطبعة: الأولى (١٤٢٨ ه – ٢٠٠٧ م).

(٢) سورة الحجرات آية (٩).

(٣) الموسوعة الفقهية الميسرة في فقه الكتاب والسنة المطهرة، (٧ / ٢٨٩)، الطبعة: الأولى، من ١٤٢٣ – ١٤٢٩ه.

(٤) أخرجه الإمام البخاري في صحيحه، (ك): الديات،(ب) قول الله تعالى: {وَمَنْ أَحْيَاهَا...} ١٢ / ١٩٢ ح ٦٨٧٤

وعن أبي هريرة –ﷺ– عن النبي –ﷺ– قال: "من خرج عن الطاعة وفارق الجماعة ومات، فميتته جاهلية". أخرجه مسلم. (١)

قوله: "خرج عن الطاعة". أي: طاعة الخليفة الذي وقع الاجتماع عليه.

وأسرى البغاة تعاملهم الشريعة الإسلامية معاملة خاصة، لأن قتالهم لمجرد دفعهم عن المحاربة، وردهم إلى الحق، لا لكفرهم. روي عن ابن مسعود أن رسول الله –ﷺ– قال: يا ابن أم عبد ما حكم من بغى على أمتي؟ قال: فقلت: الله ورسوله أعلم. قال: لا يتبع مدبرهم، ولا يذفف على جريحهم، ولا يقتل أسيرهم، ولا يقسم فيؤهم. (٢)

وإذا استعان البغاة على قتالنا بأهل الذمة، فوقع أحد منهم في الأسر، أخذ حكم الباغي عند الحنفية، فلا يقتل إذا لم تكن له فئة، ويخير الإمام إذا كانت له فئة، ولا يجوز استرقاقه. وقال المالكية: إذا استعان الباغي المتأول بذمي فلا يغرم الذمي ما أتلفه من نفس أو مال، ولا يعد خروجه معه نقضا للعهد. (٣)

وقال الحنفية والشافعية والحنابلة: إذا استعان البغاة على قتالنا بقوم من أهل الحرب وأمنوهم، أو لم يؤمنوهم، فظهر أهل العدل عليهم، فوقعوا في الأسر عند أهل العدل، أخذوا حكم أسرى أهل الحرب(٤)، واستثنى الشافعية ما إذا قال الأسير: ظننت جواز إعانتهم، أو أنهم على حق ولي إعانة المحق، وأمكن تصديقه فإنه يبلغ مأمنه، ثم يقاتل كالبغاة. (٥)

____

(١) أخرجه الإمام مسلم فى صحيحه، (ك): الإمارة، باب وجوب ملازمة جماعة المسلمين ٣/ ١٤٧٦ ح ١٨٤٨.

(٢) الشرح الكبير ١٠/ ٥٩.

(٣) أرشيف ملتقى أهل الحديث، باب أحكام الأسير، الجزء (٢٣)، ص (٢١٨).

(٤) فتح القدير ٤/ ٤١٥، ٤١٦ والمغني ١٠/ ٧١.

(٥) حاشية الجمل على شرح المنهج ٥/ ١١٨ وأيضًا الموسوعة الفقهية الكويتية، باب أسرى البغاة، الجزء (٤) ص (٢٠٨).

وذهب الحنفية: إلى أنه لا خلاف في أن العادل إذا أصاب من أهل البغى أو جراحة أو مال أستهلكه أنه لا ضمان عليه، وأما الباغى إذا أصاب شيئًا من ذلك من أهل العدل فعندهم أن ذلك موضوع. [1]

واستدلوا على ذلك ما روى عن الزهرى قال: كانت الفتنة العظمى وفيهم البدريون وأجمعوا على أن لا يجب حد على رجل ارتكب فرجًا حرامًا بتأويل القرآن، ولا يقتل رجل سفك دمًا حرمًا بتأويل القرآن، ولا يغرم مالاً أتلفه القرآن. [2]

والحنفية، فعلى مذهبهم في تخيير الإمام بين قتل أسرى البغاة أو حبسهم، يرون جواز قتل من قاتل أو حرض من الشيوخ ونحوهم، فيقتلون حال القتال أو بعد الفراغ منه. لكن لا يقتل الصبي والمعتوه بعد الفراغ من القتال؛ لأن القتل بعد الفراغ والأسر بطريق العقوبة، وهما ليسا من أهل العقوبة. وأما قتلهما حال الحرب فدفعا لشرهم كدفع الصائل [3]

وذهب الشافعية: وذهبوا إلى أنه من أتلف من نفس أو مال في غير القتال وجب فيه الضمان وما أتلفه أهل البغى على أهل العدل من نفس أو مال حال الحرب ففيه قولان: **أولهما**: يجب فيه الضمان لأنه أتلفه بعدوان فوجب ضمانه.

والثانى: لا يجب فيه الضمان وهو ظاهر المذهب لما روى عن الزهرى وسبق ذكره [4]

وذهب الحنابلة: إلى أنه إذا أتى أهل البغى قبل القدرة عليهم حدودًا، أقيمت عليهم بعد القدرة عليهم، ومن أتلف من الفريقين على الأخر نفسًا أو مالا فى غير القتال ضمنه لأن

---

(١) شرح فتح القدير، ص (١٠٦)، الجزء (٥)، وأيضًا بدائع الصنائع للكاسانى، ص (١٤١)، الجزء (٧)، وأيضًا د/ أيمن محمد، أحكام أسرى الحرب.

(٢) شرح فتح القدير، باب البغاة، ص (١٠٦)، الجزء (٦)، وأخرجه عبد الرازق فى مصنفه عن معمر عن الزهرى كتاب الجهاد، الجزء (٥)، ص (٣٣٣).

(٣) حاشية الدسوقي ٤/ ٢٩٩، والتاج والإكليل ٦/ ٢٧٨، البدائع ٧/ ١٤١، ١٠١.

(٤) مرجع سابق، وأيضا المهذب للشيرازى، ص (٣٠٨) الجزء (٨٩).

تحريم ذلك كتحريمه قبل البغى فكان ضمانه قبل البغى، وما أتلفه أحدهما على الأخر حال الحرب بحكم القتال من مال أو نفس لم يضمنه.

وقال الحنابلة: وإن قتل أهل البغي أسارى أهل العدل لم يجز لأهل العدل قتل أساراهم، لأنهم لا يقتلون بجناية غيرهم، وإذا استعان البغاة على قتالنا بقوم من أهل الحرب وأمنوهم، أو لم يؤمنوهم، فظهر أهل العدل عليهم، فوقعوا في الأسر عند أهل العدل، أخذوا حكم أسرى أهل الحرب، واستثنى الشافعية ما إذا قال الأسير: ظننت جواز إعانتهم، أو أنهم على حق ولي إعانة المحق، وأمكن تصديقه فإنه يبلغ مأمنه، ثم يقاتل كالبغاة وقال بهذا أيضًا الحنفية والشافعية. [1]

ولأن العادل مأمور بإتلافه فلم يضمنه، والبغاة طائفة ممتنعة بالحرب بتأويل فلم تضمن ما أتلفت على الأخرى بحكم الحرب كأهل العدل، ولأن تضمينهم ذلك يفضى إلى تنفيرهم عن الطاعة فسقط، كأهل الحرب.

وهناك رواية أخرى عند الحنابلة تقول يلزم البغاة الضمان لأنهم أتلفوه بغير حق، فضمنوه كقطاع الطريق.

وذهب المالكية: إلى أنه لا يضمن أهل البغى متأول فى خروجه على الإمام نفسًا ولا مالاً أتلفها ولا إثم عليه لتأوله بخلاف الباغى غير المتأول فعليه الضمان والأثم حيث كان الإمام عدلاً إذ الخارج على غير العدل كالمتأول.

واستدلوا على ذلك: بأن الصحابة ﷺ أهدرت الدماء التى كانت فى خروجهم وهم كانوا متأولين والباغى المعاند الخارج على الإمام العدل ضامن النفس والطرف والمال لعدم عذره، والمرأة المتأوله لا تضمن وغيرها يضمن. [2]

---

(١) أرشيف ملتقى أهل الحديث، باب أحكام الأسير، جزء ٢٣، ص (٢١٨).

(٢) يراجع في ذلك لغة السالك لأقرب المسالك إلى مذهب الإمام مالك للصاوى، ص (٤١٥)، الجزء (٢)، وأيضأ مرجع سابق، د/ ايمن محمد، ص (٦٠٠).

وقال المالكية: إذا استعان الباغي المتأول بذمي فلا يغرم الذمي ما أتلفه من نفس أو مال، ولا يعد خروجه معه نقضا للعهد.

أما إن كان الباغي معاندا ـ أي غير متأول ـ فإن الذمي الذي معه يكون ناقضا للعهد، ويكون هو وماله فيئا. وهذا إن كان مختارا، أما إن كان مكرها فلا ينتقض عهده، وإن قتل نفسا يؤخذ بها، حتى لو كان مكرها. وقول الشافعية في ذلك كقول المالكية. قالوا: لو أعان الذميون البغاة في القتال، وهم عالمون بالتحريم مختارون انتقض عهدهم، كما لو انفردوا بالقتال. أما إن قال الذميون: كنا مكرهين، أو ظننا جواز القتال إعانة، أو ظننا أنهم محقون فيما فعلوه، وأن لنا إعانة المحق وأمكن صدقهم، فلا ينتقض عهدهم، لموافقتهم طائفة مسلمة مع عذرهم، ويقاتلون كبغاة. ومثلهم في ذلك المستأمنون، على ما صرح به الشافعية. وللحنابلة قولان في انتقاض عهدهم، **أحدهما:** ينتقض عهدهم، لأنهم قاتلوا أهل الحق فانتقض عهدهم كما لو انفردوا بقتلهم. ويصيرون كأهل الحرب في قتل مقبلهم واتباع مدبرهم وجريحهم. [1]

والثاني: لا ينتقض، لأن أهل الذمة لا يعرفون المحق من المبطل، فيكون ذلك شبهة لهم. ويكون حكمهم حكم أهل البغي في قتل مقبلهم، والكف عن أسرهم ومدبرهم وجريحهم. [2]

ثانيًا : جناية الأسير المشرك الفقه الإسلامي :

ذهب جمهور الفقهاء: الشافعية والحنابلة، وهو قول عند المالكية، إلى أنه إذا صدر من الأسير حال الأسر ما يوجب حدا أو قصاصا وجب عليه ما يجب في دار الإسلام، لأنه لا تختلف الداران في تحريم الفعل، فلم تختلف فيما يجب من العقوبة. فلو قتل بعضهم بعضا، أو قذف

---

(1) أرشيف ملتقى أهل الحديث، باب أحكام الأسير، ص (220).
(2) مرجع سابق في ذات الموضع.

بعضهم بعضا، أو شرب أحدهم خمرا، فإن الحد يقام عليهم إذا صاروا إلى بلاد المسلمين، ولا تمنع الدار حكم الله.

ويقول الخطاب: إذا أقر الأسير أنه زنى، ودام على إقراره ولم يرجع، أو شهد عليه، قال ابن القاسم وأصبغ: عليه الحد. [1]

وإذا قتل الأسير أحدا منهم خطأ، وقد كان أسلم، والأسير لا يعلم، فعليه الدية والكفارة. وقيل الكفارة فقط. وإذا قتله عمدا، وهو لا يعلمه مسلما فعليه الدية والكفارة. وإن كان قتله عمدا وهو يعلم بإسلامه قتل به. وإذا جنى الأسير على أسير مثله فكغيرهما[2].

وذهب الحنفية ـ وهو قول عند المالكية، قاله عبد الملك ـ في جريمة الزنى ـ بعدم إقامة الحد عليه، ـ لقوله ﷺ ـ لا تقام الحدود في دار الحرب[3] لانعدام المستوفي، وإذا لم يجب عليه حين باشر السبب لا يجب عليه بعد ذلك، وقالوا: لا حد على من زنى وكان أسيرا في معسكر أهل البغي، لأن يد إمام أهل العدل لا تصل إليهم. [4]

وقالوا: لو قتل أحد الأسيرين المسلمين الآخر فلا شيء عليه سوى الكفارة، وهذا عند أبي حنيفة، لأنه بالأسر صار تبعا لهم، لصيرورته مقهورا في أيديهم، ولهذا يصير مقيما بإقامتهم ومسافرا بسفرهم. وخص الخطأ بالكفارة، لأنه لا كفارة في العمد، وبقي عليه عقاب الآخرة. وقال الصاحبان بلزوم الدية أيضا في الخطأ والعمد، لأن العصمة لا تبطل بعارض الأسر وامتناع القصاص لعدم المنفعة، وتجب الدية في ماله الذي في دار الإسلام. [5]

---

(١) الموسوعة الفقهية الكويتية، باب جناية الأسير وما يجب فيها، الجزء (٤)، ص (٢١٩).

(٢) مواهب الجليل (٣/ ٣٥٤)، والأم (٤/ ١٦٢)، ١٩٩، والمغني (١٠/ ٥٣٧).

(٣) نيل الأوطار(٧/ ٣١٣)، وسنن النسائي (٨/ ٩١).

(٤) مرجع سابق، وأيضًا المبسوط ١٠/ ٩٩ وما بعدها.

(٥) الموسوعة الفقهية الكويتية، ص (٢٢١)، وأيضًا والبدائع ٧/ ١٣١، وما بعدها، البحر الرائق ٥/ ١٠٨، والفتح ٤/ ٣٥٠ وما بعدها.

وعليه فأن جنايات أهل الحرب بعضهم على بعض فى دار الحرب وغضب بعضهم بعضًا فيها قبل الإسلام موضوعة وأن ليس لحاكم المسلمين أن ينظر فى ذلك إذا أسلموا أو دخلوا دار الإسلام بأمان وكذلك حكم جناياتهم على المسلمين فى الحروب وفى دار الحرب وغصوبهم لهم موضوعة إذا أسلموا، لأن الإسلام يجب ما قبله. (١)

وذكر فى شرح السير الكبير: أن الحربى بعد الإسلام لا يؤخذ بها كان أصابه حال كونه محاربًا للمسلمين عملاً بقول النبى ﷺ «الإسلام يجب ما قبله»(٢) أي يقطعه، والمراد أنه يذهب أثر المعاصي التي قارفها حال كفره.

وعن ابن مسعود قال: قال رجل: يا رسول الله أنؤاخذ بها عَمِلنا في الجاهلية؟ قال: من أَحْسَنَ في الإسلام لم يُؤاخذ بها عَمِل في الجاهلية ومن أساء في الإسلام أُخِذ بالأول والآخر.(٣)

و ظاهر هذا الحكم خلاف ما أجمعت عليه الأمة من (أن) الإسلام يجب ما قبله. قال الله تعالى: ﴿قُل لِّلَّذِينَ كَفَرُواْ إِن يَنتَهُواْ يُغفَر هُم مَّا قَد سَلَفَ وَإِن يَعُودُواْ فَقَد مَضَت سُنَّتُ ٱلأَوَّلِينَ﴾(٤)

ووجه هذا الحديث وتأويله: أنه إذا أسلم مرة لم يؤاخذ بها كان سلف من كفره ولم يعاقب عليه وإن أساء في الإسلام غاية الإساءة وركب أشد ما يكون من المعاصي مادام ثابتا على إسلامه وإنما يؤخذ بها جناه في الإسلام من المعصية ويعير بها كان منه في الكفر ويبكت به كأنه يقال

____

(١) يراجع د/ أيمن محمد، أحكام أسرى الحرب في الشريعة الإسلامية والقانون الدولى، ص (٦٠٥)، وأيضا اختلاف الفقهاء للطبرى، ص (٥٩ وما بعدها.

(٢) نيل الأوطار: (٢٩٩/ ١)، وأيضًا شرح السير الكبير، ص (٢١٣)، الجزء (٥).

(٣) أعلام الحديث (شرح صحيح البخاري)، باب إثم من أشرك بالله، ح ١٢١٠/ ٦٩٢١، ص (٢٣١١) الجزء (٤)، الطبعة: الأولى، ١٤٠٩ هـ – ١٩٨٨ م.

(٤) سورة الأنفال آية رقم (٣٨).

له: أليس قد فعلت كذا وكذا وأنت كافر؟ فهلا منعك إسلامك من معاودة مثله إذ أسلمت؟ ثم يعاقب على قدر ما يستحقه من المعصية التي اكتسبها في الإسلام ولا يجوز أن يعاقب عقوبة الكفار؛ لأن المسلم لا يخلد في النار والكافر مخلد فيها أبدا.

وعن ابن مسعود -ﷺ-، قال: قال رجل: يا رسول الله، أنؤاخذ بما عملنا في الجاهلية؟ قال: «من أحسن في الإسلام لم يؤاخذ بما عمل في الجاهلية، ومن أساء في الإسلام أخذ بالأول والآخر»[1]

فإذا أسلم الكافر أحبط إسلامه كفره، فإن أحسن في الإسلام أحبطت طاعاته تلك المعاصي التي قدمها في حال كفره، وإن لم يحسن في الإسلام بقيت تلك المعاصي بحالها إذا لم يجد ما يحبطها، فأخذ بإساءته في الإسلام وفيما قبله.[2]

وفي "الصحيح" -أيضا- أن رسول الله - ﷺ - قال: "أما علمت أن الإسلام يهدم ما كان قبله، وأن الهجرة تهدم ما كان قبلها، وأن الحج يهدم ما كان قبله".[3]

أى أن من أحسن في الإسلام أي دخل فيه دخولا حقيقيا فهذا إسلامه يهدم ما كان قبله، ومن أساء أي دخل فيه ظاهرا ولم يدخل فيه باطنا فهذا منافق يؤاخذ بالأول والآخر، فالمراد بالإحسان حقيقة الإسلام، والمراد بالإساءة النفاق. وهذا قول النووي رحمه الله، ونقله عن المحققين من العلماء وجزم به القرطبي.

وحيث أن السنة النبوية في جميع الحالات التى جرى فيها قتل الأسرى أكدت على أن جناية الأسير المشرك التى تستوجب مثل هذه العقوبة غير موضوعه، فقد حدث قتل بعض

---

(١) أخرجه الإمام البخاري في صحيحه، باب إثم من أشرك بالله، وعقوبته في الدنيا، ح (٦٩٢١) ج (٩)، ص (١٤) الطبعة: الأولى، ١٤٢٢هـ.

(٢) المنهاج في شعب الإيمان، باب البيان عن حقيقة الإيمان، ص (٥٠)، الجزء الأول، الطبعة: الأولى، ١٣٩٩ هـ - ١٩٧٩ م.

(٣) أخرجه الإمام مسلم في صحيحه (١٢١)، وأيضًا السيرة النبوية لأبن هشام، ص (٢٧٨)، الجزء (٢٩).

الأسرى في غزوات النبى ﷺ ثم من بعده الصحابة ﷺ، وعليه فإن الحالات التى حدث فيها القتل تفصح عن أخذ الأسير بجناية أو بجرائمه سواء ما حدث منها قبل الأسر أو أثناء الأسر مالم يُسلم حيث أن الإسلام يجب ما قبلة كما وضحنا آنفا.

ومما سبق يتبن لنا أن جمهور الفقهاء أجمعوا على أن جرائم الأسير المشرك موضوعة بإسلامه، واستدلوا على ذلك بحديث إسلام عمرو بن العاص، فعن حبيب بن أبي أوس، قال: حدثني عمرو بن العاص –ﷺ–، فذكر الحديث في قصة إسلامه قال: ثم تقدمت فقلت: يا رسول الله أبايعك على أن يغفر لي ما تقدم من ذنبي، ولم أذكر ما تأخر، فقال لي: " يا عمرو بايع فإن الإسلام يجب ما كان قبله، وإن الهجرة تجب ما كان قبلها "، فبايعته. [1]

وقد حدث القتل لبعض الأسرى فى الإسلام كعقوبة والعقوبة لا تكون إلا لجريمة كما وضحنا سابقًا فى المبحث الأول من هذا الفصل، وقد ثبت ذلك فى حق رجال بنى قريظة وعقبة بن أبى معيط، وأيضًا النضر بن الحارث من أسرى بدر، وحديث أبى عزة الجمحى وقد سبق ذكره ومعاوية بن المغيرة من أسرى أُحد وغيرهم ممن جرى قتلهم عند فتح مكة.

وهناك جرائم اقترفت ضد الإنسانية والمسلمين الأوائل فى زمن النبى ﷺ حال ظهور الدين الإسلامى بمكة اقترفها أكابر مجرمى قريش ضد المسلمين، ومنها:

جريمة التعذيب: فعن عبد الله بن مسعود قال: كان أول من أظهر إسلامه سبعة: رسول الله – ﷺ – وأبو بكر وعمار وأمه سمية وصهيب وبلال والمقداد، فأما رسول الله – ﷺ – فمنعه الله بعمه أبي طالب، وأما أبو بكر فمنعه الله بقومه، وأما سائرهم فأخذهم المشركون وألبسوهم أدرع الحديد، وصهروهم في الشمس، فما منهم من أحد إلا وقد واتاهم على ما

____

(1) السنن الكبرى للبيهقي، باب ترك أخذ المشركين بما أصابوا، ح (١٨٢٩٠)، ج (٩)، (٢٠٦)، الطبعة: الثالثة، ١٤٢٤ هـ – ٢٠٠٣م.

أرادوا إلا بلالا فإنه هانت عليه نفسه في الله وهان على قومه فأخذوه فأعطوه الولدان، فجعلوا يطوفون به في شعاب مكة وهو يقول: أحد أحد. [1]

قال ابن إسحاق: ثم إنهم عدوا على من أسلم واتبع رسول الله ﷺ من أصحابه ﷺ. فوثب كل قبيلة على من فيها من المسلمين، فجعلوا يحبسونهم ويعذبونهم بالضرب والجوع والعطش وبرمضاء مكة، إذا اشتد الحر من استضعفوه منهم يفتنونهم عن دينهم، فمنهم من يفتن من شدة البلاء الذي يصيبهم، ومنهم من يصلب لهم ويعصمه الله منهم. فكان بلال مولى أبي بكر لبعض بني جمح، مولد من مولديهم وهو بلال بن رباح، واسم أمه حمامة، وكان صادق الإسلام، طاهر القلب. وكان أمية بن خلف يخرجه إذا حميت الظهيرة، ثم يأمر بالصخرة العظيمة فتوضع على صدره، ثم يقول له: لا والله لا تزال هكذا حتى تموت أو تكفر بمحمد ﷺ. وتعبد اللات والعزى، فيقول وهو في ذلك: أحد أحد. [2]

وكانت بنو مخزوم يخرجون بعمار بن ياسر وبأبيه وأمه، رضي الله عنهم، إذا حميت الظهرة يعذبونهم برمضاء مكة. فيمرّ بهم رسول الله ﷺ فيقول: صبرا آل ياسر، موعدكم الجنة فأما أمه فقتلوها وهي تأبى إلا الإسلام.

قال سعيد بن جبير: قلت لابن عباس: أكان المشركون يبلغون من أصحاب رسول الله ﷺ من العذاب ما يعذرون به في ترك دينهم؟ قال: نعم. والله! إن كانوا ليضربون أحدهم ويجيعونه ويعطشونه، حتى ما يقدر على أن يستوي جالسا من شدة الضرب الذي نزل به، حتى يعطيهم ما سألوه من الفتنة. [3]

---

(١) موسوعة مواقف السلف في العقيدة والمنهج والتربية، موقفه من المشركين، ص (٣٤)، الجزء الأول، الطبعة الأولى، أيضًا سنن ابن ماجه (١/ ١٥٠).

(٢) مرجع سابق ذات الموضع، والبداية والنهاية (٣/ ٥٥)، والسيرة النبوية لابن هشام، ص (٣١٧ وما بعدها المجلد الأول.

(٣) محاسن التأويل، ص (٤١٢) الجزء (٦)، الطبعة: الأولى – ١٤١٨ ه.

وكان النضر بن الحارث: كان شديد العداوة والإيذاء للرسول ﷺ: النضر بن الحارث، وكان شيطانا من شياطين قريش وسفهائهم، وكان قدم الحيرة وتعلّم بها أحاديث ملوك فارس، وأحاديث رستم، واسفنديار، فكان إذا جلس رسول الله ﷺ مجلسا فذكّر فيه بالله، وحذّر قومه أن يصيبهم ما أصاب من قبلهم من الأمم من نقمة الله وعذابه، خلفه في مجلسه إذا قام، ثم قال: أنا والله يا معشر قريش أحسن حديثا منه، فهلمّ إلي، فأنا أحدثكم أحسن من حديثه، ثم يحدثهم قصص ملوك فارس، وأخبارهم، ثم يقول: بماذا محمد أحسن حديثا مني؟ [1]

وما حديثه إلا أساطير الأولين اكتتبها كما اكتتبها، وقد أنزل الله في مقالته والرد عليه قوله ﷺ: ﴿وَقَالُوٓا۟ أَسَٰطِيرُ ٱلْأَوَّلِينَ ٱكْتَتَبَهَا فَهِيَ تُمْلَىٰ عَلَيْهِ بُكْرَةً وَأَصِيلًا ۞ قُلْ أَنزَلَهُ ٱلَّذِى يَعْلَمُ ٱلسِّرَّ فِى ٱلسَّمَٰوَٰتِ وَٱلْأَرْضِ إِنَّهُۥ كَانَ غَفُورًا رَّحِيمًا﴾ [2]، وأيضًا قول الله ﷺ: ﴿إِذَا تُتْلَىٰ عَلَيْهِ ءَايَٰتُنَا قَالَ أَسَٰطِيرُ ٱلْأَوَّلِينَ﴾ [3] وغيرها من الآيات الكريمة.

ومن جرمه أيضًا قال: قال ابن هشام: وهو الذي قال فيما بلغني: سأنزل مثل ما أنزل الله)، وقد كان من أكابر مجرمى قريش ممن يفعل ذلك أمية بن خلف، وأبو جهل، والنضر بن الحارث وعقبة بن ابى معيط وغيرهم وقد قتلوا جميعا فى بدر حال القتال إلا عقبة بن ابى معيط والنضر بن الحارث فقد قتلا بعد أسرهما، فأما النضر بن الحارث فقتل بالصفراء، وأما عقبة فقتل بعرق الظبية.

ومن الجرائم التى اقترفت ضد الإنسانية والمسلمين الأوائل فى زمن النبى ﷺ حال ظهور الدين الإسلامى بمكة.

---

(1) السيرة النبوية على ضوء القرآن والسنة، (ب) قصة الاراشى، ص (٢٩٧) الجزء الأول، الطبعة: الثامنة ١٤٢٧ -

(2) سورة الفرقان آية رقم (٥ - ٦).

(3) سورة القلم آية (١٥).

جريمة خيانة العهد الفقه الإسلامي: ومن الجرائم التي اقترفت ضد الإنسانية والمسلمين الأوائل في زمن النبي ﷺ جريمة خيانة العهد والتحريض على الحرب.

قال الشافعي ـ ﷺ .: أسر رسول الله . ﷺ . أهل بدر، فمنهم من مَنَّ عليه بلا شيء أخذ منه، ومنهم من أخذ منه فدية، ومنهم من قتله؛ فكان المقتول بعد الأسر عقبة بن أبي معيط، والنضر بن الحارث، وكان من الممنون عليهم بلا فدية: أبو عزة الجمحي تركه لبناته وأخذ عليه عهدًا أن لا يقاتله؛ فأخفره وقاتله يوم أحد فدعا رسول الله . ﷺ . أن لا يفلت فما أسر من المشركين رجل غيره، فقال: يا محمد، امنن علي ودعني لبناتي وأعطيك عهدًا أن لا أعود لقتالك، فقال: "لا تمسح علي عارضيك بمكة، تقول: خدعت محمد مرتين" فأمر به فضربت عنقه، وعندها قال رسول الله . ﷺ .: "المؤمن لا يلدغ من جحر مرتين". (١)

وأبو عزة الجمحي فإنه أسر يوم بدر فقال: يا محمد من علي، فمن عليه، فلما عاد إلى مكة ط قال: "سخرت بمحمد، وعاد لقتاله يوم أحد فقال النبي . ﷺ .: "اللهم أوقع أبا عزة" فما أسر غيره، فأتي به فقال: يا محمد من علي فقال النبي . ﷺ .: "أمن عليك حتى تأتي مكة فتقول في نادي قريش: سخرت من محمد مرتين، لا يلدغ المؤمن من جحر مرتين، اقتلوه" فقتل. (٢)

وحيث أقام معاوية بعد ثلاث مُتلصصًا يتجسس لحساب قريش، فلما رجع النبي ﷺ هرب معاوية وأخذ رسول الله ﷺ في وجهه ذلك قبل رجوعه إلى المدينة معاوية بن المغيرة. وكان لجأ إلى عثمان بن عفان، فاستأمن له رسول ﷺ، فأمّنه على إن وجد بعد ثلاث قتل، فأقام بعد ثلاث وتوارى، فبعث رسول الله ﷺ زيد بن حارثة وعمار بن ياسر ﷺ، وقال: إنكما ستجدانه بموضع كذا وكذا، فوجداه فقتلاه. (٣)

---

(١) الشافي في شرح مسند الشافعي لابن الاثير، الباب الأول في أحكام الجهاد وآدابه، ص (٣٨٩ وما بعدها) الجزء (٥)، الطبعة: الأولى، ١٤٢٦ هـ - ٢٠٠٥ م.

(٢) بحر المذهب (في فروع المذهب الشافعي)، باب تفريق الغنيمة، ص (٢٤٥)، الجزء (٦)، الطبعة: الأولى، ٢٠٠٩م، والبيهقي في "الكبرى" (١٢٨٣٩).

(٣) السيرة النبوية لابن هشام، باب كان يوم أحد يوم محنه، ص (١٠٤ وما بعدها) الجزء (٢).

وقال ابن إسحاق في رواية ابن بكير عنه: قال أبو عبيدة بن محمد بن عمار بن ياسر وعبدالله بن أبي بكر بن حزم: إن رسول الله ﷺ حين دخل مكة وفرق جيوشه أمرهم أن لا يقتلوا أحدا إلا من قاتلهم، إلا نفرا قد سماهم رسول الله ﷺ وقال: "اقتلوهم وإن وجدتموهم تحت أستار الكعبة: ومنهم عبدالله بن خطل" ثم قال: إنما أمر بقتل ابن خطل لأنه كان مسلما فبعثه رسول الله ﷺ مصدقا، وبعث معه رجلا من الأنصار، وكان معه مولى له يخدمه، وكان مسلما، فنزل منزلا وأمر المولى يذبح له تيسا ويصنع له طعاما، فنام واستيقظ ولم يصنع له شيئا، فعدا عليه فقتله، ثم ارتد مشركا، وكانت له قينة كانتا تغنيان بهجاء النبي ﷺ، فأمر بقتلهما معه. [١]

وعن ابن إسحاق أيضًا، قال: « وكان رسول الله ﷺ. قد عهد إلي أمرائه من المسلمين حين أمرهم أن يدخلوا مكة؛ ألا يقتلوا أحدا إلا من قاتلهم؛ إلا أنه قد عهد في نفر سماهم؛ أمر بقتلهم وإن وجدوا تحت أستار الكعبة؛ منهم عبد الله بن سعد بن أبي سرح بن حبيب بن جذيمة بن نصر بن مالك بن حسل بن عامر بن لؤي- وإنما أمر رسول الله ﷺ. بقتله، لأنه كان قد أسلم فارتد مشركا، ففر إلي عثمان، وكان أخاه من الرضاعة، فغيبه حتى أتي به رسول الله ﷺ. بعد أن اطمأن أهل مكة، فاستأمن له رسول الله، فذكر أن رسول الله ﷺ. صمت طويلا، ثم قال: نعم، فلما انصرف به عثمان، قال رسول الله ﷺ لمن حوله من أصحابه: أما والله لقد صمت ليقوم إليه بعضكم فيضرب عنقه! فقال رجل من الأنصار: فهلا أومأت إلي يا رسول الله ﷺ قال: إن النبي لا يقتل بالإشارة...» [٢]

وعليه فإن جرائم هؤلاء الأسرى لا تخرج عن كونها إما جرائم تعذيب أو نقض للعهد أو قتل عمد يوجب القصاص أو ارتداد عن الإسلام وقد وضحنا سابقًا أن الأسير المرتد يقتل إن لم يتب، ولكن هناك بعض الجرائم التى يرتكبها الأسرى لا تستوجب من العقاب إلا التعزير،

---

[١] أرشيف ملتقى أهل الحديث، الصارم المسلول عن شاتم الرسول ﷺ، ص (٥٦).

[٢] صحيح وضعيف تاريخ الطبري، باب ذكر الخبر عند فتح مكة، الجزء الثاني، ص (٢٨٥ وما بعدها، الطبعة: الأولى، ١٤٢٨ هـ – ٢٠٠٧ م.

ومنها محاولة الأسير الهرب وغالبا ما يكون هذا التعزيز مجرد زيادة فى إجراءات التحفظ على الأسير وتوثيقه لمنعه من الهرب وحدث ذلك فى عهد النبي ﷺ فعن عائشة، أن النبي ﷺ دخل عليها بأسير وعندها نسوة، فلهينها عنه، فذهب الأسير، فجاء النبي ﷺ فقال: " يا عائشة أين الأسير؟ ". فقالت: نسوة كن عندي فلهيني عنه فذهب. فقال رسول الله ﷺ: " قطع الله يدك ". وخرج فأرسل في أثره فجيء به فدخل النبي ﷺ، وإذا عائشة ⅂ قد أخرجت يديها، فقال: " ما لك؟ ". قالت: يا رسول الله. إنك دعوت علي بقطع يدي وإني معلقة يدي أنتظر من يقطعها. قال رسول الله ﷺ: " أجننت؟ ". ثم رفع يديه وقال: " اللُّهم من كنت دعوت عليه فاجعله له كفارة وطهورا "(١) وفى رواية أخرى وعندما عثروا على الأسير فلم يؤاخذه النبى ﷺ بما فعل مع الاكتفاء بتشديد إجراءات حبسه وتوثيقه.

وعندما أسر مالك بن الدخشن(٢) سهيل بن عمرو وتمكن من الفرار فقال الرسول ﷺ من وجده فليقتله فأتى به إلى النبي ﷺ فلم يقتله وأمر بربط يداه إلى عنقه ثم قرنه إلى راحلته. (٣)

وفى المقابل نجد أن الإسلام قد كرم الأسير وضمن له الحفاظ على حياته وسلامته من التعذيب. ويظهر ذلك من خلال معاملة النبى ﷺ مع الأسرى واحترام هذا الحق للأسرى، وعلى الرغم من أنهم قد حاولوا إلحاق الأذى به، ونقضوا العهد الذي قطعوه معه.

ويدل على ذلك ما رواه مسلم من حديث عبد الله بن عمر . ﷺ أن يهود بني النضير وقريظة حاربوا رسول الله . ﷺ. فأجلى رسول الله . ﷺ- .بني النضير، وأقر قريظة ومن عليهم حتى

---

(١) السنن الكبرى للبيهقى، باب الأسير يوثق، ح (١٨١٤٧)، الجزء (٩)، ص (١٥٢)، الطبعة: الثالثة: ١٤٢٤هـ - ٢٠٠٣.

(٢) وهو مالك بن الدخشن بن مالك بن الدخشن بن غنم بن عوف بن عمرو بن عوف الأنصاري، اختلف في شهوده العقبة، وشهد بدرا، وهو الذي أسر سهيل بن عمرو يوم بدر.

(٣) إمتاع الإسماع، الجزء الاول، ص (٩٦)، وأيمن محمد في أحكام الاسرى مقارنة بالقانون الدولى، ص (٦١١).

حاربت قريظة بعد ذلك فقتل رجالهم وقسم نساءهم وأولادهم وأموالهم بين المسلمين. إلا أن بعضهم لحقوا برسول الله ﷺ. فآمنهم وأسلموا. وأجلى رسول الله ﷺ يهود المدينة كلهم بني قينقاع (وهم قوم عبد الله بن سلام) ويهود بني حارثة، وكل يهودي كان في المدينة.[1]

ثم إن كل هذا لم يعظ يهود خيبر، ولم يزجرهم عن عداوة رسول الله ﷺ والكيد له، بل كان من أمرهم السعي لتأليف الأحزاب من جميع القبائل لقتاله من قبل من لجأ إليهم من بني النضير، فكانوا سبب غزوة الخندق التي زلزل المؤمنون فيها زلزالا شديدا كما وصفه الله تعالى في سورة الأحزاب، وسنحت للمؤمنين فرصة الاستراحة من شرهم بعد صلح المشركين في الحديبية في ذي القعدة سنة ست.

فعن الهياج بن عمران، أن عمران أبق له غلام، فجعل لله عليه لئن قدر عليه ليقطعن يده، فأرسلني لأسأل له فأتيت سمرة بن جندب فسألته، فقال: «كان نبي الله ﷺ يحثنا على الصدقة، وينهانا عن المثلة». فأتيت عمران بن حصين فسألته فقال: «كان رسول الله ﷺ يحثنا على الصدقة وينهانا عن المثلة»[2]

وقد ثبت عن النبي ﷺ احترامه لهذا الحق، ولو كان هذا الأسير قد ألحق الأذى به أو بأحد أهل بيته، فلا تأخذه في ذلك حمية ولا غضب، بل يحث على أن يحترم ويكرم، وألا يعرض للتعذيب.

حيث أمر رسول الله ﷺ بالإحسان إلى الأسرى، ثم أتى بعزال بن سموأل، ونباش بن قيس، فضربت أعناقهما، وقد جابذ نباش الذي جاء به، حتى قاتله ودق أنفه فأرعفه، فقال ﷺ للذي جاء به: لم صنعت به هذا؟ أما كان السيف كفاية! ثم قال: أحسنوا إسارهم، وقيلوهم

---

(1) تفسير القرآن الحكيم (تفسير المنار)، الجزء (١٠)، ص (٥٠)، ط: الهيئة المصرية العامة للكتاب سنة النشر: ١٩٩٠ م.

(2) سنن أبي داود، باب في النهي عن المثلة، ح (٢٦٦٧)، الجزء (٣)، ص (٥٣).

واسقوهم، لا تجمعوا عليهم حر الشمس وحر السلاح. وكان يوما صائفا، فقيلوهم وسقوهم وأطعموهم، فلما أبردوا راح رسول الله –ﷺ– فقتل من بقي منهم. [1]

وعن عن أبي هريرة ﷺ، أنه قال: بعثنا رسول الله ﷺ في بعث وقال لنا: «إن لقيتم فلانا وفلانا . لرجلين من قريش سماهما . فحرقوهما بالنار» قال: ثم أتيناه نودعه حين أردنا الخروج، فقال: «إني كنت أمرتكم أن تحرقوا فلانا وفلانا بالنار، وإن النار لا يعذب بها إلا الله، فإن أخذتموهما فاقتلوهما». [2]

ويتبن لنا أنه لا يجوز تعريض الأسرى للتعذيب، بسبب أنهم قاتلونا، إذ إن المسلم مأمور بإكرام الأسير واحترامه.

❀ ❀ ❀

---

(١) إمتاع الأسماع، باب إسلام رفاعة بن سموأل، الجزء الأول، ص (٢٥٠)، الطبعة: الأولى، ١٤٢٠ هـ– ١٩٩٩ م.

(٢) أخرجه الإمام البخاري في صحيحه، باب التوديع، ح (٢٩٥٤)، الجزء (٤)، ص (٤٩).

المبحث الثالث - جرائم الأسرى وعقوبتها الجنائية والتأديبية في القانون الدولى

نصت المادة (٨٢): على أنه يخضع أسرى الحرب للقوانين واللوائح والأوامر السارية فى القوات المسلحة بالدولة الحاجزة. وللدولة الحاجزة أن تتخذ إجراءات قضائية أو تأديبية إزاء أى أسير حرب يقترف مخالفة لهذه القوانين أو اللوائح أو الأوامر. على أنه لا يسمح بأية ملاحقة قضائية أو عقوبة تخالف أحكام هذا الفصل. [1]

وعلية فإنه لكل قطاع فى الدولة عام أو خاص ناموسه الخاص به، وللجيش كأحد قطاعات الدولة ذات الطبيعة الخاصة نظامه الخاص الذى يتفق وطبيعة تلك النظم السارية فيه وقت السلم والحرب، وهو ما اقتضى أن تكون له أحكامه الخاصة، وترتبط هذه الأحكام خاصة بموضوع الإجراءات الجنائية كأثر مباشر لفكرة الجريمة العسكرية وما تستتبعه من عقوبات ذات ذاتية خاصة تتميز عن عقوبات القانون العام. [2] وعليه فسوف نقوم بتوضيح هذا المبحث فى عدة مطالب على النحو التالى: .

المطلب الأول: الجرائم والعقوبات التأديبية للأسرى.

نصت المادة ٢٤ من قانون الأحكام العسكرية رقم ٢٥ لسنة ١٩٦٦م على أنه «تحدد الجرائم والعقوبات الانضباطية بقرار من السلطات العسكرية المختصة طبقًا للقانون» واستنادا إلى ذلك صدر القرار الوزاري رقم ٤٠٩ لسنة ١٩٦٨ الذى عرف الخطأ التأديبى بأنه: «كل مخالفة لقوانين وأنظمة الخدمة العسكرية أو أوامر القادة أو الرؤساء وبصفة عامة كل إخلال بقواعد الانضباط ومقتضيات النظام العسكرى».

---

(١) يراجع المادة (٨٢) من اتفاقية جنيف الثالثة لعام ١٩٤٩م.

(٢) يراجع، ايمن محمد، في أحكام الأسرى في الشريعة الإسلامية والقانون الدولى العام، ص (٦٥١).

ولم تحدد اتفاقية جنيف الثالثة لعام ١٩٤٩م الأفعال التى تشكل عند ارتكابها مخالفة انضباطية أو تستوجب عقوبة تأديبية، واكتفت بالإحالة إلى القوانين واللوائح والأوامر السارية فى القوات المسلحة بالدولة الحاجزة عند تحديد مفهوم هذه الأفعال، وكما أشار الدكتور عبد الواحد الفار: إلى أن المقصود بالعقوبات التأديبية هى تلك التدابير العقابية التى توقع بإجراءات مختصرة نظير جرائم عسكرية صغرى تمس الانضباط العسكرى (النظام العسكرى)، وعادة ما تكون تلك التدابير أقل من حيث جسامتها من العقوبات الجنائية. [١]

ونصت المادة (٨٨)[٢] على أنه تكون العقوبات التأديبية التى تطبق على أسرى الحرب هى كالآتى:

١. غرامة لا تتجاوز (٥٠ بالمائة) من مقدم الراتب وأجر العمل المنصوص عنها فى المادتين (٦٠ و٦٢) خلال مدة لا تتجاوز ثلاثين يومًا.

٢. أعمال شاقة لمدة لا تزيد على ساعتين يوميًا.

٣. وقف المزايا الممنوحة فوق المعاملة المنصوص عنها بهذه الاتفاقية.

٤. الحبس.

على أن العقوبة المبينة فى البند (٢) لا تطبق على الضباط.

ولا يجوز فى أى حال من الأحوال أن تكون العقوبات التأديبية بعيدة عن الإنسانية أو وحشية أو خطرة على صحة أسرى الحرب.

---

(١) أسرى الحرب، للدكتور/ عبد الواحد الفار، ص (٢٤٤) وأيضًا نص المادة (٨٢) من اتفاقية جنيف الثالثة لعام ١٩٤٩م.

(٢) نص المادة (٨٨) من اتفاقية جنيف الثالثة، لعام ١٩٤٩م. وأيضًا نظام أسرى الحرب، للدكتور/ سهيل الفتلاوى، ص (١٣٩).

ونصت المادة (٨٩) [١]: على أنه لا يجوز أن تزيد مدة العقوبة الواحدة مطلقًا على ثلاثين يومًا، في حالة المخالفة النظامية، من الحكم الصادر أية مدة قضاها الأسير في الحبس الاحتياطي في انتظار المحاكمة أو صدور الحكم.

ولا يجوز تجاوز الحد الأقصى وهو مدة الثلاثين يومًا حتى ولو كانت هناك عدة أفعال يسأل عنها الأسير وقت تقرير العقوبة، سواء كانت هذه الأفعال مرتبطة ببعضها أم لا. ولا تزيد المدة بين النطق بالحكم بعقوبة تأديبية وتنفيذها على شهر واحد.

وفى حالة توقيع عقوبة تأديبية جديدة على الأسير فإنه يجب أن تفصل مهلة لا تقل عن ثلاثة أيام بين تنفيذ العقوبتين إذا كانت مدة إحديهما عشرة أيام أو أكثر.

وذلك حتى لا تتضاعف العقوبة على الأسرى بتضاعف مدتها في صورة مستترة عن طريق تعليق تنفيذ العقوبة بحيث يترك الأسير رهن التنفيذ. على أن يراعى مهلة قدرها ثلاثة أيام بين تنفيذ عقوبة تأديبية وأخرى في حالة ما إذا كان احدها عشرة أيام أو أكثر. [٢]

ونصت المادة (٩١) من الاتفاقية على أنه: أسير الحرب الذى يحاول الهروب ثم يقبض عليه قبل أن ينجح في هروبه بمفهوم المادة (٩١)، لا يعرض إلا لعقوبة تأديبية عن هذا الفعل حتى في حالة العودة إلى افترافه. [٣]

ولا يجوز اعتبار الهروب أو محاولة الهروب، حتى في حالة التكرار، ظرفًا مشددًا إذا قدم الأسير للمحاكمة عن مخالفة اقترفها أثناء هروبه أو محاولة هروبه. [٤]

وفقًا لأحكام المادة (٨٣)، لا تستوجب المخالفات التى يقترفها أسرى الحرب بقصد واحد هو تسهيل هروبهم، والتى لا تنطوى على استعمال أى عنف ضد الأشخاص، سواء كانت

---

(١) نص المادة (٨٩) من اتفاقية جنيف الثالثة، لعام ١٩٤٩م.

(٢) يراجع نظام أسرى الحرب في القانون الدولى، للدكتور/ سهيل الفتلاوى، ص (١٣٩).

(٣) يراجع نص المادة (٩١) من اتفاقية حنيف لعام ١٩٤٩م.

(٤) يراجع نص المادة (٩٢) من اتفاقية حنيف الثالثة، لعام ١٩٤٩م.

مخالفات ضد الملكية العامة، أو السرقة التى لا تستهدف الإثراء، أو تزويد أوراق أو استخدام أوراق مزورة، أو ارتداء ملابس مدنية، إلا عقوبة تأديبية.

لا يُعرض أسرى الحرب الذين عاونوا على الهرب أو محاولة الهرب إلا لعقوبة تأديبية.

ولا يجوز أن تقرن العقوبة بأى معاملة أشد أو تمييز بين الأسرى المحكوم عليهم أو بين هؤلاء وأفراد القوات المسلحة التابعين للدولة الحاجزة المحكوم عليهم بذات العقوبة وعلى الأخص فيما يتعلق بوضع الأسيرات.

المطلب الثانى : الإجراءات القضائية :

تعرضت اتفاقية جنيف الثالثة لعام ١٩٤٩م فى المادة (٩٨. ٩٩) لضمانات المحاكمة ووسائل الدفاع والعقوبة وطرق تنفيذها وضوابط هذا التنفيذ وهى بهذا قد أحالت فيما بتعلق بتحديد الجرائم المعاقب عليها وتكييفها القانونى وبيان الأركان الموضوعية لكل جريمة لقانون الدولة الحاجزة.

حيث نصت المادة (٩٨): على أنه لا يجوز محاكمة أو إدانة أى أسير حرب لفعل لا يحظره صراحة قانون الدولة الحاجزة أو القانون الدولى الذى يكون ساريًا فى وقت اقتراف هذا الفعل، ولا يجوز ممارسة أى ضغط معنوى أو بدنى على أسير الحرب لحمله على الاعتراف بالذنب عن الفعل المنسوب إليه.

ولا يجوز إدانة إى أسير حرب بدون إعطائه فرصة الدفاع عن نفسه والحصول على مساعدة محام أو مستشار مؤهل لذلك. [1]

ونصت المادة (١١ / ٢) من الإعلان العالمى لحقوق الإنسان على أنه: «لا يدان أى شخص بجريمة بسبب أى عمل أو امتناع عن عمل لم يكن فى حينه يشكل جرمًا بمقتضى القانون

---

[1] نص المادة (٩٨) من اتفاقية جنيف الثالثة، لعام ١٩٤٩م،، ايضًا نص المادة (٨) من لائحة قوانين وأعراف الحرب البرية لاهاى لعام ١٩٠٧م، والمادة (٤٥) من اتفاقية أسرى الحرب لعام ١٩٢٩م.

الوطني أو الدولي، كما لا توقع علية أية عقوبة أشد من تلك التى كانت سارية فى الوقت الذى أرتكب فيه الفعل الجرمى». (١)

وعلى الدولة الحاجزة أن تتيح للأسير كافة حقوق الدفاع المقررة، فله حق توكيل محامى للدفاع عنه، وعلى الدولة الحاجزة أيضًا أن تتيح للمحامى كافة التسهيلات لإعداد دفاعه بما فى ذلك مهلة أسبوعين على الأقل قبل بدء المحاكمة مع تمكينه من زيارة الأسير والاتصال به دون أى معوقات والاستماع إلى الشهود وتظل هذه التسهيلات متاحة حتى صيرورة الحكم الصادر نهائيًا وذلك بانتهاء طرق الطعن عليه(٢) وهو ما نصت عليه المادة (١٠٤) من اتفاقية جنيف الثالثة لعام ١٩٤٩م حيث نصت على أن (٣): لأسير الحرب الحق فى الحصول على معاونة أحد زملائه الأسرى، والدفاع عنه بواسطة محام مؤهل يختاره، واستدعاء شهود، والاستعانة إذا رأى ذلك ضروريًا بخدمات مترجم مؤهل. وتخطره الدولة الحاجزة بهذه الحقوق قبل بدء المحاكمة بوقت مناسب.

ونصت الفقرة الثالثة من ذات المادة: تعطى للمحامى الذى يتولى الدفاع عن أسير الحرب فرصة لا تقل عن اسبوعين قبل بدء المحاكمة وكذلك التسهيلات اللازمة لإعداد دفاعه عن المتهم، وله بصفة خاصة أن يزور الأسير بحرية وأن يتحدث معه دون حضور رقيب. ويفيد من هذه التسهيلات حتى انتهاء المدة المحددة للاستئناف.

كما يبلغ أسير الحرب المتهم قبل بدء المحاكمة بوقت مناسب وبلغة يفهمها بصحيفة الاتهام وكذلك بالمستندات التى تبلغ للمتهم عمومًا بمقتضى القوانين السارية بالقوات المسلحة للدولة الحاجزة ويبلغ الإخطار نفسه بالشروط نفسها إلى محاميه.

---

(١) نص المادة (١١/ ٢) من الإعلان العالمى لحقوق الإنسان المؤرخ في ١٠/ ١٢/ ١٩٤٨م.

(٢) نظام أسرى الحرب، د. سهيل الفتلاوى، ص (١٤١).

(٣) المادة (١٠٤) الفقرة الأولى، والثالثة من اتفاقية جنيف الثالثة، لعام ١٩٤٩م.

ولممثلي الدولة الحامية الحق فى حضور المحاكمة إلا إذا كان لا بد أن تجرى فى جلسات سرية بصفة استثنائية لمصلحة أمن الدولة، وفى هذه الحالة تخطر الدولة الحاجزة الدولة الحامية بذلك الإجراء.

ونصت المادة (١٠٦): يبلغ أى حكم يصدر على أى أسير حرب فورًا إلى الدولة الحامية فى شكل إخطار موجز يبين فيه أيضًا ما إذا كان للأسير حق فى الاستئناف أو رفع نقض أو التماس إعادة النظر فى الحكم، ويبلغ هذا الإخطار كذلك لممثل الأسرى المعنى، ويبلغ الإخطار أيضًا لأسير الحرب المتهم بلغة يفهمها إذا لم يكن الحكم قد صدر فى حضوره، كما أن الدولة الحاجزة تقوم فورًا بإبلاغ الدولة الحامية بقرار أسير الحرب عن استعمال أو عدم استعمال حقوقه فى الاستئناف. (١)

وعلاوة على ذلك فإنه إذا أصبح الحكم نهائيًا، أو كان الحكم الابتدائي يقضى بالإعدام، وجب على الدولة الحاجزة أن ترسل إلى الدولة الحامية بأسرع وقت ممكن إخطارًا مفصلاً يتضمن الآتي:

١. النص الكامل للحيثيات والحكم.

٢. تقريرًا مختصرًا عن التحقيقات والمرافعات، يبين على الأخص عناصر الاتهام والدفاع.

٣. بيانًا عند الاقتضاء، بالمنشأة التى ستنفذ فيها العقوبة.

وترسل الإخطاران المنصوص عنها فى البنود المتقدمة إلى الدولة الحامية بالعنوان الذى تبلغه مسبقًا للدولة الحاجزة.

كما أوجبت الاتفاقية أولاً إبلاغ الأسرى والدولة الحامية بتلك الأفعال والمخالفات التى تستوجب عند اقترافها توقيع عقوبة الإعدام طبقًا لتشريعها ويكون هذا الإبلاغ عند ابتداء

---

(١) نص المادة (١٠٦) من اتفاقية حنيف الثالثة لعام ١٩٤٩م.

حالة الأسر وذلك بوقوع الأسرى فى يد العدو إذ منذ ذلك الوقت يبدأ تطبيق الاتفاقية على الأشخاص المشمولين بالحماية[1]، مع أن نص المادة (١٠٠) من الاتفاقية لم يحدد الوقت الذى تلتزم فيه الدولة الحاجزة بهذا الإبلاغ ويترتب على الإخلال بهذا الإلتزام سقوط حق الدولة الحاجزة فى توقيع هذه العقوبة عن أى مخالفة لم يسبق الإبلاغ بها مالم توافق الدولة التابع لها الأسرى.

وإذا ما ارتكب الأسرى إحدى الجرائم المستوجبة لعقوبة الإعدام فإن تنفيذ العقوبة لا يتم إلا بعد مضى مدة ستة أشهر على الأقل من تاريخ إبلاغ الدولة الحامية بقرار الحكم[2]

المطلب الثالث : الجرائم ضد الإنسانية في القانون الدولي.

تعتبر الجرائم ضد الإنسانية واحدة من أشد الجرائم الدولية خطورة نظرا لما تنطوي عليه من انتهاك صارخ لكل القوانين والأعراف الإنسانية، ويقول البعض أن تعبير الجرائم ضد الإنسانية حديث العهد نسبيا في القانون الدولي الجنائي، [3] بحيث أنه ورد أول استخدام له بعد الحرب العالمية الثانية في لائحة محكمة نورمبرج في المادة (٦) فى حين أنه ترجع بداية استخدام مصطلح الجرائم ضد الإنسانية "Les crimes contre l'humanité" إلى فترة ما بعد الحرب العالمية الأولى، للدلالة على الجرائم التي ترتكب ضد القوانين الإنسانية، وقد تبلور مفهوم هذا المصلح في عام ١٩١٩م، عندما أسس الحلفاء لجنة للتحقيق في جرائم الحرب، والتي انتهت إلى أن قيام الأتراك بقتل الأرمن خلال عام ١٩١٥م يدخل تحت مفهوم الجرائم المرتكبة ضد القوانين الإنسانية. [4]

---

(١) مرجع سابق نظام أسرى الحرب، د. سهيل الفتلاوى، ص (١٤١).

(٢) نظام أسرى الحرب، د. سهيل الفتلاوى، ص (١٤١) مرجع سابق.

(٣) القانون الدولى الجنائى، على عبد القادر القهوجى، ص (١١٥)، الطبعة الأولى، ٢٠٠١م.

(٤) جرائم الحرب أمام المحاكم الجنائية، صبرينة خلف الله، ص (٩٤)، ٢٠٠٧م.

وعرفتها المادة (٥) من لائحة محكمة مجرمى الحرب اليوغسلاف بأنها «أعمال القتل والإبادة والاسترقاق والأبعاد والتعذيب والاعتقال والاضطهادات المبنية على أساس سياسى أو جنسى أو دينى والاغتصاب وسائر الأفعال الانسانية الأخرى التى ترتكب ضد شعب مدنى مباشرة». أما النظام الأساسى لمحكمة روندا فيشير إلى قائمة الجرائم نفسها وإن كان على عكس النظام الأساسى لمحكمة يوغسلافيا لا يشترط أن ترتكب الجرائم أثناء نزاع مسلح بل يجب أن ترتكب كجزء من هجوم واسع ومنهجي على أى مدنيين لأسباب قومية أو سياسية أو عرفية أو دينية. (١)

وقد جاء نص المادة (٧) من نظام المحكمة الدولية الجنائية الدائمة، متضمنا نفس الشرط الوارد في نظام محكمة رواندا حيث نصت على أنه: " لغرض هذا النظام الأساسي، يشكل أي فعل من الأفعال التالية جريمة ضد الإنسانية، متى ارتكبت في إطار هجوم واسع النطاق أو منهجي موجه ضد أية مجموعة من السكان المدنيين... "ثم عددت المادة الأفعال التي يشكل ارتكابها في هذه الظروف، جريمة ضد الإنسانية، وقد أضافت

المادة زيادة على الأفعال المشكلة للركن المادي للجريمة ضد الإنسانية المذكورة في المحاكم الخاصة جريمتي الإخفاء القسري والتفرقة العنصرية، وكذا الأفعال اللاإنسانية الأخرى. (٢)

ومن صور الجرائم ضد الإنسانية: جريمة الإبادة الجماعية للجنس البشرى وتعد هذه الجريمة من أخطر الجرائم التى تهدد الجنس البشرى حيث تكمن خطورتها في تهديد حياة الإنسان وصحته وكرامته(٣)، وتظهر خطورتها بصورة أكبر إذا علمنا أنها لا تهدد بالإبادة فردا واحدا بل تعتبر أخطر صور الأفعال التي يمكن أن تقع بها هذه الجرائم وهي إما أن تكون إبادة مادية

---

(١) يراجع ايمن محمد، في أحكام الأسرى في الشريعة الإسلامية والقانون الدولى العام، ص (٦٩٤).

(٢) يراجع جرائم الحرب أمام المحاكم الجنائية، صبرينة خلف الله، ص (٩٦)، مرجع سابق.

(٣) القانون الدولى الجنائى، على عبد القادر القهوجي، ص (١٢٧).

أو بيولوجية أو ثقافية، وقد كبدت هذه الجريمة البشرية خسائر وأضرار فادحة على مر العصور، مما يستلزم تحرير البشرية من هذا الشر المستطير، وذلك بالتعاون بين الدول والاتفاق على محاربة الجريمة ومحاكمة المعتدين حيث تأثر الفقيه " Lemkein " بخطورة هذه الأفعال، ودعا منذ عام ١٩٣٣م إلى تجريمها، وهو من أطلق عليها تسمية " Génocide " جامعًا بين الاصطلاحيين اليونانيين " Genos " ويعني الجنس و" Cide " ويعني القتل، واعتبرها جريمة الجرائم. [1]

ولخطورة هذه الجريمة على الجنس البشرى فقد اعتمدت الجمعية العامة للأمم المتحدة بقرارها رقم ٢٦٠ (د . ٣) المؤرخ في ٩ / ١٢ / ١٩٤٨ اتفاقية منع جريمة الإبادة الجماعية والمعاقبة عليها والتى دخلت حيز التنفيذ في ١٢ / ١ / ١٩٥١ طبقًا للمادة (١٣) منها « ويقصد بالإبادة الجماعية للجنس البشرى في مفهوم المادة الثانية من الاتفاقية أيا من الأفعال التالية التى ترتكب بقصد التدمير الكلى أو الجزئى لجماعة قومية أو عنصرية أو دينية:

١. قتل أعضاء من الجماعة.

٢. إلحاق أذى جسدى أو روحى خطير بأعضاء من الجماعة.

٣. إخضاع الجماعة عمدًا لظروف معيشة يراد بها تدميرها المادى كليًا أو جزئيًا.

٤. فرض تدابير تستهدف الحيلولة دون انجاب الأطفال داخل الجماعة.

٥. نقل أطفال من الجماعة عنوة إلى جماعة أخرى.

وقد اعتبرت الاتفاقية الإبادة الجماعية جريمة بمقتضى القانون الدولى في المادة الاولى منها.

وقد عنيت لائحة النظام الأساسى للمحكمة الجنائية الدولية بتحديد الاختصاص الولائى للمحكمة، وتضمنت التأكيد على اختصاص المحكمة بالنظر في جريمة الإبادة الجماعية.

---

(١) القضاء الدولى الجنائى، حسنين ابراهيم صالح، ص (١٠٠ وما بعدها)، وأيضًا جرائم الحرب أمام المحاكم الجنائية، صبرينة خلف الله، ص (١٠٠).

أما بخصوص العقوبة فقد حددتها المادة (٤٧/ ١) من مشروع النظام الأساسي للمحكمة الجنائية الدولية بالسجن المؤبد أو السجن لعدد محدد من السنوات والغرامة.

وعند تحديد مدة السجن أو قيمة الغرامة فيجوز للمحكمة أن تضع في اعتبارها العقوبات المنصوص عليها في القانون:

١. الدولة التي يكون الشخص المدان أحد مواطنيها

٢. الدولة التي ارتكبت الجريمة فيها

٣. الدولة التي تتحفظ على النتهم ولها ولاية عليه.

وأيضًا من صور الجرائم ضد الإنسانية: «جريمة التفرقة العنصرية حيث نصت المادة (٢) من الإعلان العالمي لحقوق الإنسان على أنه: « لكل إنسان حق التمتع بجميع الحقوق والحريات المذكورة في هذا الإعلان دونما تمييز من أى نوع ولا سيما التمييز بسبب العنصر أو اللون أو الجنس أو اللغة أو الدين أو الرأى سياسيًا وغير سياسي أو الأصل الوطني أو الاجتماعي أو الثروة أو المولد أو أى وضع أخر وفضلاً عن ذلك ولا يجوز التمييز على أساس الوضع السياسي أو القانوني أو الدولى للبلد أو الإقليم الذى ينتمى إليه الشخص، سواء أكان مستقلاً أم موضوعًا تحت الوصاية أم غير متمتع بالحكم الذاتى أم خاضعًا لأى قيد أخر على سيادته»[1]

ويقصد بتعبير التمييز العنصرى: أى تمييز أو استثناء أو تقييد أو تفضيل يقوم على أساس العرق أو اللون أو النسب أو الأصل القومى ويستهدف أو يستتبع تعطيل أو عرقلة الاعتراف بحقوق الإنسان والحريات الأساسية أو التمتع بها أو ممارستها، على قدم المساواة في الميدان السياسي أو الاقتصادي أو الاجتماعي أو الثقافي أو في ميدان أخر من ميادين الحياة العامة.

كما تلتزم الدول بشجب التمييز العنصرى وتتعهد بأن تنتهج سياسية فعالة للقضاء على التمييز العنصرى بكافة أشكاله.

كما تمتنع الدول الأطراف عن اللجوء إلى العزل أو الفصل العنصرى وتتعهد بحظر كل الممارسات المشابهة في الأقاليم الخاضعة لولايتها. [1]

وتنشأ المسئولية عن هذه الجريمة بغض النظر عن صفة مرتكبها فتنشأ وتنعقد على مسئولية الدولة والأفراد وأعضاء المنظمات والمؤسسات سواء أكانوا مقيمين في الدولة التى ترتكب فيها هذه الأعمال العدائية والتفرقة العنصرية أو في إقليم دولة أخرى.

وكما تنعقد المسئولية الدولية دون اعتداد بأية دوافع وراء ارتكاب هذه الجريمة وعلى هذا فلا يوجد أى اسباب أو دفوع يمكن لمرتكب هذه الجريمة الاستناد إليها لإباحة ارتكاب الجريمة.

وأيضًا تنسحب المسئولية عن جريمة التفرقة العنصرية على المقترف لها وأيضًا المحرض عليها والمشارك فيها والمتواطىء على هذه الجريمة سواء بطريقة مباشر أو بطريقة غير مباشرة.

وجريمة التفرقة العنصرية ينعقد الاختصاص بنظرها للمحكمة الجنائية الدولية طبقًا لمشروع النظام الأساسى لها الذى عرض على لجنة القانون الدولى طبقًا للمادة (٢٠/ هـ) من النظام والتى أحالت إلى المرفق عند بيان الجرائم المشار إليها في الفقرة هـ من المادة (٢٠) والذى حدد بدوره في الفقرة (٤) جريمة الفصل العنصرى والجرائم المتصلة به طبقًا لما حددته المادة الثانية من الاتفاقية الدولية لقمع جريمة الفصل العنصرى والمعاقبة عليها لعام ١٩٧٣م. [2]

---

(١) يراجع في ذلك الاتفاقية الدولية للقضاء على جميع أشكال التمييز العنصرى والتى اعتمدتها الجمعية العامة للأمم المتحدة بقرارها رقم ٢١٠٦ (د. ٢٠) والمؤرخة في ٢١/ ١٢/ ١٩٦٥ م، والتى دخلت حيز التنفيذ بتاريخ ٤/ ١/ ١٩٦٩م.

(٢) يراجع ايمن محمد، في أحكام الأسرى في الشريعة الإسلامية والقانون الدولى العام، ص (٧٠٠)، مرجع سابق.

الفصل الثانى
المسئولية الدولية عن معاملة أسرى الحرب
في الفقه الإسلامى والقانون الدولى.

المبحث الأول – نظام المسئولية وأساسها فى الفقه الإسلامى

يعتبر نظام المسئولية فى الشريعة الإسلامية من الأنظمة الأساسية، لأن الله ﷻ خلق الإنسان وميزه بالعقل الذى هو مناط التكليف، وخصه بسلطة واسعة فى هذا الكون، فالرسالة التى ارتبطت بالإنسان منذ خلقه اقترنت بمنحه السلطة والخلافة على الأرض لعمارتها واستغلال ما فيها لتحقيق الرخاء للناس كافة بلا إسراف أو إفساد أو تدمير [1].

قال الله ﷻ: ﴿وَإِذْ قَالَ رَبُّكَ لِلْمَلَٰئِكَةِ إِنِّي جَاعِلٌ فِي ٱلْأَرْضِ خَلِيفَةً قَالُوٓاْ أَتَجْعَلُ فِيهَا مَن يُفْسِدُ فِيهَا وَيَسْفِكُ ٱلدِّمَآءَ وَنَحْنُ نُسَبِّحُ بِحَمْدِكَ وَنُقَدِّسُ لَكَ قَالَ إِنِّيٓ أَعْلَمُ مَا لَا تَعْلَمُونَ﴾ [2].

ومن الطبيعى أن تتلازم هذه السلطة الواسعة للإنسان مع تقرير مسؤوليته عنها ومحاسبته إذا أساء استخدامها، قال الله ﷻ: ﴿إِنَّا عَرَضْنَا ٱلْأَمَانَةَ عَلَى ٱلسَّمَٰوَٰتِ وَٱلْأَرْضِ وَٱلْجِبَالِ فَأَبَيْنَ أَن يَحْمِلْنَهَا وَأَشْفَقْنَ مِنْهَا وَحَمَلَهَا ٱلْإِنسَٰنُ إِنَّهُ كَانَ ظَلُومًا جَهُولًا ٧٢﴾ [3]، وقال الله ﷻ: ﴿وَكُلَّ إِنسَٰنٍ أَلْزَمْنَٰهُ طَٰٓئِرَهُ فِي عُنُقِهِۦ وَنُخْرِجُ لَهُۥ يَوْمَ ٱلْقِيَٰمَةِ كِتَٰبًا يَلْقَىٰهُ مَنشُورًا ۞ ٱقْرَأْ كِتَٰبَكَ كَفَىٰ بِنَفْسِكَ ٱلْيَوْمَ عَلَيْكَ حَسِيبًا﴾ [4]، وقال الله ﷻ: ﴿فَمَن يَعْمَلْ مِثْقَالَ ذَرَّةٍ خَيْرًا يَرَهُۥ ۞ وَمَن يَعْمَلْ مِثْقَالَ ذَرَّةٍ شَرًّا يَرَهُۥ﴾ [5].

---

(١) يراجع أحكام أسرى الحرب دراسة مقارنة، د/ هانى بن على الطهراوى، ص (٢١١).

(٢) سورة البقرة آية (٣٠).

(٣) سورة الأحزاب آية (٧٢).

(٤) سورة الإسراء آية (١٤.١٣).

(٥) سورة الزلزلة آية (٨.٧).

فعلى ضوء هذه الآيات يتقرر مبدأ المسؤولية، فكل نشاط ضار يقترفه الإنسان فإنه يحاسب عليه، سواء كان هذا الحساب في الدنيا أو في الآخرة، ولكن هذا الحساب الدنيوى لا يغنى عن الحساب الأخروي. [1]

ويخضع أسرى الحرب لسلطة الدولة ممثلة في شخص الحاكم لا لسلطة أحد أفراد الجيش وهذ ما عبر عنه الفقه الحديث بالقول بأن أسير الحرب أسير دولة لا أسير فرد.

وبالرجوع إلى كتب الفقه نجد أن أمر الأسير موكل إلى الإمام الذى يضطلع بالمسئولية عن معاملة أسرى الحرب وإليه ينعقد تنفيذ أحكام معاملة الأسرى في الإسلام، وذلك لكونه صاحب الولاية العامة في تصريف شؤون الأمة ومصدر سلطاتها والمعنى بمتابعة تنفيذ أحكام الشرع وتطبيقها وبيده إقامة الحدود والأخذ بالتعزير.

ويقول ابن قدامة في المغنى: «ومن أسر أسيرًا، لم يكن له قتله حتى يأتى به الإمام، فيرى فيه رأيه، لأنه إذا صار أسيرًا، فالخيرة فيه إلى الإمام». [2]

والمسئولية في الفقه الإسلامى تطلق على تحمل التبعية عن كل فعل أو امتناع عن فعل يقع بالمخالفة لأحكام الشرع.

وعليه يمكن تعريف المسئولية بأنها: كل نشاط ضار أو إخلال بحق مقرر يقترفه الإنسان يحاسب عليه. [3] وذلك بأن يقتل من لا يقتلون في الحرب كالمرأة أو الطفل الصغير أو رجال الدين أو الأسير الذى لم يرتكب جريمة تستوجب ذلك أو الشيخ الكبير، أو أن يعتدى على الأسير بالتعذيب وغيره، أو على شخص أو مال أحد الذميين.

---

(١) أحكام أسرى الحرب دراسة مقارنة، د/ هانى بن على الطهراوى، ص (٢١٢)، مرجع سابق.

(٢) المغنى لابن قدامة، ص (٥١)، الجزء (١٣).

(٣) حقوق الأسرى فى المواثيق الدولية مقارنة بالشريعة الإسلامية، د/ مسعد زيدان، ص (٧٦).

ويدل على ذلك قول ﷺ: ﴿وَقِفُوهُمْ إِنَّهُم مَّسُوولُونَ﴾[١] أي: قفوهم حتى يسألوا عن أعمالهم وأقوالهم التي صدرت عنهم في الدار الدنيا كما قال الضحاك، عن ابن عباس: يعني احبسوهم إنهم محاسبون.[٢]

ويقول الإمام الشعراوي رحمه الله: أي أن الحق يقرر أن كل كائن مسئول عما يفعل ويعتقد. فهم يُسألون ليقرروا ما فعلوا لا ليعلم الله منهم ما فعلوا، فهو سبحانه عليم بكل شيء.[٣] وقال الله ﷻ: ﴿أَيَحْسَبُ ٱلْإِنسَٰنُ أَن يُتْرَكَ سُدًى﴾[٤]، وقال الله ﷻ: ﴿إِنَّ ٱلسَّمْعَ وَٱلْبَصَرَ وَٱلْفُؤَادَ كُلُّ أُوْلَٰٓئِكَ كَانَ عَنْهُ مَسْوُولًا﴾[٥]

أي أنك مسئول عن السمع والبصر والقلب وستسأل عن ذلك يوم القيامة، لذلك لا يصح أن تتوانى عن الأخذ بأحسن العلم ليحسن قولك وفعلك. وبذلك لا يكون هناك خوف عليك في الدنيا أو الآخرة؛ لأنك آمنت وأصلحت، وأيضًا لا حزن يمسك في الدنيا ولا في الآخرة.[٦]

وعن عبد الله بن عمر ـ ﵁: أن رسول الله ـ ﷺ قال: "ألا كلكم راع، وكلكم مسؤول عن رعيته، فالإمام الذي على الناس راع، وهو مسؤول عن رعيته، والرجل راع على أهل بيته، وهو مسؤول عن رعيته، والمرأة راعية على أهل بيت زوجها وولده، وهي مسؤلة عنهم، وعبد الرجل راع على مال سيده، وهو مسؤول عنه، ألا فكلكم راع، وكلكم مسؤول عن رعيته".[٧]

---

(١) سورة الصافات آية (٢٤).

(٢) تفسير ابن كثير، الجزء ٧، ص (٩)، الطبعة: الثانية ١٤٢٠هـ - ١٩٩٩م.

(٣) تفسير الشعراوي - الخواطر، الجزء (٦)، ص (٣٤٧٠).

(٤) سورة القيامة آية (٣٦).

(٥) سورة الإسراء آية (٣٦).

(٦) تفسير الشعراوي - الخواطر، الجزء (٦)، ص (٣٦٣١).

(٧) اللامع الصبيح بشرح الجامع الصحيح، ح (٧١٣٨) الجزء (١٧)، ص (٨٢)، الطبعة: الأولى، ١٤٣٣هـ -٢٠١٢م.

فالإمام مسئول عن رعيته بصفته الإمام لا بشخصه، لذا فهو مسئول عما لهم من حقوق بحكم صفته وولايته، كما هو مسئول عما عليهم من التزامات أوجب الشرع أدائها وجعلها من صلاحيات واختصاصات الإمام لكونه الساهر على تطبيق أحكام الشرع وتلك الالتزامات التى تتعلق بجوهر التكليف الشرعى بمفهومه الخاص وتمثل عند الإخلال بها تعدى على حدود الله التى أوجب احترامها، على أن مسئولية الفرد والدولة ممثلة فى شخص الحاكم قد تثير بعض التناقض والجدل الفقهى إذ من خصائص المسئولية فى الإسلام أنها شخصية فكل إنسان مسئول عن تصرفاته وأفعاله بحيث لا يسأل غيره عنها، وهو الأمر الذى يستوجب تأصيل نظرية مسئولية المتبوع عن أعمال تابعيه. [1]

فالإمام مسئول عن تصرفات الولاة والأمراء وحكام الأقاليم وهذه المسئولية نابعة من كونه صاحب الولاية العامة المعنى بالسهر على تطبيق أحكام الشرع الحافظ لحدود الله المقيم لأحكامه، «أى لابد للمجتمع الإسلامى من راع يجمع شمل المسلمين لإقامة الشرع الحنيف، وردع القوى عن الضعيف، وإنصاف المظلومين من الظالمين، وإقامة شعائر الدين، وحماية الإسلام ودفع المعتدين»[2].

* أساس المسئولية الدولية فى الفقه الإسلامى:

حيث تقوم المسئولية فى الفقه الإسلامى على فكرة الإخلال بالحق، فلا مسئولية حيث لا إخلال بحق مقرر.

والحقوق فى الفقه الإسلامى نوعان:

1ـ حقوق الله: فهي الزكوات، والكفارات، وحقوق الله تعالى ويجوز الرجوع فيها إلى اجتهاد من عليه الحق ولا تقبل الإسقاط ولا تصح الشفاعة فيها فهى تتصل بالصالح العام، ويجوز

____

(١) يراجع ايمن محمد، في أحكام الأسرى في الشريعة الإسلامية والقانون الدولى العام، ص (٧١٤)، مرجع سابق.

(٢) التاج المذهب، ص (٤٠٤)، الجزء (٤).

لكل شخص أن يدعى أن يدعى بها[1]، وكذلك لولى الأمر «الدولة» أن يتدخل من تلقاء نفسة بشأنها حفاظًا على حقوق المجتمع وصونًا لمصالح الناس. [2]

فلم يقبل النبى ﷺ الشفاعة فى المرأة المخزومية التى سرقت حيث قال النبى ﷺ « والله لو سرقت فاطمة بنت محمد لقطع محمد يدها » وقرر مبدأ العدالة المشهور بقوله ﷺ فعن عائشة، أن قريشا أهمهم شأن المرأة المخزومية التي سرقت، فقالوا: من يكلم فيها؟ . يعني . رسول الله ﷺ، قالوا: ومن يجترئ إلا أسامة بن زيد، حب رسول الله ﷺ؟ فكلمه أسامة، فقال رسول الله ﷺ: «يا أسامة، أتشفع في حد من حدود الله؟ » ثم قام فاختطب، فقال: «إنما هلك الذين من قبلكم أنهم كانوا إذا سرق فيهم الشريف تركوه، وإذا سرق فيهم الضعيف أقاموا عليه الحد، وايم الله، لو أن فاطمة بنت محمد سرقت، لقطعت يدها». [3]

وفى رواية أخرى قال الرسول . ﷺ: "إنما أفسد من كان قبلكم أنه إذا سرق فيهم الشريف تركوه، وإذا سرق فيهم الضعيف أقاموا عليه الحد، والله لو سرقت فاطمة بنت محمد لقطع محمد يدها" وثبت أن عمر بن الخطاب جلد أحد أبنائه حين شرب الخمر، لم يمنعه عن ذلك أنه ابن أمير المؤمنين ولم يشفع له حسبه ونسبه. تلك هي مبادئ الإسلام وأحكامه التي ملكت قلوب الناس فجعلتهم ينشدون العدل والحق والسلام لكل الناس وعلى كل أرض.

---

(١) الحاوي الكبير في فقه مذهب الإمام الشافعي وهو شرح مختصر المزني(٢٩٢ /٢) المؤلف: أبو الحسن علي بن محمد بن محمد بن حبيب البصري البغدادي، الشهير بالماوردي (المتوفى: ٤٥٠هـ) المحقق: الشيخ علي محمد معوض – الشيخ عادل أحمد عبد الموجود الناشر: دار الكتب العلمية، بيروت – لبنان: الطبعة: الأولى، ١٤١٩ هـ -١٩٩٩ م: عدد الأجزاء: ١٩..

(٢) أحكام أسرى الحرب دارسة مقارنة بالشريعة الإسلامية، د/ هانى بن على الطهراوى، ص (٢١٢)، مرجع سابق.

(٣) سنن أبي داود، باب فى الحد يشفع فيه، ح (٤٣٧٣)، الجزء ٤، (١٣٢)، وسنن ابن ماجه، باب الشفاعة فى الحدود، ح (٢٥٤٧)، الجزء ٢، ص (٨٥١).

والتي تحرص تعاليمها التربوية على أن يكون الفرد جزءا من الجماعة والجماعة شريحة من الأمة والأمة بعض من الأمم، والكل في اتساق واحد من صنع الخالق، وإليه يرجع.

فلئن دل هذا الحادث على شيء فإنما يدل على أن إقامة حدود الله وهي روادع البشرية وزواجر الإنسانية لم يكن للعاطفة فيها نصيب ولا للرحمة عندها منفذ.

أما لو انعكس الوضع وقامت للمجاملات والمحسوبيات والصداقات أو أية صلة من الصلات قام لها منار بين المسلمين، وأخذت ذلك بعين الاعتبار لانهار البنيان واهتزت الروابط وضعفت الغيرة على الإسلام.

فهذه فاطمة بنت محمد ﷺ وهي أحب ذريته إليه ومع ذلك يقسم صلوات الله وسلامه عليه أنه لو سرقت هذه المحبوبة صاحبة المنزلة الكريمة في نفسه لأوقع عليها الحد وأنزل بها العذاب، فأي معنى من معاني السمو الخلقي أسمى من هذا الخلق الكريم فلا شفاعة ولا استشفاع ولا محبة ولا عاطفة تمنع من إقامة الحدود مهما يكن الداعي إليها والمسوغ لها، لذلك انعدمت الجرائم أو قلت كثيرًا وعم الأمن وشمل العالم فعمه النظام وطمأنينة البال.

وما كان يقع من شرور أو يحصل من آثام فإنما هي أمور شاذة معدودة أمكن علاجها واصبح من المستطاع استئصالها. ولا محل إذن لقول متحامل على الإسلام من مدعى المدينة بأنها أمور وحشية وعقوبات غير إنسانية، فالإسلام لم يكن مبتدعًا لهذه العقوبات ولكنه أقر ما جاء منها في الشرائع السماوية، فكان العالم على ما قدمنا يرزح تحت نيران الفتن وعوامل الفساد، وكانت الحال على أشدها فلا مال يصان ولا نفس تحفظ ولا عرض يحترم. وجاء الإسلام فرعى الحقوق وحقن الدماء ونشر السلام وأمن النفوس وجمع القلوب على دين واحد وتعليم شاملة ومبادئ سامية. (١)

___

(١) مجلة الرسالة، باب على ذكر المولد النبوى، ص (١٧ وما بعدها) العدد (٧١١)، أحمد حسن الزيات (ت: ١٣٨٨هـ).

٢ـ أما عن حقوق العباد: فهي تتعلق بمصالح خاصة بالأفراد لأن الفرد فى الأصل مسئول عن تصرفاته وأفعاله ومؤاخذ بإخلاله باحترام قواعد الشرع لكون الفرد هو مكلف شرعًا المخاطب بأحكام وقواعد الشريعة بحيث يسأل الفرد عن التعدى على حدود الله ذلك التعدى الذى يضر بالمجتمع فى عمومه والأفراد فى خصوصه، على أن الدولة إذا تركت الفرد ليفسد لم ينصلح حال الرعية أو المجتمع، لذا فإن المسئولية انعقدت على الدولة ممثلة فى شخص الحاكم عن تقويم سلوك الفرد ومنعه من الإفساد، فمسئولية الدولة ليست عن ذات الفعل ولكن فى منع الفعل قبل وقوعه ثم جب الضرر بعد وقوعه. [1]

ولما كانت الشريعة الإسلامية تفرض حقوقًا لله وحقوقًا للعباد فى الشؤون الدولية، فإن المسئولية تتقرر إذا خالف الحاكم المسلم أو أحد ولاته أو موظفيه أو قادته أو أفراد الجيش هذه الحقوق أو أساءوا وتعسفوا فى استعمالها فأن المعتدى يكون مسؤولاً ويتحمل تبعة فعله، والضمان هو الاصطلاح الفقهى المقابل لمعنى المسؤولية فى الفقه القانوني الحديث. [2]

وفى مسئولية العبد، قال الله ﷺ: ﴿وَكُلَّ إِنسَٰنٍ أَلْزَمْنَٰهُ طَٰٓئِرَهُۥ فِى عُنُقِهِۦ وَنُخْرِجُ لَهُۥ يَوْمَ ٱلْقِيَٰمَةِ كِتَٰبًا يَلْقَىٰهُ مَنشُورًا ۞ ٱقْرَأْ كِتَٰبَكَ كَفَىٰ بِنَفْسِكَ ٱلْيَوْمَ عَلَيْكَ حَسِيبًا﴾. [3]

وقال ابن عباس: "طائره" عمله وما قدر عليه من خير وشر، وهو ملازمه أينما كان. وقال مقاتل والكلبي: خيره وشره معه لا يفارقه حتى يحاسب به. وقال مجاهد: عمله ورزقه، وعنه: ما من مولود يولد إلا وفي عنقه ورقة فيها مكتوب شقي أو سعيد. وقال الحسن: "ألزمناه طائره" أي شقاوته وسعادته وما كتب له من خير وشر وما طار له من

---

(١) يراجع ايمن محمد، فى أحكام الأسرى فى الشريعة الإسلامية والقانون الدولى العام، مرجع سابق.

(٢) أحكام أسرى الحرب دارسة مقارنة بالشريعة الإسلامية، د/ هانى بن على الطهراوى، ص (٢١٣)، مرجع سابق.

(٣) سورة الإسراء آية (١٣،١٤).

التقدير. (١)، وأيضًا قول الله ﷻ: ﴿فَمَن يَعۡمَلۡ مِثۡقَالَ ذَرَّةٍ خَيۡرٗا يَرَهُۥ ٧ وَمَن يَعۡمَلۡ مِثۡقَالَ ذَرَّةٍ شَرّٗا يَرَهُۥ﴾. (٢)

وقد روي أن هذه الآية لما نزلت شق ذلك على كثير من الصحابة، قال الإمام أحمد بسنده أخبرت إن أبا بكر –﵁– قال: يا رسول الله كيف الفلاح بعد هذه الآية: ﴿لَّيۡسَ بِأَمَانِيِّكُمۡ وَلَآ أَمَانِيِّ أَهۡلِ ٱلۡكِتَٰبِۗ مَن يَعۡمَلۡ سُوٓءٗا يُجۡزَ بِهِۦ﴾ (٣) فكل سوء عملناه جزيناه به (٤)، وقال تعالى: ﴿وَلَا تَزِرُ وَازِرَةٞ وِزۡرَ أُخۡرَىٰۚ ثُمَّ إِلَىٰ رَبِّكُم مَّرۡجِعُكُمۡ فَيُنَبِّئُكُم بِمَا كُنتُمۡ فِيهِ تَخۡتَلِفُونَ﴾؛ (٥) فالمسئولية شخصية، عنك وعمن ستسأل عنه بين يدي الله سبحانه وتعالى.

ولا تأثم نفس آثمة بإثم نفس أخرى غيرها، ولكنها تأثم بإثمها، وعليه تعاقب، دون إثم أخرى غيرها. (٦)

فكل إنسان محاسب عن نفسه، مؤاخذ بفعله، ومسئول عن عمله قال الله ﷻ: ﴿قُلۡ يَٰٓأَيُّهَا ٱلنَّاسُ قَدۡ جَآءَكُمُ ٱلۡحَقُّ مِن رَّبِّكُمۡۖ فَمَنِ ٱهۡتَدَىٰ فَإِنَّمَا يَهۡتَدِي لِنَفۡسِهِۦۖ وَمَن ضَلَّ فَإِنَّمَا يَضِلُّ عَلَيۡهَاۖ وَمَآ أَنَا۠ عَلَيۡكُم بِوَكِيلٖ﴾ (٧)

يقول تعالى آمرا لرسوله ﷺ أن يخبر الناس، أن الذي جاءهم به من عند الله هو الحق الذي لا مرية فيه، فمن اهتدى به واتبعه فإنما يعود نفعه على نفسه، ومن ضل عنه فإنما يرجع وبال ذلك عليه (٨)

---

(١) تفسير القرطبي، باب سورة الإسراء، الجزء ١٠، ص (٢٢٩)، الطبعة: الثانية، ١٣٨٤هـ - ١٩٦٤م.

(٢) سورة الزلزلة آية (٧،٨).

(٣) سورة النساء آية (١٢٣).

(٤) مختصر تفسير ابن كثير، باب سورة النساء، الجزء١، ص (٤٤٠)، الطبعة: السابعة، ١٤٠٢هـ - ١٩٨١م.

(٥) سورة الأنعام آية (١٦٤).

(٦) تفسير الطبري، الجزء ١٢، ص (٢٨٦)، الطبعة: الأولى، ١٤٢٠هـ - ٢٠٠٠م.

(٧) سورة يونس آية (١٠٨).

(٨) مختصر تفسير ابن كثير، باب سورة يونس، الجزء ٢، ص (٢٠٩)، الطبعة: السابعة، ١٤٠٢هـ - ١٩٨١م.

وعليه فإن الدولة لا تسأل عن تصرفات رعاياها التى تقع بالمخالفة لأحكام الشرع تلك التصرفات التى تنطوى على ما فيه إخلال جسيم بحدود الشرع سواء رتبت ضرر فى حق الغير أو لم ترتب، إلا فى حدود المسئولية الدولية والتى تتمثل فى شخص الحاكم وذلك بالأمر بالمعروف والنهى عن المنكر على نحو يستوجب مسئولية الدولة عن كف الأذى وجب الضرر ومنع الظالم من ظلمه والفاسد من إفساده إصلاحًا لحال المجتمع فى عمومه وصونًا لحقوق الرعية التى كفلها الشارع الحكيم. [1]

قال ﷺ: فعن أنس -ﷺ-، قال: قال رسول الله ﷺ: «انصر أخاك ظالمًا أو مظلوما»، قالوا: يا رسول الله، هذا ننصره مظلوما، فكيف ننصره ظالمًا؟ قال: «تأخذ فوق يديه»[2].

وفى رواية أخرى: قال النبى ﷺ قال: انصر أخاك ظالمًا أو مظلوما، قلنا: يا رسول الله، نصرته مظلوما فكيف أنصره ظالمًا؟ قال: تكفه عن الظلم، فذاك نصرك إياه. [3]

فمسئولية الإمام نابعة من كونه صاحب الولاية العامة المعنى بالسهر على تطبيق أحكام الشرع الحافظ لحدود الله المقيم لأحكامه، فلا بد للمجتمع الإسلامى من راع يجمع شمل المسلمين لإقامة الشرع الحنيف، وردع القوى عن الضعيف، وإنصاف المظلومين من الظالمين، وإقامة شعائر الدين، وحماية الإسلام ودفع المعتدين.

٭أما عن تأصيل المسئولية الدولية عن معاملة أسرى الحرب فى الفقه الإسلامى هى حادثة خالد بن الوليد مع بنى جذيمة:

---

(١) يرجع ايمن محمد، فى أحكام الأسرى فى الشريعة الإسلامية والقانون الدولى العام، مرجع سابق ص (٧١٦).

(٢) أخرجه الإمام البخارى فى صحيحه، باب أعن أخاك ظالمًا أو مظلومًا، ح (٢٤٤٤)، الجزء ٣ ن ص (١٢٨).

(٣) سنن الترمذي، ح (٢٢٥٥)، الجزء ٤، ص (٩٣).

فعن الزهري، عن سالم، عن أبيه، قال: بعث النبي ﷺ خالد بن الوليد إلى بني جذيمة، فدعاهم إلى الإسلام، فلم يحسنوا أن يقولوا: أسلمنا، فجعلوا يقولون: صبأنا صبأنا، فجعل خالد يقتل منهم ويأسر، ودفع إلى كل رجل منا أسيره، حتى إذا كان يوم أمر خالد أن يقتل كل رجل منا أسيره، فقلت: والله لا أقتل أسيري، ولا يقتل رجل من أصحابي أسيره، حتى قدمنا على النبي ﷺ فذكرناه، فرفع النبي ﷺ يده فقال: «اللّهم إني أبرأ إليك مما صنع خالد مرتين»(١).

ونقل ابن حجر عن ابن سعد وابن إسحاق أن خالدًا بعث داعيًا للإسلام لا مقاتلاً، وذكر ابن حجر: أن ابن عمر وخالد اختلف فهماهما لكلام بني جذيمة ففهمه ابن عمر على أنهم أرادوا الإسلام، وأن هذه اللفظة كانت مشهورة عند قريش تطلقها على كل من أسلم، وأما خالد فقد نقم عليهم العدول عن لفظ الإسلام فقتلهم متأولاً، فحلف ابن عمر على أنه هو ومن معه من المهاجرين والأنصار لن يقتلوا أسراهم، فلما قدموا على الرسول ﷺ أنكر على خالد العجلة وعدم التثبت في فهم كلامهم، ثم أرسل عليًا ﷺ بمال ليدفع لهم دياتهم فلم يبق منهم أحدًا إلا دفع ديته... ونقل ابن حجر عن الخطابي أن الرسول –ﷺ– لم يعاقب خالدًا لأنه كان مجتهدًا، وتبرأ من فعله ليعلم الناس أنه لم يأذن في هذا، ولينزجر غير خالد بعد ذلك عن مثل فعله. (٢)

ويتضح من هذا الحديث: مسئولية الدولة عن أعمال سلطاتها التشريعية والقضائية والتنفيذية وهى في حادثة خالد بن الوليد مع بنى جذيمة، فعلى الرغم من أن خطأ خالد بن الوليد ومن وافقه من الجند من قبائل بنى سليم منسوب إليه، إلا أن النبى ﷺ أقر بمسئولية الدولة عن إصلاح هذا الضرر رغم أن النبى ﷺ لم يأمر خالدًا بذلك ولم يرضاه أو يقره بل أنه أرسل

____

(١) أخرجه الإمام البخارى في صحيحه، باب بعث النبى ﷺ خالد بن الوليد، ح (٤٣٣٩)، الجزء ٥، ص (١٦٠).

(٢) فتاوى الشبكة الإسلامية، الجزء ٣، ص (١٤٠٥)، المؤلف: لجنة الفتوى بالشبكة الإسلامية.

خالدًا لبنى جذيمة داعيًا لا مقاتلاً، وقد تبرأ النبى ﷺ من خالد مرتين، ورغم ذلك تكفل النبى ﷺ بإصلاح الضرر الناشئ عن هذا الخطأ وذلك بإرساله ﷺ عليًا رضي الله بمال ليدفع لهم دياتهم فلم يبق منهم أحدًا إلا دفع ديته، وأرسل دية هؤلاء القوم حتى ميلغة الكلب)؛ أي: حتى الإناء الذي يلغ فيه الكلب دفع النبي عليه الصلاة والسلام تعويضًا عنه.

وأيضًا مسئولية الدولة عن أعمال سلطاتها ومنها قواتها المسلحة لا تنفى أو تنتقص من مسئولية المخطئ عن خطئه سواء المسئولية الجنائية أو المدنية لأن الخطأ منسوب إلى فاعله، ولقد أقر النبى ﷺ بخطأ خالد بن الوليد منكرًا عليه ما صنع بقول النبى ﷺ «اللّهم إني أبرأ إليك مما صنع خالد مرتين»(١). وتبرأه ﷺ من فعل خالد بن الوليد اثبات لوجه الخطأ في الفعل وتأثيمه لوقوعه بالمخالفة لقواعد الحرب المشروعة في الإسلام (٢).

❋ ❋ ❋

---

(١) سبق تخريجه (ص).

(٢) يرجع ايمن محمد، في أحكام الأسرى في الشريعة الإسلامية والقانون الدولى العام، مرجع سابق ص (٧١٨).

المبحث الثاني – وسائل إثبات الإخلال
بقواعد معاملة أسرى الحرب في الفقه الإسلامي

بينا سابقًا أنه قد يحدث من جانب بعض الأطراف المتحاربة ما فيه إخلال جسيم بأحكام معاملة الأسرى، وهذا الإخلال يأخذ صورًا متعددة ومنها إكراه الأسير على الإدلاء بأسرار عسكرية أو اللجوء لوسائل لا إنسانية لحمل الأسير على الاعتراف بوقائع أو جرائم لم ترتكب أو إجبار الأسير على القتال في صفوف قوات الطرف الآسر، أو تشغيل الأسير في أعمال غير جائز تكليفهم بها، أو إكراه الأسير على ما فيه مخالفة لمعتقداته الدينية أو وطء السبايا من النساء بما يحمله من معنى هتك العرض والاغتصاب أو حرمان الأسير من حقه في محاكمة عادلة وعقوبة مناسبة عن جرائم اقترفها أو الإهمال في توفير المأكل والمشرب والملبس والمأوى للأسير أو إخضاع الأسرى لسلطة الأفراد لا لسلطة ولي الأمر أو الدولة.

هل وسائل الإثبات محصورة في عدد معين؟

وقبل أن نتكلم عن هذه الوسائل نحب أن نبين أن بعض العلماء يحصر طرق القضاء، أي: الأدلة المثبتة للدعوى أو الحجج الشرعية، في عدد معين وهم جمهور العلماء، والبعض الآخر –كابن القيم– يرى أن أدلة إثبات الدعوى ليست محصورة في عدد معين. ووسائل الإثبات متعددة، بعضها متفق عليه بين العلماء، وبعضها مختلف فيه، مع أن الجمهور يرون أن أدلة إثبات الدعوى محصورة فإنهم مختلفون في العدد الذي تنحصر فيه هذه الأدلة، فبعضهم حصرها في سبع، وهي البينة والإقرار واليمين، والنكول عن اليمين، والقسامة، وعلم القاضي، والقرينة القاطعة، وأدرجوا فيها القيافة، ومنهم من حصرها في ست، وهي البينة، والإقرار، واليمين، والنكول عن اليمين، والقسامة، وعلم القاضي، ولا يرى هذا البعض أن القرينة القاطعة تعد وسيلة من وسائل الإثبات، نظرا لما فيها من احتمال

عدم الدلالة، ومن العلماء من حصرها في ثلاث، وهي البينة، واليمين، والنكول عن اليمين[1].

وأما أصحاب الرأي المقابل لرأي الجمهور فمن أشهرهم ابن تيمية وتلميذه ابن القيم، فهؤلاء لا يرون انحصار طرق القضاء في عدد معين، فكل أمر يترجح عند القاضي أنه دليل على إثبات الحق يعد طريقا من طرق الحكم وعليه أن يحكم به. يقول ابن القيم: "إذا ظهرت أمارات العدل وأسفر وجهه بأي طريق كان فثم وجه الله ودينه، فأي طريق استخرج به العدل والقسط فهو من الدين وليس مخالفا له. [2]

ومن وسائل الإثبات ما هو تقليدي ومنها ما هو غير تقليدي، أما عن وسائل الإثبات التقليدية فهي: .

أولاً: الشهادة: فالشهادة: إخبار بحق للغير على الغير في مجلس القضاء بلفظ أشهد[3].

فإذا شهد عدل، أو أثنان، أو أربعة، أو رجل وامرأتان، أو نسوة، بحسب اختلاف المشهود عليه، على ثبوت حق للغير على الغير، أو ثبوت واقعة تترتب عليها آثار شرعية، فقد تحقق مناط الحكم فيما شهد عليه ما لم يعارضه ما هو أرجح منه.

ويدل على ذلك: ما جاء عن الأشعث بن قيس[4] ﷺ أنه قال: "كانت بيني وبين رجل خصومة في بئر، فاختصمنا إلى رسول الله ﷺ، فقال رسول الله ﷺ: "شاهداك أو يمينه"[5].

---

(١) النظام القضائي في الفقه الإسلامي، لمحمد رأفت عثمان، ص (٢٧٠)، الناشر: دار البيان: الطبعة: الثانية ١٤١٥هـ١٩٩٤م.

(٢) الطرق الحكمية لابن القيم، ص (١٦)، وتبصرة الحكام، ج١، ص (٢٠٤).

(٣) يراجع فتح القدير لابن الهمام (٧/ ٣٦٤)، مواهب الجليل شرح مختصر خليل (٦/ ١٥١).

(٤) هو الأشعث بن قيس بن معدي كرب الكندي، أحد بني الحارث بن معاوية، ويكنى أبا محمد، صحابي جليل، سمي الأشعث لشعوسة رأسه، وغلب عليه هذا الاسم حتى عرف به، وكان شريفا مطاعا في قومه جوادا شجاعا، توفي سنة (٤٠ هـ) توفي وهو ابن ثلاث وستين. يراجع: تهذيب التهذيب (١/ ٣٥٩).

(٥) أخرجه الإمام البخاري في صحيحه، كتاب الشهادات، باب اليمين على المدعى عليه، رقم (٢٦٧٠)،

فالحديث صريح الدلالة على اعتبار الشهادة حجة يتحقق بها مناط الحكم في المشهود عليه، وبها يقطع النزاع بين المدعي والمدعى عليه، فدل ذلك على أن الشهادة تعتبر مسلكا من مسالك تحقيق مناطات الأحكام في الوقائع القضائية.

ثانيا: الإقرار: والإقرار هو إخبار عن ثبوت حق للغير على نفسه[1]. فإذا أقر المدعى عليه إقرارا صحيحا بثبوت حق للغير على نفسه، أو ثبوت واقعة تترتب عليها آثار شرعية، فقد تحقق مناط الحكم فيما أقر به.

ومن أصرح الأدلة على ذلك: ما جاء عن أبي هريرة ﷺ أن رجلا من الأعراب أتى رسول الله ﷺ، فقال: يا رسول الله أنشدك الله إلا قضيت لي بكتاب الله، فقال الآخر وهو أفقه منه: فاقض بيننا بكتاب الله وائذن لي، فقال: قل، قال: إن ابني كان عسيفا على هذا فزنى بامرأته، وإني أخبرت أن على ابني الرجم، فافتديت منه بمائة شاة ووليدة، فسألت أهل العلم فأخبروني أن على ابني جلد مائة وتغريب عام، وأن على امرأة هذا الرجم، فقال رسول الله ﷺ: والذي نفسي بيده لأقضين بينكما بكتاب الله، الوليدة والغنم رد عليك، وعلى ابنك جلد مائة وتغريب عام، واغد يا أنيس إلى امرأة هذا فإن اعترفت فارجمها "[2].

فالحديث صريح الدلالة على اعتبار الإقرار حجة يتحقق بها مناط الحكم فيما أقر به، وبهذه الحجة ينحسم النزاع بين المدعي والمدعى عليه، فدل ذلك على أن الإقرار يعتبر مسلكا من مسالك تحقيق مناطات الأحكام في الوقائع القضائية.

ثالثا: اليمين: واليمين هى إثبات أمر أو نفيه بذكر اسم الله تعالى أو صفة من صفاته[3].

والأصل في اعتبار اليمين من طرق الإثبات في حق المدعى عليه إذا عجز المدعي عن إقامة البينة قوله ﷺ: " لو يعطى الناس بدعواهم لادعى ناس دماء رجال وأموالهم، ولكن اليمين

---

(١) فتح القدير (٨/ ٣٣٢)، ومغني المحتاج (٢/ ٣٠٨).

(٢) أخرجه الإمام البخاري في صحيحه، (ك) الحدود، (ب) الاعتراف بالزنا، رقم (٦٨٢٨)،

(٣) مرجع سابق فتح القدير (٥/ ٥٤)، وأيضأ جواهر الإكليل شرح مختصر خليل (١/ ٢٢٤ - ٢٢٥).

على المدعى عليه "(١)، وفي رواية أخرى: " ولكن البينة على المدعي واليمين على من أنكر "(٢).

فالحديث صريح الدلالة على اعتبار اليمين حجة يتحقق بها مناط الحكم في المحلوف عيه إذا عجز المدعي عن إقامة البينة؛ لأن الأصل براءة ذمة المدعى عليه، فدل ذلك على أن اليمين في مثل هذه الحالة تعتبر مسلكا من مسالك تحقيق مناطات الأحكام في الوقائع القضائية.

رابعا: المستندات الخطية: وهي الوثائق المكتوبة التي يعتمد عليها القاضي في إثبات حق أو نفيه(٣).

وتشمل: الوثائق الصادرة عن الجهات الرسمية كالصكوك وشهادات الميلاد والوفاة، والوثائق العرفية التي وقع عليها الملتزم أو ختم عليها أو بصم بإصبعه ولم يثبت تزويرها، والأوراق التجارية والسندات المالية إذا ثبت الإقرار بها أو التوقيع عليها مع انتفاء شبهة التزوير.. (٤)

قال ابن العربي: " يريد: يكون صكا ليستذكر به عند أجله لما يتوقع من الغفلة في المدة التي بين المعاملة وبين حلول الأجل، والنسيان موكل بالإنسان، والشيطان ربما حمل على الإنكار، والعوارض من موت وغيره تطرأ فشرع الكتاب والإشهاد.. "(٥).

وعلى القاضي أو ولي الأمر أن يتوثق من صحة المستندات الخطية والتوقيعات التي عليها، وكلما سلمت تلك المستندات من شبهة التزوير كانت أقوى في الإثبات.

---

(١) أخرجه الإمام مسلم في صحيحه، (ك) الأقضية، (ب) اليمين على المدعى عليه، رقم (١٧١١)،

(٢) أخرجه البيهقي في "السنن الكبرى " (١٠/ ٢٥٢).

(٣) يراجع وسائل الإثبات، د/ وهبه الزحيلي، ص (٤٧٩).

(٤) مرجع سابق للزحيلي (٤٧٩ وما بعدها)، وأيضأ توثيق الديون في الفقه الإسلامي للهليل (٣٤٦ وما بعدها).

(٥) أحكام القرآن، (١/ ٣٢٨).

خامسا: القرائن: والمراد بـ " القرائن " في طرق الإثبات القضائية: الأمارات التي يستدل بها القاضي على إثبات شيء أو نفيه[1].

كما إذا رأى قتيلا يتشحط في دمه، وآخر قائما على رأسه بالسكين، وقد ثبتت بينهما عداوة، فإن هذه أمارة يستدل بها على إثبات القتل ووجوب القصاص ما لم يثبت غير ذلك لمعارض أرجح كالشهادة ونحوها، وتعتبر القرائن من طرق إثبات الحقوق ما لم يعارضها ما هو أرجح منها، وذلك باستقراء مصادر الشرع وموارده.

قال ابن القيم: " فالشارع لم يلغ القرائن والأمارات ودلالات الأحوال، بل من استقرأ الشرع في مصادره وموارده وجد شاهدا لها بالاعتبار مرتبا عليها الأحكام".

ومما ورد عن النبي ﷺ في اعتبار العمل بالقرائن ما جاء عن عبدالرحمن بن عوف ﷺ أن غلامين من الأنصار تداعيا قتل. أبي جهل يوم بدر، فقال رسول الله ﷺ: " هل مسحتما سيفيكما؟ فقالا: لا، فقال: أرياني سيفيكما، فلما نظر إليهما قال: " هذا قتله وقضى له بسلبه"[2].

فالنبي ﷺ قضى بينهما بالسلب اعتمادا على أثر الدم على السيف، وأثر الدم قرينة من القرائن، وهذا يدل على مشروعية القضاء بالقرائن.

أما عن وسائل الإثبات الغير تقليدية:

ومنها تشكيل محاكم نوعية تتولى بحث أى انتهاكات أو مخالفات لأطراف الخصومة فيما يتعلق بقواعد معاملة أسرى الحرب أو تشكيل لجان لتقصى الحقائق وجمع المعلومات والتحقيق فى مخالفات بعض الأطراف لالتزاماتها المتعلقة بمعاملة أسرى الحرب.

---

(1) وسائل الإثبات، د/ وهبه الزحيلي، ص (٤٨٨ وما بعدها)، وأيضًا الإثبات بالقرائن في الفقه الإسلامي (٦٢ وما بعدها).

(2) أخرجه الإمام مسلم في صحيحه، (ك) الجهاد والسير، باب استحقاق القاتل سلب القتيل، رقم (١٧٥٢)،

والمعنى بالبحث تحديدًا هى وسائل الإثبات الغير تقليدية بجوار الوسائل التقليدية وذلك لأمرين: الأول هو أن وسائل الإثبات التقليدية أصبحت لا تتلاءم مع طبيعة الانتهاكات التى تقترف ضد أسرى الحرب، والثانى أن وسائل الإثبات غير التقليدية أصبحت تستوعب تلك الوسائل التقليدية فالمحاكم ولجان تقصى الحقائق تعتمد أكثر فى إثبات الانتهاكات والمخالفات على الوسائل التقليدية للإثبات، لذلك سنقوم بتوضيح وسائل الإثبات الغير تقليدية على النحو التالى:

أولا: لجان تقصى الحقائق والتحقيق: ولجنة تقصي الحقائق: لجنة ذات عرض خاص تشكلها السلطة المعنية من الخبراء والمتخصصين؛ لبحث مسألة أو موضوع بذاته. [(١)]

وهى إحدى طرق إثبات الإخلال بأحكام معاملة أسرى الحرب، وقد عرف الإسلام مثل هذه اللجان فى صورتها المجردة، فسعد بن أبي وقاص ﷺ كان أحد العشرة المبشرين، فبعثه عمر ﷺ عنه أميرًا على الكوفة، فمكث فيها ما شاء الله ثم جاء وفد من الكوفة فسألهم عمر عن سعد، فكأن بعضهم ألمح على أنه لا يريده، فبعث عمر ﷺ. وكان حاكمًا عادلاً. من يسمى في أيامنا هذه بلجنة تقصي الحقائق، فجاءت هذه اللجنة إلى الكوفة فأخذت تسأل الناس عن سعد في المساجد فيأتون المسجد فيقولون كيف أميركم سعد؟ فيدلي الناس بإجاباتهم، حتى دخلوا مسجدا لبني عبس الذين سكنوا الكوفة، فلما سألوهم عن سعد قام رجل فقال: أما وقد سألتنا عنه فإنه لا يقسم بالسوية، ولا يعدل في القضية وقال كلمة أخرى يذكر عيوبًا في سعد، وكان سعد حاضرًا مع اللجنة، فلما سمعه سعد وكان يعلم أنه كاذب وقد حلف، قال: اللّهم إن كان عبدك هذا قد قال ما قال كذبًا ورياءً فأطل عمره وعرضه للفتن. [(٢)]

---

(١) يراجع معجم اللغة العربية المعاصرة، (٣/ ١٩٩٦)، الطبعة: الأولى، ١٤٢٩ هـ – ٢٠٠٨ م.

(٢) يراجع تأملات قرآنية، أبو هاشم صالح بن عوّاد بن صالح، الجزء (٤)، ص (١٥).

ومن أبرز صور لجان التحقيق ما تم في سرية خالد بن الوليد مع بني جذيمة، وعندما علم النبي ﷺ ما كان من أمر خالد دعا على بن أبي طالب، فعن أبي جعفر محمد بن علي قال: «لما بلغ رسول الله . ﷺ . ما صنع خالد ببني جذيمة رفع يديه حتى رئي بياض إبطيه وهو يقول: اللّهم إني أبرأ إليك مما صنع خالد. ثلاث مرات. ثم دعا عليا . ﷺ . فقال: خذ هذا المال فاذهب به إلى بني جذيمة فانظر في أمرهم، واجعل أمر الجاهلية تحت قدميك». يعني ما كان بينهم وبين أهل مكة من الخُمَاشات [1] والدخول في الجاهلية. قال: فدلهم ما أصاب خالد. فخرج إليهم علي بذلك المال فودى لهم كل ما أصاب خالد منهم، حتى إنه أدى لهم ميلغة الكلب. حتى إذا لم يبق شيء يطلبونه وبقيت مع علي بقية من المال، قال علي . ﷺ .: هذه البقية من المال لكم عن رسول الله . ﷺ . مما أصاب خالد. [2]

ويتضح لنا من هذا الموقف الكريم أن النبي ﷺ أرسل على ﷺ للتحقيق فيما حدث وجمع المعلومات وتقصى حقيقة الأحداث على نحو ما يقتضيه ذلك من التعرف على شواهد الأحداث وسماع الشهود والأخذ بالقرائن لتحديد طبيعة الخطأ وحجم الضرر وعلاقة السببية بينهما وتعويض الضرر، وهو ما عبر عنه النبي ﷺ حينما أرسل على ﷺ إليهم قائلاً له «فانظر في أمرهم، واجعل أمر الجاهلية تحت قدميك» أي تعرف على شأنهم وحقيقة ما أصابهم وأسباب ذلك وتعويضهم عما أصابهم من ضرر.

---

(1) و"الخُمَاشة" من الجَرَاحَات ما ليس له أَرْشٌ معلوم كالخَدْشِ ونحوه والجميع الخُمَاشات. يراجع: الفائق في غريب الحديث والأثر(٤/ ٣٢) المؤلف: أبو القاسم محمود بن عمرو بن أحمد، الزمخشري جار الله (المتوفى: ٥٣٨هـ) المحقق: علي محمد البجاوي -محمد أبو الفضل إبراهيم: الناشر: دار المعرفة – لبنان: الطبعة: الثانية: عدد الأجزاء: ٤، المتخب من غريب كلام العرب (٤٨٤) المؤلف: علي بن الحسن الهُنائي الأزدي، أبو الحسن الملقب بـ «كراع النمل» (المتوفى: بعد ٣٠٩هـ) المحقق: د محمد بن أحمد العمري: الناشر: جامعة أم القرى (معهد البحوث العلمية وإحياء التراث الإسلامي) الطبعة: الأولى، ١٤٠٩هـ – ١٩٨٩م.

(2) شرح السير الكبير، الجزء ١، ص (٢٦٠)، السيرة النبوية لابن هشام، الجزء ٢، ص (٤٣٠)، الطبعة الثانية، ١٣٧٥هـ – ١٩٥٥م.

فهى صورة مجردة للجان التحقيق التى تخضع فى تشكيلها وبيان الإجراءات التى تتبعها وطبيعة السلطات المخولة لها لصك إنشائها وطبيعة السلطة التى أنشأتها، وغالبًا ما تنشئ بواسطة محاكم نوعية داخل الدولة أو من خلال هيئات دولية أو سلطات عامه، وتتشكل من عضو أو عضوين أو أكثر من ذوى العدالة والأمانة والكفاءة يتفق عليه الطرفان المتحاربان أو من أحد الطرفين ويرضاه الطرف الآخر، ولها من الصلاحيات ما يحقق الهدف من أنشائها.

وفى الوقت الراهن لعبت لجان تقصى الحقائق دورًا مهمًا ومؤثرًا فى إثبات الإخلال الطارئ على أحكام معاملة أسرى الحرب، حيث لعبت هذه اللجان دورًا فى معالجة آثار الحرب العراقية الإيرانية لتحديد والتعرف على أوضاع عدة آلاف من الأسرى العراقيين والإيرانيين لدى الجانبين المسلمين.

ثانيًا: تشكيل محاكم لبحث الانتهاكات التى يقترفها بعض الأطراف: وإذا نظرنا فى أحكام الشريعة الإسلامية نجد أنه لا يوجد ما يمنع من تشكيل محاكم ثنائيه أو متعددة الأطراف دائمة أو مؤقتة نوعية تتولى الفصل فى الانتهاكات التى يقترفها أحد الأطراف لالتزاماته الناشئة عن أحكام الشريعة الإسلامية والتى تتعلق بأحكام معاملة أسرى الحرب، فالشريعة الإسلامية بملاءمة أحكامها لكل زمان ومكان قادرة على استيعاب مثل هذا النوع من المحاكم.

ولم تدع الحاجة فى عصر النبى ﷺ إلى إنشاء مثل هذه المحاكم وذلك للاعتماد على وسائل الإثبات التقليدية، وخير شاهد على ذلك واقعة خالد بن الوليد مع أسرى بنى جذيمة فلما بلغ النبى ﷺ ما فعل خالد(١)، أي فإن رجلا من القوم جاء الى النبي ﷺ وأخبره بما فعل خالد، فقال له النبي ﷺ: هل أنكر عليه أحد ما صنع؟ قال: نعم، رجل أصفر ربعة، ورجل طويل

---

(١) السيرة الحلبية، علي بن إبراهيم بن أحمد الحلبي، أبو الفرج، نور الدين ابن برهان الدين (المتوفى: ١٠٤٤هـ)،الجزء (٣)، ص (٢٧٧)، دار الكتب العلمية –بيروت، الطبعة: الثانية – ١٤٢٧هـ.

أحمر، فقال عمر ﷺ: والله يا رسول الله أعرفهما، أما الأول فهو ابني فهذه صفته، وأما الثاني فهو سالم مولى أبي حذيفة، فعند ذلك قال النبي ﷺ: اللّهم إني أبرأ إليك مما صنع خالد، أي قال ذلك مرتين، وبعث رسول الله ﷺ علي بن أبي طالب كرم الله وجهه فودى لهم قتلاهم، قال له ﷺ: يا علي اخرج إلى هؤلاء القوم فانظر في أمرهم، ودفع إليه ﷺ مالا: أي إبلا وورقا، يدي به قتلاهم، ويعطيهم منه ما تلف عليهم من أموالهم، فودي قتلاهم.

فنجد أن النبي ﷺ أخذ بشهادة ذلك الرجل في إثبات واقعة المخالفة، وإرسال علي ﷺ ليودى لهم ما أصابهم من دم ومال وضرر.

وروي عن عمر بن الخطاب أنه قال لأبي بكر الصديق: إن في سيف خالد رهقا فاقتله، وذلك حين قتل مالك بن نويرة وجعل رأسه تحت قدر حتى طبخ به، وكان مالك ارتد ثم رجع إلى الإسلام ولم يظهر ذلك لخالد، وشهد عنده رجلان من الصحابة برجوعه إلى الإسلام فلم يقبلهما وتزوج امرأته، فلذلك قال عمر لأبي بكر اقتله، فقال: لا أفعل لأنه متأول، فقال: اعزله، فقال: لا أغمد سيفا سله الله تعالى على المشركين، ولا أعزل واليا ولاه رسول الله ﷺ(١).

وأيضًا لم يرض النبي ﷺ بفعل أسامة بن زيد بن حارثة ولم يقره حينما بعثه الى الحرقة من جهينة، فعن عمرو بن زرارة قال حدثنا هشيم، حدثنا حصين، حدثنا أبو ظبيان، (٢) قال: سمعت أسامة بن زيد بن حارثة ، يحدث قال: بعثنا رسول الله ﷺ إلى الحرقة من جهينة، قال: فصبحنا القوم فهزمناهم، قال: ولحقت أنا ورجل من الأنصار رجلا منهم، قال: فلما غشيناه قال: لا إله إلا الله، قال: فكف عنه الأنصاري، فطعنته برمحي حتى قتلته، قال: فلما قدمنا بلغ ذلك النبي –ﷺ–، قال: فقال لي: «يا أسامة، أقتلته بعد ما قال لا إله إلا الله» قال: قلت: يا

---

(١) مرجع سابق، السيرة الحلبية، باب سرية خالد بن الوليد ﷺ، الجزء (٣)، ص (٢٧٣).

(٢) أخرجه الإمام البخاري في صحيحه، باب من قول الله ﷺ ومن أحياها، ح (٦٨٧٢)، ج (٩)، ص (٤)

رسول الله، إنما كان متعوذا، قال: «أقتلته بعد ما قال لا إله إلا الله» قال: فما زال يكررها علي، حتى تمنيت أني لم أكن أسلمت قبل ذلك اليوم.

وعليه فإن النبي ﷺ تبرأ من فعل خالد بن الوليد ﷺ مع أسرى بني جذيمة، وعمر ﷺ لم يرض بفعل خالد مع مالك وزوجته فراجع ابي بكر في شأنه لعزله أو قتله، والنبي ﷺ لم يرض بفعل أسامة بن زيد ولم يقره، فنجد هذه الشواهد صورة من صور المحاكمة جرى فيها إثبات المخالفات على شهادة الشهود،، ايضًا على إقرار المخالف بفعله فكان ذلك نتيجة للإخلال الجسيم بأحكام معاملة أسرى الحرب.

وفي العصر الحديث نجد أنه تشكلت محاكم عنيت من بين اختصاصاتها الولائية نظر وبحث الانتهاكات التي يقترفها بعض الأطراف بل وإجراء التحقيق فيها تلك الانتهاكات التي تشكل إخلال بأحكام الشريعة الإسلامية في معاملة ضحايا الحروب ومنهم أسرى الحرب كأثر من آثار الحروب ومن ذلك:

محكمة العدل الإسلامية الدولية :

أقر مؤتمر القمة الإسلامي الخامس (الكويت ١٤٠٧ هـ/ ١٩٨٧ م)(١) مشروع النظام الأساسي لمحكمة العدل الإسلامية، لتكون حكمًا وقاضيًا وفيصلاً فيما ينشأ بين الدول الإسلامية من خلافات، بعد ما لاحظ. ببالغ الأسف. ما انتهت إليه الإنسانية المعاصرة، رغم مظاهر التقدم المادي واتساع المكاسب العلمية والتقنية، من الفقر الروحي ومن الانحلال في العقائد والأخلاق، وبعد ما لاحظ ما اعترى المجتمعات الإسلامية من الوهن في الذاتية، والضعف في الفاعلية الحضارية، وخضوع العديد منها للهيمنة الأجنبية، وتعرضها لشتى جوه الظلم والعدوان، رغم ما تهيأ لها من مقومات الوحدة، وعوامل التقدم والنهضة، ودواعي العزة والرفاهية.

---

(١) مجلة مجمع الفقه الإسلامي التابع لمنظمة المؤتمر الإسلامي بجدة، باب التحكيم في الفقه الإسلامي، العدد (٩) ص (١٨٥٥).

حيث أسست هذه المحكمة بناء على قرار مؤتمر القمة الإسلامية الثالث، والذي انعقد في مدينة الطائف عام ١٩٨١م، وتُعد هذه المحكمة أول هيئة قضائية في تاريخ العلاقات الدولية الإسلامية، كما تعد محكمة العدل الدولية الإسلامية الجهاز القضائي الخاص بمنظمة المؤتمر الإسلامي(١).

وتعود فكرة إنشاء هذه المحكمة إلى اقتراح كويتي بسبب نشوب الحرب العراقية الإيرانية، والتي استمرت نحو ثماني سنوات، ومقر المحكمة في مدينة الكويت، وفي القمة الإسلامية الرابعة في الرباط عام ١٩٨٤م، صيغت ملامح النظام الأساسي للمحكمة بصورة شبه كاملة، ولكن المؤتمر قرر إرجاء البت في إنشاء المحكمة، وفي مؤتمر القمة الذي انعقد في الكويت تم الاتفاق على النظام الأساسي للمحكمة(٢).

تشكيل المحكمة: تشكل المحكمة من سبعة قضاة ينتخبون من قبل المؤتمر الإسلامي لوزراء الخارجية لمدة أربع سنوات قابلة للتجديد مرة واحدة، ويشترط في القاضي أن يكون مسلمًا عدلاً من رعايا إحدى الدول الأعضاء بالمنظمة، لا يقل عمره عن أربعين عامًا، وأن يكون مؤهلاً للتعيين في منصب القضاء في بلده(٣)

ويشترط لانتخاب عضو في المحكمة: أن يكون مسلمًا، عدلاً، من ذوي الصفات الخلقية العالية، ومن رعايا إحدى الدول الأعضاء في المنظمة، على ألا يقل عمره عن أربعين عامًا،

---

(١) قانون السلام في الإسلام لمحمد طلعت الغنيمي: ص ٢٠١، والنظام الأساسي لمحكمة العدل الإسلامية، مادة رقم (١).

(٢) تعدد الخلفاء ووحدة الأُمَّة فقهًا وتاريخًا ومستقبلاً، الدكتور محمد خلدون أحمد نورس مالكي رسالة دكتوراه - قسم الفقه الإسلامي وأصوله، باب اختصاص المحكمة، ص (٣٤٤)، عام النشر: ١٤٣١هـ - ٢٠١٠م.

(٣) يراجع: النظام الأساسي لمحكمة العدل الإسلامية، مادة رقم (٣).

وأن يكون من فقهاء الشريعة المشهود لهم، وله خبرة في القانون الدولي، ومؤهلاً للتعيين في أرفع مناصب الإفتاء أو القضاء في بلاده[1].

اختصاص المحكمة: لمحكمة العدل الإسلامية ثلاثة اختصاصات:[2]

١. اختصاص قضائي: يجعل لها ولاية الفصل ـ بحكم قطعي غير قابل للطعن ـ في القضايا التي تتفق الدول المعنية الأعضاء في المنظمة على إحالتها إليها، أو الدول الأعضاء التي لها مصلحة ذات طابع قانوني قد تتأثر بالحكم في قضية معروضة على المحكمة، وكذلك الدول غير الأعضاء في المنظمة بشرط أن تعلن مسبقًا التزامها بأحكام المحكمة وألا يمانع أطراف النزاع في تدخلها.

٢. اختصاص إفتائي: يجوز للمحكمة أن تفتي في مسألة قانونية، غير متعلقة بنزاع مطروح أمامها، وذلك بناء على طلب من أي هيئة مخولة بذلك من قبل مؤتمر وزارة الخارجية.

٣. اختصاص بالوساطة والتوفيق والتحكيم: يمكن لمحكمة العدل الإسلامية أن تقوم بالوساطة أو بالتوفيق أو بالتحكيم، عن طريق لجنة من الشخصيات المرموقة، أو على عن طريق كبار المسؤولين في جهازها، لحل الخلافات التي قد تنشب بين عضوين أو أكثر من أعضاء المنظمة، إذا أبدت الأطراف المتنازعة رغبتها في ذلك، أو إذا طلبه منها مؤتمر القمة أو المؤتمر الإسلامي لوزراء الخارجية بتوافق الآراء.

فمحكمة العدل الإسلامية الدولية لها الحق في إصدار الأحكام القضائية، الفصل في المنازعات والخلافات التي تنشأ بين الدول الأعضاء، فضلاً عن الإفتاء وإصدار الآراء

---

(١) مرجع سابق مجلة مجمع الفقه الإسلامي التابع لمنظمة المؤتمر الإسلامي بجدة، باب التحكيم في الفقه الإسلامي، العدد (٩)، ص (١٨٥٥).

(٢) يراجع: في ذلك النظام الأساسي للمحكمة الإسلامية، مادة رقم (٤٢)، والمادة رقم (٤٦)، وأيضًا مرجع سابق في ذات الموضع، ص (١٨٥٦).

الاستشارية في المسائل القانونية، كما يجوز للمحكمة أن تشكل لجنة من الخبراء والشخصيات المرموقة، للقيام بالوساطة والتوفيق والتحكيم في الخلافات التي قد تنشأ بين دولتين أو أكثر من الدول الأعضاء إذا طلبت الأطراف المتنازعة ذلك.

القانون الواجب التطبيق: نصت على ذلك المادة (٢٧) من النظام الأساسي لمحكمة العدل الإسلامية، بقولها[1]:

١ـ الشريعة الإسلامية هي المصدر الأساسي الذي تستند إليه المحكمة في أحكامها.

٢ـ تسترشد المحكمة بالقانون الدولي، والاتفاقات الدولية الثنائية أو متعددة الأطراف، أو العرف الدولي المعمول به، أو المبادئ العامة للقانون، أو الأحكام الصادرة عن المحاكم الدولية، أو مذاهب كبار فقهاء القانون الدولي في مختلف الدول.

النقد الذي وجه لمحكمة العدل الإسلامية:

واجهت محكمة العدل الإسلامية منذ نشأتها العديد من أوجه النقد؛ سواء في فكرتها أو تشكيلها أو ميثاقها؛ فمن حيث الفكرة واجهت المحكمة نقدًا بخصوص تناقض نظامها الرئيس المبني على اعتبار الشريعة الإسلامية مصدرًا رئيسيًّا للأحكام مع دساتير بعض الدول الإسلامية؛ فهناك دول تنص دساتيرها على أن الشريعة الإسلامية هي المصدر الأساسي للتشريع وسن القوانين مثل مصر، والعراق، وأفغانستان، والسعودية، والبحرين، وعُمان، واليمن، وموريتانيا، وجزر المالديف، وبروناي، وإيران، والكويت، وهناك دول لا تعلن عن توجهها الإسلامي في الدستور وهي سوريا، ولبنان، والسودان، والصومال، وجيبوتي، وجزر القمر، وجامبيا، وسيراليون، وإندونيسيا، وأوزبكستان، وألبانيا، وهناك دول تعلن في دساتيرها أنها علمانية وهي تركيا، وتركمانستان، وطاجيكستان، وقرغيزيا، وأذربيجان،

____

(١) يراجع: في ذلك النظام الأساسي للمحكمة الإسلامية، مادة رقم (٢٧) والمادة (٢٨).

والسنغال، والنيجر، ومالي، وتشاد، وبوركينا فاسو، وغينيا، وقد عرقل هذا التناقض مشروع ميثاق المحكمة فترة طويلة[1].

ومن النقد الذي وجه للمحكمة: قصر مدة القضاة؛ حيث إن مدة أربع سنوات غير كافية لاكتساب الخبرة المناسبة، فتحديد مدة ولاية القاضي ليس له ما يبرره.

وانتقدت المحكمة كذلك بسبب غلبة الطابع السياسي عند تشكيل المحكمة، وخصوصًا في البند الذي ينص على عدم جواز تعيين أكثر من قاضٍ من دولة واحدة، ووجه الاعتراض هنا أن الإسلام يعتبر المؤمنين أمة واحدة، تجمعهم رابطة الأخوة هنا بغض النظر عن تعدد الأعراق أو اختلاف البلدان، أما الارتكان لتحديد جنسية القاضي، فقد يفوت على المحكمة فرصة اختيار الكفاءات، والتي قد تتركز في دولة واحدة دون غيرها[2].

____

(١) يراجع: في ذلك منظمة المؤتمر الإسلامي للدكتور بشار الجعفري، مجلة معلومات دولية، العدد رقم (٥٠)، ص (١٩)، مايو ١٩٩٧م، وأيضًا تعدد الخلفاء ووحدة الأمّة فقهًا وتاريخًا ومستقبلاً، الدكتور محمد خلدون رسالة دكتوراه، قسم الفقه الإسلامي وأصوله، ص (٢٤٥).
(٢) مرجع سابق، ومنظمة المؤتمر الإسلامي لأحمد أبو الحسن: ص (١٧٥).

المبحث الثالث – الجزاء المترتب على مخالفة أحكام
معاملة أسرى الحرب في الفقه الإسلامي

إذا نظرنا في الأحكام المقررة للمسئولية الدولية في الفقه الإسلامي نجد أنها من قبيل الأحكام الداخلية، ومن ثم لا يجوز إثارتها في العلاقة بين الدولة الإسلامية وغيرها من الدول الأخرى إلا في الحدود المتعلقة في التحكيم بين المسلمين وغير المسلمين، وظاهر الأمر أنها لا تجيز أن يحكم غير المسلم على المسلم [1].

وبشكل عام كانت حوادث تسوية المشاكل بالطرق القانونية بين الدولة الإسلامية وغيرها من الدول محدودة ونادرة، وغالبًا ما يكون المحكم أو القاضي مسلمًا، فلم تكن هناك هيئات دولية تقوم بالفصل في المنازعات بين الدول حتى يمكن أن نقول بوجود نظام للمسئولية بالمعنى المعروف في عصرنا الحاضر [2].

ورغم أننا لم نعثر على واقعة تحكيم بين دولة إسلامية ودولة أخرى غير مسلمة، إلا أننا نقول بجوازه استنادا إلى أن نظام التحكيم هو أحد الطرق السليمة لفض المنازعات الدولية، وطبقًا للقواعد العامة ومنها حرص الإسلام على مبدأ السلام ورجاء الخير والصلاح، وحقن الدماء، كما يبدوا في قول الله ﷺ: ﴿وَإِن جَنَحُواْ لِلسَّلْمِ فَٱجْنَحْ لَهَا وَتَوَكَّلْ عَلَى ٱللَّهِ إِنَّهُ هُوَ ٱلسَّمِيعُ ٱلْعَلِيمُ﴾ [3].

وإذا كان الفقهاء قد أقروا الصلح على مال يدفعه المسلمون في حالات الحاجة والمصلحة، فمن باب أولى القول بمشروعية التحكيم إذا اقتضت ذلك مصلحة المسلمين [4].

---

(١) يراجع قواعد العلاقات الدولية في القانون الدولي والشريعة الإسلامية، د/ جعفر عبد السلام، ص (٦٧٩) وما بعدها.

(٢) يراجع أحكام أسرى الحرب دارسة مقارنة بالشريعة الإسلامية، د/ هاني بن علي الطهراوي، ص (٢١٤).

(٣) سورة الأنفال آية (٦١).

(٤) مرجع سابق، د/ وهبه الزحيلي، ص (٧٦١ زما بعدها).

ويذهب فضيلة الدكتور/ عبد اللطيف عامر إلى أنه إذا وقعت الجناية على أسير بأن رمى أحد المسلمين فى بلاد الحرب فأصاب أسيرًا مسلمًا ولم يكن يقصد رميه فعليه تحرير رقبة وليس عليه الدية، وإن رآه وعرف مكانه ورمى وهو مضطر إلى الرمى فقتله فعليه الدية والكفارة[1].

وجناية الأسير إما أن تقع على أسير مسلم مثله، وإما أن تقع على العدو الذى أسره فردًا كان أم دولة، فإذا جنى على أخيه وهو يملك ألا يجنى عليه، وإذا تعمد قتله وقد كان يستطيع أن يتجنب ذلك، فإنه يعامل كما لو كان حرًّا، وكما لو وقعت منه جنايته وهو فى دار الإسلام[2].

ويترتب على أسر جنود الأعداء أنهم يصبحون فى حماية الدولة الإسلامية وللإمام وحده حق التصرف والبت فى أمرهم، فإذا حدث وأن تعرض أسرى الحرب لأى أذى أو سوء معاملته فإن الفاعل يتحمل مسئولية فعله ويكون عرضة للعقاب، فالمعتدى مسؤولاً ويتحمل تبعة فعله، وتتدرج عقوبته

بحسب جسامة الفعل الذي ارتكبه بحق الأسير وما لحق به من ضرر، فالغلظة والقسوة في معاملة الأسير أو ضربه أو الانتقاص من حقوقه كحرمانه من الطعام أو الشراب قد يترتب عليه إيقاع العقوبة التعزيرية التي يقررها القاضي المسلم، والعقوبات التعزيرية تشمل السجن، الجلد، النفي، والغرامة أي التعويض المالي[3].

أما إذا حدث وأن تعرض الأسير للقتل فإن مرتكب هذه الجريمة يكون عرضة لأشد العقوبات، وذلك حماية لحرمة دم الأسير، وذلك عملاً بعموم الأدلة الواردة فى الكتاب والسنة وفعل الصحابة ﷺ ولقول النبى ﷺ عن بريدة ﷺ – قال: كان رسول الله ﷺ. إذا أمر

---

(١) يراجع: أستاذنا الدكتور/ عبد اللطيف عامر، احكام الأسرى والسبايا في الحروب الإسلامية، ص (٢٤٨).

(٢) مرجع سابق، ص (٢٤٩).

(٣) حماية الأسرى بين الشريعة الإسلامية واتفاقيات جنيف، عثمان رزوق، رسالة ماجستير، في العلوم الإسلامية، ١٤٣٨ ه، ٢٠١٧م.

أميرا على جيش أو سرية أوصاه في خاصته بتقوى الله ومن معه من المسلمين خيرا، ثم قال: «اغزوا باسم الله في سبيل الله، قاتلوا من كفر بالله، اغزوا ولا تغلوا ولا تغدروا ولا تمثلوا ولا تقتلوا وليدا. وإذا لقيت عدوك من المشركين فادعهم إلى ثلاث خصال (أو خلال)، فأيتهن ما أجابوك فاقبل منهم وكف عنهم، ثم ادعهم إلى الإسلام، فإن أجابوك فاقبل منهم وكف عنهم»(١). ومن الغدر قتل الأسير بعد أن أصبح مجردًا من السلاح.

كما أن في ذلك مخالفة صريحة لقول النبي ﷺ يوم الفتح: "ألا لا يجهزن على جريح، ولا يتبعن مدبر، ولا يقتلن أسير، ومن أغلق بابه فهو آمن" وهذا ظاهر في دخولها عنوة، ومن خالف ذلك واعتل بأنه ﷺ لم يحكم فيها بحكم العنوة من الغنم لها واسترقاق أهلها فلم تكن عنوة، فقد يدعى تخصيصها بذلك كما خصت بغير ذلك(٢).

وبما أن الأسير يكون في أمان من القتل أو الاعتداء عليه فقد توعد سيدنا عمر ﷺ القاتل بالقتل حيث قال «والله، لو أن أحدكم أشار بأصبعه إلى السماء إلى مشرك، فنزل إليه على ذلك فقتله، لقتلته به»(٣).

لأن القتل لا يكون إلا للقاتل وفي أثناء المعركة، أما إذا ألقى هذا المقاتل سلاحه واستسلم فإنه يصبح أسيرا، ويكون في أمان من القتل، ويجب على المسلمين إعطاء الأمان في ميدان القتال إذا طلب العدو ذلك، سواء أكان لفرد أم جماعة من الأفراد ولو كانوا أهل حصن تحصنوا به وهو يتحقق ولو بالإشارة، بل لقد اعتبر الخليفة عمر ﷺ أن من الأمان أن تقول

---

(١) موسوعة الفقه الإسلامي، لمحمد بن إبراهيم بن عبد الله، الجزء (٥)، ص (٤٥٢)، الطبعة: الأولى، ١٤٣٠ هـ - ٢٠٠٩ م، وأخرجه مسلم برقم (١٧٣١).

(٢) التوضيح لشرح الجامع الصحيح، باب قتل الأسير، الجزء (١٨)، ص (٢٦٣)، الطبعة: الأولى، ١٤٢٩هـ - ٢٠٠٨ م، وأيضًا كتاب "الأموال" ص(٧٠).

(٣) الشرح الصغير على أقرب المسالك للدردير: ٢ / ٢٨٨، سنن سعيد بن منصور، ح (٢٥٩٧)، ص (٢٧٠)، الجزء (٢)، الطبعة: الأولى، ١٤٠٣هـ -١٩٨٢م.

لعدوك « لا تخف » وقد بلغه أن بعض المجاهدين قال لمقاتل من الفرس لا تخف، ثم قتله، فكتب إلى قائد الجيش: إنه بلغني أن رجالاً منكم يطلبون العلج[1] حتى إذا اشتد في الجبل وامتنع يقول لا تخف، فإذا أدركه قتله، وإني والذي نفسي بيده لا يبلغني أن أحدا فعل ذلك إلا قطعت عنقه»[2].

ومما سبق يتضح لنا أن المعتدى مسئولاً ويتحمل تبعة فعله، وتتدرج عقوبته بحسب جسامة الفعل الذى ارتكبه بحق الأسير وما لحق به من ضرر، وحماية لكرامة الإنسان لقول الله ﷺ: ﴿وَلَقَدْ كَرَّمْنَا بَنِي ءَادَمَ وَحَمَلْنَاهُمْ فِي ٱلْبَرِّ وَٱلْبَحْرِ وَرَزَقْنَاهُم مِّنَ ٱلطَّيِّبَاتِ وَفَضَّلْنَاهُمْ عَلَىٰ كَثِيرٍ مِّمَّنْ خَلَقْنَا تَفْضِيلًا﴾[3].

إعمالاً لمبدأ العدالة والذى أقره النبى ﷺ وذلك في شأن المرأة المخزومية التى سرقت فعن عروة عن عائشة . أن قريشا أهمهم شأن المرأة المخزومية التى سرقت، فقال ومن يكلم فيها رسول الله . ﷺ. فقالوا ومن يجترئ عليه إلا أسامة بن زيد، حب رسول الله . ﷺ.، فكلمه أسامة، فقال رسول الله . ﷺ. «أتشفع فى حد من حدود الله». ثم قام فاختطب، ثم قال «إنما أهلك الذين قبلكم أنهم كانوا إذا سرق فيهم الشريف تركوه، وإذا سرق فيهم الضعيف أقاموا عليه الحد، وايم الله، لو أن فاطمة ابنة محمد سرقت لقطعت يدها»[4].

وعليه فالجزاء المترتب على مخالفة أحكام معاملة أسرى الحرب فى الفقه الإسلامى لا يخرج عن إحدى ثلاث: تعويض الضرر، حق القصاص، وحق المعاملة بالمثل.

____

(١) والعلج: أى الرجل المقاتل الرومى أو الفارسى، وقيل هو حمار الوحش، وبه يشبه الرجل الأعجمي.

(٢) يراجع العلاقات الدولية في الإسلام، د/ محمد أبو زهرة، ص (١١٤)، وأيضا أحكام أسرى الحرب دارسة مقارنة بالشريعة الإسلامية، د/ هانى بن على الطهراوى، ص (٢١٧).

(٣) سورة الإسراء آية (٧٠).

(٤) أخرجه البخاري (٤ / ١٧٥) ح رقم (٣٤٧٥) (ك) أحاديث الأنبياء (ب) حديث الغار.

أولاً : تعويض الضرر:

وتحريم الضرر ثابت بقول النبى ﷺ "لا ضرر ولا ضرار، وللرجل أن يجعل خشبة في حائط جاره، والطريق الميتاء سبعة أذرع"[1].

وقوله لا ضرر، الضرر ضد النفع يقال ضره يضره ضرا وضرارا وأضر به يضر إضرارا، ومعناه لا يضر الرجل أخاه فينقصه شيئا من حقه، والضرار فعال من الضر أي لا يجازيه بإضرار بإدخال الضر عليه فالضر ابتداء الفعل والضرار الجزاء عليه (قلت) يبعده جواز الانتصار لمن ظلم، وقيل الضرر ما تضر به صاحبك وتنتفع أنت به، والضرار أن تضره من غير أن تنتفع وقيل هما بمعنى، وتكرارهما للتأكيد، وقد دل الحديث على تحريم الضرر لأنه إذا نفى على ذاته دل على النهي عنه لأن النهي لطلب الكف عن الفعل وهو يلزم منه عدم ذات الفعل فاستعمل اللازم في الملزوم، وتحريم الضرر معلوم عقلا وشرعا إلا ما دل الشرع على إباحته رعاية للمصلحة التي تربو على المفسدة، وذلك مثل إقامة الحدود ونحوها وذلك معلوم في تفاصيل الشريعة، ويحتمل أن لا تسمى الحدود من القتل والضرب ونحوه ضررا من فاعلها لغيره لأنه إنما امتثل أمر الله له بإقامة الحد على العاصي فهو عقوبة من الله تعالى لا أنه إنزال ضرر من الفاعل، ولذا لا يذم الفاعل لإقامة الحد بل يمدح على ذلك[2].

والإسلام نهى عن الضرر فى كل صوره وأيًا كان مصدره، بل قنن من القواعد الأصولية ما يستوجب إزالة الضرر، ومن هذه القواعد " الضرر يزال " أي تجب إزالته، لأن الأخبار في كلام الفقهاء للوجوب، وهذه هي القاعدة الثانية من القواعد الثلاث الأصول المسوقات بشأن الضرر، من حظر إيقاعه، ووجوب إزالته بعد الوقوع[3].

---

(١) مسند الإمام أحمد بن حنبل، ح رقم (٢٨٦٧)، الجزء ٣، ص (٢٦٧).

(٢) سبل السلام، محمد بن إسماعيل بن صلاح بن محمد الحسني، باب تحريم الضرر، الجزء ٢، ص (١٢٢).

(٣) شرح القواعد الفقهية، أحمد بن الشيخ محمد الزرقا، الجزء الأول، ص (١٧٩)، الطبعة: الثانية: ١٤٠٩هـ – ١٩٨٩م.

* والضرر لا يزال بالضرر أو بمثله وإزالة الضرر واجبة عند وقوعه، والأصل أن الضرر يجب إزالته ورفعه بدون ضرر لكن إن لم يمكن إزالته إلا بضرر فإن كان الضرر الناتج عن إزالة الضرر أقل منه جاز رفع الأشد بالأخف[١]. لكن إذا كان الضرر المتوقع مثل الضرر المراد إزالته فلا يجوز إزالته؛ لأنه يكون تحصيل حاصل، واشتغال بها لا فائدة فيه، فأن لا يزال الضرر الواقع بضرر أشد منه أشد منعا بطريق الأولى.

وإذا كان الضرر واجب الإزالة فإنه يتعين أن يزال بحيث لا يكون هنالك ضرر من الإزالة، حيث يجب على من ناله ضرر أن يزيله بطريقة سليمة لا ضرر فيها متى كان ذلك ممكنا فهذه القاعدة التى تقول «الضرر لايزال بالضرر» تعتبر قيدًا أورده فقهاء الشريعة على مبدأ إزالة الضرر فكأنهم صاغوه فى صورته الكلية بقولهم «الضرر يزال بغير الضرر»[٢].

* وأيضًا الضرر الأكبر يدفع بالضرر الأدنى، والحكم يتبع أخف الضررين كما هي القاعدة الشرعية.

بمعنى أنه إن لم يكن أمام المرء بُد من تحمل أحد الضررين فليرتكب أخفهما تجنبًا لا شدهما.

وذهب الدكتور/ يوسف قاسم إلى أن: هذه القاعدة جاءت من قبيل الإيضاح لمبدأ إزالة الضرر، وإلا فإن ذلك المبدأ يكفى بذاته للقول بمضمونها من غير حاجة إلى النص عليها صراحة[٣].

وعليه فإن الإسلام نهى عن الضرر فى كل صوره ومصادره وجعل من مقاصده ومن جملة قواعده الأصولية إزالة الضرر، وأحد وسائل الضرر هى التعويض عن جملة الأضرار التى

---

(١) يراجع موسوعة القواعد الفقهية، محمد صدقي بن أحمد بن محمد، الجزء (٦)، ص (٢٥٧)، الطبعة: الأولى، ١٤٢٤ هـ - ٢٠٠٣ م.

(٢) يراجع د/ يوسف قاسم، في نظرية الضرورة، ص (١١٤).

(٣) المرجع السابق، نظرية الضرورة، للدكتور/ يوسف قاسم، ص (١١٦).

لحقت المضرور سواء الأضرار المادية أو الأدبية، لذا عد تعويض الضرر أحد الجزاءات المقررة عن الإخلال بأحكام معاملة أسرى الحرب، وغالبًا ما تلجأ الدول لمثل هذه الجزاءات لجبر الأضرار التى لحقتها من جراء إخلال الأطراف الأخرى بالتزاماتها التى تتعلق باحترام أسرى الحرب وتوفير المعاملة الإنسانية اللائقة بهم.

وقد سبق وأن بينا أن الإسلام عرف تعويض الضرر كأحد الجزاءات المقررة عن الإخلال بقواعد معاملة أسرى الحرب، ومنها فعل خالد بن الوليد ﷺ مع بنى جذيمة، وقول النبى ﷺ «اللَّهم إنى ابرأ إليك مما صنع خالد بن الوليد»[1] وغيرها من صور تعويض الضرر تم توضيحها من قبل وذلك منعًا للتكرار.

ثانيًا: مبدأ المعاملة بالمثل:

والمعاملة بالمثل حق ثابت بالكتاب والسنه ففى الكتاب يقول الله ﷻ: ﴿وَإِنْ عَاقَبْتُمْ فَعَاقِبُوا بِمِثْلِ مَا عُوقِبْتُم بِهِ وَلَئِن صَبَرْتُمْ هُوَ خَيْرٌ لِّلصَّابِرِينَ﴾[2]. وفى النص دليل شرعى على مشروعية المعاملة بالمثل في الحقوق والعقوبات وعن المجازاة والمماثلة.

وهو مبدأ أول ما جاء، إنما جاء به الإسلام، فليس من المعقول أن يأخذ عدو لي أولادي يسخرهم عنده لما يريد، وأنا أطلق أولاده الأسرى عندي، ولكن المعاملة بالمثل فإن منوا نُمنّ، وإن فدوا نفد[3]. ويشاء الحق سبحانه وتعالى أن يجعل الرق الناشيء عن الأسر مقيدًا في قوله تعالى: ﴿مَا كَانَ لِنَبِيٍّ أَن يَكُونَ لَهُ أَسْرَىٰ حَتَّىٰ يُثْخِنَ فِي الْأَرْضِ تُرِيدُونَ عَرَضَ الدُّنْيَا وَاللَّهُ يُرِيدُ الْآخِرَةَ وَاللَّهُ عَزِيزٌ حَكِيمٌ﴾[4].

____

(١) سبق تخريجه.

(٢) سورة النحل آية (١٢٦).

(٣) تفسير الشعراوي، محمد متولي الشعراوي (المتوفى: ١٤١٨هـ)، الجزء (٨)، ص (٤٨١٠).

(٤) سورة الأنفال آية رقم (٦٧).

ولهذا قال العلماء: إذا مثّلوا بنا مثّلنا بهم؛ وإذا قطعوا نخيلنا قطعنا نخيلهم مثلاً بمثل سواءً بسواء.

وذكر ابن كثير فى تفسيره: بأمر الله تعالى بالعدل فى الاقتصاص والمماثلة فى استيفاء الحق[1].

ولكن إذا نظرنا إلى سماحة الإسلام التي تأمر بالحفاظ على حقوق الإنسان وكرامته ولو كان أسيرا من ألد الأعداء، نجد أنه من الأركان المهمة في الفتوحات الإسلامية " عدم تجاوز ضرورات الحرب"، وعندما يقعد الإسلام لمبدأ المعاملة بالمثل كما في الآية الكريمة: ﴿وَإِنْ عَاقَبْتُمْ فَعَاقِبُوا بِمِثْلِ مَا عُوقِبْتُم بِهِ وَلَئِن صَبَرْتُمْ لَهُوَ خَيْرٌ لِّلصَّابِرِينَ﴾ [2]، فإن هذا المبدأ " عدم تجاوز ضرورات الحرب" يعد قيدا مهما على قاعدة "المعاملة بالمثل "، إذ لا خيار للمسلم في عدم الالتزام بالمعايير الأخلاقية الإسلامية في معاملة العدو، وإن كان العدو لم يلتزم بها. ولا خيار للمسلم في عدم الوقوف عند حدود الله، وإن كان عدوه المحارب تجاوز هذه الحدود، فإذا مثل محاربو المسلمين بالقتلى؛ فلا يجوز للمسلمين معاملتهم بالمثل، وإذا قتل الأعداء نساء المسلمين وصبيانهم أو غير المقاتلين منهم؛ فلا يجوز للمسلمين أن يقتلوا نساء الأعداء أو صبيانهم أو غير المقاتلين منهم[3].

ومن الأدلة أيضًا على مبدأ المعاملة بالمثل قول الله ﷺ: ﴿فَمَنِ اعْتَدَىٰ عَلَيْكُمْ فَاعْتَدُوا عَلَيْهِ بِمِثْلِ مَا اعْتَدَىٰ عَلَيْكُمْ وَاتَّقُوا اللَّهَ وَاعْلَمُوا أَنَّ اللَّهَ مَعَ الْمُتَّقِينَ﴾ [4].

أن الآية نزلت بعد عقابهم، ولم يعف عنهم كعادته ؛ لئلا يتجرأ على مثل فعلتهم أمثالهم من أعراب المشركين وغيرهم، فأراد بذلك القصاص وسد الذريعة، وأن الله تعالى أنزل الآية

---

(١) تفسير ابن كثير، الجزء (٤)، ص (٥٣٣).

(٢) سورة النحل آية (١٢٦).

(٣) مجلة البحوث الإسلامية، باب المبادئ الحربية آراء، الجزء (٩٣)، ص (٣٠٧).

(٤) سورة البقرة آية رقم (١٩٤).

بهذا التشديد في العقاب على مثل هذا الإفساد لهذه الحكمة؛ وهي سد ذريعة هذه المفسدة، ولكنه حرم مع ذلك كله المثلة؛ وهي تشويه الأعضاء، ولا مفسدة أشد وأقبح من سلب الأمن على الأنفس والأعراض والأموال الناطقة والصامتة. فرب عصبة من المفسدين تسلب الأمان والاطمئنان من أهل ولاية كبيرة، ورب عصبة مفسدة تعاقب بهذه العقوبات المنصوصة في الآية فتطهر الأرض من أمثالها زمنا طويلا[1].

وقد رجح الجمهور أن القاتل يقتل بما قتل به، وتمسكوا بالآيتين السابقتين، قال ابن كثير رحمه الله في "تفسيره": "يأمر - تعالى - بالعدل والاقتصاد والمماثلة في استيفاء الحق"[2].

وقال الجصاص في عموم نظرية المعاملة بالمثل في قوله تعالى: ﴿فَمَنِ ٱعْتَدَىٰ عَلَيْكُمْ فَٱعْتَدُوا۟ عَلَيْهِ بِمِثْلِ مَا ٱعْتَدَىٰ عَلَيْكُمْ وَٱتَّقُوا۟ ٱللَّهَ وَٱعْلَمُوٓا۟ أَنَّ ٱللَّهَ مَعَ ٱلْمُتَّقِينَ﴾[3]. عموم في أن من استهلك لغيره ما لا كان عليه مثله وذلك المثل ينقسم إلى وجهين أحدهما مثله في جنسه وذلك في المكيل والموزون والمعدود والآخر مثله في قيمته لأن النبي ﷺ قضى في عبد بين رجلين أعتقه أحدهما وهو موسر أن عليه ضمان نصف قيمته فجعل المثل اللازم بالاعتداء هو القيمة فصار أصلا في هذا الباب وفي أن المثل قد يقع على القيمة ويكون اسما لها ويدل على أن المثل قد يكون اسما لما ليس هو من جنسه إذا كان في وزانه وعروضه في المقدار المستحق من الجزاء أن من اعتدى على غيره بقذف لم يكن المثل المستحق عليه أن يقذف بمثل قذفه بل يكون المثل المستحق عليه هو جلد ثمانين وكذلك لو شتمه بما دون القذف كان عليه التعزير

---

(١) تفسير القرآن الحكيم (تفسير المنار)، الجزء (٦)، ص (٢٩٣)، الهيئة المصرية العامة للكتاب الطبعة: ١٩٩٠م.

(٢) الموسوعة الفقهية الميسرة في فقه الكتاب والسنة المطهرة، باب بم يكون القصاص، الجزء (٦)، ص (١٨٢)، الطبعة: الأولى، من ١٤٢٣ - ١٤٢٩ﻫ.

(٣) سورة البقرة آية رقم (١٩٤).

وذلك مثل لما نال منه فثبت بذلك أن اسم المثل قد يقع على ما ليس من جنسه بعد أن يكون في وزانه وعروضه في المقدار المستحق من طريق الجزاء[1].

وفى الحروب الإسلامية نجد أنه قد جرى أعمال حق المعاملة بالمثل كأساس للجزاء المترتب على الإخلال بأحكام معاملة أسرى الحرب خصوصًا، والإخلال بقواعد الحرب وسلوك المحاربين أثناء القتال عمومًا، ومن أوضح صور المعاملة بالمثل كجزاء فى الحرب الصور الآتية::

٭ (إطلاق أبي بن مالك من يد مروان وشعر الضحاك في ذلك): قال ابن إسحاق: « وقد كانت ثقيف أصابت أهلا لمروان بن قيس الدوسي، وكان قد أسلم، وظاهر رسول الله –ﷺ– على ثقيف، فزعمت ثقيف، وهو الذي تزعم به ثقيف أنها من قيس: أن رسول الله –ﷺ– قال لمروان بن قيس: خذ يا مروان بأهلك أول رجل من قيس تلقاه، فلقي أبي بن مالك القشيري، فأخذه حتى يؤدوا إليه أهله، فقام في ذلك الضحاك بن سفيان الكلابي، فكلم ثقيفا حتى أرسلوا أهل مروان، وأطلق لهم أبي بن مالك، فقال الضحاك بن سفيان في شيء كان بينه وبين أبي بن مالك::...»[2].

ويتضح مما سبق: جواز اتخاذ الرهائن وأخذهم للتمكن من إطلاق سراح ما بأيدى الخصم من نفوس، فقد رأينا أن مروان بن قيس أخذ بأهله المحتجزين لدى ثقيف أول رجل من قيس لكى يدفع ثقيف إلى قبول المبادلة بين الفرقين، وهذا الفعل من مروان إنما ردًا على اعتداء ثقيف باحتجاز أهله فكانت المماثلة فى رد الاعتداء هى الاساس لتسوية حقوق أحد الطرفين لدى الطرف الآخر وهذا مبدأ المعاملة بالمثل.

———————————————

(١) أحكام القرآن للجصاص، أحمد بن علي أبو بكر الرازي الجصاص الحنفي (المتوفى: ٣٧٠هـ)، الجزء الأول، ص (٣٢٦)، الطبعة: ١٤٠٥هـ.

(٢) السيرة النبوية لابن هشام، باب (إطلاق أبي بن مالك من يد مروان وشعر الضحاك في ذلك)، الجزء (٢)، ص (٤٨٥ وما بعدها)، الطبعة: الثانية، ١٣٧٥هـ – ١٩٥٥م.

* وعن أبي قلابة، عن أبي المهلب، عن عمران بن حصين، قال: « كانت العضباء لرجل من بني عقيل وكانت من سوابق الحاج، قال: فأسر فأتى النبي ﷺ وهو في وثاق والنبي ﷺ على حمار عليه قطيفة، فقال: يا محمد علام تأخذني، وتأخذ سابقة الحاج قال: «نأخذك بجريرة حلفائك ثقيف» قال: وكان ثقيف قد أسروا رجلين من أصحاب النبي ﷺ، قال: وقد قال: فيها قال: وأنا مسلم. أو قال: وقد أسلمت. فلما مضى النبي ﷺ قال أبو داود: " فهمت هذا من محمد بن عيسى ناداه يا محمد يا محمد قال: وكان النبي ﷺ رحيما رفيقا فرجع إليه فقال: «ما شأنك؟ » قال: إني مسلم، قال: «لو قلتها وأنت تملك أمرك أفلحت كل الفلاح» قال أبو داود: ثم رجعت إلى حديث سليمان " قال: يا محمد إني جائع فأطعمني، إني ظمآن فاسقني، قال: فقال النبي ﷺ: «هذه حاجتك» أو قال: «هذه حاجته»، ففودي الرجل بعد بالرجلين، قال: وحبس رسول الله ﷺ العضباء لرحله، قال: فأغار المشركون على سرح المدينة فذهبوا بالعضباء، قال: فلما ذهبوا بها، وأسروا امرأة من المسلمين.... »[1].

ودل هذا الحديث على استظهار المعاملة بالمثل، فالعقيلي سأل النبي ﷺ (علام تأخذني) فقال النبي ﷺ «نأخذك بجريرة حلفائك ثقيف» وكانت ثقيف حلفاء بني عقيل فعدوا على رجلين من أصحاب الرسول ﷺ فأسروهما فكان أسر العقيلي ردًا بالمثل على أسر الرجلين المسلمين لذا فودى بهما وهذا جوهر المعاملة بالمثل.

ثالثًا: حق القصاص

والقصاص مأخوذ من قص الأثر وهو اتباعه، ومنه القاص لأنه يتبع الآثار والأخبار. وقص الشعر اتباع أثره، فكأن القاتل سلك طريقا من القتل فقص أثره فيها ومشى على سبيله في ذلك، ومنه قول الله ﷻ: ﴿فَٱرۡتَدَّا عَلَىٰٓ ءَاثَارِهِمَا قَصَصٗا﴾[2].

____

(١) سنن أبي داود، باب في النذر فيما لا يملك، ح رقم (٣٣١٦)، الجزء (٣)، ص (٢٣٩).
(٢) سورة الكهف آية رقم (٦٤).

وقيل: القص القطع، يقال: قصصت ما بينهما. ومنه أخذ القصاص، لأنه يجرحه مثل جرحه أو يقتله به، يقال: أقص الحاكم فلانا من فلان وأباءه به فأمثله فامتثل منه، أي اقتص منه[١].

صورة القصاص هو أن القاتل فرض عليه إذا أراد الولي القتل الاستسلام لأمر الله والانقياد لقصاصه المشروع، وأن الولي فرض عليه الوقوف عند قاتل وليه وترك التعدي على غيره، كما كانت العرب تتعدى فتقتل غير القاتل وهو معنى قوله عليه السلام: (إن من أعتى الناس على الله يوم القيامة ثلاثة رجل قتل غير قاتله ورجل قتل في الحرم ورجل أخذ بذحول الجاهلية)[٢].

والأصل فى القصاص قول الله ﷻ: ﴿يَٰأَيُّهَا ٱلَّذِينَ ءَامَنُواْ كُتِبَ عَلَيۡكُمُ ٱلۡقِصَاصُ فِي ٱلۡقَتۡلَى ٱلۡحُرُّ بِٱلۡحُرِّ وَٱلۡعَبۡدُ بِٱلۡعَبۡدِ وَٱلۡأُنثَىٰ بِٱلۡأُنثَىٰ﴾[٣].

وكتب معناها فرض فرضا مؤكدا مسجلا، لا مرية فيه، والفرضية على الجماعة الإسلامية كلها، فيفرض على الحاكم أن يقتص من القاتل أو المقتول بشكل عام، وفرض على القاتل أن يقدم نفسه، وفرض على ولي الدم أن يطالب بالدم، أو يعفو حتى لا يطل دم قط في الإسلام، وفرض على الجماعة كلها أن يعين ولي الدم ليقتص القاضي من المعتدي، ولو كان ولي الأمر، فقد قرر الفقهاء على ضوء هذه الآية أن ولي الأمر، ولو كان الجامعة الأعظم إذا قتل شخصا بغير حق، وأراد ولي الأمر القصاص وجب على الأمة مجتمعة أن تعينه على القصاص فإنه لا يطل دم قط في الإسلام[٤].

---

(١) يراجع تفسير القرطبي، باب سورة البقرة، الجزء (٢)، ص (٢٤٥)، الطبعة: الثانية، ١٣٨٤ه – ١٩٦٤م.

(٢) المرجع السابق.

(٣) سورة البقرة آية رقم (١٧٨).

(٤) زهرة التفاسير، لمحمد بن أحمد بن مصطفى المعروف بأبي زهرة (المتوفى: ١٣٩٤ه)، الجزء الأول، ص (٥٣٢).

كما قال إمام الهدى علي بن أبي طالب كرم الله تعالى وجهه والقصاص مصدر قاص، وهو المساواة وتتبع الأثر، وقد كتبه الله تعالى بأن يؤخذ الجاني بما جنى، وتكون العقوبة مساوية للجريمة، وأساس الإسلام في قواعده العامة، وإن ذلك هو العدل، وهو أردع للجاني؛ لأنه إذا علم أنه سينزل مثل ما نزل بالجاني، فإنه يتردد في الارتكاب ثم يعدل، ولقد قال بعض علماء الاجتماع والقانون: إن العقوبة إذا اشتقت من الجريمة كانت رادعة إذ تجعل المجرم يحس بأنه نازل به مثل إجرامه[1].

وقال الجمهور: إن الله قد أوجب أولا المساواة في القصاص، ثم بين المساواة المعتبرة، فأوضح أن الحر يساويه الحر، والعبد يساويه العبد، والأنثى تساويها الأنثى، لكن جاء الإجماع مستندا إلى السنة النبوية على أن الرجل يقتل بالمرأة[2].

وذهب الحنفية: إلى أن هذه الآية نزلت للرد على ما كان يفعله بعض القبائل، من أنهم يأبون أن يقتلوا في عبدهم إلا حرا، وفي امرأتهم إلا رجلا، فأبطل ما كان من الظلم، وأكد فرض القصاص على القاتل دون غيره، فليس في الآية دلالة على أنه لا يقتل الحر بالعبد، أو أنه لا يقتل الرجل بالمرأة، لأن الله أوجب قتل القاتل بصدر الآية: ﴿يَٰٓأَيُّهَا ٱلَّذِينَ ءَامَنُواْ كُتِبَ عَلَيْكُمُ ٱلْقِصَاصُ فِي ٱلْقَتْلَى ٱلْحُرُّ بِٱلْحُرِّ وَٱلْعَبْدُ بِٱلْعَبْدِ وَٱلْأُنثَىٰ بِٱلْأُنثَىٰ﴾[3] وهذا يعم كل قاتل، سواء أكان حرا قتل عبدا أم غيره، وسواء أكان مسلما قتل ذميا أم غيره. ثم جاءت آية: الْحُرُّ بِٱلْحُرِّ...لبيان ما تقدم ذكره على وجه التأكيد[4].

---

(1) المرجع السابق، زهرة التفاسير في ذات الموضع.

(2) التفسير المنير في العقيدة والشريعة والمنهج، د وهبة بن مصطفى الزحيلي، باب قتل الحر بالعبد والمسلم بالكافر، الجزء ٢، ص (١١٠)، الطبعة: الثانية، ١٤١٨ هـ.

(3) سورة البقرة آية رقم (١٧٨).

(4) التفسير المنير الزحيلي، المرجع السابق.

وقال الجصاص في تفسيره: هذا كلام مكتف بنفسه غير مفتقر إلى ما بعده ألا ترى أنه لو اقتصر عليه لكان معناه مفهوما من لفظه واقتضى ظاهره وجوب القصاص على المؤمنين في جميع القتلى والقصاص هو أن يفعل به مثل ما فعل به من قولك اقتص أثر فلان إذا فعل مثل فعله[1].

والقصاص مكتوبا عليهم إلا وهم قاتلون فاقتضى وجوب القصاص على كل قاتل عمدا بحديدة إلا ما خصه الدليل سواء كان المقتول عبدا أو ذميا ذكرا أو أنثى لشمول لفظ القتلى للجميع وليس توجيه الخطاب إلى المؤمنين بإيجاب القصاص عليهم في القتلى بموجب أن يكون القتلى مؤمنين لأن علينا اتباع عموم اللفظ ما لم تقم دلالة الخصوص وليس في الآية ما يوجب خصوص الحكم في بعض القتلى دون بعض[2].

وذهب الشافعي: إلى أن القصاص إنما يكون ممن فعل ما فيه القصاص لا ممن لم يفعله فأحكم الله . عز ذكره . فرض القصاص في كتابه وأبانت السنة لمن هو وعلى من هو وقال الشافعي أخبرنا إبراهيم بن محمد عن جعفر بن محمد عن أبيه عن جده قال «وجد في قائم سيف رسول الله . ﷺ . كتاب إن أعدى الناس على الله القاتل غير قاتله والضارب غير ضاربه ومن تولى غير مواليه فقد كفر بها أنزل الله على محمد ﷺ . »، قال رسول الله . ﷺ. من اعتبط مؤمنا بقتل فهو قود به إلا أن يرضى ولي المقتول فمن حال دونه فعليه لعنة الله وغضبه لا يقبل منه صرف ولا عدل»[3].

والأصل عدم جواز اتخاذ الأسرى هدفًا لأعمال القصاص والانتقام والثأر الجماعية والفردية، حيث نجد ذلك في حادثة خالد بن الوليد ﷺ مع بني جذيمة وتبرأ النبي ﷺ من فعل

---

(١) أحكام القرآن للجصاص، باب القصاص، الجزء الأول، ص (١٦٤)، تاريخ الطبع: ١٤٠٥ هـ.

(٢) المرجع السابق، الجزء الأول، ص (١٦٥)، مرجع سابق.

(٣) الأم للشافعي، باب جماع إيجاب القصاص في العمد، الجزء (٦)، ص (٤ وما بعدها).

خالد ثلاثًا، إلا أن حق القصاص جرى أعماله كجزاء عن الإخلال بأحكام معاملة أسرى الحرب.

وعليه فإنها عدالة الإسلام التى تأمر بالحفاظ على حقوق الإنسان وكرامته ولو كان أسيرًا من ألد الأعداء، لقول الله ﷻ: ﴿وَلَا يَجْرِمَنَّكُمْ شَنَآنُ قَوْمٍ عَلَى أَلَّا تَعْدِلُوا اعْدِلُوا هُوَ أَقْرَبُ لِلتَّقْوَى وَاتَّقُوا اللَّهَ إِنَّ اللَّهَ خَبِيرٌ بِمَا تَعْمَلُونَ﴾[1].

وهكذا تدعوا الشريعة الإسلامية أتباعها للالتزام بما ورد فيها من نصوص وأحكام، وتحذرهم من مخالفتها، وتقرر الجزاء الرادع، والعقوبة الصارمة بحق أولئك المعتدين الذين ينتهكون أحكامها[2].

وقد التزم المسلمون في حروبهم بهذه المبادئ والأحكام، وضربوا مثلاً أعلى يحتذى به في معاملتهم لأسراهم، بينما نجد في عصرنا هذا أن كثيرًا من الدول المتحاربة تخالف نصوص اتفاقيات جنيف، وتخرق أحكامها، وتنتقم ممن بيدها من الأسرى، وتنكل بهم، وبل ربما وصل الأمر إلى استباحة دمائهم وإزهاق أرواحهم.

❋ ❋ ❋

---

(١) سورة المائدة آية (٨).

(٢) يراجع: أيضا أحكام أسرى الحرب دارسة مقارنة بالشريعة الإسلامية، د/ هانى بن على الطهراوى، ص (٢١٧).

المبحث الرابع – المسئولية الدولية المترتبة على الإخلال بمعاملة أسرى الحرب في القانون الدولى

المطلب الأول : ماهية المسئولية الدولية في القانون الدولى

تعد المسئولية الدولية بمثابة الجزاء القانوني الذى يرتبه القانون الدولى على عدم احترام أحد أشخاص هذا القانون لالتزاماته الدولية، لذلك فإن المسئولية الدولية تشمل جانب الدولة التى تعتبر شخص القانون الدولى الرئيسى، والمنظمات الدولية بعد الاعتراف لها بالشخصية القانونية الدولية في حدود نطاق المبادئ والأهداف التى أنشأ من أجلها القانون من حيث تمتعها بالحق في أن تكون مدعية أو مدعى عليها، وذلك بسبب الأضرار التى تلحقها بالأشخاص الدولية الأخرى أو تلحق بمصالحها، فإذا أخلت الدولة بأحكام معاهدة هى طرف بها وسبق لها أن صادقت عليها فإنها تتحمل المسئولية الدولية الناشئة عن هذا الإخلال، ويجب عليها الإلتزام بتعويض الدولة التى لحقها ضرر بسبب الانتهاك الذى قامت به[1].

وقد أقرت اتفاقية لاهاى الرابعة لعام ١٩٠٧م الخاصة بقواعد الحرب البرية مبدأ المسئولية الدولية، إذ نصت في المادة (٣) منها على أن: «الدولة التى تحل بأحكام الاتفاقية تلتزم بالتعويض إن كان لذلك محل، وهى تكون مسئولة عن كل الأفعال التى تقع من أى فرد من أفراد قوتها المسلحة»[2].

كما حدد المؤتمر الثالث للجنة تقنين القانون الدولى بلاهاى عام ١٩٣٠م المسئولية الدولية على أساس أن كل دولة باعتبارها شخص دولى تلتزم بالوفاء بواجباتها القانونية الدولية ويتضمن

---

(١) المسئولية القانونية عن الجرائم الدولية، د/ عادل عثمان، ص (٩٤)، عدد (٤٨)، لعام ٢٠١٢، مجلة دراسات دولية، وايضًا الحماية القانونية للأسرى وفقًا للقانون الدولى الإنسانى، دراسة تطبيقية على وضع الأسرى الفلسطينين، عبدالرحمن على ابراهيم، ص (١١٠).

(٢) يراجع: نص المادة (٣)، من اتفاقية لاهاى لعام ١٩٠٧م.

التزامها بتقديم تعويض كامل عن الأضرار والخسائر المترتبة على مخالفة قانون دولى عام أو خاص[1].

ويمكن تعريف المسئولية الدولية بأنها: نظام قانونى يقضى بأنه إذا ارتكبت دولة ما عملاً غير مشروع وفقًا للقانون الدولى تجاه دولة أخرى، فإنها تلتزم بتعويضها عن الضرر الذى يصيبها من جراء هذا العمل[2].

وعرفت أيضًا بأنها: نظام قانونى يترتب بموجبة على الدولة التى ارتكبت عملاً يجرمه القانون الدولى التعويض عن الضرر الذى يلحق بالدولة المعتدى عليها، أو تترتب قبل الدولة مسئولية دولية إذا أخلت بأحد واجباتها، فإذا كان الإخلال بواجب أدبى فلا تتبعه سوى مسئولية أدبية لا جزاء لها، أما إذا كان الإخلال بواجب قانونى قامت قبل الدولة مسئولية قانونية[3].

وبالرجوع إلى تعريف المسئولية الدولية، يتبين لنا أنه لابد من توافر شروط ثلاثة ليقام هذه المسئولية:

١.الفعل غير المشروع: عمل أو امتناع عن عمل، يعد خرقًا للالتزام دولى.

٢.أن يسند العمل غير المشروع إلى الدولة باعتبارها شخصًا قانونيًا (رابطة السببية).

٣.أن يترتب على هذا العمل أو الامتناع ضرر.

فإذا اقترفت سلطات الدولة الأسرة فعلاً غير مشروع بحق الأسرى الذين هم بحوزتها، فعليها أن تتحمل تبعة هذا الفعل طبقًا لقواعد المسئولية الدولية[4].

―――――――――

(١) يراجع: المسئولية الدولية في عالم متغير، د/ نبيل بشر، ص (١٢٤ وما بعدها)، الطبعة الأولى، لعام ١٩٩٤م.

(٢) الأحكام العامة لقانون الأمم، د/ محمد طلعت الغنيمى، ص (٨٦٨).

(٣) يراجع: القانون الدلى العام، د/ على أبوهيف، ص (١٧٨).

(٤) أحكام أسرى الحرب دارسة مقارنة بالشريعة الإسلامية، د/ هاني بن على الطهراوي، ص (١٨٦).

وقد حددت اتفاقية جنيف لعام ١٩٤٩م لمعاملة الأسرى إطار مسؤولية الدولة عن المعاملة التى يلقاها الأسرى، فمن ناحية أقرت المادة (١٢) من الاتفاقية على خضوع الأسرى لسلطة الدولة الحاجزة لا سلطة أفرادها أو وحداتها العسكرية التى أسرتهم، وكما أقرت المادة (٨٢) من ذات الاتفاقية على خضوع أسرى الحرب للقوانين واللوائح والأوامر السارية في القوات المسلحة بالدولة الحاجزة[١].

وقد أكدت محكمة العدل الدولية الدائمة مبدأ المسئولية الدولية في حكمها الصادر في ٢٦/ ٧/ ١٩٢٧م وهى بصدد نظر النزاع الألماني البولوني الخاص بمصنع شورزوف، اذ أشارت في حكمها أن: « من مبادىء القانون الدولى بل من مبادىء القانون العام، أنه يترتب على مخالفة الدولة لالتزاماتها التزامًا بالتعويض عن ذلك بطريقة كافية، وأن هذا الالتزام بالتعويض هو المكمل لأية معاهدة دولية بدون الحاجة إلى النص عليه».

وتنشأ المسئولية الدولية عند القيام بانتهاك جسيم لقواعد القانون الدلى الذى يثار بناءًا عليه مبدأ المسئولية، فإذا ما لم تكن الدول الأطراف في اتفاقيات جنيف ملزمة بوضع حد لانتهاكات الاتفاقية، فإنها ملزمة بالرد على الانتهاكات التى تعرف بأنها مخالفات جسيمة وتندرج ضمن جرائم حرب، ففى حالة وقوع مخالفة جسيمة ينبغي تطبيق مبدأ المسئولية لاعتباره مبدأ قانونى يدعوا إلى التسليم أو المحاكمة على أن يختار الطرف المتعاقد بين ملاحقة مقترفى هذه المخالفات الجسيمة إلى محاكمتهم أو تسليمهم لكى يتولى محاكمتهم طرف سام متعاقد، على أن يكون معنيًا بالأمر بشرط أن تتوافر لدى الطرف السامى أدلة كافية ضد هؤلاء الأشخاص[٢].

---

(١) يراجع: المادة (١٢ و٨٢) من اتفاقية جنيف الثالثة لعام ١٩٤٩م.

(٢) يراجع: القانون الدولي الإنساني وآليات تطبيقه، د/ نبيل العزازي، ص (٤٦).

المطلب الثاني: وسائل إثبات الإخلال بقواعد معاملة أسرى الحرب في القانون الدولي.

هناك عدة وسائل لإثبات الإخلال بقواعد معاملة الأسرى في القانون الدولي ومنها اللجنة الدولية لتقصى الحقائق، ولجان التحقيق، ودور الهيئات الدولية والوطنية، وشكوى الأسرى من نظام الأسر، والتحكيم الدولي:

١ـ لجان التحقيق:

حيث أشارت المادة ١٣٢ من اتفاقية جنيف الثالثة إلى إجراء تحقيق، بناء على طلب أحد أطراف النزاع بصدد أي ادعاء بانتهاك هذه الاتفاقية[1]، ويتم أجراء التحقيق بالكيفية التى يجرى الاتفاق عليها بين الأطراف المعنية غير أنه في حالة عدم اتفاق الأطراف على طريقة وإجراءات التحقيق يعهد الطرفان باتفاقهم المشترك إلى حكم يقرر الإجراءات الواجبة الاتباع.

وحيث يجرى تحقيق بمعرفة لجان تحقيق يتفق على أنشاءها بمعرفة الأطراف المعنية وينعقد لها الاختصاص بتحقيق أي ادعاء بانتهاك أحكام هذه الاتفاقية.

وقد تناولت اتفاقية لاهاى الأولى لعام ١٨٩٩م نظام لجنة التحقيق الدولية ثم أعيد النص عليها في اتفاقية لاهاى ١٩٠٧م، وقد تضمنت تشكيل الدولتين المتنازعتين لجنة تحقيق دولية يعهد إليها بتحقيق أي نزاع دولي بين الطرفين ويخضع تشكيل اللجنة لاتفاق خاص يبرم بين الطرفين يوضح الوقائع محل النزاع والتحقيق والسلطة المتاحة للجنة في اجراء هذا التحقيق والإجراءات المتبعة، وفى حالة عدم تمكن الطرفين من تشكيل اللجنة تشكل من خمسة أعضاء يختار كل طرف عضوين ويختار الأعضاء الأربع العضو الخامس[2].

---

(١) يراجع: المادة (١٣٢) من اتفاقية جنيف الثالثة لعام ١٩٤٩م.

(٢) يراجع: المادة (٩ و١٠ و١٢) من اتفاقية لاهاى ١٩٠٧م.

وتم الأخذ بلجان التحقيق في عدد من الاتفاقيات الدولية ومنها ما أبرمته الحكومة المصرية مع الولايات المتحدة الأمريكية عام ١٩٢٩م، وقد تضمنت في المادة الأولى تشكيل لجنة تحقيق دولية دائمة يعرض عليها أي نزاع ينشأ بين الطرفين مع التزام الطرفين بعدم إعلان الحرب أو بدء الأعمال العدائية أثناء اجراء التحقيق وقبل تقديم اللجنة تقريرها[1].

غير أن لجان التحقيق قد باتت وسيلة غير فعالة لتحقيق ضمانة كافية لمنع انتهاك أحكام اتفاقيات جنيف الأربع، لذا عنى البرتوكول الإضافي الأول في المادة (٩٠) منه على النص على تشكيل لجنة دولية لتقصى الحقائق وهو ما سنتناوله في العنصر التالي.

٢ـ دور اللجنة الدولية لتقصى الحقائق:

وبعد أن أصبحت لجان التحقيق غير فعالة كما ذكرنا آنفًا فقد عنى البرتوكول الإضافي الأول الملحق باتفاقيات جنيف لعام ١٩٧٧م على تشكيل لجنة دولية لتقصى الحقائق، حيث أن تقصى الحقائق من الناحية القانونية اتخاذ قرار يقوم على الوقائع التى تقدمها الأطراف المتخاصمة[2].

وتتشكل اللجنة المذكورة من خمسة عشر عضوًا على درجة عالية من الخلق والحياد ينتخبون بمعرفة ممثلى الأطراف المتعاقدة، بالاقتراع السرى ويعمل هؤلاء بصفتهم الشخصية[3].

وتختص اللجنة المذكورة بالتحقيق في الوقائع المتعلقة بأي ادعاء بانتهاك أحكام الاتفاقيات الأربع وهذا الملحق وهى الانتهاكات التى تشكل مخالفات جسيمة بمدلول هذه الاتفاقيات، مع العمل على إعادة احترام أحكام الاتفاقيات وهذا الملحق من خلال المساعي الحميدة[4].

---

(١) القانون الدولي العام، د/ محمود سامى جنينة، ص (٥٦٢).

(٢) يراجع: المادة (٩٠) من البرتوكول الإضافي الأول الملحق باتفاقيات جنيف لعام ١٩٧٧م، والمجلة الدولية للصليب الأحمر، عدد (١٨) لعام ١٩٩١م، ص (١٤٧).

(٣) يراجع: حماية ضحايا النزاعات الدولية المسلحة، د/ عبد الكريم محمد، ص (٢٠٩).

(٤) المرجع السابق حماية ضحايا النزاعات الدولية المسلحة، د/ عبد الكريم محمد، ص (٢١١).

وتضع هيئة التحقيق تقريرًا بما توصلت إلية متضمنًا النتائج التى أسفر عنها التحقيق والأسباب التى أعاقت الهيئة عن القيام بعملها وعلى الأخص في حالة عجز الهيئة عن الحصول على أدلة كافية للتوصل إلى نتائج نهائية عن موضوع التحقيق، وتعرض اللجنة الدولية على الأطراف التقرير على أنه لا يجوز نشره إلا بموافقة جميع الأطراف المعنية، وفيما يتعلق بإجراءات التحقيق فتتولى اللجنة الدولية وضع اللائحة الداخلية المنظمة لها[1].

وأما عن توصيات هيئة التحقيق فأنها ملزمة للأطراف التى قبلت اختصاص اللجنة كما تكون النتائج التى توصلت إليها الهيئة على نحو ما أسفر عنه التحقيق ذات حجة مطلقة فى ثبوت الوقائع محل التحقيق ولأى طرف أن يرجع على الطرف المسئول الذى حدده تقرير الهيئة بالمطالبة بالتعويض وإصلاح الضرر طبقًا لنص المادة (٩١) من البرتوكول الإضافي الأول الملحق باتفاقيات جنيف لعام ١٩٧٧م، ويلاحظ بأن اللجنة معنية بحسب ولايتها بإجراء التحقيق ولا تختص بإصدار الأحكام فهى آلية لتقصى الحقائق وليست هيئة قضائية[2].

٣ـ شكوى أسرى الحرب بشأن نظام الأسر:

نصت المادة (٧٧) من اتفاقية جنيف الثالثة لعام ١٩٤٩م على أنه: لأسرى الحرب الحق في أن يقدموا للسلطات العسكرية التى يوجدون تحت سلطتها مطالبهم فيما يتعلق بأحوال الأسر الذى يخضعون له[3].

ولهم أيضا حق مطلق في توجيه مطالبهم إلى ممثلى الدول الحامية، إما من خلال ممثل الأسرى أو مباشرة إذا رأوا ضرورة لذلك، بقصد توجيه نظرهم إلى النقاط التى تكون محلاً لشكواهم

---

(١) يراجع: في ذلك أحكام أسرى الحرب بين الشريعة الإسلامية والقانون الدولى، د/ ايمن محمد، ص (٧٥٥).

(٢) المرجع السابق في ذات الموضع، حماية ضحايا النزاعات الدولية المسلحة، د/ عبد الكريم محمد، ص (٢١١).

(٣) يراجع نص المادة (٧٧) من اتفاقية جنيف لعام ١٩٤٩م.

بشأن نظام الأسر، ولا يوضع حد لهذه المطالب والشكاوى ولا تعتبر جزءًا من الحصة المبينة في المادة (٧١) من الاتفاقية ويجب تحويلها فورًا، ولا توقع عنها أية عقوبة حتى إذا اتضح أنها بلا أساس[1].

وتقدم الشكوى إلى السلطات العسكرية التى يقع الأسرى تحت سلطتها والى ممثلى الدولة الحامية، وهى في الحالة الأخيرة أحد الوسائل القانونية لأثبات المخالفات التى تقترف ضد الأسرى.

وتقدم الشكوى اما مباشرة بمعرفة الأسرى أنفسهم أو من خلال ممثليهم المنتخبين طبقًا لما ورد بالمادة (٧٩) من الاتفاقية.

ولا يجوز وضع أي قيود على حق الأسرى في تقديم هذه الشكاوى، كما لا يجوز اخضاع الأسرى لأى عقوبات بدنية أو نفسية بسبب تقديمها، حتى في تلك الحالة التى يتضح فيها أنها مبنية على غير أساس[2].

كما يتعين على ممثلي الدولة الحامية فور تلقى هذه الشكاوى التنسيق مع سلطات دولتهم لتقصى الأمر والوقوف على ابعاد المخالفات التى وردت بالشكاوى وطلب إجراء تحقيق حول ما تضمنته من سلطات الدولة الحاجزة.

٤ـ الهيئات الدولية والوطنية :

وهناك هيئات دولية قضائية وغير قضائية وكذا الهيئات والجمعيات الوطنية لأحد أطراف النزاع أو غيرها، حيث تقوم هذه الهيئات بدورًا مهمًا في إثبات المخالفات التى تقترف ضد الأسرى، ومن ضمن هذه الهيئات، اللجنة الدولية للصليب الأحمر، وهيئات الإغاثة

---

(١) أحكام الأسرى فى الفقه الإسلامى والقانون الوضعى، ملحقًا باتفاقية جنيف، للدكتور/ على أحمد جواد، ط ١، دار المعرفة، بيروت، ٢٠٠٥، ص (٢٣٣).

(٢) يراجع: نظام أسرى الحرب فى القانون الدولى، د/ سهيل الفتلاوى، ص (١٢٩) مرجع سابق.

والجمعيات الوطنية، والوكالة المركزية للاستعلامات، والهيئات القضائية الدولية، والمحكمة الجنائية الدولية، ومحكمة العدل الإسلامية الدولية وغيرها من الهيئات.

حيث نصت المادة (٩) من اتفاقية جنيف لعام ١٩٤٩م على: [١] أنه لا تكون أحكام هذه الاتفاقية عقبة في سبيل الأنشطة الإنسانية التي يمكن أن تقوم بها اللجنة الدولية للصليب الأحمر أو أية هيئة إنسانية غير متحيزة أخرى بقصد حماية وإغاثة أسرى الحرب، شريطة موافقة أطراف النزاع المعنية.

كما نصت المادة (١٠) من اتفاقية جنيف الثالثة لعام ١٩٤٩م على: [٢]أنه للأطراف السامية المتعاقدة أن تتفق في أي وقت على أن تعهد إلى هيئة تتوفر فيها كل ضمانات الحيدة والكفاءة بالمهام التي تلقيها هذه الاتفاقية على عاتق الدولة الحامية.

وإذا لم ينتفع أسرى الحرب أو توقف انتفاعهم لأي سبب كان بجهود دولة حامية أو هيئة معينة وفقًا للفقرة الأولى من المادة (١٠) من الاتفاقية، فعلى الدولة الآسرة أن تطلب إلى دولة محايدة أو إلى هيئة من هذا القبيل أن تضطلع بالوظائف التي تنيطها هذه الاتفاقية بالدول الحامية التي تعينها أطراف النزاع.

فإذا لم يمكن توفير الحماية على هذا النحو، فعلى الدول الآسرة أن تطلب إلى هيئة إنسانية، كاللجنة الدولية للصليب الأحمر، الاضطلاع بالمهام الإنسانية التي تؤديها الدول الحامية بمقتضى هذه الاتفاقية أو أن تقبل، رهنًا بأحكام هذه المادة، عرض الخدمات الذي تقدمه مثل هذه الهيئة[٣].

---

(١) ينظر: نص المادة (٩) من اتفاقية جنيف لعام ١٩٤٩م.

(٢) يراجع: نص المادة (١٠) من اتفاقية جنيف الثالثة، لعام ١٩٤٩م.

(٣) أحكام الأسرى في الفقه الإسلامي والقانون الوضعي، ملحقًا باتفاقية جنيف، للدكتور/ على أحمد جواد، ص (٢١١)، مرجع سابق

والوكالة المركزية للاستعلامات نصت عليها المادة (١٢٣) من اتفاقية جنيف حيث نصت على: [١] تتمتع المكاتب الوطنية للاستعلامات والوكالة المركزية للاستعلامات بالإعفاء من رسوم البريد، ويجمع الإعفاءات المقررة بمقتضى المادة (٧٤)، وبقدر الإمكان بالإعفاء من رسوم البرقيات أو على الأقل بتخفيضات كبيرة في هذه الرسوم.

ومن الهيئات القضائية المحكمة الجنائية الدولية وطبقًا للمادة (١) من نظام روما الأساسي للمحكمة الجنائية الدولية تكون المحكمة هيئة دائمة لها السلطة لممارسة اختصاصها على الأشخاص إزاء أشد الجرائم خطورة وهى الجرائم الدولية ومنها جرائم الحرب، وتعد مكملة للولايات القضائية الجنائية الوطنية، وللمحكمة أن تمارس اختصاصها القضائي عن آية جريمة من الجرائم المحددة بالمادة الخامسة من نظامها[٢].

ومن الهيئات القضائية أيضًا محكمة العدل الإسلامية الدولية حيث يشمل ولاية المحكمة على تحقيق واقعة من الوقائع التى إذا ثبتت كانت خرقًا لالتزام دولى، وتحديد نوع التعويض المترتب على خرق أى التزام دولى ومدى هذا التعويض.

وللمحكمة أن تقرر، وإلى أن يتم الفصل في الدعوى، اتخاذ أى تدابير مؤقته ترى أنها مناسبة لحفظ حق أحد الأطراف.

ويتمتع الحكم الصادر عن المحكمة بحجية الأمر المقضى في مواجهة الخصوم وفى موضوع النزاع الذى فصل فيه كما يكون نهائيًا غير قابل للطعن على أن لا يرى طرف التماس إعادة النظر في الحكم إذا ظهرت واقعة كانت مجهولة عند صدوره ومنتجة فيه بحيث يمكن أن تكون حاسمة في الدعوى التى صدر فيها[٣].

____

(١) يراجع: المادة (١٢٣) من اتفاقية جنيف الثالثة لعام ١٩٤٩م.

(٢) حماية ضحايا النزاعات الدولية المسلحة، د/ عبد الكريم محمد، في دور المحكمة الجنائية الدولية كأحد وسائل الرقابة الدولية على تنفيذ قواعد القانون الدولى الإنسانى وقمع الانتهاكات، ص (٢١٤ وما بعدها).

(٣) النظام الأساسى لمحكمة العدل الإسلامية، أقره مؤتمر القمة الإسلامى الخامس الذى أنعقد فى دولة الكويت فى الفترة من ٢٦ حتى ٢٩ من يناير لعام ١٩٨٧م، وصدقت عليه مصر فى ٢٣/ ٥/ ١٩٨٩م.

٥- التحكيم الدولي

حيث أتاحت اتفاقية جنيف الثالثة لعام ١٩٤٩م دورًا قانونيًا للتحكيم الدولي حيث نصت في المادة (١٣١) منها على أنه: [1] يجري بناءً على طلب أي طرف في النزاع، وبطريقة تتقرر فيما بين الأطراف المعنية، تحقيق بصدد أي ادعاء بانتهاك هذه الاتفاقية.

حيث أتاحة اتفاقية حنيف الثالثة لعام ١٩٤٩م اللجوء إلى التحكيم الدولي حيث نصت على أنه: وفي حالة عدم الاتفاق على إجراءات التحقيق، يتفق الأطراف على اختيار حكم يقرر الإجراءات التي تتبع لتحقيق أي ادعاء بانتهاك أحكام الاتفاقية فيما يتعلق بأسرى الحرب [2].

وما أن يتبين انتهاك الاتفاقية، يتعين على أطراف النزاع وضع حد له وقمعه بأسرع ما يمكن.

وعليه فإن الاتفاقية أجازت إجراء تحقيق بالطريقة التي يقررها الأطراف المعنية ومما لاشك فيه أن التحكيم الدولي يمكن أن يلعب دورًا في ذلك، خاصة أنه وسيلة قضائية مرنة تعمل على دراسة موضوع النزاع وتقدير الأدلة وتمحيص المستندات ومراجعة الدفوع ثم إصدار قرارًا ملزمًا لأطراف النزاع حول موضوع التحكيم، فالتحكيم يتيح فرصتان، التحقيق والفصل في النزاع.

المطلب الثالث: الجزاءات الناتجة على مخالفة قواعد معاملة أسرى الحرب في القانون الدولي.

إن ثبوت المسئولية الدولية على مخالفة قواعد معاملة الأسرى يفرض على عاتق الطرف المخالف التزامات كثيرة ومنها، تعويض الضرر، وإعادة الحال إلى ما كان علية، وتتبع المسئولين عن ارتكاب المخالفات الجسيمة وتقديمهم للمحاكمة.

---

(١) يراجع المادة (١٣١) من اتفاقية جنيف الثالثة لعام ١٩٤٩م.

(٢) مرجع سابق، وأسرى الحرب، د/ عبد الواحد الفار، ص (٤٧٦)، وأيضًا المادة (١٣١) من اتفاقية جنيف الثالثة لعام ١٩٤٩م

وعند تخلف الشخص القانوني عن الوفاء بالتزامه أو خرقه لهذا الالتزام، فإنه يعتبر مسئولاً، ويتحمل تبعة هذا التصرف المخالف، وإلا فلا معنى لوجود الالتزام، والتعهد لا يكون ملزمًا إلا إذا ترتب الجزاء على مخالفته[1].

ولكن قبل أن نعرض أنواع الجزاءات سوف نقوم بتوضيح على من تقع المسئولية الدولية إذا تعرض الأسرى للتعذيب أو القتل أو غيرها من الجرائم التى تعد انتهاكًا صريحًا للاتفاقيات والقوانين الدولية، فهل تُسأل الدولة الآسرة أم الأفراد الذين اقترفوا الفعل غير المشروع.

ولهذا سنوجز آراء المذاهب القانونية وأقوال شراح القوانين التى تبحث في المسؤول عن الجريمة.

حيث ثار خلاف بين فقهاء القانون الدولى بشأن من تقع علية المسئولية ذلك لأن الفرد في مجال القانون الدولى كان محل نزاع من ناحية شخصيته الدولية وولائه مباشرة للقانون الدولى، ولأن الاعتراف للفرد بالشخصية الدولية يعنى أنه يقع على عاتقه واجب دولى بالوقوف ضد حكومته الوطنية عندما تأمره بارتكاب أفعال مخالفة لالتزاماتها الدولية.

وقد كان لهذا الخلاف أثره في انقسام الفقه الدولى في هذه المسألة إلى ثلاثة آراء نستعرضها فيما يلى:

الرأي الأول:

ويذهب أصحاب هذا الرأى إلى أن الدولة هى المسؤولة عن الجريمة وحدها دون النظر عن السلطة التى ارتكبت هذا الفعل أو الإهمال، فمن المبادئ المستقرة في العلاقات الدولية أن الدول تعتبر مسؤولة عن كل فعل أو امتناع يخالف تعهداتها الدولية، ولا شك أن المخالفات

____

(١) يراجع: فيلب مانين، المسئولية الدولية وحقوق الإنسان، محاضرات باللغة الإنجليزية، ألقيت على طلبة الماجستير، بكلية الحقوق في الجامعة الأردنية عام ١٩٨٢م، ص (٥٦).

الجسيمة التى ترتكب ضد أحكام اتفاقيات جنيف الثالثة لسنة ١٩٤٩م، تعتبر جرائم دولية وفقًا لما هو منصوص عليه في تلك الاتفاقيات[1].

وقد تعرض هذا الرأى لانتقادات شديدة من جانب العديد من فقهاء القانون الدولى، ومن أهمها الانتقادات الموجهة لمفهوم المسؤولية الدولية الجنائية، على أساس أن هذه المسؤولية غير قابلة للتطبيق على الدول.

وذهبوا إلى أن الحديث عن تطبيق عقوبة جنائية على الدولة إنما يعنى تغيير مبادئ القانون الجنائى والطبيعة القانونية للجماعات، فقانون العقوبات يخاطب الأشخاص الطبيعيين أى كائنات مفكرة وحساسة لها إرادة، أما الشخص المعنوى فليس له في الحقيقة هذه الخصائص، على الرغم من أن إرادة بعض الأشخاص تعتبر بطريق التمثيل ونظام الإدارة أنها إرادة الجماعة، وإنما يكون ذلك لأغراض محدودة، ووجود إرادة فردية أمر لا غنى عنه لكى يمكن تطبيق قانون العقوبات[2].

وعليه يمكن القول بأن هذا الرأى غير واقعى لأنه لا يقر بمسؤولية الأفراد، ولا يمثل فكرًا ذا أهمية لاسيما بعد التطورات التى حدثت على الصعيد الدولى، والتى تمثلت بالاعتراف للفرد بالشخصية الدولية وبأنه محل للحقوق والواجبات الدولية.

الرأى الثانى:

وذهب أصحاب هذا الرأى إلى أن الشخص الطبيعى هو المحل الوحيد للمسؤولية الدولية الجنائية دون النظر إلى مسؤولية الدولة، فالجريمة لا يمكن أن ترتكب إلا من الشخص

---

(١) يراجع: في ذلك نص المادة (٥٠) من الاتفاقية الأولى، ونص المادة (٣١) من الاتفاقية الثالثة لعام ١٩٤٩م الخاصة بأسرى الحرب، والمادة (١٥) من الاتفاقية الثانية، والمادة (١٤٧) من الاتفاقية الرابعة.

(٢) أحكام أسرى الحرب دراسة مقارنه بين القانون الوضعى والشريعة الإسلامية، د/ هانى على الطهراوى، ص (١٨٩).

الطبيعى الذى يتمتع بالإرادة، والتمييز والإدراك، والذى يصلح لأن يكون أهلاً لتوقيع العقوبات الجزائية علية، كعقوبة السجن، وعقوبة الموت أو الإعدام[1].

وإذا نظرنا فى الوثائق الدولية، والتصريحات التى صدرت عن رؤساء دول العالم فى الحربين العالميتين نلاحظ أنها قد نصت على محاكمة ومعاقبة الأفراد الذين ارتكبوا الجرائم الدولية.

ومنها ما ورد فى تقرير لجنة المسؤوليات التى شكلت فى أعقاب الحرب العالمية الأولى سنة ١٩١٩م، بأن المسؤولية الجنائية لا يمكن أن تقع إلا على الأشخاص الطبيعيين، بمعنى أنه يتحملها شخصيًا كل رجال الدولة الألمانية والمديرون لها من مدنيين وعسكريين، وعلى رأسهم الإمبراطور غليوم الثانى[2].

وجاء فى المادة السادسة من لائحة نورمبرج: «أن المحكمة بناءً على المادة الأولى من الاتفاق على محاكمة وعقاب مجرمى الحرب الكبار لدول المحور الأوروبي، تختص بمحاكمة وعقاب الأشخاص الذين ارتكبوا شخصيًا أو بصفتهم أعضاء فى منظمات الأعمال المسندة إليهم لحساب دول المحور، إحدى الجرائم الآتية (وهى الجرائم الدولية التى أشارت إليها اللائحة)»[3].

وقد قررت محكمة نورمبرج فى حكمها الذى أصدرته تأييدًا لنص المادة (٦) من لائحتها: «أن الأشخاص الطبيعيين وحدهم الذين يرتكبون الجرائم»[4].

____

(١) يراجع: القانون الدولى العام، تونكين، ترجمة أحمد رضا، سلسلة تراجم الهيئة المصرية العامة للكتاب، القاهرة، ص (٢٦٢).

(٢) أحكام أسرى الحرب دراسة مقارنه بين القانون الوضعى والشريعة الإسلامية، د/ هانى على الطهراوى، ص (١٩٣) مرجع سابق.

(٣) يراجع: نصوص لائحة نورمبرج بالإنجليزية، المجلة المصرية للقانون الدولى، لعام ١٩٤٥م قسم الوثائق، ص (٢٧٩).

(٤) يراجع: الحكم الصادر من محكمة نورمبرج، والمنشور بالمجلة الأمريكية للقانون الدولى، سنة ١٩٤٧م، ص (٦٢).

ويتضح لنا من نص هذا القرار أن المحكمة قد حسمت الخلاف الذى كان قائمًا بشأن المسؤولية الجنائية وما إذا كانت هذه المسؤولية تقع على عاتق الدولة أم الأفراد.

الرأى الثالث :

ويذهب أصحاب هذا الرأى إلى الأخذ بالمسؤولية المزدوجة للدولة والأفراد فإذا استعرضنا الجهود العلمية والمؤتمرات الدولية الرامية إلى تطوير وتقنين مبادئ القانون الدولى الجنائى، وإنشاء قضاء جنائى دولى، نلاحظ اتجاهًا عامًا للأخذ بفكرة المسئولية المزدوجة للدولة والفرد معًا[1].

ويحتج أصحاب هذا المذهب بالتوصية الصادرة عن الجمعية الدولية للقانون الجنائى الدولى فى المؤتمر الذى عقد سنة ١٩٢٥م والمتعلق بفكرة إنشاء محكمة جنائية دولية والذى جاء فيه:

تستطيع تلك المحكمة أن تقرر المسؤولية الجنائية بالنسبة للدولة المعتدية أو المخالفة لأحكام القانون الدولى، وأن تقضى بالجزاء الجنائى الواجب التطبيق.

ومع أن هذا المذهب يقول بالمسؤولية المزدوجة للفرد والدولة إلا أنه مما يؤخذ عليه أنه يقرر مسؤولية الدولة الجنائية، وهو أمر يتعذر تطبيقه لأن الدولة تعتبر شخصًا معنويًا وليس حقيقيًا.

ويتضح لنا من المذاهب الفقهية الثلاث وما استندت إليه من وثائق وأحكام يمكن القول بمسؤولية الدولة عن أعمال قادتها ومسؤوليها وموظفيها وأفراد قواتها المسلحة، ويمكن إسناد مسؤوليتها إلى واجبها فى اختيار موظفيها، كما تسأل الدولة أيضًا عن أعمال مواطنيها العاديين إذا كانت قد قصرت فى بذل العناية اللازمة لمنعهم من ارتكاب الأفعال التى تعتبر خرقًا لقواعد القانون الدولى واتفاقيات جنيف بما فيها اتفاقية أسرى الحرب.

---

(١) مراجع سابق، أحكام أسرى الحرب دراسة مقارنه بين القانون الوضعى والشريعة الإسلامية، د/ هانى على الطهراوى، ص (١٩٠).

ومسؤولية الدولة هنا ليست مسؤولية جنائية وإنما هى مسؤولية مدنية وأدبية وسياسية، فالدولة قد تلتزم بالتعويض عن الفعل الضار، أو بإصلاح الضرر، كما يجب عليها محاكمة الأفراد والمجرمين أو تسليمهم للمحاكمة.

وعلية فأنه إذا وقعت جريمة أو اعتداء على حقوق الأسرى فإن الدولة الآسرة تتحمل تبعة هذا التصرف مدنيًا، علاوة على أنه يمكن للمجتمع الدولى إيقاع الجزاء بالشخص المخل [1]، كما يسأل الفرد أو الأفراد الذين ارتكبوا هذه الجريمة فهم وحدهم الذى يوقع عليهم العقاب الجنائى.

وبعد أن وضحنا بشئ من الإيجاز آراء المذاهب القانونية بشأن من تقع علية المسئولية فسوف نقوم بعرض الجزاءات المقررة على الإخلال بقواعد معاملة أسرى الحرب.

وقد عرف العمل والفقه الدوليين عدة جزاءات مقررة على الإخلال بقواعد معاملة أسرى الحرب خاصة وعلى الإخلال بقواعد وقوانين وعادات الحرب عامة وهى:

أولاً: إعادة الحال إلى ما كان عليه : ويقصد بإعادة الحال إلى ما كان عليه إرجاع الحالة إلى ما كانت عليه قبل اقتراف الخطأ وحدوث الضرر، والإعادة إما أن تكون مادية مثل رد الأموال المنهوبة والمنقولات المسروقة والأرض المحتلة أو المغتصبة إلى الدولة صاحبة السيادة عليها وكذا رد جميع الأشياء المادية التى تم الاستيلاء عليها [2].

---

(1) ويجوز لمجلس الأمن أن يلجأ إلى إجراءات تنفيذية من بينها فرض عقوبات اقتصادية أو سياسية بموجب أحكام المواد (١٠، ٣٩، ٤١، ٤٢، ٤٥، ٩٤) من ميثاق الأمم المتحدة. كمثال على ذلك فقد اتخذ مجلس الأمن قرارًا بالإجماع فى ٢٩ أيار(مايو) سنة ١٩٦٨ م بفرض عقوبات اقتصادية على روديسيا. يراجع: القانون بين الأمم، لجيرهارد فان جلان، الجزء الأول، ص (٦٤). ولمزيد من التفاصيل يراجع: مشروع النظام الأساسى للمحكمة الجنائية الدولية، روما، ١٥ حزيران، ١٧ تموز، سنة ١٩٨٨م، ص (١٥ وما بعدها).

(2) المعجم الوسيط فى شرح وتبسيط قواعد القانون الدولى العام مقارنا بأحكام شريعة الإسلام للدكتور/ رجب عبد المنعم متولى ١٤٢٩هـ - ٢٠٠٩م ص (٣٥٨).

أما الإعادة القانونية: فتتمثل في إلغاء جميع القرارات والقوانين التى اتخذت مثل إلغاء القرار بالاحتلال أو بالاستيلاء على أموال ومنقولات الغير وإلغاء جميع الأحكام القضائية بالإدانة وأوامر الاعتقال، وأوامر الاعتقال والحجز وغير ذلك من القرارات والأوامر والأحكام التى صدرت بالاستجابة للعمل غير المشروع الذى قارفه شخص القانون الدولى في حق الغير[1].

وهى الصورة الأصلية لإصلاح الضرر، ولا يرجع عنها إلى الإصلاح النقدي أو التعويض إلا إذا تعذر إعادة الحال إلى ما كان عليه، وهذا هو المبدأ الذى يسير عليه القضاء الدولى[2].

فقد ورد النص على هذه الصورة في القرار الصادر عن محكمة التحكيم الدائمة بتاريخ ١٣ تشرين أول عام ١٩٢٢م بين النرويج والولايات المتحدة الأمريكية: «التعويض العادل هو الذى من شأنه إعادة الحالة الراهنة إلى ما كانت عليه قبل حصول الضرر»[3]، وأيضًا القرار الصادر عن محكمة العدل الدولية الدائمة عام ١٩٢٨م بين ألمانيا وبولونيا يؤكد على ضرورة إعادة الأوضاع إلى حالتها السابقة، ويترتب على ذلك أنه في حال قيام الدولة الآسرة بانتزاع شىء من ممتلكات الأسير الشخصية، فإنه يجب عليها إعادة الحال إلى ما كان عليه سابقًا بإرجاع ما انتزع منه كاملاً غير منقوص، وإلا فإنها تلتزم بالتعويض إذا تعذر عليها ذلك[4].

ثانيًا: تعويض الضرر: ويقصد بالضرر الذى تنعقد بناءً عليه المسئولية الدولية المساس بحق أو مصلحة مشروعه لشخص القانون الدولى فلا يكفى إخلال الدولة بالتزام دولى بل لابد أن

---

(١) المرجع السابق، ص (٣٥٩).

(٢) مرجع سابق، أحكام أسرى الحرب دراسة مقارنه بين القانون الوضعى والشريعة الإسلامية، ص (٢٠١).

(٣) يراجع: الأحكام العامة فى قانون الأمم، للدكتور/ محمد طلعت الغنيمى، ص (٩١٦)، الناشر منشأة المعارف، جلال حزى وشركاه.

(٤) يراجع: في ذلك، جيرهارد فان جلان، القانون بين الأمم، الجزء ٢، ص (٣٥) مرجع سابق.

يترتب على هذا الإخلال إضرار بشخص القانون الدولى، ويستوى في هذا الضرر المباشر وغير المباشر والضرر المعنوى، ويجب أن تكون هناك علاقة سببية بين سبب الغل غير المشروع وما بين الضرر لأن انقطاع الصلة بين الخطأ والضرر لا يرتب المسئولية الدولية[1].

فتعويض الضرر إذًا هو الأثر القانوني المترتب على انعقاد المسئولية قبل مرتكب المخالفة، وإن لم يكن الأثر الوحيد، وهو في هذا تحمل لتبعات الإخلال بالتزام دولى أوجبه القانون الدولى الإنسانى فيما يتعلق بحماية ومعاملة الأسرى وكفالة حقوقهم وامتيازاتهم على نحو سبب ضررًا بما يستوجب على المسئول تعويض المتضرر عما أصابه من ضرر[2].

كما نصت المادة (٦٨) من اتفاقية جنيف الثالثة لأسرى الحرب لعام ١٩٤٩م على: «تُقدم طلبات الأسرى للتعويض عن الإصابات أو عن أى عجز آخر ناتج من العمل إلى الدولة التى يتبعها الأسرى عن طريق الدولة الحامية»[3].

وقد أبانت محكمة العدل الدولية الدائمة بتاريخ ٢٦ /٧/ ١٩٢٧ وهى بصدد نظر النزاع الألماني البولونى الخاص بمصنع شوروزوف عن الأساس القانوني للالتزام بالتعويض إذ قررت المحكمة: «إنه من مبادىء القانون الدولى أنه يترتب على مخالفة الدولة لالتزامها التزاما بالتعويض عن ذلك بطريقة كافية، وأن هذا الالتزام بالتعويض هو المكمل الطبيعى لأية معاهدة دولية بدون حاجة إلى النص عليه»[4].

------

(١) المطالبة الدولية لإصلاح الضرر في القانون الدولي والشريعة الإسلامية، للدكتور/ عبد الغنى محمود، ص (١١ وما بعدها)، الطبعة الأولى، دار النهضة العربية، القاهرة، ١٩٨٦م.

(٢) المسؤولية والعقاب على جرائم الحرب مع دراسة تطبيقية على جرائم الحرب في البوسنة والهرسك، للدكتور/ حسام على عبد الخالق الشيخة، ص (٤٥)، مرجع سابق.

(٣) يراجع: نص المادة (٦٨) من اتفاقية جنيف الثالثة لأسرى الحرب، لعام ١٩٤٩م.

(٤) المسئولية الدولية، للدكتور/ محمد حافظ غانم، ص (١٢٥)، لعام ١٩٦٢م.

وكما أكدت المحكمة هذا المبدأ في حكم آخر صدر عام ١٩٢٨م ورد فيه: «أنه من المبادئ الرئيسية للقانون الدولى أن قيام الدولة بخرق التزام دولى يتضمن الالتزام بأن تجرى تعويضًا عنه بشكل مناسب»[١].

ويستوى أن يكون الضرر الذى لحق الأسرى أو الدولة التابعين لها ضررًا ماديًا أو معنويًا، إذ المستقر عليه في الفقه والقضاء الدوليين التسوية بين الضرر المادى والضرر المعنوى عند تحديد طبيعة الضرر الذى تنعقد به المسئولية الدولية ومن ثم الالتزام بالتعويض[٢].

وهناك عدة صور للتعويض حيث طرح العمل الدولى عدة صور للتعويض عن الاضرار التى تلحق الأسرى أو الدولة التابعين لها منها التعويض المعنوى (الترضية) والتعويض العيني والتعويض المالي (النقدي)[٣].

١- الترضية الأدبية:

ويقصد بها قيام الدولة التى تسببت في إيذاء الغير، بتحمل المسئولية الدولية عن فعلها، وإرضاء الدولة المتضررة بمقتضى الطريقة المتعارف عليها بين الدول، أو حسب ما تتفق عليه الدولتان، فمثلاً قد يطلب من الدولة تحية العلم الذى أهانته، أو تقديم اعتذارها عن الهفوة التى بدرت منها، سواء كانت الهفوة تتعلق بموضوع الأسرى أنفسهم، أو بعلم أو شعار دولتهم أو غير ذلك من التصرفات[٤].

---

(١) يراجع: مبادئ القانون الدولي العام، للدكتور/ جعفر عبد السلام، الطبعة الثانية، ص (٢٥٦)، لعام ١٩٨٦م.

(٢) يراجع: مقدمة لدراسة القانون الدولى العام، د/ صلاح الدين عامر، ص (٨٠٣)، مرجع سابق.

(٣) المسؤولية والعقاب على جرائم الحرب مع دراسة تطبيقية على جرائم الحرب في البوسنة والهرسك، للدكتور/ حسام على عبد الخالق الشيخة، ص (٤٨)، مرجع سابق.

(٤) يراجع: المدخل إلى القانون الدولي وقت السلم، محمد عزيز شكري، ص (١٥٠)، دار الفكر دمشق، ط ١٩٨٠م.

وكما أن مجرد إعلان القضاء الدولى أو حكم التحكيم عدم مشروعية فعل الدولة المسئولة دوليًا يعد فى حد ذاته نوعا من الترضية[1]

٢ـ التعويض العينى :

ويقصد به فى هذا المجال، وقف الدولة الحاجزة للعمل غير المشروع الصادر عنها أو عن قواتها المسلحة الذى أضر بالأسرى وإزالة آثاره بإعادة الحال إلى ما كان عليه من قبل اقترافه، وتم توضيح ذلك آنفًا منعًا للتكرار.

٣ـ التعويض المالى :

ويقصد بالتعويض المالى المبلغ المالى الذى تدفعه الدولة المسببة للضرر بفعلها غير المشروع للدولة المضرورة جبرا للضرر الواقع عليها، ويعد التعويض المالى الصورة الغالبة لإصلاح الضرر متى كانت إعادة الحال إلى ما كان عليه أمرًا مستحيلاً أو كانت غير كافية بحيث يحكم بالتعويض إلى جانب التنفيذ العينى[2].

ومن المؤكد أن الدولة تلتزم بالتعويض عن الضرر الذى يرتكبه أحد مسئوليها أو أفراد قواتها المسلحة، وتنص المادة الثالثة من اتفاقية لاهاى الرابعة لسنة ١٩٠٧م، على ذلك بقولها: «أن الدولة مسئولة عن جميع الأعمال التى يرتكبها أشخاص يكونون جزءًا من قواتها المسلحة»[3].

فيجب أن يكون التعويض المستحق للأسرى، أو الدولة التابعين لها، معادلاً للضرر الذى أصابهم مساويًا له بحيث يجُب الضرر، وهو ما يستوجب أن يكون التعويض مشتملاً على ما

---

(١) مرجع سابق، د/ صلاح عامر، مقدمة لدراسة القانون الدولى العام، ص (٨٠٩).

(٢) المعجم الوسيط فى شرح وتبسيط قواعد القانون الدولى العام مقارنا بأحكام شريعة الإسلام، للدكتور/ رجب عبد المنعم متولى، ص (٣٥٩)، مرجع سابق.

(٣) المسئولية الدولية، محاضرات بمعهد الدراسات العربية العمالية، محمد حافظ غانم، ص (١٢٥)، القاهرة، سنة ١٩٦٢م.

لحق الأسرى من خسارة وما فاتهم من كسب، ويشمل التعويض في هذا الإطار التعويض عن الاضرار المادية والأدبية كما يشمل ما لحق فعليًا بالأسرى من خسارة وما يترتب عليها من فقدان عائد مؤكد[1].

وقد عبر نص المادة (٦٨) من الاتفاقية الثالثة لأسرى الحرب لعام ١٩٤٩م عن ذلك المبدأ في شقه الأول إذ أوجب التزام الدولة الحاجزة بتعويض الأسرى عن المهمات الشخصية أو النقود أو الأشياء ذات القيمة التى سبق وسحبت منهم طبقًا للمادة (١٨) ولم ترد إليهم عند اعادتهم إلى الوطن أو فقدت نتيجة خطأ منها أو من أحد تابعيها كما تلتزم بالتعويض عن اية متعلقات شخصية تكون مطلوبة لاستعمال الأسرى اثناء وجودهم في الأسر.

ثالثًا: حق المعاملة بالمثل: الحق في القصاص أو المعاملة بالمثل كما عرفها جانبا من الفقه: «إجراءات قسرية مخالفة للقواعد العادية للقانون الدولى، تتخذها دولة في اعقاب أعمال مخالفة للقانون ترتكبها دولة أخرى، وإضرارًا بها، وتهدف بها إلى إجبار هذه الدولة على احترام القانون»[2].

وعرفها معهد القانون الدولى بقراره الصادر في أكتوبر ١٩٣٤م بأنها: «تدابير قهرية تنطوى على مخالفة للقواعد العادية لقانون الشعوب تتخذها دولة في أعقاب وقوع عدوان عليها يصيبها بالضرر من جانب دولة أخرى مستهدفة بذلك اجبار الدولة المعتدية على الكف عن عدوانها والتزام محارم القانون»[3].

---

(١) يراجع: في ذلك أحكام أسرى الحرب بين الشريعة الإسلامية والقانون الدولى العام، د/ ايمن محمد فوزى، ص (٧٩٢).

(٢) ينظر: المعاملة بالمثل فى القانون الدولى الجنائى، للدكتور/ محمد بهاء الدين باشات، ص (٢٤)، الهيئة العامة للمطابع الأميرية بالقاهرة، سنة ١٩٧٤م.

(٣) يراجع: النظرية العامة للجريمة الدولية، رسالة دكتوراه، د/ محمد عبد المنعم عبد الخالق، كلية الحقوق جامعة عين شمس، سنة ١٩٨٨م، ص (٢٣١).

ويعنى هذا الحق مقابلة التصرف السلبى والرد عليه بتصرف مماثل، وغايته إكراه الخصم على تنفيذ التزامه وعدم مخالفته، وهنا يكون القصاص بمعاملة الأسرى بنفس الطريقة التى تعامل بها الدولة الأخرى أسرى الدولة الأولى، وكانت الدول في الأزمنة القديمة تقوم باسترقاق الأسرى على سبيل المعاملة بالمثل.

ومن الأمثلة الحديثة على تطبيقات هذا المبدأ: عدم السماح لهيئة الصليب الأحمر الدولى بمقابلة الأسرى والاطمئنان على أحوالهم ومعاملتهم، كرد فعل على تصرف مشابه من الدولة الأخرى، وكذلك تبادل قصف الأهداف المدنية في حرب الخليج بين كلاً من العراق وإيران(١).

وعلى الرغم من أن السلطات الإسرائيلية ترفض تطبيق أحكام اتفاقية جنيف الخاصة بأسرى الحرب لسنة ١٩٤٩م، وأيضًا الملحقين الإضافيين لها لسنة ١٩٧٧م، على الأسرى الفلسطينيين المحتجزين لديها، وتستبعدهم من عداد الأسرى الذين يتمتعون بحماية هذه الاتفاقية، فإن منظمة التحرير وحركات المقاومة الفلسطينية لم تلجأ إلى الحق في القصاص أو مبدأ المعاملة بالمثل بل قامت بمعاملة الأسرى الإسرائيليين الذين كانوا بحوزتها معاملة إنسانية، التزاما منها بتطبيق نصوص اتفاقية جنيف والبروتوكولين الإضافيين لسنة ١٩٧٧م. وقد شهد بصحة ذلك أسرى العدو أنفسهم ووكالات الأنباء والصحف العالمية، واللجنة الدولية للصليب الأحمر(٢).

وفى عام ١٩٤٢م قامت بريطانيا بتقييد أسرى ألمان من رقابهم فقامت ألمانيا بعمل مماثل ردًا على ذلك(٣).

---

(١) مرجع سابق، أحكام أسرى الحرب دراسة مقارنه بين القانون الوضعى والشريعة الإسلامية، د/ هانى الطهراوى، ص (٢٠٥).

(٢) المرجع السابق، أحكام أسرى الحرب، د/ هانى الطهراوى، ص (٢٠٦)، وأيضًا اللجنة الدولية للصليب الأحمر، التقرير السنوى، سنة ٢٠٠٨م، ص (٦).

(٣) ينظر: قانون الحرب والحياد، د/ محمود سامى حنينه، ص (٨٤) مرجع سابق.

كما رفضت سوريا، أبان حرب أكتوبر ١٩٧٣م تسليم اسرائيل قوائم بأسماء الأسرى الإسرائيليين تحت سلطتها ردًا على انتهاك إسرائيل لإحكام اتفاقيات جنيف الثالثة لعام ١٩٤٩م خاصة ما يتعلق منها بحماية قرى مرتفعات الجولان المحتل وتهجير ١٥٠ الفًا من هؤلاء تحت التهديد في اعقاب عدوان يونيه ١٩٦٧م[1].

وإذا كانت الدولة في الماضى تمارس هذا الإجراء حق القصاص أو المعاملة بالمثل ضد الأسرى الذين وقعوا في قبضتها، بل وضد الأفراد المدنيين من رعايا الدولة الخصم، إلا أن هذا الإجراء أصبح أمرًا غير مقبول منذ عام ١٩٠٧م، حيث أقرت اتفاقية لاهاى عدم جواز توقيع عقوبة عامة على السكان حتى ولو كانت عقوبة مالية من أجل جريمة فردية لا يمكن اعتبارهم مسؤولين عنها[2].

وأكد هذا المبدأ اتفاقيات جنيف لعام ١٩٤٩م، إذ تنص المادة (٤٦) من الاتفاقية الأولى على أن: «أعمال الأخذ بالثأر ضد الجرحى أو المرضى أو الأفراد أو المبانى أو المهمات، هى أعمال محظورة».

وتنص المادة (٤٧) من الاتفاقية الثانية على أن: «أعمال الأخذ بالثأر ضد الجرحى أو المرضى أو الغرقى أو السفن التى تحميها هذه الاتفاقية هى أعمال محظورة».

رابعًا: التدخل الدولى لقمع الانتهاكات (التدخل لصالح الإنسانية): ويعرف بأنه: «عمل إلزامي من قبل دول يشتمل على استخدام القوة المسلحة في دولة أخرى دون موافقة حكومتها، وبتفويض من مجلس الأمن الدولى بهدف منع أو وقف الانتهاكات الصارخة والجسيمة لحقوق الإنسان والقانون الدولى الإنسانى»[3].

____

(١) يراجع: الدكتور/ عبد الواحد محمد الفار، في أسرى الحرب موقف سوريا في هذا الشأن، ص (٢٢٤) مرجع سابق.

(٢) يراجع: المادة (٥٠) من اتفاقية لاهاى لعام ١٩٠٧م.

(٣) حشاش، التدخل الإنسانى واشكاليته مع سيادة الدول، رسالة ماجستير، عام ٢٠١٥م ص (١٨).

وقد أفرزت الحروب التى مرت بها الإنسانية سواء في عصورها القديمة أو الحديثة سلبيات جمة في مجال حماية ومعاملة الأسرى لم يتمكن المجتمع الدولى بجملة المبادئ التى وضعها كنواة للقانون الدولى من خلال المعاهدات والاتفاقيات الدولية من علاجها، ولعل ذلك يرجع إلى افتقار المجتمع الدولى إلى آلية قانونية فعالة لها صفة الإلزام تفرض على أعضاء الجماعة الدولية احترامها[1].

وبالرغم من عدم وجود إجماع على قبول التدخل الإنسانى، إلا أن بعض الدول وجمهور من الفقهاء يرون أنه شاع بما يكفي لاعتباره عرفا دوليا، وهم يرون أيضا أن هناك ممارسة تتطور ولكنها لا تزال تحتاج إلى مزيد من الترسيخ، لكن هذا لا يعني أيضا أن الدول لم يعد لها على الإطلاق حق التدخل لمصلحة الإنسانية، حيث يبقى هذا الحق موجودا إذا تعذر على مجلس الأمن أن يباشر اختصاصه في الوقت الملائم، أي كان قرار مجلس الأمن مؤديا إلى تفويت المصلحة المنتظرة من تدخله، وفي هذه الحدود تكون أعمال التدخل مباحة، ولكن يشترط لذلك توفر شرطين هما[2]:

١. أن تبلغ إجراءات التدخل إلى مجلس الأمن فورا، وأن توقف بمجرد أن يصبح في استطاعته أن يباشر اختصاصه.

٢. أن تكون درجة الاعتداء بالغة الخطورة إلى حد الإخلال بالأمن العالمي.

ولهذا عرف الدكتور/ حسام هنداوي التدخل الدولى الإنسانى بأنه: «لجوء أشخاص القانون الدولى فرادى أو جماعات إلى وسائل الضغط المختلفة عسكرية أو غيرها لحمل دولة أو أكثر

---

(١) أحكام أسرى الحرب بين الشريعة الإسلامية والقانون الدولى العام، د/ ايمن محمد فوزى، ص (٨١٠).،.

(٢) يراجع: فاطمة بلعيش، حماية أسرى الحرب في القانون الإنسانى، رسالة ماجستير، لسنة ٢٠٠٧م/ ٢٠٠٨م، ص (١٥٦ وما بعدها).

من دول الجماعة الدولية على الإلتزام بأحكام ومبادئ القانون الدولى الإنسانى ووقف الانتهاكات الجسيمة لحقوق الإنسان في إقليمها»[1].

وأقرت اتفاقية جنيف الثالثة لعام ١٩٤٩م لأسرى الحرب حق التدخل الدولى لوقف الانتهاكات الجسيمة لأحكامها حيث نصت المادة (١٣٢) من الاتفاقية في الفقرة الأخيرة منها: «وما أن يتبين انتهاك الاتفاقية، يتعين على أطراف النزاع وضع حد له وقمعه بأسرع ما يمكن»[2].

ويتضح من هذا النص أنه يقع على عاتق أطراف النزاع التزاما بالتدخل لوقف الانتهاكات لأحكام الاتفاقية، غير أن النص لم يحدد طريقة وأسلوب التدخل وهو ما يشير إلى رغبة المشرع الدولى في ترك الأمر للعرف الدولى السائد بين الدول.

ويتضح مما سبق بخصوص المسئولية الدولية بأن الجزاء قد لا يقتصر على صورة واحدة، بل قد تجتمع كلها أو بعضًا منها معًا، وهذا ما أثبته الواقع الدولى، فإذا قامت الدولة الآسرة بإهانة الأسرى أو الإساءة أليهم أو الإضرار بهم جسديًا، فلا يمكن القول باجتماع كل أشكال التعويض في صورة واحدة وتحويلها إلى دفع مبلغ من المال، فقد تلتزم الدولة المعتدية بالتعويض النقدي، بالإضافة إلى معاقبة المسؤول عن هذه الإساءة، كما قد يطلب إليها تقديم اعتذار للدولة التى يتبعها الأسرى.

وأما عن أوجه المقارنة بين قواعد المسئولية الدولية عن معاملة الأسرى في الشريعة الإسلامية والقانون الدولى فيتبين لنا الأتى:.

---

(١) د/ حسام محمد هنداوي، في التحديد القانوني «التدخل الدولي الإنساني وخصائصه»، ص (٤٢ وما بعدها، دار النهضة العربية لعام ١٩٩٦/ ١٩٩٧م.

(٢) يراجع: نص المادة (١٣٢) الفقرة الأخيرة من اتفاقية جنيف لعام ١٩٤٩م.

أن الأصل الشرعى لقواعد المسئولية الدولية يستند إلى الكتاب والسنة في حين تستند تلك النظرية فى القانون الدولى إلى جملة الأحكام الواردة في الاتفاقيات الدولية والفقه والعرف والعمل الدولى.

ويوجد اتفاق بين الشريعة الإسلامية والقانون الدولى بخصوص خضوع أسرى الحرب لسلطة الدولة الحاجزة لا لسلطة الفرد.

وتتلاقى أيضًا أحكام الشريعة الإسلامية والقانون الوضعى في ثبوت المسئولية الدولية لمعاملة أسرى الحرب في حق الفرد والدولة معًا فالمسئولية الدولية ذات طبيعة مزدوجة فإلى جانب مسئولية الدولة يسأل الفرد عما يقترفه من مخالفات، والثابت مسئولية الفرد في الإسلام عن احترام أحكام الشرع باعتباره مكلفًا شرعًا مخاطبًا بحسب الأصل بأحكام وقواعد الشرع بحيث يسأل الفرد عن التعدي على حدود الله، كما ثبتت مسئولية الفرد في القانون الدولى عما يحدثه من إخلال بأحكام القانون الدولى باعتباره أحد الملتزمين بها.

وأقرت الشريعة الإسلامية وأيضًا القانون الدولى حق الأسرى من تقديم تظلم أو شكوى من نظام الأسر ويعد هذا التظلم أو الشكوى أحد الطرق لإثبات المخالفات، واتفقت الشريعة والقانون أيضًا في حق الأسرى في الاتصال بالسلطات بما يخول للأسير الحق في تقديم شكواه لتلك السلطات من نظام الأسر.

ونجد اتفاق بين الشريعة الإسلامية والقانون الدولى في المعاملة بالمثل وحق القصاص باعتباره وسيلة جزائية عن الإخلال بأحكام معاملة أسرى الحرب ومن المسلم به أن طبيعة حق المعاملة بالمثل وحق القصاص تتحدد باعتبارها إجراءات قسرية وتدابير قهرية تنطوى على مخالفة للقواعد العادية والتدابير الطبيعية التى يجرى اتباعها عند تحقق المخالفة.

وبالنظر في الشريعة الإسلامية نجد أن أمر الأسير موكول إلى الإمام الذى يضطلع بالمسئولية عن معاملة الأسرى بالنظر لكونه صاحب الولاية العامة في تصريف شئون الأمة ومصدر سلطاتها والمعنى بتنفيذ أحكام الشرع والساهر على مصلحة الجماعة.

ولم تأت المسئولية الدولية في القانون الدولي بجديد في هذا الشأن إذ تضطلع الدولة بحكم ولايتها بالمسئولية عن معاملة الأسرى وهى مسئولة في هذا عن نشاط سلطاتها التشريعية والتنفيذية والقضائية بما يستتبع مسئوليتها عن أعمال قواتها المسلحة باعتبارها تدخل في إطار مفهوم السلطة التنفيذية.

الخاتمة

نسأل الله حسنها في كل شيء، والحمد لله والصلاة والسلام على رسول الله سيدنا محمد وآله وصحبه ومن والاه.

وبعد،،،،

فقد انتهيت _بتوفيق الله _ من هذا البحث، الذي يعلم الله مدى ما بذلتُ فيه من جهد، وطنّت فيه النفس على بلوغ تلك الغاية مهما لحقها من آلام؛ رجاء أن يفي بالغرض الذي من أجله شرعت فيه، حتى جاء في ثوبه الذي بين أيديكم فإن أحسنت فبفضل الله وهدايته، وتوفيقه وعنايته، وإن كانت الأخرى، فإن القصور والخطأ من طبع البشر، وأستغفر الله تعالى عن أي تقصير كان، وأسأله سبحانه الصفح والغفران.

وقد خرجت من بحثي هذا بنتائج وتوصيات هامة، وليس من السهل أن أحصيها عدداً في خاتمة شأنها أن تكون كسلام المودع، فحسبي أن أُشير إلى رؤوسها.

أولا: النتائج:

١- الشريعة الإسلامية سبقت القانون الدولي العام في كثير من أحكامه ومبادئه، لاسيما فيا يتصل بمبدأ الشرف الدولي والعدالة الإنسانية وكذا السلم الدولي.

٢_ الجهاد ثلاثة أضرب:- مجاهدة العدو الظاهر. - ومجاهدة الشيطان. - ومجاهدة النفس، وفرض في السنة الثانية من الهجرة.

٣_ أن الجهاد في الإسلام لا يكون إلا في سبيل الله، ولنصرة الإسلام، ولإعلاء كلمة الله، ويكون ذلك ابتداءً بالطرق السلمية والدعوة إلى الدين الحق، بالحكمة والموعظة الحسنة، ولا يكون القتال إلا بعد الدعوة والامتناع عن قبولها.

٤_أن لفظ الحرب وإن كان يقترب في معناه من لفظ الجهاد، إلا أن لفظ الحرب أشمل وأعم والجهاد جزء من الحرب.

٥_ الباعث على القتال في الإسلام، إعلاء كلمة الله، وحماية الدعوة، ودفع الظلم، الدفاع عن النفس والمال.

٦_ الحرب في القانون صراع بين القوات المسلحة لكل من الفريقين المتنازعين، يرمى كل منهما إلى صيانة حقوقه ومصالحه في مواجهة الطرف الآخر.

٧_ اعتبرت الشريعة الإسلامية الأسير بمثابة مدنى أعزل، ومن ثم منع الإسلام ضرب الأسير وكذلك قتله أو تعذيبه وأيضاً عدم الانتقام منة، وحثت كذلك على إكرام الأسير، ولم تكتفى الشريعة بذلك بل أمرت بأتباع أكثر الأساليب رحمة بهم، وغزوات الرسول أكبر شاهد على ذلك.

٨_ القانون الدولي قد عنى بحال الجرحى والمرضى، وأسرى الحرب والمتوفين والمفقودين ومد هذه الحماية لتشمل المدنيين من السكان والأعيان المدنية وسواء أكان ذلك أثناء النزاعات المسلحة الدولية أو الداخلية إلا أن شرع الإسلام كان له السبق في ذلك فقد اعتنى بهؤلاء وكلفهم بحمايته بفضل ما أتى به من قواعد قانونية سماوية فاقت القواعد القانونية الوضعية في مضمونها ودقتها ومدى حمايتها، لدرجة أن الإسلام لم يعترف بالحرب ولم يستخدم كلمة الحرب على الإطلاق.

٩_ دار الحرب هي البلاد الخارجة عن سلطان المسلمين ويتوقع من أهلها الحرب.

١٠_ دار الإسلام هي التي تجرى عليها أحكام الإسلام ويأمن من فيها بأمان المسلمين، سواء أكانوا مسلمين أم ذميين.

١١_ دار الكفر تصير دار إسلام بظهور أحكام الإسلام فيها ولكن اختلفوا في دار الإسلام بماذا تصير دار حرب فقالوا بثلاث شرائط ذكت في ثنايا البحث.

١٢_ لا يجوز نقض الهدنة إلا إذا وجدت خيانة أو غدر من العدو بتوافر الدلائل التي يستمد منها الحاكم توافر نية الخيانة والغدر فأن توافرت الدلائل فقد وجب النبذ أولاً تجنباً للخيانة من المسلمين.

١٣_ حثت الشريعة الإسلامية على عدم قتل الشيخ الكبير، والراهب المنقطع للعبادة، وذلك لضعفهم وعدم مشاركتهم في القتال، وكذا لا يجوز في الجهاد قتل النساء، والصبيان، والمجانين، والخنثى المشكل.

١٤_ عقد الذمة يعد اتفاق بين المسلمين وغيرهم من أهل الكتاب ومن في حكمهم مقابل دفع الجزية على أن يتكفل الطرف المسلم بحماية رعايا الطرف الثاني والزود عنهم وضمان حريتهم وسلامة أموالهم وأعراضهم.

١٥_ من الفروق الظاهرة بين عقد الأمان وعقد الهدنة أنه لا تجوز الهدنة إلا بعقد الإمام أو نائبه، أما الأمان فإنه يجوز من الإمام ومن جماعة من المسلمين ومن آحادهم ولو من امرأة، عند جمهور الفقهاء.

١٦_ استقرار درجة الإلزام لأحكام معاملة أسرى الحرب في الشريعة الإسلامية بالنظر للصبغة الدينية لتلك الأحكام الشرعية مقارنة بالوضع القائم في القانون الدولى، إذ ثبت عدم احترام قواعد القانون الدولى الإنسانى المطبقة على المنازعات المسلحة سواء على مستوى حماية الأشخاص أو الأموال والممتلكات وخاصة في ظل دولة الاحتلال ووضع سكان الأراضى غير المحتلة.

١٧- اتساع مدلول لفظ الأسير في الشريعة الإسلامية ليشمل الرجال والنساء والذرية على السواء على نحو استوجب توسيع جملة الحقوق ونطاق الحماية وطبيعتها لتلك الفئة من الأشخاص مقارنة بالقانون الدولى الذى مازال يحصر تلك الفئة من الأشخاص في إطار التفرقة بين المقاتل وغير المقاتل بل والتفرقة بين المقاتل القانوني وغير القانوني.

١٨- تعريف الأسير في القانون الدولي هو كل مقاتل يقع في قبضة الخصم أو في أيدى العدو ويراعى أن يكونوا تحت سلطة دولة العدو لا تحت سلطة الأفراد أو الوحدة العسكرية التي أسرتهم.

١٩_ إن الأسر في الشريعة الإسلامية والقانون الدولي لا يعد انتقاما أو عقابا، ولكنه لا يعدو أن يكون وسيلة لمنع الأسرى من العودة إلى الالتحاق بقواتهم وحمل السلاح مرة أخرى في وجه الدولة الآسرة.

٢٠- أن كل من لم يكن من أهل القتال كالشيوخ والرهبان والنساء والصبيان ونحوهم لا يقاتلون في الشريعة الإسلامية، إلا أن يشاركوا في القتال بصفة مباشرة فإنهم يقاتلون.

مدى اهتمام الشريعة الإسلامية بأسرى الحرب وما قدمته لهم وحثتهم عليه من الحقوق الإنسانية والقيم الحضارية المتميزة والذي تجعل الشريعة الإسلامية تعلوا وتسموا على جميع القوانين الوضعية التي تنادى، وتتبجح بأن لها السبق في ذلك على ألسنة مروجيها فيما يسمونه بحقوق الإنسان، مع أن الإسلام قد سبق كل تلك القوانين والنظم قولاً وتطبيقًا.

٢١- أن طبيعة أحكام معاملة أسرى الحرب وأيضًا قواعد الحرب الواردة في الشريعة الإسلامية تضفى قدرًا من الإلزامية على الدولة الإسلامية فيما يتعلق باحترام تطبيق تلك الأحكام، بخلاف القانون الدولى فإن المجتمع الدولى يفتقر إلى سلطة رقابية فعالة ومؤثرة تضطلع بالمسئولية عن تطبيق وتنفيذ والإشراف على تنفيذ قواعد القانون الدولى الإنسانى المطبق على المنازعات المسلحة فيما يتعلق بتوفير وتفعيل الضمانات الأساسية لضحايا تلك المنازعات من المدنيين والعسكريين مقارنة بالوضع القائم في ظل الشريعة الإسلامية.

٢٢_ أقر مؤتمر القمة الإسلامي الخامس (الكويت ١٤٠٧ هـ/ ١٩٨٧ م) مشروع النظام الأساسي لمحكمة العدل الإسلامية، لتكون حكمًا وقاضيًا وفيصلاً فيها ينشأ بين الدول الإسلامية من خلافات، بعد ما لاحظ ما انتهت إليه الإنسانية المعاصرة.

٢٣_ جواز استخدام الاستطلاع لمصلحة الدولة الإسلامية وذلك لدفع الضرر عنها أثناء الحروب.

٢٤_ التجسس خيانة عظمى، وكبيرة من الكبائر إذا فعله المسلم. وهو من صور موالاة الكفار التي يتراوح الحكم فيها بين الكفر المخرج من الملة إذا كان تجسسه حبًا في انتصار الكفار وعلو شوكتهم على المسلمين وبين الكبيرة من كبائر الذنوب إذا كان لغرض شخصي أو دنيوي أو جاه أو ما أشبه ذلك.

٢٥_ لا يجوز أسر أحد من دار الكفر إذا كان بين المسلمين وبينها عهد موادعة، لأن عقد الموادعة أفاد الأمان، وبالأمان لا تصير الدار مستباحة.

ثانيا: التوصيات:

١_ أوصي نفسي والأمة جميعاً بتقوى الله ﷻ، خاصة في باب العلم.

٢- ضرورة تحديد العقوبات التي توقع على مرتكبي المخالفات الجسيمة على أسرى الحرب بدلا من تركها للقوانين الداخلية للدول، وعدم كفاية النصوص التى تضمنتها اتفاقية جنيف لعام ١٩٤٩م، وعدم وجود الجزاء الرادع، وعدم وجود جهاز تنفيذى يقوم بتطبيق العقوبات بحق المخالفين.

٣- دعم كل التوجهات الإسلامية في العالم التي تدعو إلى محاربة العنصرية والتعصب، والممارسات القمعية التسلطية، من أجل إيجاد عمل إسلامي متميز وقوي، يهتم بحقوق الأسرى، بل وحقوق الإنسان عمومًا، وذلك وفق الضوابط الاستراتيجية التي تخدم مصلحة الأسرى وتقف في وجه السجان.

٤- ضرورة العمل على تحديد المسئولية الدولية والفردية التى تترتب نتيجة الخروج على أحكام معاملة الأسرى باعتبارها قضية من أهم القضايا بعد كل حرب أو صراع مسلح.

٥- تفعيل دور محكمة العدل الإسلامية الدولية في تشكيل آلية العمل القانوني الإسلامى، إذ أن جملة الانتهاكات والمخالفات الجسيمة لحقوق الإنسان وقواعد القانون الدولى الإنسانى المطبق على المنازعات المسلحة من جانب الدولة الإسلامية تكاد تكون محدودة.

٦- لا بد من وجود جهاز تنفيذي دولي قادر على تنفيذ الأحكام التي تصدرها المحاكم والهيئات الدولية وإيقاعها بأولئك المخالفين لأحكام اتفاقيات جنيف والمرتكبين لجرائم حرب وخاصة القادة العسكريين منهم.

٧- ضرورة تدريس مبادئ القانون الدولى الإنسانى الإسلامى المتعلق بالمنازعات المسلحة كمنهج دراسى في المدارس والمؤسسات التعليمية وعلى مستويات التعليم المختلفة خاصة في ظل افتقار المناهج الدراسية لتلك المبادئ حتى الآن وعلى مستوى كافة الدول الإسلامية.

هذا وفي الختام أقولُ ما كان في هذا البحث من صواب وتوفيق فمن الله رب العالمين، وما كان فيه من خطأ فمن نفسي، وإني لَمعترفٌ بتقصيري، واللهُ عزَّ وجلَّ ورسولُهُ ﷺ من ذَلِكَ بَرَآءٌ.

والله تعالى هو المسؤول وحده أن يجعل هذا العملَ خالصًا لوجهه الكريم، مستشفعًا به عنده للفوز برضوانه في جنات النعيم، وأن ينفع به صاحبه، وكاتبه، وقارئه، في الدنيا والآخرة، وأن لا يجعل علمنا علينا وبالًا، وسعينا ونصبنا فيه خيبة وخسرانًا وضلالًا، إنه لا يُخيب من رجاه، ولا يُحَرَمُ مَن دعاه، إنه أكرم مسؤول، وأعظم مأمول، وأرحم الراحمين، وهو وليُّ كل نعمة وخير، وهو سبحانه نعم المولى ونعم النصير، فاللهُ من وراءِ القصدِ، وهو الهادي إلى سواءِ السبيلِ، وهو حسبُنَا ونِعْمَ الوَكِيلُ، وآخرُ دعوانَا أنِ الحمدُ للهِ ربِّ العالمينَ.

✤ ✤ ✤

قائمة المصادر والمراجع

كتب التفسير وعلوم القرآن الكريم

الكتاب	م
القرآن الكريم	١
أحكام القرآن. تأليف: أحمد بن علي أبو بكر الرازي الجصاص الحنفي (المتوفى: ٣٧٠هـ) المحقق: محمد صادق القمحاوي - عضو لجنة مراجعة المصاحف بالأزهر الشريف. الناشر: دار إحياء التراث العربي - بيروت. تاريخ الطبع: ١٤٠٥ هـ	٢
أحكام القرآن. تأليف: القاضي محمد بن عبد الله أبو بكر بن العربي المعافري الاشبيلي المالكي (المتوفى: ٥٤٣هـ). راجع أصوله وخرج أحاديثه وعلَّق عليه: محمد عبد القادر عطا. الناشر: دار الكتب العلمية، بيروت - لبنان. الطبعة: الثالثة، ١٤٢٤ هـ/ ٢٠٠٣ م	٣
التحرير والتنوير «تحرير المعنى السديد وتنوير العقل الجديد من تفسير الكتاب المجيد». تأليف: محمد الطاهر بن محمد بن محمد الطاهر بن عاشور التونسي (المتوفى : ١٣٩٣هـ). الناشر : الدار التونسية للنشر - تونس. سنة النشر: ١٩٨٤ هـ	٤
تفسير الإمام الشافعي. للإمام: الشافعي أبو عبد الله محمد بن إدريس بن العباس بن عثمان بن شافع بن عبد المطلب بن عبد مناف المطلبي القرشي المكي (المتوفى: ٢٠٤هـ). جمع وتحقيق ودراسة: د. أحمد بن مصطفى الفرَّان (رسالة دكتوراه). الناشر: دار التدمرية - المملكة العربية السعودية. الطبعة الأولى: ١٤٢٧ - ٢٠٠٦ م	٥
تفسير الشعراوي - الخواطر: لفضيلة الشيخ: محمد متولي الشعراوي (المتوفى: ١٤١٨هـ) الناشر : مطابع أخبار اليوم	٦
تفسير الطبري = جامع البيان عن تأويل آي القرآن. للإمام: محمد بن جرير بن يزيد	٧

	بن كثير بن غالب الآملي، أبو جعفر الطبري (المتوفى: ٣١٠هـ). تحقيق: الدكتور عبد الله بن عبد المحسن التركي. بالتعاون مع مركز البحوث والدراسات الإسلامية بدار هجر الدكتور عبد السند حسن يمامة. الناشر: دار هجر للطباعة والنشر والتوزيع والإعلان. الطبعة: الأولى، ١٤٢٢هـ – ٢٠٠١م
٨	تفسير القرآن (وهو اختصار لتفسير الماوردي). للإمام: أبى محمد عز الدين عبد العزيز بن عبد السلام بن أبي القاسم بن الحسن السلمي الدمشقي، الملقب بسلطان العلماء (المتوفى: ٦٦٠هـ). المحقق: الدكتور عبد الله بن إبراهيم الوهبي. الناشر: دار ابن حزم – بيروت الطبعة: الأولى، ١٤١٦هـ/ ١٩٩٦م
٩	تفسير القرآن الحكيم (تفسير المنار). تأليف: محمد رشيد بن علي رضا بن محمد شمس الدين بن محمد بهاء الدين بن منلا علي خليفة القلموني الحسيني (المتوفى: ١٣٥٤هـ). الناشر: الهيئة المصرية العامة للكتاب. سنة النشر: ١٩٩٠م
١٠	تفسير القرآن العزيز. للإمام: أبى عبد الله محمد بن عبد الله بن عيسى بن محمد المري، الإلبيري المعروف بابن أبي زَمَنِين المالكي (المتوفى: ٣٩٩هـ). المحقق: أبو عبد الله حسين بن عكاشة – محمد بن مصطفى الكنز. الناشر: الفاروق الحديثة – مصر/ القاهرة. الطبعة: الأولى، ١٤٢٣هـ – ٢٠٠٢م
١١	تفسير القرآن العظيم (ابن كثير). للإمام: أبى الفداء إسماعيل بن عمر بن كثير القرشي البصري ثم الدمشقي (المتوفى: ٧٧٤هـ). المحقق: محمد حسين شمس الدين. الناشر: دار الكتب العلمية، منشورات محمد علي بيضون – بيروت. الطبعة: الأولى – ١٤١٩هـ
١٢	تفسير القرآن العظيم لابن أبي حاتم. تأليف: أبو محمد عبد الرحمن بن محمد بن إدريس بن المنذر التميمي، الحنظلي، الرازي ابن أبي حاتم (المتوفى: ٣٢٧هـ). المحقق: أسعد محمد الطيب. الناشر: مكتبة نزار مصطفى الباز – المملكة العربية السعودية. الطبعة: الثالثة – ١٤١٩هـ

١٣	تفسير القرآن العظيم لابن أبي حاتم. للإمام: أبى محمد عبد الرحمن بن محمد بن إدريس بن المنذر التميمي، الحنظلي، الرازي ابن أبي حاتم (المتوفى: ٣٢٧هـ). المحقق: أسعد محمد الطيب. الناشر: مكتبة نزار مصطفى الباز – المملكة العربية السعودية. الطبعة: الثالثة – ١٤١٩ هـ
١٤	تفسير القرآن العظيم. للإمام: أبى الفداء إسماعيل بن عمر بن كثير القرشي البصري ثم الدمشقي (المتوفى: ٧٧٤هـ). المحقق: سامي بن محمد سلامة. الناشر: دار طيبة للنشر والتوزيع. الطبعة: الثانية ١٤٢٠هـ – ١٩٩٩ م
١٥	تفسير القرآن الكريم، المؤلف: محمد المنتصر بالله بن محمد الزمزمي الكتاني الإدريسي الحسني (المتوفى: ١٤١٩هـ)– مصدر الكتاب: دروس صوتية قام بتفريغها موقع الشبكة الإسلامية
١٦	تفسير القرآن الكريم، لمحمد أحمد إسماعيل المقدم.
١٧	التفسير القرآني للقرآن. تأليف: عبد الكريم يونس الخطيب (المتوفى: بعد ١٣٩٠هـ) . الناشر: دار الفكر العربي – القاهرة
١٨	تفسير الماتريدي (تأويلات أهل السنة). تأليف: محمد بن محمد بن محمود، أبو منصور الماتريدي (المتوفى: ٣٣٣هـ). المحقق: د. مجدي باسلوم. الناشر: دار الكتب العلمية – بيروت، لبنان. الطبعة: الأولى، ١٤٢٦ هـ – ٢٠٠٥ م
١٩	تفسير الماوردي = النكت والعيون. للإمام: أبى الحسن علي بن محمد بن حبيب البصري البغدادي، الشهير بالماوردي (المتوفى: ٤٥٠هـ). المحقق: السيد ابن عبد المقصود بن عبد الرحيم. الناشر: دار الكتب العلمية – بيروت / لبنان
٢٠	تفسير المراغي. تأليف: أحمد بن مصطفى المراغي (المتوفى: ١٣٧١هـ). الناشر: شركة مكتبة ومطبعة مصطفى البابى الحلبي وأولاده بمصر. الطبعة: الأولى، ١٣٦٥ هـ/١٩٤٦ م
٢١	التفسير المظهري. تأليف: المظهري، محمد ثناء الله. المحقق: غلام نبي التونسي.

	الناشر: مكتبة الرشدية – الباكستان. الطبعة: ١٤١٢ ه
٢٢	التفسير المنير في العقيدة والشريعة والمنهج: د وهبة بن مصطفى الزحيلي. الناشر : دار الفكر المعاصر – دمشق. الطبعة : الثانية ، ١٤١٨ ه
٢٣	تفسير النسفي (مدارك التنزيل وحقائق التأويل). للإمام: أبى البركات عبد الله بن أحمد بن محمود حافظ الدين النسفي (المتوفى: ٧١٠ه). حققه وخرج أحاديثه: يوسف علي بديوي راجعه وقدم له: محيي الدين ديب مستو. الناشر: دار الكلم الطيب، بيروت. الطبعة: الأولى، ١٤١٩ ه – ١٩٩٨ م
٢٤	التفسير الوسيط للزحيلي: د وهبة بن مصطفى الزحيلي. الناشر: دار الفكر – دمشق. الطبعة : الأولى – ١٤٢٢ ه
٢٥	التفسير الوسيط للقرآن الكريم. تأليف: مجموعة من العلماء بإشراف مجمع البحوث الإسلامية بالأزهر. الناشر: الهيئة العامة لشئون المطابع الأميرية. الطبعة: الأولى، (١٣٩٣ ه = ١٩٧٣ م) – (١٤١٤ ه = ١٩٩٣ م)
٢٦	تفسير عبد الرزاق. للإمام: أبى بكر عبد الرزاق بن همام بن نافع الحميري اليماني الصنعاني (المتوفى: ٢١١ه). الناشر: دار الكتب العلمية. دراسة وتحقيق: د. محمود محمد عبده. الناشر: دار الكتب العلمية – بيروت.. الطبعة: الأولى، سنة ١٤١٩ه
٢٧	التفسير للقرآن الكريم. للدكتور: محمد سيد طنطاوي. الناشر: دار نهضة مصر للطباعة والنشر والتوزيع، الفجالة – القاهرة
٢٨	تفسير مجاهد: للإمام: أبى الحجاج مجاهد بن جبر التابعي المكي القرشي المخزومي (المتوفى: ١٠٤ه).المحقق: الدكتور محمد عبد السلام أبو النيل. الناشر: دار الفكر الإسلامي الحديثة، مصر. الطبعة: الأولى، ١٤١٠ ه – ١٩٨٩ م
٢٩	تفسير مقاتل بن سليمان: للإمام: أبو الحسن مقاتل بن سليمان بن بشير الأزدي البلخي (المتوفى: ١٥٠ه). المحقق: عبد الله محمود شحاته. الناشر: دار إحياء

التراث – بيروت. الطبعة: الأولى – ١٤٢٣ هـ	
جامع البيان في تأويل القرآن. للإمام: محمد بن جرير بن يزيد بن كثير بن غالب الآملي، أبو جعفر الطبري (المتوفى: ٣١٠هـ). المحقق: أحمد محمد شاكر. الناشر: مؤسسة الرسالة. الطبعة: الأولى، ١٤٢٠ هـ – ٢٠٠٠ م	٣٠
الجامع لأحكام القرآن = تفسير القرطبي. للإمام: أبى عبد الله محمد بن أحمد بن أبي بكر بن فرح الأنصاري الخزرجي شمس الدين القرطبي (المتوفى: ٦٧١هـ). تحقيق: أحمد البردوني وإبراهيم أطفيش. الناشر: دار الكتب المصرية – القاهرة. الطبعة: الثانية، ١٣٨٤هـ – ١٩٦٤ م	٣١
الدر المنثور. تأليف: عبد الرحمن بن أبي بكر، جلال الدين السيوطي (المتوفى: ٩١١هـ). الناشر: دار الفكر – بيروت	٣٢
روح المعاني في تفسير القرآن العظيم والسبع المثاني. تأليف: شهاب الدين محمود بن عبد الله الحسيني الألوسي (المتوفى: ١٢٧٠هـ). المحقق: علي عبد الباري عطية. الناشر: دار الكتب العلمية – بيروت. الطبعة: الأولى، ١٤١٥ هـ	٣٣
زهرة التفاسير. تأليف: محمد بن أحمد بن مصطفى بن أحمد المعروف بأبي زهرة (المتوفى: ١٣٩٤هـ). دار النشر: دار الفكر العربي	٣٤
فتح الرحمن في تفسير القرآن. للإمام: مجير الدين بن محمد العليمي المقدسي الحنبلي (المتوفى: ٩٢٧ هـ). اعتنى به تحقيقا وضبطا وتخريجا: نور الدين طالب. الناشر: دار النوادر (إصدارات وزارة الأوقاف والشُّؤُون الإِسلاميّة – إِدَارَةُ الشُّؤُونِ الإِسلاَميّةِ). الطبعة: الأولى، ١٤٣٠ هـ – ٢٠٠٩ م	٣٥
فتح القدير. تأليف: محمد بن علي بن محمد بن عبد الله الشوكاني اليمني (المتوفى: ١٢٥٠هـ).الناشر: دار ابن كثير، دار الكلم الطيب – دمشق، بيروت. الطبعة: الأولى – ١٤١٤ هـ	٣٦
الكشاف عن حقائق غوامض التنزيل. للإمام: أبى القاسم محمود بن عمرو بن أحمد،	٣٧

	الزمخشري جار الله (المتوفى: ٥٣٨هـ). الناشر: دار الكتاب العربي– بيروت. الطبعة: الثالثة – ١٤٠٧ هـ
٣٨	محاسن التأويل. تأليف: محمد جمال الدين بن محمد سعيد بن قاسم الحلاق القاسمي (المتوفى: ١٣٣٢هـ). المحقق: محمد باسل عيون السود. الناشر: دار الكتب العلمية – بيروت. الطبعة: الأولى – ١٤١٨ هـ
٣٩	مختصر تفسير ابن كثير المؤلف: (اختصار وتحقيق) محمد علي الصابوني الناشر: دار القرآن الكريم، بيروت – لبنان– الطبعة: السابعة، ١٤٠٢ هـ – ١٩٨١ م–عدد الأجزاء: ٣
٤٠	معالم التنزيل في تفسير القرآن = تفسير البغوي. تأليف : محيي السنة ، أبو محمد الحسين بن مسعود بن محمد بن الفراء البغوي الشافعي (المتوفى : ٥١٠هـ). المحقق : عبد الرزاق المهدي. الناشر : دار إحياء التراث العربي –بيروت. الطبعة : الأولى ، ١٤٢٠ هـ
٤١	مفاتيح الغيب = التفسير الكبير. للإمام: أبى عبد الله محمد بن عمر بن الحسن بن الحسين التيمي الرازي الملقب بفخر الدين الرازي خطيب الري (المتوفى: ٦٠٦هـ). الناشر: دار إحياء التراث العربي –بيروت. الطبعة: الثالثة – ١٤٢٠ هـ
٤٢	المفردات في غريب القرآن– أبو القاسم الحسين بن محمد – سنة الولادة / سنة الوفاة ٥٠٢هـ، تحقيق محمد سيد كيلاني– الناشر دار المعرفة– سنة النشر – مكان النشر لبنان– عدد الأجزاء ١
٤٣	الموسوعة القرآنية– المؤلف: إبراهيم بن إسماعيل الأبياري (المتوفى: ١٤١٤هـ)– الناشر: مؤسسة سجل العرب– الطبعة: ١٤٠٥ هـ
٤٤	الناسخ والمنسوخ –المؤلف : أحمد بن محمد بن إسماعيل المرادي النحاس أبو جعفر– الناشر : مكتبة الفلاح – الكويت –الطبعة الأولى ، ١٤٠٨– تحقيق : د. محمد عبد السلام محمد، عدد الأجزاء : ١

٤٥	النبأ العظيم نظرات جديدة في القرآن الكريم. تأليف: محمد بن عبد الله دراز (المتوفى : ١٣٧٧هـ). اعتنى به : أحمد مصطفى فضلية. قدم له : أ. د. عبد العظيم إبراهيم المطعني الناشر : دار القلم للنشر والتوزيع. الطبعة : طبعة مزيدة ومحققة ١٤٢٦هـ- ٢٠٠٥م
٤٦	الوجيز في تفسير الكتاب العزيز. للإمام: أبى الحسن علي بن أحمد بن محمد بن علي الواحدي، النيسابوري، الشافعي (المتوفى: ٤٦٨هـ). تحقيق: صفوان عدنان داوودي. دار النشر: دار القلم ، الدار الشامية – دمشق، بيروت. الطبعة: الأولى، ١٤١٥ هـ

كتب الحديث وعلومه وشروحه

	الكتاب
٤٧	الأدب المفرد بالتعليقات. تأليف: محمد بن إسماعيل بن إبراهيم بن المغيرة البخاري، أبو عبد الله (المتوفى: ٢٥٦هـ). حققه وقابله على أصوله: سمير بن أمين الزهيري. مستفيدًا من تخريجات وتعليقات العلامة الشيخ المحدث: محمد ناصر الدين الألباني. الناشر : مكتبة المعارف للنشر والتوزيع، الرياض. الطبعة: الأولى، ١٤١٩ هـ – ١٩٩٨م
٤٨	إرشاد الساري لشرح صحيح البخاري. تأليف: أحمد بن محمد بن أبى بكر بن عبد الملك القسطلاني القتيبي المصري، أبو العباس، شهاب الدين (المتوفى: ٩٢٣هـ). الناشر : المطبعة الكبرى الأميرية، مصر. الطبعة: السابعة، ١٣٢٣ هـ
٤٩	التبصرة: علي بن محمد الربعي، أبو الحسن، المعروف باللخمي (المتوفى: ٤٧٨ هـ)وزارة الأوقاف والشؤون الإسلامية، قطر الطبعة: الأولى، ١٤٣٢ هـ – ٢٠١١ م
٥٠	التفصيل فى بيان الكبائر مدراج السالكين لابن القيم الجوزية تحقيق د/محمد كمال جعفر الهيئة المصرية للكتاب

٥١	التَّنويرُ شَرْحُ الجَامِعِ الصَّغيرِ. تأليف: محمد بن إسماعيل بن صلاح بن محمد الحسني، الكحلاني ثم الصنعاني، أبو إبراهيم، عز الدين، المعروف كأسلافه بالأمير (المتوفى: ١١٨٢هـ). المحقق: د. محمَّد إسحاق محمَّد إبراهيم. الناشر: مكتبة دار السلام، الرياض. الطبعة: الأولى، ١٤٣٢ هـ - ٢٠١١ م
٥٢	جامع الأحاديث (ويشتمل على جمع الجوامع للسيوطي والجامع الأزهر وكنوز الحقائق للمناوي، والفتح الكبير للنبهاني). تأليف: عبد الرحمن بن أبي بكر، جلال الدين السيوطي (المتوفى: ٩١١هـ). ضبط نصوصه وخرج أحاديثه: فريق من الباحثين بإشراف د على جمعة (مفتي الديار المصرية). طبع على نفقة: د حسن عباس زكى
٥٣	جامع الأصول في أحاديث الرسول. تأليف : مجد الدين أبو السعادات المبارك بن محمد بن محمد ابن محمد بن عبد الكريم الشيباني الجزري ابن الأثير (المتوفى : ٦٠٦هـ). تحقيق : عبد القادر الأرنؤوط - التتمة تحقيق بشير عيون. الناشر : مكتبة الحلواني - مطبعة الملاح - مكتبة دار البيان. الطبعة : الأولى
٥٤	الجامع الصحيح للسنن والمسانيد- المؤلف: صهيب عبد الجبار- عدد الأجزاء: ٣٨ تاريخ النشر: ١٥ - ٨ - ٢٠١٤
٥٥	فتح المنعم شرح صحيح مسلم- المؤلف: الأستاذ الدكتور موسى شاهين لاشين- الناشر: دار الشروق- الطبعة: الأولى (لدار الشروق)، ١٤٢٣ هـ - ٢٠٠٢ م- عدد الأجزاء: ١٠
٥٦	الجامع المسند الصحيح المختصر من أمور رسول الله ﷺ وسننه وأيامه = صحيح البخاري. تأليف: محمد بن إسماعيل أبو عبدالله البخاري الجعفي. المحقق: محمد زهير بن ناصر الناصر. الناشر: دار طوق النجاة (مصورة عن السلطانية بإضافة ترقيم محمد فؤاد عبد الباقي). الطبعة: الأولى، ١٤٢٢هـ
٥٧	جامع بيان العلم وفضله. للإمام: أبى عمر يوسف بن عبد الله بن محمد بن عبد البر

بن عاصم النمري القرطبي (المتوفى: ٤٦٣هـ). تحقيق: أبي الأشبال الزهيري. الناشر: دار ابن الجوزي، المملكة العربية السعودية. الطبعة: الأولى، ١٤١٤ هـ - ١٩٩٤ م	
رد المحتار على الدر المختار: ابن عابدين، محمد أمين بن عمر بن عبد العزيز عابدين الدمشقي الحنفي (المتوفى: ١٢٥٢هـ): دار الفكر-بيروت: الثانية، ١٤١٢ هـ - ١٩٩٢م	٥٨
الروض الداني (المعجم الصغير)-المؤلف: سليمان بن أحمد بن أيوب بن مطير اللخمي الشامي، أبو القاسم الطبراني (المتوفى: ٣٦٠هـ)-المحقق: محمد شكور محمود الحاج أمرير-الناشر: المكتب الإسلامي ، دار عمار - بيروت ، عمان-الطبعة: الأولى، ١٤٠٥ - ١٩٨٥-عدد الأجزاء: ٢	٥٩
سبل السلام المؤلف : محمد بن إسماعيل الأمير الكحلاني الصنعاني (المتوفى : ١١٨٢هـ)- الناشر : مكتبة مصطفى البابي الحلبي -الطبعة : الرابعة ١٣٧٩هـ/ ١٩٦٠م- مصدر الكتاب : موقع مكتبة المدينة الرقمية	٦٠
سنن ابن ماجه. تأليف: ابن ماجة أبو عبد الله محمد بن يزيد القزويني، وماجة اسم أبيه يزيد (المتوفى: ٢٧٣هـ). تحقيق: محمد فؤاد عبد الباقي. الناشر: دار إحياء الكتب العربية – فيصل عيسى البابي الحلبي	٦١
سنن أبي داود. للإمام: أبى داود سليمان بن الأشعث بن إسحاق بن بشير بن شداد بن عمرو الأزدي السِّجِسْتاني (المتوفى: ٢٧٥هـ). المحقق: شعَيب الأرنؤوط – محَمَّد كامِل قره بللي. الناشر: دار الرسالة العالمية. الطبعة: الأولى، ١٤٣٠ هـ - ٢٠٠٩ م	٦٢
سنن أبي داود. للإمام: أبى داود سليمان بن الأشعث بن إسحاق بن بشير بن شداد بن عمرو الأزدي السَّرَجِسْتاني (المتوفى: ٢٧٥هـ). المحقق: محمد محيي الدين عبد الحميد. الناشر: المكتبة العصرية، صيدا – بيروت	٦٣
سنن البيهقي الكبرى- المؤلف : أحمد بن الحسين بن علي بن موسى أبو بكر البيهقي- الناشر : مكتبة دار الباز – مكة المكرمة ، ١٤١٤ – ١٩٩٤ - تحقيق : محمد	٦٤

عبد القادر عطا - عدد الأجزاء : ١٠	
سنن الترمذي. تأليف: محمد بن عيسى بن سَوْرة بن موسى بن الضحاك، الترمذي، أبو عيسى (المتوفى: ٢٧٩هـ). تحقيق وتعليق: أحمد محمد شاكر (جـ ١، ٢). ومحمد فؤاد عبد الباقي (جـ ٣). وإبراهيم عطوة عوض المدرس في الأزهر الشريف (جـ ٤، ٥). الناشر: شركة مكتبة ومطبعة مصطفى البابي الحلبي – مصر. الطبعة: الثانية، ١٣٩٥هـ – ١٩٧٥م	٦٥
سنن الترمذي. تأليف: محمد بن عيسى بن سَوْرة بن موسى بن الضحاك، الترمذي، أبو عيسى (المتوفى: ٢٧٩هـ). المحقق: بشار عواد معروف. الناشر: دار الغرب الإسلامي – بيروت. سنة النشر: ١٩٩٨م	٦٦
سنن الدار قطني. للإمام: أبى الحسن علي بن عمر بن أحمد بن مهدي بن مسعود بن النعمان بن دينار البغدادي الدار قطني (المتوفى: ٣٨٥هـ). حققه وضبط نصه وعلق عليه: شعيب الأرنؤوط، حسن عبد المنعم شلبي، عبد اللطيف حرز الله، أحمد برهوم. الناشر: مؤسسة الرسالة، بيروت – لبنان. الطبعة: الأولى، ١٤٢٤هـ – ٢٠٠٤م	٦٧
السنن الكبرى. تأليف: أحمد بن الحسين بن علي بن موسى الخُسْرَوْجِردي الخراساني، أبو بكر البيهقي (المتوفى: ٤٥٨هـ). المحقق: محمد عبد القادر عطا. الناشر: دار الكتب العلمية، بيروت – لبنات. الطبعة: الثالثة، ١٤٢٤هـ – ٢٠٠٣م	٦٨
السنن الكبرى. للإمام: أبى عبد الرحمن أحمد بن شعيب بن علي الخراساني، النسائي (المتوفى: ٣٠٣هـ). حققه وخرج أحاديثه: حسن عبد المنعم شلبي. أشرف عليه: شعيب الأرناؤوط قدم له: عبد الله بن عبد المحسن التركي. الناشر: مؤسسة الرسالة – بيروت. الطبعة: الأولى، ١٤٢١هـ – ٢٠٠١م	٦٩
سنن سعيد بن منصور - المؤلف: أبو عثمان سعيد بن منصور بن شعبة الخراساني	٧٠

الجوزجاني (المتوفى: ٢٢٧هـ)-المحقق: حبيب الرحمن الأعظمي-الناشر: الدار السلفية - الهند-الطبعة: الأولى، ١٤٠٣هـ -١٩٨٢م-عدد الأجزاء: ٢*١	
الشَّافي في شَرح مُسْنَد الشَّافِعي لابْنِ الأَثِيْر. تأليف: مجد الدين أبو السعادات المبارك بن محمد بن محمد ابن عبد الكريم الشيباني الجزري ابن الأثير (المتوفى: ٦٠٦هـ). المحقق: أحمد بن سليمان - أبي تميم يَاسر بن إبراهيم. الناشر: مَكتَبَة الرُّشْدِ، الرياض - المملكة العربية السعودية. الطبعة: الأولى، ١٤٢٦ هـ - ٢٠٠٥ م	٧١
شرح السنة. تأليف: محيي السنة، أبو محمد الحسين بن مسعود بن محمد بن الفراء البغوي الشافعي (المتوفى: ٥١٦هـ). تحقيق: شعيب الأرنؤوط-محمد زهير الشاويش. الناشر: المكتب الإسلامي - دمشق، بيروت. الطبعة: الثانية، ١٤٠٣هـ - ١٩٨٣م	٧٢
شرح الموطأ. مؤلف الأصل: مالك بن أنس الأصبحي المدني (المتوفى: ١٧٩هـ). الشارح: عبد الكريم بن عبد الله بن عبد الرحمن بن حمد الخضير. دروس مفرغة من موقع الشيخ الخضير	٧٣
شرح سنن أبى داود لابن رسلان، باب من قاتل لتكون كلمة الله هى العليا، الجزء ١١، ص (١٢٧) الطبعة: الأولى، ١٤٣٧ هـ - ٢٠١٦ م	٧٤
شرح سنن أبي داود. تأليف: عبد المحسن بن حمد بن عبد المحسن بن عبد الله بن حمد العباد البدر. مصدر الكتاب: دروس صوتية قام بتفريغها موقع الشبكة الإسلامية	٧٥
شرح صحيح البخارى لابن بطال. تأليف: ابن بطال أبو الحسن علي بن خلف بن عبد الملك (المتوفى: ٤٤٩هـ). تحقيق: أبو تميم ياسر بن إبراهيم. دار النشر: مكتبة الرشد - السعودية، الرياض. الطبعة: الثانية، ١٤٢٣هـ - ٢٠٠٣م	٧٦
شعب الإيمان. تأليف: أحمد بن الحسين بن علي بن موسى الخُسْرَوْجِردي الخراساني، أبو بكر البيهقي (المتوفى: ٤٥٨هـ). حققه وراجع نصوصه وخرج أحاديثه: الدكتور	٧٧

عبد العلي عبد الحميد حامد. أشرف على تحقيقه وتخريج أحاديثه: مختار أحمد الندوي، صاحب الدار السلفية ببومباي – الهند. الناشر: مكتبة الرشد للنشر والتوزيع بالرياض بالتعاون مع الدار السلفية ببومباي بالهند. الطبعة: الأولى، ١٤٢٣ ه – ٢٠٠٣ م	
صحيح ابن حبان بترتيب ابن بلبان. تأليف: محمد بن حبان بن أحمد بن حبان بن معاذ بن مَعْبَدَ، التميمي، أبو حاتم، الدارمي، البُستي (المتوفى: ٣٥٤ه). المحقق: شعيب الأرنؤوط الناشر: مؤسسة الرسالة – بيروت. الطبعة: الثانية، ١٤١٤، ١٩٩٣ –	٧٨
صحيحُ ابن خُزَيمة. للإمام: أبى بكر محمد بن إسحاق بن خزيمة بن المغيرة بن صالح بن بكر السلمي النيسابوري (المتوفى: ٣١١ه). حَققهُ وعَلَّق عَلَيه وَخَرَّجَ أحاديثه وَقدَّم له: الدكتور محمد مصطفى الأعظمي. الناشر: المكتب الإسلامي. الطبعة: الثالثة، ١٤٢٤ ه – ٢٠٠٣ م	٧٩
صحيح أبي داود– المؤلف : محمد ناصر الدين الألباني (المتوفى : ١٤٢٠ه)– الناشر : مؤسسة غراس للنشر والتوزيع ، الكويت –عدد الأجزاء : ٧ أجزاء– الطبعة : الأولى ، ١٤٢٣ ه – ٢٠٠٢ م –أدخل الكتاب وأعده للشاملة : موقع مكتبة المسجد النبوي الشريف	٨٠
صحيح وضعيف الجامع الصغير وزيادته. تأليف: عبد الرحمن بن أبي بكر، جلال الدين السيوطي (المتوفى: ٩١١ه). مع الكتاب: أحكام محمد ناصر الدين الألباني. هذا الكتاب الإلكتروني، يمثل جميع أحاديث الجامع الصغير وزيادته للسيوطي، مع حكم الشيخ ناصر من صحيح أو ضعيف الجامع الصغير، وهو متن مرتبط بشرحه، من فيض القدير للمناوي	٨١
صحيح وضعيف تاريخ الطبري–المؤلف: الإمام أبو جعفر بن جرير الطبري (٢٢٤ – ٣١٠ه)	٨٢

حققه وخرج رواياته وعلق عليه: محمد بن طاهر البرزنجي– إشراف ومراجعة: محمد صبحي حسن حلاق – الناشر: دار ابن كثير، دمشق – بيروت الطبعة: الأولى، ١٤٢٨ ه – ٢٠٠٧ م عدد الأجزاء: ١٣		
ضَعِيفُ التَّرْغِيبِ وَالتَّرْهِيبِ. تأليف: محمد ناصر الدّين الألباني. الناشر: مكتَبة المَعارف لِلنَشْرِ والتوزيع، الرياض – المملكة العربية السعودية. الطبعة: الأولى، ١٤٢١ ه – ٢٠٠٠ م	٨٣	
عمدة الأحكام الكبرى. تأليف: عبد الغني بن عبد الواحد بن علي بن سرور المقدسي الجماعيلي الدمشقي الحنبلي، أبو محمد، تقي الدين (المتوفى: ٦٠٠ ه). المحقق: الدكتور سمير بن أمين الزهيري. الناشر: مكتبة المعارف للنشر والتوزيع، الرياض – المملكة العربية السعودية. الطبعة: الأولى، ١٤٣٠ ه – ٢٠٠٩ م	٨٤	
عمدة القاري شرح صحيح البخاري. للإمام: أبى محمد محمود بن أحمد بن موسى بن أحمد بن حسين الغيتابى الحنفي بدر الدين العيني (المتوفى: ٨٥٥ه). الناشر: دار إحياء التراث العربي/ بيروت	٨٥	
عون المعبود شرح سنن أبي داود، ومعه حاشية ابن القيم: تهذيب سنن أبي داود وإيضاح علله ومشكلاته. تأليف: محمد أشرف بن أمير بن علي بن حيدر، أبو عبد الرحمن، شرف الحق، الصديقي، العظيم آبادي (المتوفى: ١٣٢٩ه). الناشر: دار الكتب العلمية – بيروت. الطبعة: الثانية، ١٤١٥ ه	٨٦	
فتح الباري شرح صحيح البخاري– المؤلف: أحمد بن علي بن حجر أبو الفضل العسقلاني الشافعي– الناشر: دار المعرفة – بيروت، ١٣٧٩ – رقم كتبه وأبوابه وأحاديثه: محمد فؤاد عبد الباقي – قام بإخراجه وصححه وأشرف على طبعه: محب الدين الخطيب– عليه تعليقات العلامة: عبد العزيز بن عبد الله بن باز– عدد الأجزاء: ١٣	٨٧	

٨٨	فيض الباري على صحيح البخاري- المؤلف: (أمالي) محمد أنور شاه بن معظم شاه الكشميري الهندي ثم الديوبندي (المتوفى: ١٣٥٣هـ)- المحقق: محمد بدر عالم الميرتهي، أستاذ الحديث بالجامعة الإسلامية بدابهيل (جمع الأمالي وحررها ووضع حاشية البدر الساري إلى فيض الباري) الناشر: دار الكتب العلمية بيروت – لبنان- الطبعة: الأولى، ١٤٢٦ هـ – ٢٠٠٥ م- عدد الأجزاء: ٦
٨٩	فيض القدير شرح الجامع الصغير. تأليف: زين الدين محمد المدعو بعبد الرؤوف بن تاج العارفين بن علي بن زين العابدين الحدادي ثم المناوي القاهري (المتوفى: ١٠٣١هـ). الناشر: المكتبة التجارية الكبرى – مصر. الطبعة: الأولى، ١٣٥٦
٩٠	الكتاب المصنف في الأحاديث والآثار. للإمام: أبى بكر بن أبي شيبة، عبد الله بن محمد بن إبراهيم بن عثمان بن خواستي العبسي (المتوفى: ٢٣٥هـ). المحقق: كمال يوسف الحوت- الناشر: مكتبة الرشد – الرياض. الطبعة: الأولى، ١٤٠٩
٩١	اللامع الصبيح بشرح الجامع الصحيح- المؤلف: شمس الدين البِرْماوي، أبو عبد الله محمد بن عبد الدائم بن موسى النعيمي العسقلاني المصري الشافعي (المتوفى: ٨٣١ هـ) – تحقيق ودراسة: لجنة مختصة من المحققين بإشراف نور الدين طالب- الناشر: دار النوادر، سوريا الطبعة: الأولى، ١٤٣٣ هـ – ٢٠١٢ م- عدد الأجزاء: ١٨ (١٧ جزءا ومجلد للفهارس)
٩٢	اللؤلؤ والمرجان فيما اتفق عليه الشيخان- المؤلف: محمد فؤاد بن عبد الباقي بن صالح بن محمد (المتوفى: ١٣٨٨هـ)- عدد الأجزاء: ٣ أجزاء في مجلد واحد- الناشر: دار إحياء الكتب العربية – محمد الحلبي (بدون طبعة وبدون تاريخ)- ثم صوّره: - كما هو وبنفس ترقيم صفحاته وأحاديثه -: دار الحديث، القاهرة، بتاريخ: ١٤٠٧ هـ - ١٩٨٦ م، توزيع: دار الريان للتراث

مَجْمَعُ الزَّوَائِدِ وَمَنْبَعُ الفَوَائِدِ. للإمام: أبى الحسن نور الدين علي بن أبي بكر بن سليمان الهيثمي (المتوفى: ٨٠٧هـ). حَقَّقَهُ وَخَرَّجَ أَحَادِيثَهُ: حسين سليم أسد الدَّاراني. الناشر: دَارُ المَأْمُون لِلتُّرَاثِ	٩٣
معالم السنن، وهو شرح سنن أبي داود المؤلف: أبو سليمان حمد بن محمد بن إبراهيم بن الخطاب البستي المعروف بالخطابي (المتوفى: ٣٨٨هـ) الناشر: المطبعة العلمية – حلب: الطبعة: الأولى ١٣٥١ هـ – ١٩٣٢ م.	٩٤
المراسيل. للإمام: أبى داود سليمان بن الأشعث بن إسحاق بن بشير بن شداد بن عمرو الأزدي السَّجِسْتاني (المتوفى: ٢٧٥هـ). المحقق: شعيب الأرناؤوط. الناشر: مؤسسة الرسالة – بيروت. الطبعة: الأولى، ١٤٠٨	٩٥
المستدرك على الصحيحين. للإمام: أبى عبد الله الحاكم محمد بن عبد الله بن محمد بن حمدويه بن نُعيم بن الحكم الضبي الطهماني النيسابوري المعروف بابن البيع (المتوفى: ٤٠٥هـ). تحقيق: صطفى عبد القادر عطا. الناشر: دار الكتب العلمية – بيروت. الطبعة: الأولى، ١٤١١ – ١٩٩٠	٩٦
مسند ابن أبي شيبة. للإمام: أبى بكر بن أبي شيبة، عبد الله بن محمد بن إبراهيم بن عثمان بن خواستي العبسي (المتوفى: ٢٣٥هـ). المحقق: عادل بن يوسف العزازي و أحمد بن فريد المزيدي. الناشر: دار الوطن – الرياض. الطبعة: الأولى، ١٩٩٧ م	٩٧
مسند أبي يعلى. للإمام: أبى يعلى أحمد بن علي بن المثُنى بن يحيى بن عيسى بن هلال التميمي، الموصلي (المتوفى: ٣٠٧هـ). المحقق: حسين سليم أسد. الناشر: دار المأمون للتراث – دمشق. الطبعة: الأولى، ١٤٠٤ – ١٩٨٤	٩٨
مسند الإمام أحمد بن حنبل. للإمام: أبى عبد الله أحمد بن محمد بن حنبل بن هلال بن أسد الشيباني (المتوفى: ٢٤١هـ). المحقق: أحمد محمد شاكر. الناشر: دار الحديث – القاهرة – الطبعة: الأولى، ١٤١٦ هـ – ١٩٩٥ م	٩٩
مَسند الإمام أحمد بن حنبل. للإمام: أبى عبد الله أحمد بن محمد بن حنبل بن هلال	١٠٠

بن أسد الشيباني (المتوفى: ٢٤١هـ). المحقق: شعيب الأرنؤوط – عادل مرشد، وآخرون. إشراف: د عبد الله بن عبد المحسن التركي. الناشر: مؤسسة الرسالة. الطبعة: الأولى، ١٤٢١ هـ – ٢٠٠١ م	
مسند البزار المنشور باسم البحر الزخار. للإمام: أبى بكر أحمد بن عمرو بن عبد الخالق بن خلاد بن عبيد الله العتكي المعروف بالبزار (المتوفى: ٢٩٢هـ). المحقق: محفوظ الرحمن زين الله، (حقق الأجزاء من ١ إلى ٩). وعادل بن سعد (حقق الأجزاء من ١٠ إلى ١٧). وصبري عبد الخالق الشافعي (حقق الجزء ١٨). الناشر: مكتبة العلوم والحكم – المدينة المنورة. الطبعة: الأولى، (بدأت ١٩٨٨م، وانتهت ٢٠٠٩م)	١٠١
المسند الصحيح المختصر بنقل العدل عن العدل إلى رسول الله ﷺ تأليف: مسلم بن الحجاج أبو الحسن القشيري النيسابوري (المتوفى: ٢٦١هـ). المحقق: محمد فؤاد عبد الباقي الناشر: دار إحياء التراث العربي – بيروت	١٠٢
مصنف ابن أبى شيبة، الكتاب المصنف في الأحاديث والآثار، المؤلف: أبو بكر بن أبي شيبة، عبد الله بن محمد بن إبراهيم بن عثمان بن خواستي العبسي (المتوفى: ٢٣٥هـ)، الطبعة: الأولى، ١٤٠٩	١٠٣
المعجم الصغير للطبراني الطبعة الأولى ١٤٠٥ – ١٩٨٥ شرح بلوغ المرام– المؤلف : عطية بن محمد سالم (المتوفى : ١٤٢٠هـ)– مصدر الكتاب : دروس صوتية قام بتفريغها موقع الشبكة الإسلامية الطبعة الأولى ١٤٠٢ هـ – ١٩٨٢ م.	١٠٤
المعجم الكبير. تأليف: سليمان بن أحمد بن أيوب بن مطير اللخمي الشامي، أبو القاسم الطبراني (المتوفى: ٣٦٠هـ). المحقق: حمدي بن عبد المجيد السلفي. دار النشر: مكتبة ابن تيمية – القاهرة. الطبعة: الثانية	١٠٥
المقدمات المممه المقدمات الممهدات– المؤلف: أبو الوليد محمد بن أحمد بن رشد	١٠٦

القرطبي (المتوفى: ٥٢٠هـ)- تحقيق: الدكتور محمد حجي- الناشر: دار الغرب الإسلامي، بيروت - لبنان- الطبعة: الأولى، ١٤٠٨ هـ - ١٩٨٨ م- عدد الأجزاء: ٣	
المنهاج شرح صحيح مسلم بن الحجاج. للإمام: أبو زكريا محيي الدين يحيى بن شرف النووي (المتوفى: ٦٧٦هـ). الناشر: دار إحياء التراث العربي – بيروت. الطبعة: الثانية، ١٣٩٢هـ	١٠٧
موطأ الإمام مالك. تأليف: مالك بن أنس بن مالك بن عامر الأصبحي المدني (المتوفى: ١٧٩هـ). صححه ورقمه وخرج أحاديثه وعلق عليه: محمد فؤاد عبد الباقي. الناشر: دار إحياء التراث العربي، بيروت - لبنان. عام النشر: ١٤٠٦ هـ - ١٩٨٥ م	١٠٨
الوسيط في علوم ومصطلح الحديث. تأليف: محمد بن محمد بن سويلم أبو شُهبة (المتوفى: ١٤٠٣هـ). الناشر: دار الفكر العربي	١٠٩

كتب الفقه

الكتاب	
اختلاف الفقهاء- المؤلف: محمد بن جرير بن يزيد بن كثير بن غالب الآملي، أبو جعفر الطبري (المتوفى : ٣١٠هـ)- الناشر : دار الكتب العلمية- مصدر الكتاب : موقع مكتبة المدينة الرقمية	١١٠
دقائق أولي النهى لشرح المنتهى المعروف بشرح منتهى الإرادات- المؤلف: منصور بن يونس بن صلاح الدين ابن حسن بن إدريس البهوتى الحنبلى (المتوفى: ١٠٥١هـ)- الناشر: عالم الكتب الطبعة: الأولى، ١٤١٤هـ - ١٩٩٣م- عدد الأجزاء: ٣	١١١
الاستذكار-المؤلف: أبو عمر يوسف بن عبد الله بن محمد بن عبد البر بن عاصم	١١٢

النمري القرطبي (المتوفى: ٤٦٣هـ)-تحقيق: سالم محمد عطا، محمد علي معوض- الناشر: دار الكتب العلمية – بيروت-الطبعة: الأولى، ١٤٢١ – ٢٠٠٠-عدد الأجزاء: ٩	
أسنى المطالب في شرح روض الطالب. تأليف: زكريا بن محمد بن زكريا الأنصاري، زين الدين أبو يحيى السنيكي (المتوفى: ٩٢٦هـ). عدد الأجزاء: ٤. الناشر: دار الكتاب الإسلامي	١١٣
أسهل المدارك «شرح إرشاد السالك في مذهب إمام الأئمة مالك» المؤلف: أبو بكر بن حسن بن عبد الله الكشناوي (المتوفى: ١٣٩٧ هـ)ط: دار الفكر، بيروت – لبنان الطبعة: الثانية	١١٤
الإقناع في الفقه الشافعي. للإمام: أبى الحسن علي بن محمد بن محمد بن حبيب البصري البغدادي، الشهير بالماوردي (المتوفى: ٤٥٠هـ)	١١٥
الأم. تأليف: الشافعي أبو عبد الله محمد بن إدريس بن العباس بن عثمان بن شافع بن عبد المطلب بن عبد مناف المطلبي القرشي المكي (المتوفى: ٢٠٤هـ). الناشر: دار المعرفة – بيروت. الطبعة: بدون طبعة. سنة النشر: ١٤١٠هـ/١٩٩٠م	١١٦
بحر المذهب (في فروع المذهب الشافعي). تأليف: الروياني، أبو المحاسن عبد الواحد بن إسماعيل (ت ٥٠٢ هـ). المحقق: طارق فتحي السيد. الناشر: دار الكتب العلمية الطبعة: الأولى، ٢٠٠٩ م	١١٧
بداية المجتهد و نهاية المقتصد- المؤلف : أبو الوليد محمد بن أحمد بن محمد بن أحمد بن رشد القرطبي الشهير بابن رشد الحفيد (المتوفى : ٥٩٥هـ)- الناشر : مطبعة مصطفى البابي الحلبي وأولاده، مصر- الطبعة : الرابعة، ١٣٩٥هـ/١٩٧٥م	١١٨
البدرُ التمام شرح بلوغ المرام- المؤلف: الحسين بن محمد بن سعيد اللاعيّ، المعروف بالمَغرِبي (المتوفى: ١١١٩ هـ) -المحقق: علي بن عبد الله الزبن- الناشر: دار هجر-	١١٩

الطبعة: الأولى جـ ١ - ٢ (١٤١٤ هـ - ١٩٩٤ م) - جـ ٣ - ٥ (١٤٢٤ هـ - ٢٠٠٣ م) - جـ ٦ - ١٠ (١٤٢٨ هـ - ٢٠٠٧ م) - عدد الأجزاء: ١٠	
بلغة السالك لأقرب المسالك المعروف بحاشية الصاوي على الشرح الصغير (الشرح الصغير هو شرح الشيخ الدردير لكتابه المسمى أقرب المسالك لِمَذْهَبِ الإِمَامِ مَالِكٍ) - المؤلف: أبو العباس أحمد بن محمد الخلوتي، الشهير بالصاوي المالكي (المتوفى: ١٢٤١هـ) - الناشر: دار المعارف الطبعة: بدون طبعة وبدون تاريخ - عدد الأجزاء: ٤	١٢٠
الإحكام في أصول الأحكام - المؤلف: أبو الحسن سيد الدين علي بن أبي علي بن محمد بن سالم الثعلبي الآمدي (المتوفى: ٦٣١هـ) - المحقق: عبد الرزاق عفيفي - الناشر: المكتب الإسلامي، بيروت - دمشق - لبنان - عدد الأجزاء: ٤	١٢١
البناية شرح الهداية، للإمام: أبو محمد محمود بن أحمد بن موسى بن أحمد بن حسين الغيتابي الحنفي بدر الدين العيني (ت: ٨٥٥هـ) ط: دار الكتب العلمية - بيروت، لبنان، الطبعة: الأولى، ١٤٢٠هـ - ٢٠٠٠ م	١٢٢
التاج والإكليل لمختصر خليل ٠ محمد بن يوسف بن أبي القاسم العبدري أبو عبد الله - سنة الولادة / سنة الوفاة ٨٩٧ - الناشر دار الفكر - سنة النشر ١٣٩٨ - مكان النشر بيروت - عدد الأجزاء ٦	١٢٣
تبيين الحقائق شرح كنز الدقائق وحاشية الشِّلْبِيِّ، المؤلف: عثمان بن علي بن محجن البارعي، فخر الدين الزيلعي الحنفي (المتوفى: ٧٤٣ هـ) ط: المطبعة الكبرى الأميرية - بولاق، القاهرة، الطبعة: الأولى، ١٣١٣ هـ	١٢٤
تحبير المختصر وهو الشرح الوسط على مختصر خليل في الفقه المالكي المؤلف: تاج الدين بهرام بن عبد الله بن عبد العزيز الدميري (المتوفى: ٨٠٣ هـ) ط: مركز نجيبويه للمخطوطات وخدمة التراث، الطبعة: الأولى، ١٤٣٤ هـ - ٢٠١٣ م	١٢٥

تحفة المحتاج في شرح المنهاج-المؤلف: أحمد بن محمد بن علي بن حجر الهيتمي-روجعت وصححت: على عدة نسخ بمعرفة لجنة من العلماء-الناشر: المكتبة التجارية الكبرى بمصر لصاحبها مصطفى محمد-الطبعة: بدون طبعة-عام النشر: ١٣٥٧ هـ - ١٩٨٣ م-(ثم صورتها دار إحياء التراث العربي - بيروت، بدون طبعة وبدون تاريخ)-عدد الأجزاء: ١٠	١٢٦
التوضيح لشرح الجامع الصحيح- المؤلف: ابن الملقن سراج الدين أبو حفص عمر بن علي بن أحمد الشافعي المصري (المتوفى: ٨٠٤هـ)- المحقق: دار الفلاح للبحث العلمي وتحقيق التراث- الناشر: دار النوادر، دمشق – سوريا- الطبعة: الأولى، ١٤٢٩ هـ - ٢٠٠٨ م- عدد الأجزاء: ٣٦ (٣٣ و ٣ أجزاء للفهارس)	١٢٧
رد المحتار على الدر المختار- المؤلف: ابن عابدين، محمد أمين بن عمر بن عبد العزيز عابدين الدمشقي الحنفي (المتوفى: ١٢٥٢هـ)- الناشر: دار الفكر-بيروت-الطبعة: الثانية، ١٤١٢هـ - ١٩٩٢م- عدد الأجزاء: ٦	١٢٨
التحبير شرح التحرير في أصول الفقه- المؤلف: علاء الدين أبو الحسن علي بن سليمان المرداوي الدمشقي الصالحي الحنبلي (المتوفى: ٨٨٥هـ)- المحقق: د. عبد الرحمن الجبرين، د. عوض القرني، د. أحمد السراح- الناشر: مكتبة الرشد – السعودية / الرياض- الطبعة: الأولى، ١٤٢١هـ - ٢٠٠٠م- عدد الأجزاء: ٨	١٢٩
حاشية العدوي على شرح كفاية الطالب الرباني: أبو الحسن، علي بن أحمد بن مكرم الصعيدي العدوي (المتوفى: ١١٨٩هـ): دار الفكر – بيروت – ١٤١٤هـ - ١٩٩٤م	١٣٠
الحاوى الكبير .الماوردى- المؤلف / العلامة أبو الحسن الماوردى- دار النشر / دار الفكر .بيروت- عدد الأجزاء / ١٨	١٣١
حرمة المسلم على المسلم: المؤلف : الدكتور ماهر ياسين الفحل، رئيس قسم الحديث - كلية العلوم الإسلامية - جامعة الأنبار، ١٤٢٦هـ/ ٢٠٠٦م	١٣٢
درر الحكام شرح غرر الأحكام، المؤلف: محمد بن فرامرز بن علي الشهير بملا - أو	١٣٣

منلا أو المولى – خسرو (المتوفى: ٨٨٥هـ) ط: دار إحياء الكتب العربية	
روضة الطالبين وعمدة المفتين. للإمام: أبى زكريا محيي الدين يحيى بن شرف النووي (المتوفى: ٦٧٦هـ). تحقيق: زهير الشاويش. الناشر: المكتب الإسلامي، بيروت– دمشق– عمان الطبعة: الثالثة، ١٤١٢هـ / ١٩٩١م	١٣٤
الشَّافِي فِي شَرْح مُسْنَد الشَّافِعِي لابْنِ الأثِيرْ– المؤلف– مجد الدين أبو السعادات المبارك بن محمد بن محمد ابن عبد الكريم الشيباني الجزري ابن الأثير (المتوفى: ٦٠٦هـ)– المحقق: أحمد بن سليمان – أبي تميم يَاسر بن إبراهيم– الناشر: مَكتَبَةَ الرُّشْدِ، الرياض – المملكة العربية السعودية –الطبعة: الأولى، ١٤٢٦ هـ – ٢٠٠٥م– عدد الأجزاء: ٥	١٣٥
الحاوي الكبير في فقه مذهب الإمام الشافعي وهو شرح مختصر المزني– المؤلف: أبو الحسن علي بن محمد بن محمد بن حبيب البصري البغدادي، الشهير بالماوردي (المتوفى: ٤٥٠هـ) المحقق: الشيخ علي محمد معوض – الشيخ عادل أحمد عبد الموجود– الناشر: دار الكتب العلمية، بيروت – لبنان–الطبعة: الأولى، ١٤١٩ هـ –١٩٩٩ م–عدد الأجزاء: ١٩	١٣٦
الدر المختار شرح تنوير الأبصار وجامع البحار–المؤلف: محمد بن علي بن محمد الحِصْني المعروف بعلاء الدين الحصكفي الحنفي (المتوفى: ١٠٨٨هـ)–المحقق: عبد المنعم خليل إبراهيم–الناشر: دار الكتب العلمية–الطبعة: الأولى، ١٤٢٣هـ– ٢٠٠٢م–عدد الأجزاء: ١	١٣٧
الشرح الممتع لزاد المستقنع–المؤلف: محمد بن صالح بن محمد العثيمين (المتوفى: ١٤٢١ هـ) –عدد الأجزاء: ٢	١٣٨
شرح القواعد الفقهية–المؤلف: أحمد بن الشيخ محمد الزرقا [١٢٨٥هـ – ١٣٥٧هـ]–صححه وعلق عليه: مصطفى أحمد الزرقا –الناشر: دار القلم – دمشق	١٣٩

/ سوريا-الطبعة: الثانية، ١٤٠٩هـ - ١٩٨٩م-عدد الأجزاء: ١	
الشرح الكبير (المطبوع مع المقنع والإنصاف)-المؤلف: شمس الدين أبو الفرج عبد الرحمن بن محمد بن أحمد بن قدامة المقدسي (المتوفى: ٦٨٢ هـ)-تحقيق: الدكتور عبد الله بن عبد المحسن التركي - الدكتور عبد الفتاح محمد الحلو-الناشر: هجر للطباعة والنشر والتوزيع والإعلان، القاهرة - جمهورية مصر العربية-الطبعة: الأولى، ١٤١٥ هـ - ١٩٩٥ م عدد الأجزاء: ٣٠	١٤٠
الشرح الممتع على زاد المستقنع-المؤلف: محمد بن صالح بن محمد العثيمين (المتوفى: ١٤٢١هـ)-دار النشر: دار ابن الجوزي- الطبعة: الأولى، ١٤٢٢ - ١٤٢٨ هـ-عدد الأجزاء: ١٥	١٤١
شرح فتح القدير- كمال الدين محمد بن عبد الواحد السيواسي- سنة الولادة / سنة الوفاة ٦٨١هـ- الناشر دار الفكر- مكان النشر بيروت- عدد الأجزاء	١٤٢
صحيح فقه السنة وأدلته وتوضيح مذاهب الأئمة. للإمام: أبى مالك كمال بن السيد سالم مع تعليقات فقهية معاصرة: فضيلة الشيخ/ ناصر الدين الألباني. فضيلة الشيخ/ عبد العزيز بن باز. فضيلة الشيخ/ محمد بن صالح العثيمين. الناشر: المكتبة التوفيقية، القاهرة — مصر عام النشر: ٢٠٠٣ م	١٤٣
العناية شرح الهداية المؤلف: محمد بن محمد بن محمود، أكمل الدين أبو عبد الله ابن الشيخ شمس الدين ابن الشيخ جمال الدين الرومي البابرتي (المتوفى: ٧٨٦هـ) ط: دار الفكر	١٤٤
فتح القدير- المؤلف: كمال الدين محمد بن عبد الواحد السيواسي المعروف بابن الهمام (المتوفى: ٨٦١هـ)- الناشر: دار الفكر- الطبعة: بدون طبعة وبدون تاريخ- عدد الأجزاء: ١٠	١٤٥

١٤٦	فتوحات الوهاب بتوضيح شرح منهج الطلاب المعروف بحاشية الجمل (منهج الطلاب اختصره زكريا الأنصاري من منهاج الطالبين للنووي ثم شرحه في شرح منهج الطلاب) تأليف: سليمان بن عمر بن منصور العجيلي الأزهري، المعروف بالجمل (المتوفى: ١٢٠٤ه). الناشر: دار الفكر
١٤٧	الفروق للقر الفروق = أنوار البروق في أنواء الفروق-المؤلف: أبو العباس شهاب الدين أحمد بن إدريس بن عبد الرحمن المالكي الشهير بالقرافي (المتوفى: ٦٨٤ه)-الناشر: عالم الكتب الطبعة: بدون طبعة وبدون تاريخ-عدد الأجزاء: ٤
١٤٨	الفقه الإسلامي وأدلته، د/ وهبه مصطفى الزحيلي، باب حرية العقيدة، الناشر، دار الفكر –دمشق.
١٤٩	فقه السنة، السيد سابق، الجزء الثالث، السلم والحرب . والمعاملات، مكتبة دار التراث، ٢٢ شارع الجمهورية بالقاهرة
١٥٠	فقه السيرة النبوية، باب سرية عبدالله بن جحش، الطبعة: الثانية، ١٤١٣ه – ١٩٩٢م.
١٥١	القاموس الفقهي لغة واصطلاحا- المؤلف :سعدي أبو جيب- الناشر :دار الفكر. دمشق – سورية- الطبعة :تصوير ١٩٩٣ م الطبعة الثانية ١٤٠٨ ه = ١٩٨٨ م- عدد الأجزاء : ١- مصدر الكتاب :موقع يعسوب
١٥٢	كشاف القناع عن متن الإقناع- منصور بن يونس بن إدريس البهوتي- تحقيق هلال مصيلحي مصطفى هلال- الناشر دار الفكر- سنة النشر ١٤٠٢- مكان النشر بيروت- عدد الأجزاء ٦
١٥٣	اللباب في شرح الكتاب- المؤلف : عبد الغني الغنيمي الدمشقي الميداني- المحقق : محمود أمين النواوي -الناشر : دار الكتاب العربي- عدد الأجزاء : ٤- مصدر

الكتاب : برنامج المحدث	
المبسوط للسرخسي- تأليف: شمس الدين أبو بكر محمد بن أبي سهل السرخسي- دراسة وتحقيق: خليل محي الدين الميس- الناشر: دار الفكر للطباعة والنشر والتوزيع، بيروت، لبنان- الطبعة الأولى، ١٤٢١هـ ٢٠٠٠م	١٥٤
المجموع شرح المهذب ((مع تكملة السبكي والمطيعي)) المؤلف: أبو زكريا محيي الدين يحيى بن شرف النووي (ت: ٦٧٦هـ)	١٥٥
المحلى بالآثار. للإمام: أبى محمد علي بن أحمد بن سعيد بن حزم الأندلسي القرطبي الظاهري (المتوفى: ٤٥٦هـ). الناشر: دار الفكر – بيروت. الطبعة: بدون طبعة وبدون تاريخ	١٥٦
مختصر المزني (مطبوع ملحقا بالأم للشافعي). تأليف: إسماعيل بن يحيى بن إسماعيل، أبو إبراهيم المزني (المتوفى: ٢٦٤هـ). الناشر: دار المعرفة – بيروت. سنة النشر: ١٤١٠هـ/١٩٩٠م	١٥٧
المختصر النافع في فقه الإمامية	١٥٨
المدخل للفقه الإسلامي، للدكتور محمد سلام مدكور	١٥٩
المدونة الكبرى- المؤلف : مالك بن أنس بن مالك بن عامر الأصبحي المدني (المتوفى : ١٧٩هـ) المحقق : زكريا عميرات- الناشر : دار الكتب العلمية بيروت . لبنان- مصدر الكتاب : موقع مكتبة المدينة الرقمية	١٦٠
المسالِك في شرح مُوَطَّأ مالك- المؤلف: القاضي محمد بن عبد الله أبو بكر بن العربي المعافري الاشبيلي المالكي (المتوفى: ٥٤٣هـ)- قرأه وعلّق عليه: محمد بن الحسين السُّليماني وعائشة بنت الحسين السُّليماني- قدَّم له: يوسف القَرَضَاوي- الناشر: دَار الغَرب الإسلامي- الطبعة: الأولى، ١٤٢٨ هـ – ٢٠٠٧ م- عدد الأجزاء: ٨ (٧ وجزء للفهارس)	١٦٢
مغني المحتاج إلى معرفة معاني ألفاظ المنهاج- محمد الخطيب الشربيني- الناشر دار	١٦٣

الفكر – مكان النشر بيروت – عدد الأجزاء	
المغني في فقه الإمام أحمد بن حنبل الشيباني- المؤلف : عبد الله بن أحمد بن قدامة المقدسي أبو محمد الناشر : دار الفكر – بيروت- الطبعة الأولى ، ١٤٠٥- عدد الأجزاء : ١٠	١٦٤
الممتع في شرح المقنع- تصنيف: زين الدين المُنَجَّى بن عثمان بن أسعد ابن المنجى التنوخي الحنبلي (٦٣١ – ٦٩٥ هـ)- دراسة وتحقيق: عبد الملك بن عبد الله بن دهيش- الطبعة: الثالثة، ١٤٢٤ هـ – ٢٠٠٣ م-يُطلب من: مكتبة الأسدي – مكة المكرمة-عدد الأجزاء: ٤	١٦٥
منهاج الطالبين وعمدة المفتين في الفقه-المؤلف: أبو زكريا محيي الدين يحيى بن شرف النووي (المتوفى: ٦٧٦هـ)-المحقق: عوض قاسم أحمد عوض-الناشر: دار الفكر-الطبعة: الأولى، ١٤٢٥هـ/٢٠٠٥م-عدد الأجزاء: ١	١٦٦
المهذب في فقه الإمام الشافعي- إبراهيم بن علي بن يوسف الشيرازي أبو إسحاق- مكان النشر بيروت- عدد الأجزاء ٢	١٦٧
موسوعة الفقه الإسلامي. تأليف: محمد بن إبراهيم بن عبد الله التويجري. الناشر: بيت الأفكار الدولية. الطبعة: الأولى، ١٤٣٠ هـ – ٢٠٠٩ م	١٦٨
الموسوعة الفقهية الكويتية. صادر عن: وزارة الأوقاف والشئون الإسلامية – الكويت عدد الأجزاء: ٤٥ جزءا. الطبعة: (من ١٤٠٤ – ١٤٢٧ هـ)	١٦٩
الموسوعة الفقهية الميسرة في فقه الكتاب والسنة المطهرة المؤلف: حسين بن عودة العوايشة: الناشر: المكتبة الإسلامية (عمان – الأردن)، دار ابن حزم (بيروت – لبنان) الطبعة: الأولى، من ١٤٢٣ – ١٤٢٩ هـ (ينظر التفصيل بأول كل جزء) عدد الأجزاء: ٧.	١٧٠
موسوعة القواعد الفقهية . المؤلف: محمد صدقي بن أحمد بن محمد آل بورنو أبو	١٧١

الحارث الغزي، ط: مؤسسة الرسالة، بيروت – لبنان، الطبعة: الأولى، ١٤٢٤ هـ – ٢٠٠٣ م	
نهاية المحتاج إلى شرح المنهاج. شمس الدين محمد بن أبي العباس أحمد بن حمزة ابن شهاب الدين الرملي الشهير بالشافعي الصغير. سنة الولادة / سنة الوفاة ١٠٠٤هـ. الناشر دار الفكر للطباعة- سنة النشر ١٤٠٤هـ – ١٩٨٤م. مكان النشر بيروت- عدد الأجزاء ٨	١٧٢
نيل الأوطار-المؤلف: محمد بن علي بن محمد بن عبد الله الشوكاني اليمني (المتوفى: ١٢٥٠هـ) تحقيق: عصام الدين الصبابطي-الناشر: دار الحديث، مصر-الطبعة: الأولى، ١٤١٣هـ – ١٩٩٣م-عدد الأجزاء: ٨	١٧٣
الهداية في شرح بداية المبتدي المؤلف: علي بن أبي بكر بن عبد الجليل الفرغاني المرغيناني، أبو الحسن برهان الدين (ت: ٥٩٣هـ) دار احياء التراث العربي – بيروت – لبنان	١٧٤
الوسيط في المذهب. تأليف: أبو حامد محمد بن محمد الغزالي الطوسي (المتوفى: ٥٠٥هـ) المحقق: أحمد محمود إبراهيم ، محمد محمد تامر. الناشر: دار السلام – القاهرة. الطبعة: الأولى، ١٤١٧	١٧٥
البحر الرائق شرح كنز الدقائق- زين الدين ابن نجيم الحنفي- سنة الولادة ٩٢٦هـ/ سنة الوفاة ٩٧٠هـ- الناشر دار المعرفة- مكان النشر بيروت	١٧٦
التاج المذهب لأحكام المذهب، شرح متن لأزهار في فقه الائمة الأطهار لأحمد بن قاسم الصنعاني، ط ١، ١٩٤٧م.	١٧٧
حاشية الدسوقي على الشرح الكبير-محمد عرفه الدسوقي-تحقيق محمد عليش- الناشر دار الفكر مكان النشر بيروت-عدد الأجزاء ٤	١٧٨
منح الجليل شرح على مختصر سيد خليل. محمد عليش. الناشر دار الفكر- سنة النشر ١٤٠٩هـ – ١٩٨٩م. -مكان النشر بيروت- عدد الأجزاء ٩	١٧٩

كتب اللغة (نحو، صرف، عروض، أدب، بلاغة، غريب ومعاجم)

الكتاب	
تاج العروس من جواهر القاموس. تأليف: محمّد بن محمّد بن عبد الرزّاق الحسيني، أبو الفيض، الملقّب بمرتضى، الزَّبيدي (المتوفى: ١٢٠٥هـ). المحقق: مجموعة من المحققين. الناشر: دار الهداية	١٨٠
التَّلخِيص في مَعرفَةِ أسمَاءِ الأشياء. للإمام: أبى هلال الحسن بن عبد الله بن سهل بن سعيد بن يحيى بن مهران العسكري (المتوفى: نحو ٣٩٥هـ). عني بتَحقيقِه: الدكتور عزة حسن، الناشر: دار طلاس للدراسات والترجمة والنشر، دمشق. الطبعة: الثانية، ١٩٩٦ م	١٨١
غريب الحديث. تأليف: جمال الدين أبو الفرج عبد الرحمن بن علي بن محمد الجوزي (المتوفى: ٥٩٧هـ). المحقق: الدكتور عبد المعطي أمين القلعجي. الناشر: دار الكتب العلمية - بيروت – لبنان. الطبعة: الأولى، ١٤٠٥ – ١٩٨٥	١٨٢
غريب الحديث. للإمام: أبى عُبيد القاسم بن سلاّم بن عبد الله الهروي البغدادي (المتوفى: ٢٢٤هـ). المحقق: د. محمد عبد المعيد خان. الناشر: مطبعة دائرة المعارف العثمانية، حيدر آباد– الدكن. الطبعة: الأولى، ١٣٨٤ هـ – ١٩٦٤ م	١٨٣
القاموس المحيط. تأليف: مجد الدين أبو طاهر محمد بن يعقوب الفيروز آبادى (المتوفى: ٨١٧هـ). تحقيق: مكتب تحقيق التراث في مؤسسة الرسالة. بإشراف: محمد نعيم العرقسُوسي. الناشر: مؤسسة الرسالة للطباعة والنشر والتوزيع، بيروت – لبنان. الطبعة: الثامنة، ١٤٢٦ هـ – ٢٠٠٥ م	١٨٤
الكامل في اللغة والأدب. تأليف: محمد بن يزيد المبرد، أبو العباس (المتوفى: ٢٨٥هـ). المحقق: محمد أبو الفضل إبراهيم. الناشر: دار الفكر العربي – القاهرة. الطبعة: الطبعة الثالثة ١٤١٧ هـ – ١٩٩٧ م	١٨٥

١٨٦	لسان العرب. تأليف: محمد بن مكرم بن على، أبو الفضل، جمال الدين ابن منظور الأنصاري الرويفعى الإفريقي (المتوفى: ٧١١هـ). الناشر: دار صادر – بيروت. الطبعة: الثالثة – ١٤١٤ هـ
١٨٧	مجمع بحار الأنوار في غرائب التنزيل ولطائف الأخبار. تأليف: جمال الدين، محمد طاهر بن علي الصديقي الهندي الفَتَّنِي الكجراتي (المتوفى: ٩٨٦هـ) الناشر: مطبعة مجلس دائرة المعارف العثمانية. الطبعة: الثالثة، ١٣٨٧ هـ – ١٩٦٧ م
١٨٨	معجم الفروق اللغوية. للإمام: أبى هلال الحسن بن عبد الله بن سهل بن سعيد بن يحيى بن مهران العسكري (المتوفى: نحو ٣٩٥هـ). المحقق: الشيخ بيت الله بيات، ومؤسسة النشر الإسلامي. الناشر: مؤسسة النشر الإسلامي التابعة لجماعة المدرسين بـ«قم». الطبعة: الأولى، ١٤١٢هـ
١٨٩	معجم اللغة العربية المعاصرة. تأليف: د أحمد مختار عبد الحميد عمر (المتوفى: ١٤٢٤هـ) بمساعدة فريق عمل. الناشر: عالم الكتب. الطبعة: الأولى، ١٤٢٩ هـ – ٢٠٠٨ م
١٩٠	منتخب من صحاح الجوهري المؤلف: أبو نصر إسماعيل بن حماد الجوهري الفارابي (المتوفى: ٣٩٣هـ)
١٩١	المعجم الوسيط. تأليف: مجمع اللغة العربية بالقاهرة. (إبراهيم مصطفى / أحمد الزيات / حامد عبد القادر / محمد النجار). الناشر: دار الدعوة
١٩٢	المنتخب من غريب كلام العرب المؤلف: علي بن الحسن الهُنائي الأزدي، أبو الحسن الملقب بـ «كراع النمل» (المتوفى: بعد ٣٠٩هـ) المحقق: د محمد بن أحمد العمري: الناشر: جامعة أم القرى (معهد البحوث العلمية وإحياء التراث الإسلامي) الطبعة: الأولى، ١٤٠٩ هـ – ١٩٨٩م.
١٩٣	معجم لغة الفقهاء. تأليف: محمد رواس قلعجي – حامد صادق قنيبي. الناشر: دار النفائس للطباعة والنشر والتوزيع. الطبعة: الثانية، ١٤٠٨ هـ – ١٩٨٨ م

معجم مقاييس اللغة. تأليف: أحمد بن فارس بن زكرياء القزويني الرازي، أبو الحسين (المتوفى: ٣٩٥هـ). المحقق: عبد السلام محمد هارون. الناشر: دار الفكر. عام النشر: ١٣٩٩هـ - ١٩٧٩م.	١٩٤

كتب التراجم والأنساب

الكتاب	
الاستيعاب في معرفة الأصحاب. تأليف: أبو عمر يوسف بن عبد الله بن محمد بن عبد البر بن عاصم النمري القرطبي (المتوفى: ٤٦٣هـ). المحقق: علي محمد البجاوي. الناشر: دار الجيل، بيروت. الطبعة: الأولى، ١٤١٢ هـ - ١٩٩٢ م	١٩٥
أسد الغابة في معرفة الصحابة. للإمام: أبى الحسن علي بن أبي الكرم محمد بن محمد بن عبد الكريم بن عبد الواحد الشيباني الجزري، عز الدين ابن الأثير (المتوفى: ٦٣٠هـ). المحقق: علي محمد معوض - عادل أحمد عبد الموجود. الناشر: دار الكتب العلمية. الطبعة: الأولى، سنة النشر: ١٤١٥هـ - ١٩٩٤ م	١٩٦
الإصابة في تمييز الصحابة. تأليف: أبو الفضل أحمد بن علي بن محمد بن أحمد بن حجر العسقلاني (المتوفى: ٨٥٢هـ). تحقيق: عادل أحمد عبد الموجود وعلى محمد معوض. الناشر: دار الكتب العلمية - بيروت. الطبعة: الأولى - ١٤١٥ ه	١٩٧
الأعلام. تأليف: خير الدين بن محمود بن محمد بن علي بن فارس، الزركلي الدمشقي (المتوفى: ١٣٩٦هـ). الناشر: دار العلم للملايين. الطبعة: الخامسة عشر - أيار / مايو ٢٠٠٢ م	١٩٨
الأنساب. تأليف: عبد الكريم بن محمد بن منصور التميمي السمعاني المروزي، أبو سعد (المتوفى: ٥٦٢هـ). المحقق: عبد الرحمن بن يحيى المعلمي اليماني وغيره. الناشر: مجلس دائرة المعارف العثمانية، حيدر آباد. الطبعة: الأولى، ١٣٨٢ ه - ١٩٦٢ م	١٩٩
تذكرة الحفاظ. تأليف: شمس الدين أبو عبد الله محمد بن أحمد بن عثمان بن قَايْماز	٢٠٠

الذهبي (المتوفى: ٧٤٨هـ). الناشر: دار الكتب العلمية بيروت-لبنان. الطبعة: الأولى، ١٤١٩هـ- ١٩٩٨م	
تهذيب الأسماء واللغات. للإمام: أبى زكريا محيي الدين يحيى بن شرف النووي (المتوفى: ٦٧٦هـ). عنيت بنشره وتصحيحه والتعليق عليه ومقابلة أصوله: شركة العلماء بمساعدة إدارة الطباعة المنيرية. يطلب من: دار الكتب العلمية، بيروت – لبنان	٢٠١
تهذيب التهذيب. للإمام: أبى الفضل أحمد بن علي بن محمد بن أحمد بن حجر العسقلاني (المتوفى: ٨٥٢هـ). الناشر: مطبعة دائرة المعارف النظامية، الهند. الطبعة: الطبعة الأولى، ١٣٢٦هـ	٢٠٢
تاريخ الإسلام وَوَفيات المشاهير وَالأعلام المؤلف: شمس الدين أبو عبد الله محمد بن أحمد بن عثمان بن قَايْماز الذهبي (المتوفى: ٧٤٨هـ) المحقق: الدكتور بشار عوّاد معروف: الناشر: دار الغرب الإسلامي: الطبعة: الأولى، ٢٠٠٣ م: عدد الأجزاء: ١٥،	٢٠٣
تاج التراجم المؤلف: أبو الفداء زين الدين أبو العدل قاسم بن قُطْلُوبغا السودوني (نسبة إلى معتق أبيه سودون الشيخوني) الجمالي الحنفي (المتوفى: ٨٧٩هـ) المحقق: محمد خير رمضان يوسف: الناشر: دار القلم – دمشق: الطبعة: الأولى، ١٤١٣ ه – ١٩٩٢م: عدد الأجزاء: ١.	٢٠٤
الثقات- المؤلف : محمد بن حبان بن أحمد أبو حاتم التميمي البستي– الناشر : دار الفكر– الطبعة الأولى ، ١٣٩٥ – ١٩٧٥ –تحقيق : السيد شرف الدين أحمد– عدد الأجزاء : ٩	٢٠٥
الكامل في ضعفاء الرجال. للإمام: أبى أحمد بن عدي الجرجاني (المتوفى: ٣٦٥هـ) تحقيق: عادل أحمد عبد الموجود-علي محمد معوض. شارك في تحقيقه: عبد الفتاح أبو سنة الناشر: الكتب العلمية – بيروت-لبنان. الطبعة: الأولى، ١٤١٨هـ١٩٩٧م	٢٠٦

٢٠٧	التحبير في المعجم الكبير، المؤلف: عبد الكريم بن محمد بن منصور التميمي السمعاني المروزي، أبو سعد (المتوفى: ٥٦٢هـ)المحقق: منيرة ناجي سالم: الناشر: رئاسة ديوان الأوقاف – بغداد": الطبعة: الأولى، ١٣٩٥هـ- ١٩٧٥م: عدد الأجزاء: ٢
٢٠٨	ذيل التقييد في رواة السنن والأسانيد المؤلف: محمد بن أحمد بن علي، تقي الدين، أبو الطيب المكي الحسني الفاسي (المتوفى: ٨٣٢هـ) المحقق: كمال يوسف الحوت: الناشر: دار الكتب العلمية، بيروت، لبنان: الطبعة: الأولى، ١٤١٠هـ/١٩٩٠م: عدد الأجزاء: ٢.
٢٠٩	(سلسلة ذخائر العرب) المؤلف: محمد بن الحسن بن عبيد الله بن مذحج الزبيدي الأندلسي الإشبيلي، أبو بكر (المتوفى: ٣٧٩هـ) المحقق: محمد أبو الفضل إبراهيم: الطبعة: الثانية: الناشر: دار المعارف.
٢١٠	طبقات الشافعية الكبرى المؤلف: تاج الدين عبد الوهاب بن تقي الدين السبكي (المتوفى: ٧٧١هـ) المحقق: د. محمود محمد الطناحي د. عبد الفتاح محمد الحلو: الناشر: هجر للطباعة والنشر والتوزيع: الطبعة: الثانية، ١٤١٣هـ: عدد الأجزاء: ١٠.

كتب التاريخ والبلدان والسيرة

	الكتاب
٢١٣	إمتاع الأسماع بما للنبي من الأحوال والأموال والحفدة والمتاع- المؤلف: أحمد بن علي بن عبد القادر، أبو العباس الحسيني العبيدي، تقي الدين المقريزي (المتوفى: ٨٤٥هـ)- المحقق: محمد عبد الحميد النميسي- الناشر: دار الكتب العلمية – بيروت- الطبعة: الأولى، ١٤٢٠ هـ - ١٩٩٩ م عدد الأجزاء: ١٥

البداية والنهاية- المؤلف: أبو الفداء إسماعيل بن عمر بن كثير القرشي البصري ثم الدمشقي (المتوفى: ٧٧٤هـ)- المحقق: علي شيري- الناشر: دار إحياء التراث العربي الطبعة: الأولى ١٤٠٨، هـ - ١٩٨٨ م	٢١٨
البداية والنهاية. للإمام: أبى الفداء إسماعيل بن عمر بن كثير القرشي البصري ثم الدمشقي (المتوفى: ٧٧٤هـ). تحقيق: عبد الله بن عبد المحسن التركي. الناشر: دار هجر للطباعة والنشر والتوزيع والإعلان. الطبعة: الأولى، ١٤١٨ هـ - ١٩٩٧ م. سنة النشر: ١٤٢٤هـ/ ٢٠٠٣م	٢١٢
تاريخ الأمم والملوك- المؤلف : محمد بن جرير الطبري أبو جعفر- الناشر : دار الكتب العلمية - بيروت -الطبعة الأولى ، ١٤٠٧- عدد الأجزاء : ٥	٢١٤
تاريخ الخلفاء: المؤلف : عبد الرحمن بن أبي بكر السيوطي -الناشر : مطبعة السعادة – مصر- الطبعة الأولى ، ١٣٧١هـ- ١٩٥٢م- تحقيق : محمد محي الدين عبد الحميد-عدد الأجزاء : ١	٢١٥
تاريخ الطبري = تاريخ الرسل والملوك، وصلة تاريخ الطبري. تأليف: محمد بن جرير بن يزيد بن كثير بن غالب الآملي، أبو جعفر الطبري (المتوفى: ٣١٠هـ). (صلة تاريخ الطبري لعريب بن سعد القرطبي، المتوفى: ٣٦٩هـ). الناشر: دار التراث – بيروت. الطبعة: الثانية – ١٣٨٧ ه	٢١٦
تاريخ المدينة لابن شبة- المؤلف: عمر بن شبة (واسمه زيد) بن عبيدة بن ريطة النميري البصري، أبو زيد (المتوفى: ٢٦٢هـ)- حققه: فهيم محمد شلتوت- طبع على نفقة: السيد حبيب محمود أحمد -جدة - عام النشر: ١٣٩٩ ه	٢١٧
الدرر في اختصار المغازي والسير- المؤلف: النمري، الحافظ يوسف بن البر- المحقق: الدكتور شوقي ضيف -الناشر: دار المعارف – القاهرة- الطبعة: الثانية، ١٤٠٣ هـ- عدد الأجزاء: ١	٢١٩
ديوان المبتدأ والخبر في تاريخ العرب والبربر ومن عاصرهم من ذوي الشأن الأكبر-	٢٢٧

المؤلف: عبد الرحمن بن محمد بن محمد، ابن خلدون أبو زيد، ولي الدين الحضرمي الإشبيلي (المتوفى: ٨٠٨هـ)- المحقق: خليل شحادة- الناشر: دار الفكر، بيروت- الطبعة: الثانية، ١٤٠٨ هـ - ١٩٨٨ م- عدد الأجزاء: ١	
الرحيق المختوم- المؤلف: صفي الرحمن المباركفوري (المتوفى: ١٤٢٧هـ)- الناشر: دار الهلال – بيروت (نفس طبعة وترقيم دار الوفاء للطباعة والنشر والتوزيع) – الطبعة: الأولى- عدد الأجزاء: ١	٢٢٠
السير لأبي إسحاق الفزاري، أبو إسحاق إبراهيم بن محمد بن الحارث بن أسماء بن خارجة بن حصن الفزاري (المتوفى: ١٨٨هـ)، الطبعة: الأولى، ١٩٨٧.	٢٢١
السيرة الحلبية، علي بن إبراهيم بن أحمد الحلبي، أبو الفرج، نور الدين ابن برهان الدين (المتوفى: ١٠٤٤هـ)، الجزء (٣)، ص (٢٧٧)، دار الكتب العلمية – بيروت، الطبعة: الثانية – ١٤٢٧هـ.	٢٢٢
السِّيرَةُ النَّبَوِيَّةُ الصَّحِيحَةُ مُحَاوَلَةٌ لِتَطْبِيقِ قَوَاعِدِ المُحَدِّثِينَ فِي نَقْدِ رِوَايَاتِ السِّيْرَةِ النَّبَوِيَّةِ- المؤلف: د. أكرم ضياء العمري- الناشر: مكتبة العلوم والحكم، المدينة المنورة- الطبعة: السادسة، ١٤١٥ هـ - ١٩٩٤ م -عدد الأجزاء: ٢ (في ترقيم مسلسل واحد)	٢٢٣
السيرة النبوية لابن هشام. تأليف: عبد الملك بن هشام بن أيوب الحميري المعافري، أبو محمد، جمال الدين (المتوفى: ٢١٣هـ). المحقق: طه عبد الرؤوف سعد. الناشر: شركة الطباعة الفنية المتحدة	٢٢٤
غزوة بدر الكبرى، محمد أحمد باشميل، طبعة دار الفكر، الطبعة السادسة، سنة ١٣٩٤هـ.	٢٢٥
الكامل في التاريخ- المؤلف: أبو الحسن علي بن أبي الكرم محمد بن محمد بن عبد الكريم بن عبد الواحد الشيباني الجزري، عز الدين ابن الأثير (المتوفى: ٦٣٠هـ)-	٢١١

تحقيق: عمر عبد السلام تدمري- الناشر: دار الكتاب العربي، بيروت – لبنان- الطبعة: الأولى، ١٤١٧هـ / ١٩٩٧م- عدد الأجزاء: ١٠	
الوفيات (معجم زمني للصحابة وأعلام المحدثين والفقهاء والمؤلفين)- المؤلف: أبو العباس أحمد بن حسن بن الخطيب الشهير بابن قنفذ القسنطيني (المتوفى: ٨١٠هـ)- المحقق: عادل نويهض – الناشر: دار الآفاق الجديدة، بيروت- الطبعة: الرابعة، ١٤٠٣ هـ - ١٩٨٣ م عدد الأجزاء: ١	٢٢٦

كتب الأخلاق والرقائق والثقافة العامة

الكتاب	
أحكام الذميين والمستأمنين في دار الإسلام، مؤسسة الرسالة ط ٢، - ١٩٨٨م د/ عبد الكريم زيدان	٢٣٥
الأحكام السلطانية- المؤلف: أبو الحسن علي بن محمد بن محمد بن حبيب البصري البغدادي، الشهير بالماوردي (المتوفى: ٤٥٠هـ)- الناشر: دار الحديث – القاهرة- عدد الأجزاء: ١	٢٢٩
الأحكام السلطانية للفراء- المؤلف : القاضي أبو يعلى ، محمد بن الحسين بن محمد بن خلف ابن الفراء (المتوفى : ٤٥٨هـ)- صححه وعلق عليه : محمد حامد الفقي – الناشر : دار الكتب العلمية - بيروت ، لبنان- الطبعة : الثانية ، ١٤٢١ هـ - ٢٠٠٠ م -عدد الأجزاء : ١	٢٢٨
أحكام أهل الذمة- المؤلف : محمد بن أبي بكر أيوب الزرعي أبو عبد الله- الناشر : رمادى للنشر - دار ابن حزم - الدمام - بيروت- الطبعة الأولى ، ١٤١٨ – ١٩٩٧- تحقيق : يوسف أحمد البكري - شاكر توفيق العاروري -عدد الأجزاء : ٣	٢٣٠
أرشيف ملتقى أهل الحديث – ١- تم تحميله في: المحرم ١٤٣٢ هـ = ديسمبر	٢٣١

٢٠١٠م	
أصول الدعوة- المؤلف: عبد الكريم زيدان- الناشر: مؤسسة الرسالة- الطبعة: التاسعة ١٤٢١هـ-٢٠٠١م- عدد الأجزاء: ١	٢٣٢
إعانة الطالبين على حل ألفاظ فتح المعين (هو حاشية على فتح المعين بشرح قرة العين بمهمات الدين) المؤلف: أبو بكر (المشهور بالبكري) عثمان بن محمد شطا الدمياطي الشافعي (ت: ١٣١٠هـ) ط: دار الفكر لطباعة والنشر والتوزيع، الطبعة: الأولى، ١٤١٨ هـ - ١٩٩٧ م	٢٣٤
الإمامة والسياسة-أبو محمد عبد الله بن مسلم ابن قتيبة الدينوري-سنة الولادة / سنة الوفاة ٢٧٦هـ. -تحقيق خليل المنصور-الناشر دار الكتب العلمية-سنة النشر ١٤١٨هـ - ١٩٩٧م. -مكان النشر بيروت-عدد الأجزاء ٢*١١	٢٧٢
البحث العلمي أساسياته النظرية وممارسته العملية)للأستاذ: رجاء وحيد دويدري. ط: دار الفكر المعاصر-بيروت-لبنان-دار الفكر -دمشق-سورية	٢٧٤
البحث العلمي أساسياته النظرية وممارسته العملية. تأليف: رجاء وحيد دويدري. الناشر: دار الفكر المعاصر-بيروت-لبنان-دار الفكر -دمشق-سورية. الطبعة: الأولى – جمادى الآخرة ١٤٢١ هـ- أيلول سبتمبر ٢٠٠٠م	٢٣٧
بدائع الصنائع في ترتيب الشرائع للإمام: علاء الدين، أبو بكر بن مسعود بن أحمد الكاساني الحنفي (ت: ٥٨٧هـ)، ط: دار الكتب العلمية الطبعة: الثانية، ١٤٠٦هـ - ١٩٨٦م	٢٣٨
تأملات قرآنية، أبو هاشم صالح بن عوّاد بن صالح،	٢٤٠
تحفة الفقهاء للإمام: محمد بن أحمد بن أبي أحمد، أبو بكر علاء الدين السمرقندي (ت: نحو ٥٤٠هـ)ط: دار الكتب العلمية، بيروت – لبنان الطبعة: الثانية، ١٤١٤ هـ - ١٩٩٤م.	٢٤١
تعدد الخلفاء ووحدة الأُمَّة فقهًا وتاريخًا ومستقبلاً، الدكتور محمد خلدون أحمد	٢٤٢

	نورس مالكي
٢٤٣	الخراج- المؤلف : أبو يوسف يعقوب بن إبراهيم بن حبيب بن سعد بن حبتة الأنصاري (المتوفى : ١٨٢هـ)- ط : المكتبة الأزهرية للتراث- تحقيق : طه عبد الرءوف سعد ، سعد حسن محمد الطبعة : طبعة جديدة مضبوطة – محققة ومفهرسة ، أصح الطبعات وأكثرها شمولا- عدد الأجزاء : ١
٢٤٤	الدر النقي في شرح ألفاظ الخرقي، المؤلف: جمال الدين أبو المحاسن يوسف بن حسن بن عبد الهادي الحنبلي الدمشقي الصالحي المعروف بـ «ابن المبرد» (المتوفى: ٩٠٩ هـ)، الطبعة: الأولى، ١٤١١ هـ – ١٩٩١ م، باب (قتال أهل البغى).
٢٤٥	رحمة الامة في اختلاف الأئمة للدمشقى، دار الفكر
٢٤٦	الروضة الندية (ومعها: التعليقاتُ الرَّضية على «الرَّوضة النّديّة») المؤلف: أبو الطيب محمد صديق خان بن حسن بن علي ابن لطف الله الحسيني البخاري القِنَّوجي (المتوفى: ١٣٠٧هـ) التعليقات بقلم: العلامة المحدِّث الشيخ محمَّد نَاصِر الدِّين الألبَاني- ضبط نصَّه، وحقَّقه، وَقام على نشره: علي بن حسَن بن علي بن عَبد الحميد الحَلبيُّ الأثريّ- الناشر: دَارُ ابن القيِّم للنشر والتوزيع، الرياض – المملكة العربية السعودية، دَار ابن عفَّان للنشر والتوزيع، القاهرة – جمهورية مصر العربية- الطبعة، الأولى، ١٤٢٣ هـ – ٢٠٠٣ م- عدد الأجزاء: ١
٢٤٧	زاد المعاد في هدي خير العباد. تأليف: محمد بن أبي بكر بن أيوب بن سعد شمس الدين ابن قيم الجوزية (المتوفى: ٧٥١هـ). الناشر: مؤسسة الرسالة، بيروت – مكتبة المنار الإسلامية، الكويت. الطبعة: السابعة والعشرون ، ١٤١٥هـ/١٩٩٤م
٢٤٩	السنن المأثورة للشافعي- المؤلف: إسماعيل بن يحيى بن إسماعيل، أبو إبراهيم المزني (المتوفى: ٢٦٤هـ)- المحقق: د. عبد المعطي أمين قلعجي- الناشر: دار المعرفة – بيروت- الطبعة: الأولى، ١٤٠٦- عدد الأجزاء: ١

السياسة الشرعية- المؤلف: تقي الدين أبو العباس أحمد بن عبد الحليم بن عبد السلام بن عبد الله بن أبي القاسم بن محمد ابن تيمية الحراني الحنبلي الدمشقي (المتوفى: ٧٢٨هـ)- الناشر: وزارة الشئون الإسلامية والأوقاف والدعوة والإرشاد – المملكة العربية السعودية- الطبعة: الأولى، ١٤١٨هـ- عدد الصفحات: ١٣٦ – عدد الأجزاء: ١	٢٥٠
شرح السير الكبير- المؤلف: محمد بن أحمد بن أبي سهل شمس الأئمة السرخسي (المتوفى: ٤٨٣هـ)- الناشر: الشركة الشرقية للإعلانات- الطبعة: بدون طبعة- تاريخ النشر: ١٩٧١م عدد الأجزاء: ٥	٢٥١
الطرق الحكمية في السياسة الشرعية- المؤلف : محمد بن أبي بكر أيوب الزرعي أبو عبد الله الناشر : مطبعة المدني – القاهرة –تحقيق : د. محمد جميل غازي-عدد الأجزاء : ١	٢٥٢
العلاقات الدولية في الإسلام، د/ محمد أبو زهرة	٢٥٣
العلاقات الدولية في القرآن والسنة، لمحمد على الحسن	٢٤٥
فتاوى الشبكة الإسلامية- المؤلف: لجنة الفتوى بالشبكة الإسلامية تم نسخه من الإنترنت: في ١ ذو الحجة ١٤٣٠، هـ = ١٨ نوفمبر، ٢٠٠٩ م	٢٥٥
الفتاوى الهندية- المؤلف: لجنة علماء برئاسة نظام الدين البلخي- الناشر: دار الفكر- الطبعة: الثانية، ١٣١٠ هـ- عدد الأجزاء: ٦	٢٣٣
فقه السيرة- المؤلف : محمد الغزالي- الناشر : دار القلم –دمشق- الطبعة : السابعة – ١٩٩٨ تحقيق : تحقيق العلامة المحدث محمد ناصر الدين الألباني- عدد الأجزاء : ١	٢٥٦
القيم الإسلامية، القيم الإسلامية-عدد الصفحات : ٥٦ - مصدر الكتاب : موقع الإسلام وزارة الأوقاف السعودية	٢٧٣

٢٣٦	كتاب الأموال- المؤلف: أبو عُبيد القاسم بن سلاّم بن عبد الله الهروي البغدادي (المتوفى: ٢٢٤هـ)- المحقق: خليل محمد هراس.- الناشر: دار الفكر. - بيروت.عدد الأجزاء: ١
٢٥٧	مجلة البحوث الإسلامية، التناسب بين الجريمة والعقوبة، الرئاسة العامة لإدارات البحوث العلمية والإفتاء والدعوة والإرشاد.
٢٥٨	مجلة البيان (٢٣٨ عددا)- المؤلف: تصدر عن المنتدى الإسلامي
٢٥٩	مجلة الرسالة- أصدرها: أحمد حسن الزيات باشا (المتوفى: ١٣٨٨هـ)- عدد الأعداد: ١٠٢٥ عددا (على مدار ٢١ عاما)، العدد (٧١١)،
٢٦٠	مجلة مجمع الفقه الإسلامي التابع لمنظمة المؤتمر الإسلامي بجدة- المؤلف: تصدر عن منظمة المؤتمر الاسلامي بجدة- وقد صدرت في ١٣ عددا، وكل عدد يتكون من مجموعة من المجلدات، كما يلي العدد ١: مجلد واحد. العدد ٢: مجلدان. العدد ٥ و ٧ و ٩ و ١٢: كل منها ٤ مجلدات- بقية الأعداد: كل منها ٣ مجلدات- ومجموع المجلدات للأعداد الـ١٣: أربعون مجلدا ... أعدها للشاملة: أسامة بن الزهراء
٢٦١	مجموع الفتاوى. تأليف: تقي الدين أبو العباس أحمد بن عبد الحليم بن تيمية الحراني (المتوفى: ٧٢٨هـ). المحقق: عبد الرحمن بن محمد بن قاسم. الناشر: مجمع الملك فهد لطباعة المصحف الشريف، المدينة النبوية، المملكة العربية السعودية. عام النشر: ١٤١٦هـ/١٩٩٥م
٢٣٩	محاضرات في تاريخ الأمم الإسلامية الدولة العباسية، الشيخ محمد الخضرى، دار الفكر العربى
٢٦٢	المعجم الموسوعي لألفاظ القرآن الكريم وقراءاته- المؤلف: د أحمد مختار عبد الحميد عمر

الناشر: مجمع الملك فهد لطباعة المصحف الشريف بالمدينة المنورة-عدد الأجزاء: ١	
مقاصد الشريعة الإسلامية-المؤلف: محمد الطاهر بن محمد بن محمد الطاهر بن عاشور التونسي (المتوفى: ١٣٩٣هـ)-المحقق: محمد الحبيب ابن الخوجة-الناشر: وزارة الأوقاف والشؤون الإسلامية، قطر-عام النشر: ١٤٢٥ هـ - ٢٠٠٤ م-عدد الأجزاء: ٣	٢٦٣
مقدمات ابن رشد مع المدونة	٢٦٤
مِنهاجُ المُسلم، كتاب عقائد وآداب وأخلاق وعَبادات ومعَاملات، أبو بَكر جَابِر الجَزَائِري، الجزء ١، ص (٢٧٩)، الطبعة: الأولى، ١٣٨٤ هـ - ١٩٦٤ م.	٢٦٥
مواهب الجليل في شرح مختصر خليل لشمس الدين أبو عبد الله محمد بن محمد بن عبد الرحمن الطرابلسي المغربي، المعروف بالحطاب الرُّعيني المالكي (المتوفى: ٩٥٤هـ) ط: دار الفكر الطبعة: الثالثة، ١٤١٢هـ - ١٩٩٢م	٢٦٦
موسوعة فقه أبي بكر الصديق، لمحمد رواس قلعجي، ط دار النفائس.بيروت.	٢٦٧
موسوعة فقه عثمان بن عفان، لمحمد رواس قلعجي، ط دار النفائس.بيروت	٢٦٨
موسوعة فقه عمر بن الخطاب، لمحمد رواس قلعجي، ط دار النفائس.بيروت.	٢٦٩
موسوعة محاسن الإسلام ورد شبهات اللئام- المؤلف: أحمد بن سليمان أيوب، ونخبة من الباحثين- فكرة وإشراف: د. سليمان الدريع- الناشر: دار إيلاف الدولية للنشر والتوزيع (دار وقفية دعوية)- الطبعة: الأولى، ١٤٣٦ هـ - ٢٠١٥ م - دار إيلاف الدولية للنشر والتوزيع-عدد الأجزاء: ١٢	٢٧٠
موسوعة مواقف السلف في العقيدة والمنهج والتربية (أكثر من ٩٠٠٠ موقف لأكثر من ١٠٠٠ عالم على مدى ١٥ قرنًا)- المؤلف: أبو سهل محمد بن عبد الرحمن المغراوي- الناشر: المكتبة الإسلامية للنشر والتوزيع، القاهرة - مصر، النبلاء للكتاب، مراكش -المغرب -الطبعة: الأولى عدد الأجزاء: ١٠	٢٤٨

	٢٧١
الولاء والبراء في الإسلام من مفاهيم عقيدة السلف- المؤلف: محمد بن سعيد بن سالم القحطاني- تقديم: فضيلة الشيخ عبد الرزاق عفيفي- الناشر: دار طيبة، الرياض - المملكة العربية السعودية- الطبعة: الأولى- عدد الأجزاء:١	

كتب القانون

الكتاب	
بحث الإباحة ، للدكتور / محمد سلام مدكور ، مجلة القانون والإقتصاد فى كلية الحقوق ، جامعة القاهرة ، السنة ٣٢ ، العدد الأول ، ص (١٤٤).	٢٧٥
الاتفاقية الدولية للقضاء على جميع أشكال التمييز العنصرى والتى اعتمدتها الجمعية العامة للأمم المتحدة بقرارها رقم ٢١٠٦ (د ٢٠) والمؤرخة في ١٩٦٥/١٢/٢١ م، والتى دخلت حيز التنفيذ بتاريخ ١٩٦٩/١/٤م.	٢٧٦
اتفاقيات جنيف لحماية ضحايا الحرب الموقعة فى ١٢أغسطس سنة ١٩٤٩م ، جمعية الهلال الأحمر ، الجمهورية العربية المتحدة (السابقة) ، بمطابع دار الكتاب العربى بالقاهرة ، عام ١٩٧٩م.	٢٧٧
آثار الحرب في الفقه الإسلامى، للدكتور / وهبة الزحيلى، الطبعة الثالثة، ١٤١٩، ١٩٩٨م	٢٧٨
أثر الاحتلال على الممتلكات الخاصة: المواد (٤٦-٥٦) من ملحق اتفاقية لاهاى الرابعة لعام ١٩٠٧م.	٢٧٩
القانون الدولى العام ، على صادق أبو هيف ، الطبعة ١٢ لعام ١٩٧٥م ، الناشر منشأة المعارف بالإسكندرية ، جلال حزى وشركاه ، مطبعة الكاتب المصرى.	٢٨٠
أحكام أسرى الحرب بين الشريعة الإسلامية والقانون الدولى العام، د/ أيمن محمد فوزى عبد الحميد، رسالة دكتوراه، عام ٢٠٠٤م.	٢٨١
أحكام أسرى الحرب دراسة مقارنة بين القانون الوضعى والشريعة الإسلامية	٢٨٢

للدكتور/ هانى بن على الطهراوى ، الطبعة الأولى لعام ١٤٣٣هـ.٢٠١٢م.	
أحكام الأسرى فى الفقه الإسلامى والقانون الوضعى، ملحقاً باتفاقية جنيف، للدكتور / على أحمد جواد، ط ١، دار المعرفة، بيروت، ٢٠٠٥	٢٨٣
أحكام الأسرى والسبايا في الحروب الإسلامية للأستاذ الدكتور / عبداللطيف عامر، ط: دار الكتب الإسلامية، دار الكتاب المصرية، القاهرة. مصر، دار الكتاب اللبنانى، بيروت. لبنان، الطبعة الأولى، (١٤٠٩هـ – ١٩٨٦م)	٢٨٤
أحكام السجن ومعاملة السجناء في الإسلام، للدكتور /محمد فوزي فيض الله.	٢٨٥
الأحكام العامة فى قانون الأمم، للدكتور / محمد طلعت الغنيمى، الناشر منشأة المعارف، جلال حزى وشركاه بالإسكندرية ، طبعة عام ١٩٨٤م.	٢٨٦
القانون الدولى العام ، للدكتور / رجب عبد امنعم متولى ، طبعة ٢٠٠٩م.	٢٨٧
أحمد على جواد، احكام الأسرى في الفقه الإسلامى والقانون الوضعي، ملحقًا باتفاقية حنيف ، دار المعرفة بيروت. لبنان ، الطبعة الأولى ١٤٢٦هـ.٢٠٠٥م.	٢٨٨
آداب الحرب فى الفقة الإسلامى والقانون الدولى، د/ على عبد الرحمن، الطبعة الأولى، ١٤٢٤هـ	٢٨٩
آداب الحرب في الفقة الإسلامى والقانون الوضعى، الطيار على بن عبد الرحمن، بيروت، الطبعة الأولى، عام ١٤٢٤ هـ	٢٩٠
الأستاذ الدكتور/ صلاح الدين عامر، مقدمة للتعريف بالقانون الدولى الإنسانى، الندوة المصرية الأولى حول التعريف بالقانون الدولى الإنسانى بالاشتراك بين الجمعبة المصرية للقانون الدولى اللجنة الدولية للصليب الأحمر، القاهرة، نوفمبر، ١٩٨٢م.	٢٩١
الأستاذ الدكتور/ عبد الغنى محمود، القانون الدولى العام، طبعة ٢٠٠٣، ٢٠٠٤، دار النهضة العربية، القاهرة.	٢٩٢
الأستاذ الدكتور/ عبد الواحد محمد الفار، أسرى الحرب دراسة فقهية وتطبيقية في	٢٩٣

	نطاق القانون الدولى العام والشريعة الإسلامية، عالم الكتب، القاهرة، ١٩٧٢.
٢٩٤	نظام أسرى الحرب فى القانون الدولى وتطبيقاته ، د/ سهيل حسين الفتلاوى ، الناشر دار القادسية للطباعة ، عام ١٩٨٣م.
٢٩٥	أسرى الحرب للدكتور / عبد الواحد محمد يوسف الفار ، رسالة دكتوراه ، جامعة عين شمس ، عام ١٩٧٥م ، دار المهنا للطباعة ، الناشر عالم الكتب بالقاهرة.
٢٩٦	معاملة أسرى الحرب فى ظل أحكام اتفاقية جنيف . اللجنة الدولية للصليب الأحمر جنيف ، ب. ت.
٢٩٧	الجرائم الدولية وسلطة العقاب عليها ، للدكتور / عبد الواحد محمد يوسف الفار ، دار النهضة العربية ، عام ١٩٩٦م.
٢٩٨	الإعلام بقواعد القانون الدولى والعلاقات الدولية فى شريعة الإسلام، د/ أحمد أبو الوفا، ط ٢، ج ١٠، دار النهضة العربية، القاهرة، ٢٠٠٧
٢٩٩	البروتوكولان الإضافيان لمعاهدة جنيف المعقودة سنة ١٩٤٩م ، اللجنة الدولية للصليب الأحمر ، قسم الطباعة والنشر ، جنيف ، سويسرا ، عام ١٩٧٨م ، (تم التوقيع على الملحقان عام ١٩٧٧م.
٣٠٠	تبصرة الحكام في أصول الأقضية ومناهج الأحكام- المؤلف: إبراهيم بن علي بن محمد، ابن فرحون، برهان الدين اليعمري (المتوفى: ٧٩٩هـ)- الناشر: مكتبة الكليات الأزهرية- الطبعة: الأولى، ١٤٠٦هـ - ١٩٨٦م- عدد الأجزاء: ٢ .
٣٠١	التشريع الجنائي الإسلامي مقارناً بالقانون الوضعي- المؤلف: عبد القادر عودة- الناشر: دار الكاتب العربي، بيروت- عدد الأجزاء: ٢
٣٠٢	تطور مفهوم الحرب، للدكتور/ صلاح الدين، بحث منشور ضمن - المحكمة الجنائية الدولية –: المؤمات الدستورية والتشريعية، إعداد شريف عتلم، ط ٥، منشورات اللجنة الدولية للصليب الأحمر، ٢٠٠٨م.

٣٠٣	جرائم الحرب أمام المحاكم الجنائية، صبرينة خلف الله، ٢٠٠٧م.
٣٠٤	الجريمة والعقوبة في الفقه الإسلامي، للإمام محمد أبو زهرة، دار الفكر العربى بالقاهرة، عام ١٩٩٨م.
٣٠٥	جيرهارد فان غلان، القانون بين الأمم- تعريب عباس العمرى، الجزء الأول، بيروت، د.ن، د.ت.
٣٠٦	الحرب فى نطاق القانون الدولى، للأستاذ الدكتور / حامد سلطان، المجلة المصرية للقانون الدولى، المجلد الخامس والعشرون، ١٩٦٩م،
٣٠٧	القانون الدولى العام فى وقت السلم، للدكتور / حامد سلطان، طبعة عام ١٩٦٢م.
٣٠٨	حضارة العرب - غوستاف لوبون- المؤلف: غوستاف لوبون- ترجمة: عادل زعيتر- الناشر: مؤسسة هنداوي للنشر والثقافة القاهرة - مصر- عام النشر: ٢٠١٢ م- عدد الصفحات: ٦٤٢ أعده للشاملة: رابطة النساخ، تنفيذ (مركز النخب العلمية)، وبرعاية (أوقاف عبد الله بن تركي الضحيان الخيرية)
٣٠٩	حقوق الأسرى فى المواثيق الدولية مقارنة بالشريعة الإسلامية، د/ مسعد عبد الرحمن زيدان، طبعة عام ٢٠١٧م.
٣١٠	الحقوق الإنسانية لأسرى الحرب فى الإسلام والقانون الدولى الإنسانى، د عبد السلام الشريف، مجلة دراسات قانونية، ص ١٤، م ١٢، طبعة ١٩٩٤م.
٣١١	حماية أسرى الحرب في القانون الدولي الإنساني، د/ فاطمة بلعيش، رسالة ماجستير، عام ٢٠٠٧، ٢٠٠٨م.
٣١٢	حماية الأسرى بين الشريعة الإسلامية واتفاقيات جنيف، عثمان مرزوق، رسالة ماجستير، في العلوم الإسلامية، ١٤٣٨ ه، ٢٠١٧م
٣١٣	حماية السكان المدنيين والأعيان المدنية إبان النزعات المسلحة، د/ أبو الخير أحمد

	عطية.
٣١٤	القانون الدولى الإنسانى دراسة مقارنة بالشريعة الإسلامية، للدكتور/ عبد الغنى محمود، الطبعة الأولى، عام ١٩٩١م، دار النهضةالعربية، القاهرة.
٣١٥	حماية ضحايا النزعات المسلحة في الفقه الإسلامى والقانون الدولى الإنسانى، للدكتور/ ميلود بن عبدالعزيز.
٣١٦	د/ حسام محمد هنداوى، فى التحديد القانونى «التدخل الدولى الإنسانى وخصائصه»، دار النهضة العربية لعام ١٩٩٦/ ١٩٩٧م.
٣١٧	د/ حسنى درويش عبد الحميد، فى الجريمة والتنمية.
٣١٨	د/ صلاح عامر، مقدمة لدراسة القانون الدولى العام، دار النهضة العربية، مطبعة جامعة القاهرة، لعام ٢٠٠٣م.
٣١٩	د/ عبد التواب عبد السلام، في أسرى الحرب بين الشريعة الإسلامية والقانون، رسالة دكتوراه قسم السياسة الشرعية والقانون، سنة ١٩٩٢م.
٣٢٠	د/ عبد الوهاب خلاف، في السياسة الشرعية أو نظام الدولة الإسلامية في الشئون الدستورية والخارجية والمالية، دار الأنصار للطباعة والنشر.
٣٢١	د/ على صادق أبوهيف، القانون الدولى العام، الطبعة الثانية عشرة، مطبعة الكاتب المصرى، ١٩٧٥م صـ ٧٧٧، ط منشاة المعارف بالإسكندرية، جلال حزى وشركاه.
٣٢٢	د/ محمد سامي عبد الحميد، العلاقات الدولية: مقدمة لدراسة القانون الدولي العام، الدار الجامعية 'بيروت.
٣٢٣	دراسات في القانون الدولى الإنسانى، د/ مفيد شهاب، ط ١، دار المستقبل العربى
٣٢٤	دراسات في القانون الدولى الإنسانى، للدكتور / عبد الغنى عبد الحميد محمود، الطبعة الأولى، عام ٢٠٠٠م.
٣٢٥	الدكتور / حامد سلطان، القانون الدولى العام، ط ٣، القاهرة، دار النهضة العربية،

١٩٨٤م.	
رامي نمر راضي حشاش، التدخل الإنساني واشكاليته مع سيادة الدول، رسالة ماجستير، عام ٢٠١٥م.	٣٢٦
القانون الدولي العام في لاهاي، ميشل دي توب، عام ١٩٢٦م.	٣٢٧
الرسول القائد المؤلف: محمود شيت خطاب (المتوفى: ١٤١٩هـ)ط: دار الفكر – بيروت الطبعة: السادسة – ١٤٢٢ هـ .	٣٢٨
شارل روسو، القانون الدولي العام، ط: الدار الأهلية للنشر والتوزيع، بيروت، ١٩٨٢م ، وترجمه إلى العربية عبد المحسن سعد، وشكر الله خليفة.	٣٢٩
شرعية المقاومة في الأرض المحتلة، لعز الدين فودة، بحث منشور في المجلد الأول من دراسات القانون الدولي، الجمعية المصرية للقانون الدولي، القاهرة ١٩٦٩م .	٣٣٠
مقارنات بين الشريعة الإسلامية والقوانين الوضعية / على على منصور، دار الفتح للطباعة، والنشر، بيروت، الطبعة الأولى، عام ١٩٧٠م.	٣٣١
ضحايا النزاعات الدولية المسلحة، د/ عبد الكريم محمد، في دور المحكمة الجنائية الدولية كأحد وسائل الرقابة الدولية على تنفيذ قواعد القانون الدولي الإنساني وقمع الانتهاكات.	٣٣٢
عثمان مرزوق، حماية الأسرى بين الشريعة الإسلامية واتفاقيات جنيف، ص(٤٩)، لعام ٢٠١٦، ٢٠١٧م.	٣٣٥
عز الدين فودة، شرعية المقاومة في الأرض المحتلة، بحث منشور في المجلد الأول من دراسات القانون الدولي، الجمعية المصرية للقانون الدولي القاهرة، ١٩٦٩م.	٣٣٦
العلاقات السياسية الدولية، للدكتور / أحمد سويلم العمري.	٣٣٧
غزو العراق بين القانون الدولي والسياسة الدولية، للدكتور / حسنين المحمدي بوادي، منشأة المعارف، الإسكندرية، ٢٠٠٥م.	٣٣٨

٣٣٩	فيلب مانين، المسئولية الدولية وحقوق الإنسان، محاضرات باللغة الإنجليزية، ألقيت على طلبة الماجستير، بكلية الحقوق في الجامعة الأردنية عام ١٩٨٢م.
٣٤٠	قانون الحرب والحياد، للدكتور / محمود سامى جنينه ، طبعة عام ١٩٤٤م ، مطبعة لجنة التأليف والترجمة والنشر بالقاهرة.
٣٤١	قانون الحرب، د/ عبد العزيز على جميع، عام ١٩٥٢م.
٣٤٢	القانون الدولى الإنسانى وآليات تطبيقه، للدكتور/ نبيل العزازي.
٣٤٣	القانون الدولى الجنائى، على عبد القادر القهوجى، ص (١١٥)، الطبعة الأولى، ٢٠٠١م.
٣٤٤	القانون الدولى العام، تونكين، ترجمة أحمد رضا، سلسلة تراجم الهيئة المصرية العامة للكتاب، القاهرة.
٣٤٥	قواعد القانون الدولى فى أحكام المحاكم ، للدكتور / عبدالعزيز سرحان، ط ١٩٧٢م ، المجلة المصرية للقانون الدولى.
٣٤٦	القانون الدولى العام، للدكتور / عصام العطية، ط ٧، العاتك لصناعة الكتب، القاهرة ، طبعة عام ٢٠٠٨م.
٣٤٧	القانون الدولى العام، للدكتور/ إبراهيم محمد العنانى، الطبعة الأولى، دار النهضة العربية، ١٩٩٠م.
٣٤٨	القانون الدولى العام، للدكتور/ حسنى محمد جابر ، الطبعة الأولى ، دار النهضة العربية القاهرة ، ودار الإتحاد للطباعة.
٣٤٩	القانون الدولى العام، للدكتور/ على صادق أبو هيف، ط ١١، منشأة المعارف، الاسكندرية ، عام ١٩٩٣م.
٣٥٠	القانون الدولى العام، للدكتور/ محمد المجذوب، منشورات الحلبى الحقوقية، ط ٥، بيروت، ٢٠٠٤م.
٣٥١	الأحكام العامة فى قانون الأمم ، محمد طلعت الغنيمى ، مطبعة أطلس ، الناشر

	منشأة المعارف بالأسكندرية ، جلال حزى وشركاة ، عام ١٩٨٤م.
٣٥٢	قانون النزاعات المسلحة الدولية المدخل النطاق الزماني، للدكتور / حازم محمد عتلم، دار النهضة العربية، الطبعة ٢، ٢٠٠٢م.
٣٥٣	الجريمة الدولية ،للدكتور/ حسنين ابراهيم صالح ، دار النهضة العربية ، عام ١٩٧٩م.
٣٥٤	القواعد الأساسية لاتفاقيات جينف وبروتوكوليها الإضافيين، اللجنة الدولية للصليب الأحمر، الطبعة ٢ ص (٣٥) لعام ١٩٩٢م.
٣٥٥	قواعد العلاقات الدولية في القانون الدولى والشريعة الإسلامية، د/ جعفر عبد السلام ، الطبعة الأولى ، عام ١٩٨١م ، الناشر مكتبة السلام العالمية ، القاهرة .
٣٥٦	قوانين الحرب لكونز (kuns) المجلة الأمريكية للقانون الدولى عدد ابريل ١٩٥٦م
٣٩٨	القانون الدولى العام ، شارل روسو ، طبعة ١٩٨٢م ، الناشر الدار الأهلية للنشر والتوزيع ، بيروت ، وترجمه إلى العربية عبد المحسن سعد، وشكر الله خليفة.
٣٥٧	التقرير السنوى لسنة ٢٠٠٨م ، اللجنة الدولية للصليب الأحمر ، جنيف ، سويسرا .
٣٥٨	لائحة قوانين وأعراف الحرب البرية لاهاى لعام ١٩٠٧م.
٣٥٩	الإعلان العالمى لحقوق الإنسان المؤرخ في ١٠/١٢/١٩٤٨م.
٣٦٠	محكمة العدل الدولية الدائمة فى الحكم الصادر بتاريخ ٢٦ يوليو ١٩٢٨م.
٣٦١	البروتوكول الإضافي الأول الملحق باتفاقيات جينف لعام ١٩٧٧م، والمجلة الدولية للصليب الأحمر، عدد (١٨) لعام ١٩٩١م.
٣٦٢	المادة ٤٢ من ميثاق الأمم المتحدة الصادر سنة ١٩٤٥م إثر انتهاء الحرب العالمية الثانية.

٣٦٣	مبادىء القانون الدولى العام، للدكتور / جعفر عبد السلام، الطبعة الثانية، لعام ١٩٨٦م.
٣٦٤	مبادىء القانون الدولى العام، للدكتور / محمد حافظ غانم، مطبعة مصر، القاهرة، ١٩٦٤م.
٣٦٥	مجلة دراسات دولية، وايضًا الحماية القانونية للأسرى وفقًا للقانون الدولى الإنسانى، دراسة تطبيقية على وضع الأسرى الفلسطينين، عبدالرحمن على ابراهيم.
٣٦٦	المدخل إلى القانون الدولى وقت السلم، محمد عزيز شكري، دار الفكر دمشق، ط ١٩٨٠م.
٣٦٧	المدخل لدراسة القانون الدولى الإنسانى، د/ سعيد سالم جويلى، دار النهضة العربية، القاهرة، ٢٠٠٣م.
٣٦٨	المسؤولية والعقاب على جرائم الحرب مع دراسة تطبيقية على جرائم الحرب في البوسنة والهرسك، للدكتور /حسام على عبد الخالق الشيخة، دار الجامعة الجديدة للنشر، الإسكندرية، ٢٠٠٤م.
٣٦٩	المسئولية الدولية في عالم متغير، د/ نبيل بشر، وما بعدها)، الطبعة الأولى، لعام ١٩٩٤م.
٣٧٠	المسئولية الدولية، محاضرات بمعهد الدراسات العربية العمالية، محمد حافظ غانم، القاهرة، سنة ١٩٦٢م.
٣٧١	المسئولية القانونية عن الجرائم الدولية، د/ عادل عثمان.
٣٧٢	مشروع النظام الأساسى للمحكمة الجنائية الدولية، روما، ١٥ حزيران، ١٧ تموز، سنة ١٩٨٨م
٣٧٣	المطالبة الدولية لإصلاح الضرر في القانون الدولى والشريعة الإسلامية، للدكتور / عبد الغنى محمود، الطبعة الأولى، دار النهضة العربية، القاهرة، ١٩٨٦م.
٣٧٤	المعاملة بالمثل فى القانون الدولى الجنائى، للدكتور / محمد بهاء الدين باشات، الهيئة

العامة للمطابع الأميرية بالقاهرة، سنة ١٩٧٤م.	
المعاهدات الدولية في الشريعة الإسلامية، للدكتور: أياد هلال، دار النهضة الإسلامية، الطبعة الأولى.	٣٧٥
المعاهدات في الشريعة الإسلامية، للدكتور: محمود إبراهيم الديك.	٣٧٦
المعجم الوسيط فى شرح وتبسيط قواعد القانون الدولى العام مقارنا بأحكام شريعة الإسلام للدكتور / رجب عبد المنعم متولى ١٤٢٩هـ – ٢٠٠٩م.	٣٧٧
منظمة المؤتمر الإسلامي لأحمد أبو الحسن.	٣٧٨
منظمة المؤتمر الإسلامي للدكتور بشار الجعفري، مجلة معلومات دولية، العدد رقم (٥٠)، مايو ١٩٩٧م، وأيضًا تعدد الخلفاء ووحدة الأُمَّة فقهًا وتاريخًا ومستقبلاً، الدكتور محمد خلدون رسالة دكتوراه، قسم الفقه الإسلامي وأصوله.	٣٧٩
موجز الدكتور / على راشد فى موجز القانون الجنائى.	٣٨٠
ميشل دى توب، هو أستاذ / القانون الدولى العام في لاهاى، له مجموعة دراساته، القانون الدولى العام، في عام ١٩٢٦م.	٣٨١
ندوة بعنوان :((الأسر وما يعنيه من وجهة نظر غربيه ومن منطلق إسلامي): للدكتور: جعفر عز الدين، ألقيت: بتاريخ ٢٤ /٧/ ٢٠١٣.	٣٨٢
نصوص لائحة نورمبرج بالإنجليزية، المجلة المصرية للقانون الدولى، لعام ١٩٤٥م قسم الوثائق.	٣٨٣
نظام أسرى الحرب، د/ سهيل حسين الفتلاوى، ص (٣٧)، الطبعة الأولى عام ١٩٨٣م.	٣٨٤
النظام الأساسى لمحكمة العدل الإسلامية، أقره مؤتمر القمة الإسلامى الخامس الذى أنعقد فى دولة الكويت فى الفترة من ٢٦ حتى ٢٩ من يناير لعام ١٩٨٧م، وصدقت عليه مصر فى ١٩٨٩/٥/٢٣م.	٣٨٥
النظام الأساسي لمحكمة العدل الإسلامية، مادة رقم (١).	٣٨٦

٣٨٧	نظام الدفاع المدنى السعودى، الصادر عام ١٤١٠م.
٣٨٨	نظام الدولة الإسلامية في الشئون الدستورية والخارجية والمالية، بيروت، الطبعة الثانية، ١٤٠٤هـ ـ ١٩٨٤م.
٣٨٩	النظام القضائي في الفقه الإسلامي، لمحمد رأفت عثمان، الناشر: دار البيان ـ الطبعة: الثانية ١٤١٥هـ١٩٩٤م.
٣٩٠	نظرية الضرورة في الفقه الجنائى والإسلامى القانون الجنائى الوضعى، للدكتور / يوسف قاسم دار النهضة العربية، طبعة ١٩٨١م
٣٩١	النظرية العامة للجريمة الدولية، رسالة دكتوراه، د/ محمد عبد المنعم عبد الخالق، كلية الحقوق جامعة عين شمس، سنة ١٩٨٨م.
٣٩٢	النظم السياسية، للدكتور / ثروت بدوى
٣٩٣	النَّوادر والزِّيادات على مَا في المدَوَّنة من غيرها من الأُمهاتِ، باب قتل الأسرى واسترقاقهم، الطبعة: الأولى، ١٩٩٩ م.
٣٩٤	الفقه الإسلامى فى أسلوبة الجديد ، د/ وهبه الزحيلي ، جامعة دمشق ، عام ١٩٦٧م.
٣٩٥	الوسائل السلمية لتسوية المنازعات الدولية في أحكام القانون الدولى والشريعة الإسلامية، محمد الشحات الجندى، رسالة ماجستير، ١٩٧٩م.
٣٩٦	الوسيط في القانون الدولى العام، للدكتور/ أحمد أبو الوفا، ص (٦٥١)، الطبعة الأولى (١٩٩٥ ـ ١٩٩٦).
٣٩٧	وفاء مرزوق، أسرى الحرب فى الفقه الإسلامى والإتفاقيات الدولية، بيروت، الطبعة (٢٠٠٨م).

* * *

المحتويات

❋ ❋ ❋

www.ingramcontent.com/pod-product-compliance
Lightning Source LLC
Chambersburg PA
CBHW051458150726
47997CB00001B/25